哈尔滨文庙维修工程报告

黑龙江省民族博物馆　编

王　军　主编

文物出版社

责任编辑：孙　霞　张晓曦
封面设计：郭　勇
责任印制：张道奇

图书在版编目（CIP）数据

哈尔滨文庙维修工程报告／黑龙江省民族博物馆编；王军
主编. —北京：文物出版社，2014.11
ISBN 978－7－5010－3973－9

Ⅰ.①哈…　Ⅱ.①黑…②王…　Ⅲ.①孔庙－维修－研究
报告－哈尔滨市　Ⅳ.①K928.75②TU746.3

中国版本图书馆 CIP 数据核字（2014）第039739号

哈尔滨文庙维修工程报告

黑龙江省民族博物馆　编

王　军　主编

＊

文物出版社出版发行

北京市东直门内北小街 2 号楼

http：//www.wenwu.com

E-mail：web@wenwu.com

北京宝蕾元科技发展有限责任公司制版

北京京都六环印刷厂印刷

新华书店经销

889×1194　1/16　印张：21.5

2014 年 11 月第 1 版　2014 年 11 月第 1 次印刷

ISBN 978－7－5010－3973－9　定价：280.00 元

顾问委员会

名誉顾问：潘春良　白亚光　王珍珍　顾晚光　王立民
顾　　问：孙长庆　王　剑　刘　洋　吴文衔　罗葆森　邱玉春
　　　　　黄锦秋

编撰委员会
（按姓氏笔画为序）

主　　任：宋宏伟
委　　员：王　兵　王凯丰　冯　屹　江　浙　孙长庆　杨　树
　　　　　吴　娟　吴　疆　张云鹏　李砚石　张晓东　张高成
　　　　　杜晓辉　庞学臣　胡秀杰　赵博谦　高　亮　盖立新
　　　　　覃　劲　黎劲松

主　　编：王　军
副 主 编：陈玉芝　丁元海
执行编撰：夏彦斌　高　铭
撰　　文：司金亮　罗继尧　陈学富　孟祥义　徐景民　魏　业
　　　　　刘思游　李　猛
摄　　影：牛清臣　孙树明
资料提供：黄学民　孙雪坤　王　鑫　邹越华　宗　丽　刘　勇
　　　　　阴淑梅　夏　磊
纹样绘制：颜　华　肖　东
图纸测绘：中国文化遗产研究院

序

  《哈尔滨文庙维修工程报告》即将出版。这本书不仅详述了哈尔滨文庙的整个维修工程，还涉及了在现代社会经济发展条件下怎样保护并利用好文庙这份珍贵的历史文化遗产的问题。《中华人民共和国文物保护法》与《保护世界文化和自然遗产公约》，明确界定了保护与利用的关系。作为不可再生的文物或文化遗产，必须把保护放在首要位置，尤其是不能让其孤立存在。对于文庙的保护和利用，除了有法必依外，尤其需要切实加深的是对儒家传统文化的认识，加强地方对依法行政的自觉，这对构建和谐社会，实现中华民族的伟大复兴都有着重要的作用。

  众所周知，孔子是享誉世界的教育家、思想家。用孔庙这一祭祀场所来纪念和尊崇伟大先贤，具有中国儒家传统文化传承的鲜明特征。孔庙又称文庙，没有其他庙宇那般香烟缭绕、诵经唱歌的宗教气氛，显得格外温文儒雅。哈尔滨文庙是按照大祀孔子的规格建造，由殿堂、两厢、门庑和围墙组成的三进院落，庄严肃穆，层次井然，轩昂凝重。中轴线上的建筑、屋顶均覆金黄琉璃瓦，大成殿屋顶的制式还使用了最高建筑等级的"重檐庑殿顶"，配殿分别为绿、灰瓦顶，金碧辉煌。大成殿彩绘为清代最高等级的金龙和玺彩绘。面阔十一开间的大成殿格局为全国孔庙之最。因此，哈尔滨文庙是东北地区现存规模最大、建筑等级最高、保护最完整的仿古建筑群。

  为加强对东北地区的统治，1920年10月31日中华民国大总统徐世昌公布《东省特别区法院编制条例》，规定中东铁路附属地改称东省特别区。其管辖范围是以哈尔滨为枢纽，东至绥芬河、西抵满洲里、南至长春的"T"字形路区。1921年2月15日，哈尔滨的很多建筑物上升起了五色国旗，民国政府东省特别区市政管理局开始接收中东铁路路区各处机关，并通告驻哈尔滨各国领事馆，中东铁路沿线各地市政统由该市政局管辖。从《哈尔滨文庙碑记》和《东省特别区创建文庙碑志》可以看出哈尔滨文庙创建的历史背景。为抵制西方思想文化的影响，彰显和弘扬中国传统文化，哈尔滨地方当局遂确立以儒学为本的文化方针，树起"崇孔"大旗。当时的行政长官张焕相及继任长官张景惠倡导并实施建立哈尔滨文庙。因此，哈尔滨文庙可算是当时东北这一时期历史的"见证者"。

  1985年，黑龙江省文物管理委员会接收哈尔滨文庙后，成立了黑龙江省民族博物馆。为了保护和利用这座珍贵的文化遗产，针对文庙各建筑的破损情况，在省政府支持下，省文物管理委员会对哈尔滨文庙进行了持续三年（1985～1987年）的局部性抢救修复，并恢复了文庙部分建筑物内部的原有格局。1996～2003年，国家文物局陆续下拨资金，又进行了小规模维护性修缮。然而，经历了八十年的风雨侵蚀和人为改造，昔日辉煌的建筑失去了风采，大成殿、东庑、西庑等主要建筑普遍出现瓦件残损、木件糟朽、彩画剥落、台盟鼓闪等严重问题，如不及时抢救，将会出现更危险的局面。在国家文物局和省委省政府领导的关怀和支持下，为了完整恢复文庙原貌，2006年省文化厅决定用三年时间完成哈尔滨文庙保护建筑全面的保护性维修工程。

这次全面维修是自哈尔滨文庙建成以来最大规模的修缮，引起社会各界的广泛关注。百年大计，质量第一。为使工程质量经得起历史的考验，对维修全程实现科学化、规范化、程序化、公开化管理，黑龙江省文化厅成立了由厅领导亲自挂帅的维修领导小组，请中国文物研究所（现为中国文化遗产研究院）专家对破损情况现场勘测，制定切实可行的维修方案，并由国家文物局审核批准。施工单位通过公开招标方式产生，从六家竞标单位中遴选出具有国内古建维修最高资质之一的北京房修二古代建筑工程有限公司承担施工。监理单位为吉林省工程建设监理有限责任公司。国家文物局、黑龙江省委、黑龙江省政府、黑龙江省委宣传部以及黑龙江省财政厅对维修工程给予大力支持。各级领导多次亲临工地，现场视察工程进度与质量，听取意见，提供指导，并积极帮助解决施工中出现的各种变化、问题和困难。

从维修工程立项到修缮方案的设计、审核、批准，再到施工、监理、竣工，耗时三年。按照国家法律法规和有关政策规定，一个程序没有落、一个环节没有丢，每一步都严格把关、认真实施，才形成了今天的成果。黑龙江省民族博物馆全员参与，顶烈日、冒酷暑，为现场施工提供各种有利条件，员工轮流以监督员的身份，每天都对工程的进度、施工工艺和质量进行全程跟踪记录，拍摄了大量的资料照片，形成完整的维修日志和档案。本次修缮工程技术含量之高，安全责任之重，位列全省文物保护工程榜首。尤其是彩绘的用料十分考究，工艺技术精湛，对细节的处理十分细腻。维修工程能够按时保质保量地完成，再次证明了这套科学的运作方式和管理制度是先进的、行之有效的。此次维修不仅修复了文物，保护了建筑本来面目，而且锻炼了职工队伍，为龙江大地增色，为今后文物修缮工作树立了典范。

《哈尔滨文庙维修工程报告》是黑龙江省第一部全面系统研究介绍哈尔滨文庙保存现状、历史沿革、建筑风格以及维修施工的专著，图文并茂、内容翔实，收录了大量实地绘制的建筑图纸和精美图片。这些文字和资料翔实地记录了文博工作者对事业高度负责的精神，对祖国传统文化的热爱和传承，对文化遗产保护经验的总结。记录了黑龙江省民族博物馆的同志们在大修过程中，同时也是在文博战线上，苦干实干，为了文化遗产保护事业甘愿奉献的精神风貌。本书的出版，不仅填补了黑龙江省地方孔庙维修和研究的空白，而且拓展了孔庙研究的内容，丰富了孔庙研究的成果。

历史是中华民族的根，文化是中华文明的魂。国家文物保护的方针与法律，归根结底就是要留住历史的根、文化的魂。哈尔滨文庙维修工程的实施，切实遵照"保护为主，抢救第一，合理利用，加强管理"的文物保护方针。此次哈尔滨文庙全面维修工程的完成和《哈尔滨文庙维修工程报告》的出版，除了具有保存其建筑和文化教育内涵的重大价值之外，对于弘扬中华民族优秀的传统文化，合理利用并宣传保护文化遗产，深入加强文化合作交流都有着重要意义。

宋宏伟

黑龙江省文化厅厅长

2013 年 10 月 29 日

前　言

　　文庙是中国古代建筑中独有的建筑类型，其数量之多，规制之高，建筑技术与艺术之精美，在我国建筑类型中，堪称最为突出的一种。作为物质文明和精神文明的复合载体，文庙是我国乃至世界文化遗产中，极其重要的组成部分。

　　文庙又称孔庙，原为孔子的家庙。中国历代王朝为了尊崇和祭祀孔子的需要，在全国各地建立孔庙。随着孔子地位的不断提升和儒家学派的发展壮大，孔庙的规制也日渐增扩崇隆。起初（公元前479年），鲁哀公将孔子居于曲阜的故居三间辟为祭祀场所，建筑规模和祭祀内容都非常简陋。《史记·孔子世家》记载，公元前195年汉高祖刘邦"自淮南还，过鲁时以太牢（牛、羊、豕三牲各一）之礼祀孔"，首开帝王祭孔的先河。其后，汉武帝刘彻"罢黜百家，独尊儒术"，儒学被奉为官学，京师太学也设立五经博士。到了东汉，汉明帝东巡至曲阜祭孔，并在孔庙讲学，开创庙学合一的制度。汉桓帝下诏修孔庙，并且"置山卒百户，使掌礼器，出天府钱，给大官酒，直河南尹给牛、羊、豕各一，大司农给粟，春秋享祀"。又命令孔和为守庙，立碑于庙祀之。从此孔庙的修建、供应及守候等事项逐渐由国家和官府统一管理。直至唐贞观四年（630年），唐太宗诏令全国各州、县皆立孔子庙，将孔庙被推向全国成为国家礼制性庙宇。所谓的礼制庙宇，就是由国家的力量予以倡导和推行，它的建筑模式、体量、色调以及祭祀的内容和等级，都必须遵循国家的规范和准则；它所体现出的精神内涵，必须与国家认可并推崇的意识形态相一致，并对整个社会具有导向性的意义。

　　20世纪初，俄、日等帝国主义列强侵略势力在我国东北各地横行。为扭转这一局面，中国政府于1920年成立东省特别区，在哈尔滨市设立东省特别区市政管理局，并设立东省特别区行政长官公署。这一时期，帝国主义列强在进行政治、军事、经济侵略的同时，还无孔不入地进行文化渗透，这片黑土地上的中华传统文化，遭到了空前的冲击。据时任行政长官张景惠所立的《东省特别区创建文庙碑志》记载，当时的哈尔滨市"华夷错处，礼俗纷庞，不承于夏风"。因此，张学良将军在其所撰的《哈尔滨文庙碑记》中指出"百务聿新，当事者以学校滂兴，不可废崇祀先圣之典"，强调"祭者教之本也，此文庙之建所为不可缓也"。为抵御帝国主义列强的精神文化侵蚀，哈尔滨市政当局确立以孔子之教为治国之本，决定建立文庙。哈尔滨文庙是由当时东省特别区行政长官张焕相及继任长官张景惠倡导实施，中外各界人士和政府募捐集资73万多银币，于1926年按大祀祭孔规格建造的一座三进式庭院的仿清官式建筑群，并于1929年建成。哈尔滨文庙的修建，时值中国政府刚刚收回中东铁路的护路权之后，极大地加强了中国政府对东北地区的全面控制和中华传统文化在哈尔滨地区的影响。同时，也反映了当时东北地区对孔子的尊崇风尚，与关内五四运动后反帝反封建的批孔风潮形成鲜明对照，是这一时期历史的见证。日伪统治时期，哈尔滨文庙成为日本侵略者操纵下的祭孔场所。

　　1946年哈尔滨解放以后，哈尔滨文庙先后被用作哈尔滨医学专科学校、哈尔滨医科大学、哈尔滨军事工程学院等单位的图书馆和专家宿舍。"文革"期间，这里又成为省军区后勤部的仓库。经历过多次变迁和年久失修，文庙受到了严重损坏。为了加强管理，更好地发挥其作用，1985 年 2 月，经黑龙江省人民政府批准，以哈尔滨文庙为馆舍创建"黑龙江省民族博物馆"。同年，经省政府拨款，于 1985～1987 年对哈尔滨文庙实施三年的局部性抢救修复，1988 年 9 月正式对外开放成为旅游景点。

哈尔滨文庙坐北朝南，原占地面积 37000 平方米，现占地面积（含围墙）24840 平方米，原建有门、殿等建筑 12 座，建筑面积 5000 余平方米。主体建筑物使用黄琉璃瓦，即"皇顶"，它是帝王或经帝王恩准、册封之人所用。大成殿的屋顶使用了最高等级的"重檐庑殿顶"，面阔十一开间，彩绘为最高等级的金龙和玺彩绘，有东北"太和殿"之美称。从建筑技术史来看，盛行于欧美各国的钢筋混凝土等现代建筑材料，在 20 世纪初才刚刚传入我国，哈尔滨文庙的兴建正处于此时期，大成殿的金柱建造就运用了钢筋砼浇注而成。因此，哈尔滨文庙的建筑既体现了传统技术与艺术的延续，又反映了中国建筑变革时期采用新技术、新材料的历史现象，成为我国这一历史时期建筑特点的重要实证。1981 年，哈尔滨文庙被黑龙江省政府公布为黑龙江省文物保护单位。1996 年，经国务院批准，哈尔滨文庙被公布为第四批全国重点文物保护单位。

黑龙江省民族博物馆是以征集收藏、保护管理、研究和展示黑龙江省少数民族文物、历史、文化为宗旨的全国首家省级专业性民族博物馆，现为国家二级博物馆。全国政协原副主席、中国佛教协会原会长赵朴初先生题写馆名。黑龙江省民族博物馆多年来主要致力于保护和传承少数民族文化遗产，征集、收藏了具有民族和地域特点的代表性的珍贵文物，并对民族文化进行深入的挖掘、整理、研究，陆续在文庙内推出了反映黑龙江省以及国内少数民族的物质文化与精神文化风貌的陈列展览四十余个。为了满足广大群众的需求，黑龙江省民族博物馆以保护利用文庙为己任充分发挥馆舍作为宣传儒家传统文化主要场所的功能，相继举办了"孔子圣迹展"、"中国孔庙专题展"、"中国科举文物展"等大量传统文化陈列展览，较全面地展示和弘扬了中国优秀传统文化。在举办陈列展览的同时，黑龙江省民族博物馆还以"哈尔滨文庙"的名义有针对性地面向幼儿园及中小学校，开展了再现传统文化的礼仪活动，例如"开蒙圣礼"、"送红蛋"、"祈福鸣钟之旅"、"中小学生开学仪式"、"毕业仪式"、"成人礼"、"祭孔大典"等系列社会公益活动。黑龙江省民族博物馆作为弘扬传统文化的前沿阵地和社会窗口，通过开展活动，弘扬以仁、义、礼、智、信为代表的中华传统美德，增进民族认同感和民族团结，激励后辈奋进，推动社会和谐发展，维护世界和平。

继 1985～1987 年进行过三年的局部性抢救修复和 1996～2003 年陆续的小规模维护性修缮之后，2006 年，国家发改委、国家文物局联合发文公布哈尔滨文庙为"十一五"期间全国 100 家重点维修古建筑单位。黑龙江省委省政府高度重视，并大力支持，在国家专项资金尚未到位的情况下，先拨出专款用于哈尔滨文庙全面大修工程。黑龙江省文化厅党组立即组织制定了哈尔滨文庙全面维修计划，并确定在 2009 年文庙落成 80 周年、暨孔子诞辰 2560 年之际全面完成维修工程的目标。在黑龙江省文化厅直接领导下，成立了由分管副厅长为组长的文庙维修工程领导小组，指导文庙维修工程。维修工程办公室设在黑龙江省民族博物馆，并从系统内抽调文博、建筑等专业人员组成工程项目基建办公室执行具体工作。从立项到完成的过程中，整个维修工程完全按照《中华人民共和国文物保护法》的要求，遵照"修旧如旧"的维修原则，采用传统工艺和方法，先后对大成殿、大成门、东庑、西庑、东官厅、西官厅、乡贤祠、名宦祠、崇圣祠、院墙以及院内附属设施进行全面维修，恢复了文庙的原貌。

在工程实施过程中，文庙工程领导小组始终如一地按照省文化厅办公会议的要求，靠前指挥，现场指导，严格执行项目法人责任制、招投标制、工程监理制和合同管理制。依据《中华人民共和国文物保护法》和各项有关法律规章，制定了一系列相应的管理制度，科学界定各参建单位的关系、责任与义务，有效地保证了项目维修工程的顺利进行。

哈尔滨文庙维修项目的勘察设计单位是中国文物研究所（现为中国文化遗产研究院，文物保护工程勘察设计甲级资质单位），施工中标单位是北京房修二古代建筑工程有限公司（文物保护工程施工一级资质单位），监理单位是吉林省工程建设监理有限责任公司（文物保护工程监理甲级资质单位）。三个甲级（一级）单位联手进行文庙维修工程，管理水平高，工程质量好，履职能力强。工程于 2007 年 4 月 20 日开工，2009 年 9 月高效、优质地完成了文庙维修工程。

哈尔滨文庙维修工程共分三期，从 2007 年工程开工就一直受到社会各界的广泛关注并引起强烈反响。其中，在建造西坛门期间，黑龙江省海富集团主动注资几十万购买建筑构件和建筑材料；黑龙江省山东商会副会长黄东杰先生自愿捐赠一对石狮子，其规格、形态、颜色、材质等完全仿制于山东曲阜孔庙门前现存的一对石狮子。

工程结束后，省文化厅立即组织决算收尾，陆续完成了竣工验收、审计、档案移交及工程备案等各项工作，经省财政厅评审、省审计厅审计后，工程总决算额为玖佰叁拾捌万（938 万）元人民币，工程质量评定结果为优质工程。

《哈尔滨文庙维修工程报告》一书，根据《中华人民共和国文物保护法》、《中华人民共和国文物保护法实施条例》、《黑龙江省文物管理条例》、《文物保护工程管理办法》、《文物保护工程勘察设计资质管理办法》、《文物保护工程施工资质管理办法》和《文物保护工程监理资质管理办法》（试行）的有关规定，并依据《文物建筑保护维修工程竣工报告管理办法》等进行编写。在报告编写过程中，根据国家的有关规定，增加了施工单位招投标工作的章节，特别是大幅度增加有关哈尔滨文庙历史沿革、建筑艺术等图文内容，以增强专业性、可读性和普及性。通过本书可以形象地了解哈尔滨文庙的历史、艺术、科学价值，详细地了解当前国家及省市对重点工程项目建设管理与控制的各项法规政策及实施程序，同时也是考核检验设计、监理、施工、业主等各有关单位部门在项目实施中各项工作执行情况的依据。因此，在编制过程中，按照黑龙江省文化厅的要求，在有关领导和同志的支持帮助下，把项目实施中各方面的文件资料整理编制成书，并存档备案。

20 世纪初，全国各地孔庙约有 1560 多座，时至今日，像哈尔滨文庙这样完整地保存下来者却寥寥无几。在当前国学兴起、提倡文化大繁荣大发展、构建社会主义核心价值观、弘扬优秀传统文化的背景下，作为留给后人的宝贵物质文化遗产，哈尔滨文庙的重要价值不仅仅在于传承儒家传统文化，也是培养国民道德素质，体现多元文化共荣共存，缔造和谐社会的前沿阵地，其蕴含的历史、艺术与文化元素，值得后人传承和发扬。因此，整个维修工程承载着全省乃至全国各界人士的企盼，记录着省委省政府对文化事业的关怀，书写着设计者、施工者和管理者的业绩，铸就了我省公益文化事业发展和精神文明建设的丰碑。

王 军

黑龙江省民族博物馆馆长

2013 年 10 月 29 日

目　录

第五篇　附录

Contents

Part 3　The design explanation on maintenance and protection engineering of the Harbin Confucius Temple

Part 4　The implementation report of the Harbin Confucius Temple

Part 5　Appendix

第一篇
哈尔滨文庙与维修工程概述

第一章　文物地位

第一节　全国重点文物保护单位

哈尔滨文庙是我国东北地区面积最大、建筑等级最高、建筑规制完备、保存最完好的一座祭祀孔子的殿堂。孔子是我国春秋时期伟大的思想家、政治家、教育家，儒家学派的创始人。他的思想和学说影响着社会生活的各个方面，是我们民族文化和精神文明的渊薮，得到了汉以后历代统治阶级的推崇，祭祀他的庙宇遍布中国的大江南北，成为两千余年来中国的独特社会现象和文化现象。

1920 年，中国政府从沙俄残余势力手中收回中东铁路行政权，并正式成立了东省特别区行政长官公署，"自政权收回后，百务聿新，当事者以学校浡兴，不可废崇祀先圣之典"，"祭者教之本也，此庙之建所为不可缓也"（摘自《哈尔滨文庙碑记》）。其时，内地正值反帝反封建、批孔之时，而"东省特别区"则以孔子之教为政权之要，反帝而尊孔，并于 1926 年在哈尔滨市区内兴建了一处规制完备的祭孔庙宇，1929 年落成后，举行了祭孔活动。哈尔滨文庙是这一历史时期的重要实物载体之一。1946 年哈尔滨解放后，哈尔滨文庙被用为哈尔滨医学专科学校的图书馆。1949 年春，中国医大一分校和二分校合并组建哈尔滨医科大学，至此，文庙被哈尔滨医科大学使用。1952～1960 年，哈尔滨文庙一直作为前苏联马列主义专家组用地。1960 年苏联专家回国后，哈尔滨文庙被中国人民解放军军事工程学院（简称哈军工）改为马列主义教研室和图书馆、阅览室，直到 1970 年工程学院南迁。1971 年工程学院将房产移交给黑龙江省军区（包括哈尔滨文庙），省军区后勤部先后将文庙作为被服仓库、军库（文庙二院）、修理厂（文庙一院）。1985 年 1 月，国务院和中央军委联合下发文件，黑龙江省军区将哈尔滨文庙移交给黑龙江省文物管理委员会。同年经省政府批准，以文庙为馆舍成立了黑龙江省民族博物馆。经过了三年的初步维修和整治，黑龙江省民族博物馆于 1988 年对外开放展览。1981 年哈尔滨文庙被黑龙江省政府公布为黑龙江省文物保护单位，1996 年被国务院公布为第四批全国重点文物保护单位。

第二节　建筑等级最高的仿古建筑群

哈尔滨文庙是按着清光绪三十二年（1906 年）升祭孔为大祀的规模，仿照皇家之制而建造的。文庙建筑布局严谨、院落划分尺度适宜，主体建筑序列层层展现，主题突出。大成门、大成殿皆为汉白玉须弥座台基，中陛踏跺间置高浮雕汉白玉五龙戏珠丹陛石；中轴线上建筑屋顶皆采用统一色的黄琉璃瓦；彩绘为"和玺彩画""旋子彩画""苏式彩画"，这在其他孔庙建筑中是少见的。通过建筑尺度、规格、瓦顶色彩、彩绘规制来表现建筑等级的传统手法运用得当，具有较高的建筑艺术价值。

哈尔滨文庙兴建于中国建筑变革的早期，又是中国营造学社成立前夕，当时在国内建筑行业中已出现了一些钢筋混凝土结构的仿古建筑，在建筑创作上仍是形式复古为主流。哈尔滨文庙的建筑就是采用清官式做法，而在结构材料上已采用了部分钢筋混凝土材料，反映了清代古典建筑传统技术与艺术的延续发展，成为中国这一历史时期传统建筑的延续和技术变化的主要实物例证。

哈尔滨文庙是东北地区规模最宏大、等级最高、保存最完好的一座孔庙，也是黑龙江现存最完整的仿清代建筑风格的建筑群，并具有典型的清式文庙建筑格局。第一进院落中轴线上从南至北依次坐落着万仞宫墙（八字照壁）、半月形泮池上架泮桥（状元桥）、棂星门、大成门，出入口东、西两侧分立有名为"德配天地"及"道冠古今"的东、西牌楼；东官厅、西官厅、乡贤祠及名宦祠分别沿中轴线两两相对，东掖门（金声门）、西掖门（玉振门）位于大成门两侧。第二进院落中轴线上为大成殿，两侧分置东、西庑房，东庑房南侧为张学良将军亲笔撰写的《哈尔滨文庙碑记》石碑，西庑房南端为《东省特别区创建文庙碑志》石碑。第三进院落中轴线上主建筑为崇圣祠，之后为后加建的食堂，1、2、3、4号楼分立东、西两侧。

第三节　本体建筑及附属文物

哈尔滨文庙是一组规制完整的仿古建筑群，外砌围墙，内有两道隔墙，由三进院落组成。

第一进院落南为"万仞宫墙"（俗称影壁墙或八字照壁）。平面为八字形状，黄琉璃瓦庑殿式屋顶，墙身红土刷饰，下部为花岗岩须弥座。宫墙之北是泮池，池上纵架泮桥，泮池半圆如月，虹桥飞架，白玉栏

哈尔滨文庙全景图（照片来源于谷歌地图）

板莲花望柱，雕栏玲珑。泮池池北有棂星门（即先师门），是三间四柱三楼庑殿顶柱不出头木牌坊，采用了只有皇家建筑才能使用的金龙和玺彩画，庑殿顶上覆黄色琉璃瓦。过棂星门和四殿之北设丹垣卡子墙与东西垣墙垂直相交，墙间设三门，中间是主院的过厅大成门，面阔五开间，进深三间，单檐庑殿顶覆黄色琉璃瓦，前后环以汉白玉栏板望柱，五龙戏珠汉白玉御路。院落东、西两侧各有一座牌楼，东边为礼门（德配天地），西边为义路（道冠古今），建筑形制和棂星门相同，与棂星门合称"三楼"。棂星门内为东、西官厅（东、西配殿），面阔七间，进深四间。东、西配殿之北为名宦祠、乡贤祠（东、西耳殿），面阔三间，进深四间。四殿皆单檐歇山顶，屋面覆灰筒板瓦，檐下额枋施金线大点金龙锦枋心旋子彩画。

第二进院落，中央是文庙的标志性主体建筑、文庙的正殿——大成殿，面阔十一开间（九堂二夹室）、进深六间九架，超过了曲阜孔庙大成殿面阔九间的规格。月台台基水泥方砖铺墁，环以汉白玉栏板，三道踏跺，中间踏跺间置高浮雕汉白玉五龙戏珠丹陛石。廊檐色彩富丽堂皇，气势轩昂庄重。殿内供奉孔子及四配、十二哲塑像。

大殿两侧为东、西庑两座配殿，面阔九开间，进深三间七架。配殿为单檐歇山顶，屋面覆绿色琉璃瓦，檐下额枋施金线大点金龙锦枋心旋子彩画。殿内原供奉有孔子弟子（七十二贤人）的塑像。

第三进院落只有一座古建筑殿房：崇圣祠。面阔七间，进深五间。单檐歇山顶，屋面覆黄色琉璃瓦，檐下额枋施金线大点金龙锦枋心旋子彩画。为祭祀孔子前五代先人所用。由第二进院落与第三进院落之间的院墙东、西两侧分开有两个角门。

文庙在建成后由于历史沿革和使用功能的变更，在第三院落又陆续添建1、2、3、4号楼和员工食堂。在第一进院落的礼门、义路牌楼外侧，后添建了东、西耳房和东、西坛门，其中，东坛门现为黑龙江省民族博物馆的正门。

一、本体建筑

（一）万仞宫墙

"万仞宫墙"，也称"数仞宫墙"（民间俗称"影壁墙"，在宫殿里被称为"照壁"），是文庙围墙

万仞宫墙

南墙的一部分，也是文庙中轴线上的第一座建筑，它是中国孔庙特有的建筑。

"万仞宫墙"这一名称出自《论语·子张篇》，"譬之宫墙，赐之墙也及肩，窥见室家之好。夫子之墙数仞，不得其门而入，不见宗庙之美，百官之富。得其门者或寡矣"。这一典故源于孔子所在的鲁国，有一位士大夫，他欲诋毁孔子，便在朝中散布说："子贡贤于仲尼。"意为孔子的得意门生子贡，道德学问已经超过了孔子。有人把这话告诉了子贡，他听到后不仅没有得意，反而说道："如果把我和老师比作围墙，我的围墙只有齐肩那么高，任谁从墙前经过，都可以望见我院中房屋的美好景色，所以都认为我的房屋不错。可是我老师孔子的围墙有数仞之高（古代人们以七尺或八尺为一仞），人们找不到门进去，就看不到他壮丽的宗庙和丰富多彩的房屋。"子贡把孔子之道比作"宫墙数仞"（后世增为"万仞"），以此来赞扬孔子学问与道德的渊博，高深莫测。后人深感形容的贴切，于是就将祭祀孔子的宗庙的那段墙壁专称为"万仞宫墙"。

哈尔滨文庙的万仞宫墙位于最南端，与文庙围墙连成一体，平面为八字形状。宫墙的中心段略向南突出，全长 44.8 米，高 5.9 米，厚 0.75 米。墙脊覆黄琉璃瓦，庑殿顶形式，瓦当中心雕刻九曲之龙，绿琉璃冰盘檐，额枋绿地绘有黄琉璃仿清式旋子彩画，中腰红土刷饰墙面，墙上镶有以花卉图案为主的彩釉琉璃雕花砖，丹壁中心镶嵌有立体圆形牡丹报甲琉璃雕花砖一枚，四角镶有绿琉璃立体牡丹内嵌黄色花叶琉璃雕花砖，下部为花岗岩须弥座。

（二）泮池泮桥

宫墙之北是泮池，泮池也叫"泮宫之水"，是指学宫前的水池，有些地方的文庙也称之为"学海"，在民间传说中把它演绎为孔子的洗墨池。泮池源自《周礼·王制》"大学在郊，天子曰辟雍，诸侯曰泮宫"之意。按照西周礼仪制度，周天子所建立的太学称之为"辟雍"，四面围墙，墙外环绕着圆形的水池，而诸侯所设立的学宫只能取其半，即半面环水，称为"泮宫"，"泮"即是半的意思，因此建有半圆形水池，称为泮池，它是官学的标志。孔子生前虽不是诸侯，去世后却得到了历代统治者的封王加冕，特别是元代将孔子封为"大成至圣文宣王"，享受王侯礼仪，因此可在孔庙中设有泮池。所以泮池

泮池泮桥（状元桥）

成为文庙特有的建筑，象征孔子讲学的学宫，人们踏过泮池就象征着进入孔子的门下。

哈尔滨文庙泮池中央跨池而建的汉白玉石栱桥称为泮桥（状元桥），泮桥是由46根望柱、46块栏板及前后4块抱鼓石构成的汉白玉石栱桥。其整体建筑是"泮池半圆如月，虹桥飞架，白玉栏板，莲花望柱，雕栏玲珑"。泮池、泮桥是文庙的一种特有的形制，古时候，泮池平时封闭，一般人不能跨过，只能从两边绕行，只有状元及第方可从桥上走过，到主殿祭拜孔子，故又俗称为"状元桥"。昔日，学子成为生员称入泮；中秀才时，绕池三周，而后行谢师宴；中举人时，在桥上挂满灯笼，由桥上走过，取登龙门谐音意。如今，许多参观者为讨个吉利，常常要到状元桥上走一回。

（三）棂星门

泮池泮桥与甬路之北有棂星门，也称先师门，两边无垣，中无门，是孔庙的第一道大门。"棂星"即灵星，又名天田星。《后汉书》记载，汉高祖祭天祈年，命祀天田星。天田星是二十八星宿之一的"龙宿"的左角，因为角是天门，门形为窗棂，故而称门为棂星门。过去皇帝祭天时，要先祭棂星。文庙中设有棂星门是在明太祖洪武十五年（1382年）后才出现的，象征着尊孔如同尊天。后人们又将"棂星"解释为天镇星、文曲星、魁星。古人认为"天镇星主得士之庆，其精下为灵星之

棂星门

神"，以棂星命名孔庙大门，象征着孔子可与天上施行教化、广育英才的天镇星相比，又意味着天下文人学士汇集于此，统一于儒学的门下。

棂星门的建筑形制为三间四柱三楼柱不出头庑殿顶木牌楼形式，上覆黄琉璃瓦。檐下斗栱交错，明间为四重昂九踩斗栱、次间为三重昂七踩斗栱，平身科坐斗开口尺寸5.5厘米，折合清尺约1.72寸，在九等至十等斗口之间。大小额枋间夹花板，四柱下部周匝夹杆石，原来建筑夹杆石均为混凝土材料，1985年重点修缮时夹杆石已改作青花石。棂星门形制与东西两侧牌楼相同，值得注意的是，这座门上檩枋彩画使用的是只有皇家建筑才可以使用的"和玺彩画"。"和玺彩画"中的"金龙和玺"彩绘，是我国清代彩绘中最高等级。在构图上，额枋各部位用锯齿形线条分段，当中的一段为枋心，左右两端为箍头，里面靠近枋心部位为藻头。各主要线条沥粉贴金，金线之一侧衬白粉线，同时加晕。各构图部的花纹也沥粉贴金，并以青、绿、红等底色衬托金色图案。整组彩画图案以各种姿态的龙为主体，枋心里画"二龙戏珠"，藻头青地画升龙，各种龙的周围均衬云气、火焰，以示祥瑞和神威气氛，也由此突出了中轴大门的地位。

（四）大成门

大成门是孔庙的最后一道大门，因其位于孔庙大成殿前方，故称之为大成门，其名取自《孟子·万章下》"孔子之谓集大成"的语意。

大成门

大成门呈朱红色，以龙之九子之一的"椒图"为门铺首。当中三门皆施以板门，每扇门按照皇宫礼制九路九列做法，镶有九九八十一颗金钉，因九为阳数之极，九的平方八十一更是礼制中的最高者，以此表示孔庙建筑规制之高。大成门为单檐庑殿顶，覆黄琉璃瓦。面阔五间，进深二间七架，大门设在中柱缝上。通面阔 13.4 米，通进深 8.2 米，外墙围合面积 123.93 平方米。须弥座台基，台基高 1.17 米，东西宽 24.06 米、南北深 10.76 米，台基占地 258.89 平方米。外檐额枋之上施重昂五踩斗栱，平身科坐斗开口尺寸 6.5 厘米，折合清尺 2 寸，相当于工程做法之九等斗口，内檐梁枋间施隔架斗栱。墙上身丹垣，下碱砌法干摆，梅花钉一顺一丁摆法。内外檐梁枋皆绘制金线大点金龙锦枋心清式旋子彩画，金龙井口天花。地面铺墁仿金砖水泥方砖。台明上，左右两侧分为钟、鼓室。台明栏板为汉白玉勾栏。台明阶条、陡板、踏跺均为花岗岩石条砌筑。大成门前后出踏跺三道，中间踏跺有由三块巨型汉白玉石组成的丹陛（位于大门中央台基和地坪间的斜面石块为"丹陛"，俗称"御路"）。上刻有浮雕图案，上下为二龙戏珠，其珠为吉祥如意珠，双龙一个代表天帝，另一个代表帝王，帝王受命于天，合天之意，务使国家风调雨顺，国泰民安，双龙下面的山海图案象征着江山永固。中间一盘龙宝珠火焰，云水波涛，栩栩如生，为此又称为云龙石。御路石起源来自宫中，因皇帝进出乘轿，于是将阶梯中央做成斜坡，两侧石阶则让轿夫行走，故称御路。"丹陛"在我国传统建筑中，也是等级与权力的象征。在我国只有皇家宫殿和孔庙可以修建"丹陛"，其他地方是不准修建的。古时候状元、榜眼、探花，可以从宫城的正门御路走出，插花披红，跨马游街。

大成门的门槛甚高，意在进大成门拜谒圣庙者得小心举措、端正举止，符合圣庙严谨的气氛。大成门平时闭户，人员从两侧的金声门、玉振门进出，只有举行礼仪祭祀等大型活动时方开此门，以示隆重。

（五）礼门

礼门是进入孔庙的第一道侧门，又称"德配天地"牌楼、东牌楼，位于文庙的第一进院落东侧。建筑形式为三间四柱柱不出头庑殿顶木牌楼，顶覆黄琉璃瓦，夹杆石为艾青石，四柱前后有八根戗杆支撑，小额枋之下设雀替，檩枋彩绘作金线大点金龙锦枋心清式旋子彩画，台明低平，海墁花岗

礼门（德配天地牌楼）

石。上面题写"德配天地"四个金色大字，寓意孔子之德与天地共存。依照礼节，进孔庙要从礼门入，暗示人们要循礼蹈义，才能进入孔子的殿堂，学到孔子的思想精华，称为真正的孔门弟子。

（六）义路

义路又称"道冠古今"牌楼、西牌楼，在文庙一院与东牌楼相对而立，建筑形制与东牌楼相同，上面题有"道冠古今"四个金字，寓意孔子思想在历史上的影响深远，可贯通古今。"礼门"、"义路"之名出自《孟子·万章下》："夫义，路也；礼，门也。惟君子能由是路出入是门也。"依照礼节，进入孔庙要从礼门入，从义路出，暗示人们要遵从礼仪。

义路（道冠古今牌楼）

（七）东配殿

在棂星门的两侧是东西配殿，建筑形式为面阔七间，进深四间七架前檐廊式建筑，单檐歇山顶，屋面覆灰筒板瓦，墙体下碱及槛墙干摆砌法，一顺一丁（梅花钉）摆法，上身外檐丹陛，内檐提刷香色灰彩。普通台基，台明部分阶条石、垂带石、陡板石、踏跺，皆为花岗石砌筑，殿内外地面及四周散水，皆铺墁仿金砖水泥方砖。金里安装双交四椀菱花槅扇，廊部及殿内上架彩绘井口天花，梁枋外檐金线大点金清式旋子彩画，廊柱间雕饰雀替，为正宗清式古典做法。

东官厅处于东配殿的南端，是参加祭孔典礼的官员斋戒、休息和进行准备活动的场所。按照祭祀礼制，正献官（主祭官）是祭祀孔子的主角，担任向孔子献祭的重大责任。清代以后，北京孔庙的正献官多由皇帝亲任，山东曲阜孔庙的正献官由孔子嫡传后代"衍圣公"来担任，而各地方文庙祭孔的正献官一般由当地的状元或最高行政长官出任。在大型祭祀的前三天，正献官住进东官厅，沐浴斋戒，敬心诚意地进行祭孔前准备。

宰牲亭，是宰杀牲畜的地方，根据礼制，祭祀用的祭品"必丰、必洁、必诚、必敬"。牛必须选用全黑、体壮、重一百斤没拉过犁的乳牛，羊必须是三十斤重的白羊，猪必须是八十斤的纯黑色猪。

东配殿（东官厅、宰牲亭、祭器库）

三牲在宰杀前要披一块黄绸子，主祭官要给牛磕头，然后宰杀。动物的毛血放入事先挖好的毛血池中，用土掩埋，以免被人践踏，以示清洁之意。

祭器库，是存放祭孔典礼礼器的地方。祭孔的礼器遵循一定的规制，制作精美，庄重肃穆，初献、亚献、终献，皆用不同的礼器。这些礼器包括：献福酒的酒器，如爵、尊等；盛汤、羹、肉食的铜器，如豆、俎、盨等；贡献果蔬的竹木器，如筐、筥、筵等；盥盘（洗手用的盘子），为了表示诚敬与洁净，主祭官在祭祀过程中要多次洗手；毛血盘（宰杀牲畜时接毛血的盘子）等等。上述礼器平时存放礼器库待祭祀时使用。

（八）西配殿

西配殿建筑形式与东配殿一致。西官厅处于西配殿的南端，是参加祭孔典礼的官员斋戒、休息和进行准备活动的场所。按照祭祀礼制，参加祭祀的人员有组织、有分工，各司其职。祭祀的鸣赞，相当于祭祀典礼的司仪，引赞是祭祀的引导官，分献官负责祭祀四配、十二哲、先贤先儒及崇圣祠的五代先祖。此外还有陪祭、监祭、乐舞生、执事、杂役等人员，都在西官厅进行准备活动。

神厨，是加工祭品的场所。宰杀后的牲畜送到神厨，神厨中有锅灶等设施，将祭品切割、熟制，以备祭祀。祭品的质量、形状、来源等方面都有详细规定。不仅原料，连加工方法也如此。如鱼要先用盐搓，盐必须选用山形的大粒盐，需要用大量花椒，每一粒都要去头去尾，烧火的柴要劈成八寸长一段，炭要用鸡骨白灰，燃烧时发出叮当声才合格。

乐器库，是存放祭孔乐器和舞器的地方。祭孔所使用的乐器有特磬、编钟、编磬、古瑟、笙、排箫、洞箫、龙笛、篪、敔、陶埙以及各类鼓。《周礼·春官》中把乐器分为金、石、土、革、丝、木、匏、竹八类，称为八音，是最早的乐器分类法之一。金音包括编钟、特钟、铙，石音包括编磬、特磬，土音包括埙，革音包括鼓，丝音包括古琴、古瑟，木音包括柷、敔，匏音包括笙、竽，竹音包括箫、笛、管、篪（现在所说的丝竹，就是丝音和竹音的简称）。特磬四种，编钟六种，编磬十六

西配殿（西官厅、神厨、乐器库）

种，平时存放在乐器库中。

（九）名宦祠

名宦祠建筑为面阔三间、进深四间七架前檐廊式建筑，单檐歇山顶，覆灰筒板瓦，檐下施旋子彩画。名宦祠是祭祀地方名宦的配殿，位于第一院落的东侧，东配殿的北侧。名宦祠供奉历朝历代对本地的发展作出了重大贡献的外地籍官员，他们清正廉洁、勤政爱民、卓有政绩，对本地的发展做出了重大贡献。名宦祠表彰和纪念这些官员，使后世不忘他们的恩德，并以此为榜样，继承和发展他们的事业，泽及后人。

名宦祠

（十）乡贤祠

乡贤祠建筑形式同名宦祠，是祭祀地方贤人的配殿，位于第一院落的西侧，西配殿的北侧。乡贤祠供奉历朝历代本地的地方名人，包括有政绩、得民心的官员，也包括道德高尚、学问出众、教育有方的乡贤。乡贤祠表彰这些名人的成就和贡献，为后世树立榜样，鼓励后人向他们学习。

乡贤祠

乡贤祠、名宦祠之北设丹垣隔墙与东、西垣墙垂直相交，等高同厚同一形制。墙间设三门，中建大成门，东置金声门（东掖门），西置玉振门（西掖门）。

（十一）金声门

金声门是位于大成门东侧的"掖门"，其门板呈朱红色，建筑形式为单檐卷棚悬山顶，面阔一

金声门

间，进深二间五架，中柱缝上置板门两扇，梁枋绘金琢墨苏式彩画。台明花岗石制作，前后各三级如意踏跺。"金声"即钟的声音，古时奏乐以敲编钟开始，钟声起，"始条理也"，"始条理者，智之事也"，即称为"金声"。金在古人心中比喻智慧，寓意孔子的学问和道德精湛完美。金声之名出自《孟子·万章下》："孔子之谓集大成。集大成者，金声而玉振也。"象征孔子思想集先圣先贤之大成，如同钟磬之声，集众音之大成，并通过祭孔的礼乐而传遍各地。

（十二）玉振门

玉振门是位于大成门西侧的"掖门"。建筑形式同金声门。"玉振"即磬的声音，古时奏乐以击磬告终，磬响则"终条理者"，"终条理者，圣之事也"，即称为"玉振"。成语"有始有终"即来源于此。玉比喻君子内在的美德。《五行》中说："唯有德者然后能金声而玉振之。"《五行·传》："金声玉振之者，已仁而以人仁，已义而以人义。"意思是只有德行高尚的人，才能体察美善的事物，并在内心产生共鸣。玉振之名出自《孟子·万章下》："孔子之谓集大成。集大成者，金声而玉振也。"象征孔子思想集先圣先贤之大成，如同钟磬之声，集众音之大成，并通过祭孔的礼乐而传遍各地。

玉振门

（十三）大成殿

进第二进院落往北是文庙的主殿——大成殿及前部月台（崇基）。大成殿既是孔庙的主殿，又是祭祀孔子的正殿，位于第二进院落中轴线上。其名出自《孟子·万章下》"孔子之谓集大成"一语。在唐代以前，大成殿被称为"文宣王殿"。到北宋时期，宋徽宗赵佶尊崇孔子为"集先贤先圣之大成"，诏名文宣王殿曰大成殿。

崇基即大成殿前的方基及月台，又称拜亭。台基高约1.89米、东西宽37.55米、南北深20.53米，方基占地770.9平方米，四周围以汉白玉雕花栏板。月台高1.0米，东西宽29.79米、南北深9.1米，月台占地271平方米。方基和月台共占地1041.99平方米。月台南面为三道踏跺，中间踏跺

大成殿

为巨型云龙浮雕的丹陛，东西两侧各为台阶。这片神圣的露台是古时候作为帝王亲临祭祀孔子时，举行祭祀大典以及上演乐舞的地方。文武官员和绅士祭孔时，会在各地方文庙的崇基上跪拜歌舞。在现代，每逢孔子诞辰纪念日都要在崇基台上举行纪念活动，或者表演古代祭祀乐舞——八佾舞。

整个大成殿就建立在这个花岗石砌筑的崇基台之上，高约17.95米（以台明上皮计），建筑形制为重檐庑殿顶。大成殿面阔十一间（即九堂二夹室之最高规制），通面阔34.44米，通进深17.22米，外墙围合面积651.64平方米。进深六间九架前檐廊，屋顶上覆黄琉璃瓦。上檐施单翘重昂七踩斗栱，下檐施重昂五踩斗栱，平身科坐斗开口尺寸7.8厘米，约合清营造尺2.4寸，相当于清工程做法八等至九等斗口之间，小于故宫太和殿七等斗口。大殿的里外金柱并非使用传统的纯木制作，而是改用当时新引进的钢筋混凝土材料浇注而成，金柱柱顶石用水磨石制成，制作精细质量上乘。檐柱柱顶石、槛垫石、台明阶条石、陡板石和月台阶条石、陡板石、出陛踏跺，皆花岗石材质，栏杆为大理石制作。殿内外及月台地面及四外散水，皆用仿金砖水泥方砖铺墁。墙体上身红墙丹壁、下碱干摆磨砖对缝。外檐施金龙和玺彩画，廊内掏空部分也为金龙和玺彩画，金龙井口天花，金里安装三交六碗菱花槅扇。廊柱间雕饰雀替。在双重飞檐中的海蓝色竖匾上，木刻贴金的群龙，紧紧团护着三个金色的大字："大成殿"。

殿内正中雕龙贴金的神龛中，供奉一尊孔子帝王像。神龛的额眉上面悬挂着"道洽大同"金字横匾，匾长3.04米，宽1.43米，木质结构。"道洽大同"四个字，是由我国清末著名书法家、最后一名科举状元刘春霖于 1929 年 11 月为文庙落成所题写，是祭孔大殿内重要的标志物，属文庙的镇殿之宝，极其珍贵。"道洽大同"四个字的含义，是指孔子倡导的儒家学说，与《礼记·礼运》中"大道之行也，天下为公，选贤与能，讲信修睦，—— 是谓大同"的思想融洽与吻合。哈尔滨文庙建设者用"道洽大同"来概括孔子"仁、义、礼、智、信"的思想精髓，体现了"祭者，教之本"的用意，是传承中华民族传统文化的根本所在。

神龛的左右楹联题有："齐家治国平天下信斯言也布在方策；率性修道致中和得其门者譬之宫墙。"神龛前设有孔子牌位，牌位两侧供有复圣颜回、宗圣曾参、述圣孔伋、亚圣孟轲的牌位，此四人为第一批配享的圣哲，称为"四配"。四配两侧供有颜回、闵损、冉耕、仲冉雍、宰予、端木赐、冉求、仲由、言偃、卜商、朱熹、有若的牌位，此十二人被公认为孔子的好学生、儒学最杰出的功臣，所以被称"十二哲"。四配和十二哲的陪侍，显示出儒家学派后继有人，济济一堂。牌位前设有供案，上面摆设着祭祀的祭品"太牢"（猪、牛、羊各一）和祭祀时使用的爵、豆、簠、笾、簋、铏、尊、香炉、烛台等祭器，另有盛放五谷、酱料、果品之用的器皿。周围陈设着祭孔时演奏的瑟、磬、笙、编钟、柷等礼器、乐器。供案之前是拜位。据史料记载，当年大成殿的楹柱上有两幅楹联，一幅题有"德贯百王；功垂万世"，另一幅题为"定六艺于杏坛绍虞夏商周之统，藏诸经于鲁壁开关闽濂洛之传"。

整个大殿，体量宏大、用料考究、格调高雅，完全是按照清光绪三十二年（1906 年）升祭祀孔子为大祀仪式的规格设计建造的，属于典型的清代建筑风格。当年的行政长官张景惠在《碑志》中作了说明："谨案孔子之庙，在昔为中祀，其殿九楹为堂七，为夹室二，此旧制也。自光绪三十二年，升孔子为大祀，而京外学宫，犹仍旧贯未之改作。今东省特别区宏观大起，创而非固，尚且缔造合乎大祀之仪。"这是哈尔滨文庙大成殿的礼制体现。

哈尔滨文庙之所以被称为东北地区规制最全、等级最高的文庙，主要体现在大成殿上。大成殿的"高规格"主要体现在，首先是采用了最大的开间数。在等级森严的封建社会，讲究"九五之尊"，九为最大。因此古建筑中"七间夹二室"即九开间，"进深五间"为最大建筑规模。而哈尔滨文庙却建立了一座"九间夹二室"即十一开间、进深六间的大成殿。在开间和进深的规模上超出了孔庙的建筑规制，达到了与皇家建筑等同的标准（故宫的太和殿为"九间夹二室"的十一开间）。其次，在屋顶规制上，大成殿采用了"重檐庑殿顶"，也是中国传统古建筑中的最高形制。"庑殿顶"这种建筑规制，一般常用于宫殿、庙坛一类的皇家建筑。如故宫的午门、太和殿、乾清宫、太庙的大戟门、享殿及其后殿，景山寿皇殿、寿皇门等。除皇家建筑之外的其他官府、衙署、商埠、民宅等，是绝对不允许采用"庑殿顶"这种建筑形式的。然而，哈尔滨文庙大成殿却使用了重檐庑殿顶这一最高规制。大成殿的顶层飞檐四角上，安放有骑凤仙人后带九只脊兽，依次排列为骑凤仙人、龙、凤、狮、天马、海马、狻猊、押鱼、獬豸、斗牛（据查：中国古建筑四角垂脊兽安放的规制是以九为大，即除骑凤仙人外，最多有九个小兽，现有传统建筑中，只有故宫的太和殿上安有十个小兽，在九个小兽后面加上一件"行什"），而按照传统规定，只能摆设六个走兽。因为这座文庙建在民国年间，所以它打破了文庙传统建设原有的格局，以大祀孔子的规格建造。下檐四角骑凤仙人后随七件走兽，翼角翘飞椽、上檐二十三翘、下檐二十一翘，外檐斗栱上檐单翘重昂七踩、下檐重昂五踩的形制，也都是古建中等级颇高的。这种高规模、高规制的建筑形式，决定了大成殿建筑用材精良、体量宏伟壮观。

（十四）东庑

东庑建筑形式为面阔九间，进深三间七架前檐廊建筑，单檐歇山顶，屋面覆绿色琉璃瓦，檐下施墨线小点金旋子彩画。东庑是大成殿东面的配房，是供奉配享孔庙先贤先儒牌位的地方，属从祀儒家先贤先儒的纪念性建筑。先贤先儒是文庙中从祀的第三个等级，大多数为孔子的弟子。其位次和等级是清朝颁定的，成为文庙礼制，为后世继承。由于政治原因，不断有罢黜和增加。到民国八年（1919年），东庑供奉先贤四十位，先儒三十九位。先贤因属从祀地位，祭祀时其规格低于"四配十二哲"。文庙的祭祀，随等级的不同，所享受的礼遇也随之发生变化。

东庑

（十五）西庑

西庑是大成殿西面的配房，建筑形式同东庑。是供奉配享孔庙先贤先儒牌位的地方，属从祀儒家先

西庑

贤先儒的纪念性建筑。先贤先儒是文庙中从祀的第三个等级、大多数为孔子的弟子。其位次和等级是清朝颁定，成为文庙礼制，为后世继承。由于政治原因，不断有罢黜和增加。到民国八年（1919年），供奉有先贤三十九位，先儒三十九位。所谓先儒者及孔门弟子以外传经学及德行贯世或功业显著之人也，此等先贤先儒经历代学者之奏议，因时从祀之可否，及位置之顺序，议论纷纷，宋徽宗政和三年（1113年），大成殿上唯祀先师及四位配神，其他诸弟子并先贤先儒等从祀于东西庑，明宣德三年（1428年），先贤从祀名位考证以后，颁行天下，至清朝雍正二年（1724年）、乾隆十八年（1753年），同治八年（1869年）等，多次更正其顺序。

（十六）崇圣祠

崇圣祠，为主祀孔子之父叔梁纥之殿，源自孔氏宗庙，称启圣殿。清雍正元年（1723年）谕封孔子五代祖先配享王爵尊号，并准其入祀，改名崇圣祠，另外也配祀孔鲤等十位先贤先儒。最早，这里并不叫崇圣祠。明嘉靖九年（1530年），大学士张璁说："叔梁纥为孔子之父……于两庑从祀。原圣贤之心，岂能安逸，故请立叔梁纥与大成殿后，别室祭祀之。……第二年，始称为'启圣祠'。""启圣"为北宋真宗时追封孔子之父的尊号。至清雍正元年（1723年），孔子五代祖光配享王爵尊号，并准其入

崇圣祠

祀，其殿名始改为"崇圣祠"。另外，在崇圣祠内奉祀孔鲤等十位先贤先儒。

崇圣祠建筑形制为面阔七间、进深五间九架前檐廊，单檐歇山顶建筑，屋面覆黄色琉璃瓦，普通台基，台基前部伸出月台。通面阔22.31米，通进深12.05米，外墙围会面积298.41平方米。檐下施重昂五踩斗栱，平身科坐斗开口尺寸6.5厘米，折合清尺为2寸，相当于工程做法九等斗口。外檐施金线大点金龙锦枋心旋子彩画，内檐施雅伍墨、龙、花草枋心旋子彩画，团鹤井口天花。台基高1.12米，东西宽24.93米、南北深14.67米，台基占地365.72平方米，月台高0.96米，东西宽17.63米、南北深5.14米，月台占地90.62平方米，阶条石、陡板石由花岗石砌筑，地面为仿金砖水泥方砖铺墁。墙体外侧下碱为传统干摆三顺一丁做法，柱根墙面设雕砖透风。建国后，崇圣祠曾一度作为黑龙江省军区的书库，并将大殿外的匾额改名为"书厅"，直到2007年哈尔滨文庙进行三年维修的时候才恢复原貌。

（十七）耳房

耳房位于文庙东、西入口礼门（一院东牌楼）和义路（一院西牌楼）的外侧，坐北朝南，硬山式

东耳房

西耳房

屋顶，檐下苏式彩画，灰墙灰瓦，面阔三间，进深一间五架。无论高度、规模还是等级都无法与各殿相比。文庙不像佛教寺院那样，平时有大量的僧人住持，在没有祭祀等活动的时候，只有少数人在这里看护文庙。东、西耳房离入口很近，应是这些看守者的起居住所。

（十八）院墙

院墙外围长 270 米，宽 92 米。红色墙体顶覆黄色琉璃瓦，南起于万仞宫墙，无正门。凡来文庙参观者，都必须从题有"德配天地"的东牌楼进入院内。很多观众为此迷惑不解，为什么哈尔滨文庙没有正门呢？实际上，万仞宫墙所在之处，本应辟建文庙的正门，因中国民间有一条约定俗成的规矩，无论何地建成文庙，都要由当地的当朝状元（科举时代的一种称号，元代后限于称殿试一甲，即第一名）前来祭孔，然后方可允许推倒影壁修建文庙的正门。哈尔滨文庙建于近代的民国年间（1926 年），而科举制度在 1905 年就已经废除，没有状元前来祭孔，因此万仞宫墙取代了正门。

院墙

二、附属文物

（一）无字碑

无字碑坐落在文庙一院礼门的入门口右侧，通高 383 厘米，由碑额、碑身和底座三部分组成，碑额碑身与底座为一块巨型青色花岗岩石雕刻而成。因为这座石碑的碑阳与碑阴两面皆无一字，故称"无字碑"。

每当游客驻足观赏，都会竞相猜测，这座碑为什么一直无字？究竟有何用？至今仍无据可考，揣测起来，有这么几种说法：一是根据《东省特别区创建文庙碑志》中记载的"凡拓地长一百丈，广三十丈三尺、方五十五亩五分，庙基有余，别建乡贤名宦祠，以属学官而典守之"，推测是为将来建乡贤、名宦祠镌刻碑文的；二是效仿武则天建"无字碑"之意，留给后人为创建文庙者歌功颂德；三是作为"状元题词"的一种象征，主建者有等待科举制度恢复的想法，留有无字碑，待将来出了状元，树碑立传；四是由于当时战争紧张（1931 年 9 月 18 日，日本入侵东北），没来得及刻石记事……总之，这座已有 80 余年历史的石碑到目前还是个谜，有待进一步考证、研究。

（二）"道洽大同"匾额

"道洽大同"匾额是哈尔滨文庙创建时悬挂在大成殿孔子牌位龛上方的木质巨幅横匾，长 304 厘米、宽 143 厘米，匾额正中央刻有"道洽大同"四个烫金大字，落款为"刘春霖敬书"。这幅匾额是由清末状元、书法家刘春霖撰写。道洽吻合孔子常说，有广识洽闻之意。刘春霖（1872～1944 年），字润琴，号石云。直隶肃宁人，清光绪三十年（1904 年）考中甲辰恩科头名。随后科举制度废除，因此他成为中国历史上最后一个科举状元。辛亥革命后刘春霖隐居家中。1931 年"九·一八事变"后，他拒绝"伪满政府"总理郑孝胥的邀请，没有出任其教育部长；"卢沟桥事变"日寇占领平、津后，又拒绝出任其伪政府的北平市长。因两次拒绝出任"伪政府"的官职，被汉奸王揖唐抄家，刘春霖身心大受摧残，于 1944 年因心脏病突发与世长辞，时年 73 岁。刘春霖在诗书画上均有极高的造诣，尤擅小楷，其小楷书法有"楷法冠当世，后学宗之"之誉，至今书法界仍有"大楷学颜（真卿）、小楷学刘（春霖）"之说。

无字碑

"道洽大同"匾额

（三）《哈尔滨文庙碑记》碑

跨过第一进院落的东、西掖门，在第二进院落的东、西两侧分别耸立着一座青花石龙趺碑。东侧石碑通高551厘米，由碑额、碑身、碑座三部分组成。碑额为四条蛟龙盘石，在盘石正面中间镌刻有"文庙碑记"四个篆字，碑阴、碑阳四周分别刻有24条蛟龙。碑座是汉白玉雕成的善负重物的龙子之一——赑屃。赑屃下有大型石刻水盘，四角漩涡处刻有鱼、鳖、虾、蟹四种生物，台明及四出五级垂带踏跺均用花岗岩砌筑。碑阳，即碑身正面镌刻着著名爱国将领张学良将军撰写的《哈尔滨文庙碑记》全文，由钱拯丹书，北平陈云亭刻石，属欧体阴刻，碑阴无字。

《哈尔滨文庙碑记》碑

这座石碑及这篇《哈尔滨文庙碑记》能够保存下来，也是十分不易的。"文革"期间，有个专门的班子批判这篇《碑记》，造反派也想要推倒石碑，后因工具不利，未能得逞。一气之下竟在碑阴刻上"造反有理"四个大字（幸好碑阴上原无一字）。1988年文庙对外开放后，将碑阴的字磨掉了。现在这座石碑已经成为了游人驻足观赏的重要景点之一。

在这篇近500字的碑文中，当时年仅28岁的东省保安总司令、东北王张作霖之子、少帅张学良将军，以凝练精辟的文字论述了哈尔滨的地理环境、修建文庙的历史背景、宗旨和作用。

随着1898年中东铁路的修建，沙俄在黑龙江攫取了各种特权，接着英、法、德、荷等十几个国家，也相继把侵略的触角伸到哈尔滨。日本帝国主义则更是虎视眈眈，伺机占领东北。1928年，日本军国主义者曾以威吓、利诱手段，阻止张学良将军"改旗易帜"与国民政府合作，实现祖国南北统一的举动，但是，遭到张学良将军的严词拒绝。这一时期，帝国主义列强在进行政治、军事、经济侵略的同时，也无孔不入地推行其西方文化，这片黑土地上的中华传统文化，因此遭到严重破坏。一些爱国的有识之士，对此深表忧虑。张学良将军正是在这样的历史情况下，为文庙题写了《哈尔滨文庙碑记》一文。他指出："哈尔滨据松花江上游，东省铁路横贯其间，欧亚商旅麇集而鹕居，列肆连廛，言庞俗杂"。他还进一步指出，这种情况隐含着一种危险趋势："民德即离，势必家邦陵替。本实先拨，而求其枝叶无伤，胡可得也"。因此，张学良将军在《哈尔滨文庙碑记》中强调，要改变社会风尚，必须从教育入手，用孔子的思想作为教育之本，用孔子的学说"教天下之顺……遏天下之逆"，使人人有衡量自己行为的标准，从而形成淳善的社会风德，达到"通神明而光四海"的理想境界。要崇尚、遵循孔老夫子的思想，就要举行祭祀孔子的仪式，为此，必须有一个理想的场所。张学良将军在《哈尔滨文庙碑记》中还特别指出了，中华是孔子的祖国，哈尔滨是中华民族集居的地方，如果没有一个理想的祭祀孔夫子的庙宇，用以虔诚地供奉孔子，怎么能激起学子们的钦慕与崇敬呢，更谈不上传播孔子的主张了。最后张学良将军引用了《礼记》中的一句话，"祭者教之本"，点明了要修建文庙的重要依据。在1926~1929年这种特殊的历史背景、文化背景下，也就是在西方文化泛滥的情况下，张学良将军支持修建文庙，主张尊孔祭孔，借以弘扬中华民族文化，这对抵制帝国主义列强的文化侵略，振奋民族精神，推动祖国自强，具有积极的作用和影响。这篇《哈尔滨文庙碑记》折射出张学良将军的一片爱国之情、兴邦之志，可谓用心良苦，令人感动。

（四）《东省特别区创建文庙碑志》碑

西侧与《哈尔滨文庙碑记》石碑相对之处，矗立的是《东省特别区创建文庙碑志》石碑。石碑通高551厘米，由碑额、碑身、碑座三部分组成。碑额为四条蛟龙盘石，在盘石正面中间镌刻有"文庙碑志"四个篆字，四周两面分别刻有24条蛟龙。碑座是汉白玉赑屃石雕。赑屃下有大型石刻水盘，四角漩涡处刻有鱼、鳖、虾、蟹四种生物，台明及四出五级垂带踏跺均用花岗岩砌筑。碑阳，即碑身正面镌刻着由东省特别区行政长官张景惠立的《东省特别区创建文庙碑志》全文。记述1926年由前任行政长官张焕相建议，广筹资金，在哈尔滨南岗修建孔子庙，历时三年建成哈尔滨文庙的规格和布局。碑身阴面刻有1034字的《文庙碑阴题名》，镌刻文庙修建捐募者的名单及捐款数。碑文隶书阴刻，钟广生撰文，张朝墉书丹并篆额，陈云亭刻石。

根据《东省特别区创建文庙碑志》记载："凡费用都圜币七十三万七千三百有奇，出于捐募者约有十四万三千四百八十有奇，余悉取足公家。"说明了哈尔滨文庙全部建造费用

《东省特别区创建文庙碑志》碑

是73万余块银币，其中单位和个人捐款是143480块银币。据我们统计，在个人捐款的13人中，有俄罗斯、英国、法国和犹太人，即格瓦里斯基、伽干、索斯金、阿布连斯基、司林钦、窝尔加白衣喀尔、舒里曼、太里介和米其阔夫等9人。

在58个捐款单位中，除了东省特别区政府各部门和铁路、商会、银行、银号、公司等30个单位外，还有花旗银行、远东银行、远东借款银行、犹太商业银行、老巴夺父子公司（哈尔滨卷烟厂前身）、西比利亚公司、西比义敏公司、法国股份公司、英美纸烟公司、英华东方商业公司、秋林洋行（秋林公司前身）、莫迭尔思饭店（马迭尔宾馆前身）、市里洛洋行、普遍洋行、楚开南百曼富夹司介布里德百公司等15家外国企业和银行。

在当时的哈尔滨市，以西方信仰宗教为主，建立了许多西式教堂，同时拜占庭和巴洛克等风格的建筑也比比皆是。原因是外国人和外国资本家愿意推行本国的思想和文化。但是在建造一个祭祀孔子、宣传中华传统文化的文庙，却有众多的外国人和外国资本家出钱，在国内是极为少见的。

三、其他设施

（一）1、2、3、4号楼

第三进院落崇圣祠东、西两侧各有两幢二层砖混结构楼房，屋顶为仿古单檐歇山顶，覆灰筒瓦，现称为1、2、3、4号楼，1、2号楼修建于1998年。3、4号楼修建于1955年。

1 号楼

2 号楼

3 号楼

4 号楼

（二）东、西坛门

因在东、西垣设礼门、义路两牌坊为出入口之故。为便于管理，又在东、西垣牌坊外侧各加建一个套院，院南端建东、西坛门。坛门为单檐庑殿顶，覆琉璃瓦，檐下施苏式彩画，中间置门两扇。

东坛门

西坛门

（三）员工食堂

在第三进院落，崇圣祠之北，有一幢名为"内务膳食"的单层低矮砖混结构建筑，修建于2006年。现为黑龙江省民族博物馆员工食堂和收发室。

员工食堂和收发室

四、其它可移动展品

(一) 孔子行教像

孔子行教像

孔子行教像是香港孔教学院院长汤恩佳先生捐赠，于1998年12月落成。

孔子行教像是采用唐代画圣吴道子奉旨所画的"孔子行教像"一图为蓝本，此像体现了孔子作为伟大思想家、平民教育家的身份、地位、思想、神韵及特征，神形俱佳。

孔子行教像由青铜铸造，雕像高约3.5米，雕像基座高2.5米，四周镶嵌青石雕刻画，正面以金字题刻捐赠者姓名及立像时间："香港孔教学院院长汤恩佳敬礼，孔子行教像，孔历贰仟伍佰肆拾贰年（公元一九九八年）。"

雕像基座背面镌刻汤恩佳先生手书的《礼记·礼运大同篇》："大道之行也，天下为公，选贤与能，讲信修睦。故人不独亲其亲，不独子其子。使老有所终，壮有所用，幼有所长。鳏寡孤独废疾者，皆有所养。男有分，女有归。货恶其弃于地也，不必藏于己。力恶其不出于身也，不必为己。是故谋闭而不兴，盗窃乱贼而不作，故外户而不闭，是谓大同。"概括了儒家的思想精髓。

雕像基座东侧镌刻为"周游列国"图，西侧镌刻为"杏坛讲学"图。

（二）"和谐鼎盛"鼎

"和谐鼎盛"鼎，质地为仿青铜材质，方腹四足两耳，高 1.6 米。2008 年 9 月，为纪念哈尔滨文庙大成殿八十年首次维修竣工而造。"和谐鼎盛"，寓意改革开放三十年社会发展成就辉煌、人民大众幸福安康，在中国共产党的领导下，努力实现全面建设小康社会奋斗目标，全面推进社会主义经济建设、政治建设、文化建设、社会建设和生态文明建设，开创了和谐盛世的新局面。

"和谐鼎盛"鼎

（三）《论语画解》石刻

跨过玉振门，进入第二进院落，在《哈尔滨文庙碑记》对面的墙上于 2010 年镶嵌了 52 块石刻板，叫做论语墙，集中展示了《论语》一书中的名言警句，内容丰富，哲理精辟。

《论语》是儒学经典著作，主要记载我国古代伟大思想家和教育家、儒学创始人、世界著名文化名人孔子的言论，由孔子的弟子及再传弟子编撰而成。《论语》语言简洁精炼、含蓄隽永、循循善诱、发人深省；古语说："半部《论语》治天下"，它内容包罗万象，上至治国兴邦、平天下，下至修身齐家、待人接物，可称得上是一部文化大百科全书。《论语》集孔子思想之大成，是儒家文化之渊源，传统文化之精髓，传统道德之法宝。其中的许多至理名言至今还起着教育人、引导人、规范人、鼓舞人之作用。其流传之久、传播之广、影响之深是妇孺皆知的。

《论语画解》以图画的形式对《论语》中的名言佳句进行阐释，它是由台湾著名画家江逸子先生创作的，画风古雅、笔法细腻，温婉秀美，形象生动。孔子第七十七代嫡孙、三十二代衍圣公孔德成先生甚为欣赏，并为之亲自题词，"百年育人笔于书，千秋化人刻于石"。为使《论语画解》以石

《论语画解》石刻

刻形式在哈尔滨文庙永存于世，湖北丰碑文化艺术有限公司挑选高级雕刻师，运用传统手工雕刻技法，精雕细刻，精益求精，历经数月，始告成功。碑刻的绘画手法细腻，人物鲜活，雕刻技术古朴典雅，温婉秀美，青石碧镂、千秋长存，堪称是一部传统文化、现代绘画与雕刻技术完美结合的艺术作品。

石刻《论语画解》由八十八位热衷于儒家学说研究、致力于孔子思想传播的爱心人士所捐赠。

（四）开笔石

开笔石

开笔石是举行开笔礼时用来写字的石头。开笔礼是古代读书人四礼（开笔礼、进阶礼、感恩礼、状元礼）之一，是儿童启蒙教育、拜师进学的重要礼仪。古时的开笔礼一般包括拜孔子、拜师、朱砂启智、开笔写字等步骤。儿童在开笔石上写下人生的第一个字，意味着从此打破蒙昧无知的状态，开始读书识字，学习文化和礼仪，因此开笔也叫"开蒙"或"破蒙"。

这块开笔石取自泮桥上损坏的汉白玉雕刻而成，石的中心有一砚坑，内盛清水，儿童用毛笔蘸清水在石面上写下自己人生中的第一个字，是为开笔。泮桥俗称"状元桥"，代表孔子讲学的学宫，以泮桥之石作开笔石，象征开笔的儿童从此成为孔子的弟子，在孔子门下学习。

第二章　位置和环境概述

第一节　文物区位

哈尔滨文庙仿古建筑群位于哈尔滨市南岗区东大直街东端文庙街 25 号（原哈军工院内），东经 126°39′30″~126°40′40″、北纬 45°46′15″~45°46′40″。海拔高度 135.5 米。哈尔滨文庙坐落于现代化都市中，南北向三进院落。东面是哈尔滨工程大学招待所及黑龙江省军区俱乐部，西面是黑龙江省军区医院，南依文庙街，北临工程大学的南海路。总长约 270 米、总宽约 92 米。原占地面积约 37000 平方米，现占地面积（含围墙）24840 平方米。大成殿檐墙向四周延伸各 90 米为保护范围、144 米为建设控制地带。

第二节　自然环境概述

哈尔滨文庙现为黑龙江省民族博物馆馆舍，位于哈尔滨市南岗区南通大街与文庙街交叉的黑龙江省军区院内，距街口 300 米。

一、自然环境

（一）气候

属中温带大陆性季风气候，冬长夏短，四季分明。风向随季节变化，春季干旱多风，夏季火热多雨，秋季短暂霜早，冬季干冷漫长。

气温：

1. 春季平均气温在 −10℃~3℃之间，时间为 2 月 1 日~4 月 25 日。

2. 夏季最高气温可达 36℃，时间为 4 月 26 日~8 月 10 日。历史最高气温达 41℃（1907 年）。

3. 秋季温度在 9℃~20℃，时间为 8 月 11 日~10 月 30 日。

4. 冬季温度可达 −38℃，时间为 11 月 1 日~次年 1 月 30 日。历史最低气温达 −41℃（1932 年）。

湿度：

历年相对湿度 70%。

降水量：

历年降水最多为年降水量 900 毫米（1988 年）。

风速：

历年平均风速 2.9 米/秒。

霜冻：

无霜期为 150 天左右，结冰期 190 天左右，平均初霜期九月下旬，平均终霜为 4 月 20 日左右。

（二）地貌

地势南高北低，由东南缓缓向西北倾斜。地貌呈河漫滩阶地和波状起伏平原状。

（三）地质

土质多为深层黑钙油沙土，地质地层岩性自地面向下依次为：

1. 耕土夹砖瓦片，厚度 1.5 米左右。

2. 粉质亚黏土，厚度 4 ~ 18 米左右。

3. 含砾中粗砂，厚度 7 米左右。

4. 粉质亚黏土，厚度 2.5 米左右。

5. 灰色中粗砂，含砾中粗砂、沙砾卵石，总厚度 35 米左右，为主要含水层。

6. 泥岩。

（四）水文

平均埋深 25 米左右。地下水的水质良好。

（五）植被

有松树、杨树、丁香树、果树、阔叶草、窄叶草等植被。

（六）动物

有麻雀、喜鹊、松鼠，春秋两季还有猫头鹰出现。

二、地理环境

（一）地理位置

东经 126°39′30″ ~ 126°40′40″。

北纬 45°46′15″ ~ 45°46′40″。

海拔高度 135.5 米。

（二）行政区划

行政区划属哈尔滨市南岗区。

（三）相对位置

哈尔滨文庙坐落在哈尔滨市南岗区东端，文庙南面（正门）临文庙街，北面（后门）与南海路相临，东西两侧分别是哈尔滨工程大学招待所、黑龙江省军区俱乐部和黑龙江省军区医院。

（四）重要建筑

文庙周边有众多的文化体育游乐设施以及部队学校医院。

东临哈尔滨工程大学、黑龙江省军区机关。

南对八一宾馆、育红小学。

北对哈埠最大的佛教寺院极乐寺、哈尔滨文化公园、哈尔滨文化大集、哈尔滨冰上训练基地。

第三节　人文环境概述

一、居民状况

文庙周边即哈尔滨工程大学校区、燎原街道办事处和黑龙江省军区机关驻地，人口大约 7 万人。

二、产业状况

主要是非营业性单位和商服。

三、交通状况

文庙周边公交线路有：3 路、6 路、14 路、37 路、53 路、55 路、66 路、70 路、74 路、92 路、104 路、105 路、地铁一号线。

四、环境变化

哈尔滨是中国黑龙江省的省会，位于东北亚中心位置。由于哈尔滨是近代发展起来的交通、产业城市，及其独特地理区位优势，特别是第一个五年计划前后城市发展很快。原先处于哈尔滨市南岗区中心区边缘的哈尔滨文庙，周边的环境发生了巨大的变化。先是东边、北边建设成片的、体量较大的哈军工教学楼，然后是西南边建成省军区办公楼与住宅楼。伴随着成片楼房和市政设施的建设，周边地面升高，造成文庙区位低洼，排水不畅，古建筑历经沧桑损毁比较严重。

五、主要环境问题

哈尔滨文庙周边环境较为复杂，因文庙被哈军工圈入院内，前后门均距城市主要道路约 300 米。文庙围墙之外东西两侧有哈尔滨工程大学和黑龙江省军区居民住宅，加之绿树掩映，规模宏大的古建筑群和如画的园林风光鲜有人知。因此，改造文庙周边环境，造福社会和哈埠人民势在必行。

第三章 工程概述

第一节 工程缘起

哈尔滨文庙始建于1926年，落成于1929年，已有80余年的历史。首先，自然因素造成了一些建筑结构的损坏，其次，哈尔滨文庙建成后不久就分别被哈尔滨医学专科学校、哈尔滨医科大学、中国人民解放军军事工程学院、黑龙江省军区使用，各建筑在当时由于人为因素均有不同程度的维修和改造。

1985～1987年对文庙进行了一次修缮，内容和范围包括：文庙第一进院内的围墙瓦顶，三座牌楼、大成门、东、西掖门的瓦顶和彩画油饰；名宦祠、乡贤祠、东、西官厅的瓦顶裹垄、彩画油饰、檐部装修。第二进院落，拆除东、西庑加建的墙体和台阶，并恢复建筑原有格局；东、西庑和大成殿檐部装修。

1996～2003年国家文物局陆续下拨资金进行小规模维护性的零星修缮。内容和范围包括：文庙第二进院落内大成殿内外走廊、柱子刷油，维修大成殿后坡部分屋面串瓦；维修第二进院落东、西配殿；维修崇圣祠，前后坡串瓦，修缮大成门、东、西牌楼、棂星门、掖门。黑龙江省民族博物馆经过认真的勘察研究，在省政府及省文化厅的重视下，决定于2007年开始进行修复工作。

第二节 工程范围、目标

一、工程范围

哈尔滨文庙东庑、西庑、大成殿、乡贤祠、崇圣祠、大成门、名宦祠、东西官厅、东西耳房、院墙。

二、工程目标

严格遵守不改变文物原状的原则，在维修过程中以本建筑现有传统做法为主要的修复手法，对各座建筑进行维修保护，对于后期添加的部分，在本次维修中予以纠正，恢复其原貌。使现存建筑行生获新生，消除其内隐患。

第二篇

哈尔滨文庙勘察测绘研究报告

第四章　历史沿革

第一节　哈尔滨文庙的始建

修建哈尔滨文庙的历史缘由，可从文庙二院东庑南端矗立的由爱国将领张学良将军撰写的《哈尔滨文庙碑记》得知。

20世纪二三十年代，东北被帝国主义列强势力占侵。哈尔滨文庙的修建，时值中国政府刚收回中东铁路的行政、哈尔滨市的市政权之后，由张学良将军于1926年倡导并主持。张学良所撰《哈尔滨文庙碑记》中记载，"自政权收回后，百务聿新，当事者以学校浡兴，不可废崇祀先圣之典"，"盖以《孝经》教天下之顺……遏天下之逆"，"使人人以仁孝宅心，则蒸之为善俗"，达到"通神明而光四海"。"中华为至圣祖国，哈埠又为华夷错处之区"，如果没有一个理想的祭孔庙宇，用以虔诚地供奉孔子，"何以动学子之钦崇，而回易友邦之视听"。文中又提到"祭者教之本也，此文庙之建所为不可缓也"。因此，哈尔滨文庙的修建，反映了东北从帝国主义奴役下收回政权，确定以孔子之教为诏国之本的重大历史事实。倡导尊孔、祭孔，借以弘扬中华民族传统文化，振奋民族精神，反对帝国主义列强外来侵略，反映了当时东北历史状况的特定性。

在上述历史背景下，哈尔滨文庙由当时东省特别区行政长官张焕相及继任长官张景惠实施筹建。据《东省特别区创建文庙碑志》记载："自清光绪三十二年，升孔子为大祀，而京外学宫，犹仍旧贯，未之改作。今东省特别区宏规大起，创而非固，故其缔造合乎大祀之仪……凡庙制，大成殿居中南向，为堂九，为夹室二，都十一楹。"由此可知，居于二院的大成殿，是按大祀祭孔仪式的规格设计建造的。其重檐庑殿顶，面阔十一开间的规格可与北京故宫的太和殿相媲美。

《东省特别区创建文庙碑志》记载，文庙共筹集73万余银币建成，其中工商及中外人士捐募者捐资"约有十四万三千四百八十有奇"。这正说明哈尔滨文庙是"会集中外人士"，官商合筹共同建设的。据《东省特别区创建文庙碑志》碑阴题名记载，捐助商家有中国银行、交通银行、美国花旗银行、犹太商业银行、老巴夺父子烟草公司（哈尔滨卷烟厂前身）、秋林洋行（秋林公司前身）、莫迭尔思饭店（马迭尔宾馆前身）等。"以上共募捐银币一十四万三千四百八十元，建筑及购置费共用银币七十三万七千三百余元"。由此可见中外合资与官商合筹修建资金是哈尔滨文庙建设的特点，多元筹措建设资金的方法，在国内孔庙中也是不多见的。

从建筑艺术角度来看，哈尔滨文庙是按着清光绪三十二年（1906年）升祭孔为大祀，仿照皇家之制而建造的。文庙建筑布局严谨、院落划分尺度适宜，主体建筑序列层层展现、主题突出。大成门、大成殿皆为三出陛，中陛踏跺间置高浮雕汉白玉五龙戏珠御路石；主要建筑之顶皆采用统一的黄色琉璃瓦；彩画为和玺彩画、旋子彩画、苏式彩画，这在其他孔庙建筑中是少见的。通过建筑尺度、规格、瓦顶色彩、彩绘规制来表现建筑等级的传统手法运用得当，具有较高的建筑艺术价值。

由于哈尔滨文庙兴建于中国最初开始建筑变革的时期，又是中国营造学社成立前夕，在国内建筑行业中已出现了一些钢筋混凝土结构的仿古建筑，在建筑创作上仍是形式复古为主流。哈尔滨文庙的建筑就是采用清官式做法，而在结构材料上已采用了部分钢筋混凝土材料，反映了清代古典建筑传统技术与艺术的延续发展，成为中国这一历史时期传统建筑的延续和技术变化的重要实物例证。

几经风雨，历尽沧桑，哈尔滨文庙落成至今已有八十多个春秋，她是前人给哈尔滨人民留下的宝贵文化遗产，也是华夏古典建筑的精品。她以其独特的东方建筑风格、雄伟壮观的气势，屹立在以西欧古典建筑风格为主要基调的哈尔滨建筑群体之中。

第二节　哈尔滨文庙的变迁

民国十五年（1926 年）5～6 月间成立文庙工程委员会，即"文庙筹备处"。哈尔滨交通银行第一任行长谢荫昌为主席，10 月动工修建，于民国十八年（1929 年）完工，历时三年。

作为哈尔滨城市建设中的一件大事，当时哈尔滨的重要媒体《滨江时报》给予了关注，并作了大量的报道。

《关孔夫子庙地点》　　　　　　　　《先建大成殿》

◎建修文廟

東省地處邊陲文化事業進行稍遲近
歲年來民智漸開興設日趨進步對
於孔道漸知尊崇於是各處多提議有
修築文廟以壯觀瞻者哈埠紳民亦
有北傭滿濱站紳民代表戴憲章等任
文廟經理地獻撥相當地址在案現
該站修築文廟一所乃援照哈埠勘撥
文廟地基成案呈請特區地畝局撥
文廟地基地點撥給文廟地基以便興修
云云

◎王處長之政策

◎妓携壺洗對盆

▲興家敗家之源

▲游戲筆墨▼

◎玉兒真沒有良心

花界通訊

◎傅家甸

◎核減南運貨車

◎孫科員任縣知事

◎省署牌示

說生意話

刀雪如花

▲動工

▲梨園業之競爭

《建修文廟》

建设中的文庙大成殿

建成后的大成殿

文庙第一进院落建筑群

1931 年 3 月 23 日，哈尔滨文庙举行首次祭孔活动，活动由当时东省特别区行政长官公署组织、主持，这也是文庙落成后唯一一次由当时中国地方政府主持举行的祭孔活动，之后的几次祭孔活动都是在伪满时期进行的。

伪满时期的棂星门

伪满时期文庙的第一进院落

哈尔滨文庙建成后，成为哈尔滨市的一处新的景观和重要公共设施。1932 年夏，哈尔滨暴发特大洪水，今天的道里区和道外区被洪水淹没。道外区为多数普通中国市民生产、生活和居住的区域，大批灾民纷纷寻找栖身场所，许多灾民被当局安置在文庙内的临时收容场所吃住。

1932 年，灾民在文庙大成殿前居住、晾晒衣物

1945 年苏联红军进入哈尔滨后，苏联军官也纷纷来到具有中国传统文化特色的哈尔滨文庙游览。

苏联军官游览文庙

苏联军官在大成殿前合影

　　1946 年哈尔滨解放后，文庙为哈尔滨医学专科学校使用，被用作哈尔滨医学专科学校的图书馆。期间哈尔滨医学专科学校对文庙内各殿房进行了一系列改造：为增加各建筑内部的使用空间，将原来的金里装修拆除后，在檐柱间统一加砌了墙体；为满足采暖需求，加置暖气及暖气管道沟，并将管道沟上方的地面水泥方砖拆除后，抹墁一道水泥砂浆层；为满足采光、通风，在各建筑的后檐墙上开设窗户。

　　1949 年春，中国医大一分校和二分校合并组建哈尔滨医科大学，经哈尔滨市委、市政府决定，哈尔滨文庙暂时为医大使用。在建校过程中，张平化、郭林军等市领导同哈尔滨医科大学多次协商、研究、安排文庙的使用。1949 年 4 月医科大学在哈尔滨文庙举行开学典礼。

1949 年 4 月 16 日，哈尔滨医科大学在大成殿举行开学典礼

1950 年 8 月 28 日，哈尔滨医科大学内科、儿科分科时医生在泮桥上留影

1952 年春，陈赓将军来哈尔滨筹建中国人民解放军军事工程学院，根据国务院和中央军委指示，哈尔滨医科大学将文庙移交给军事工程学院使用。1952～1960 年，哈尔滨文庙一直作为前苏联马列主义专家组的宿舍。1960 年苏联专家回国后，哈尔滨文庙被军事工程学院用作马列主义教研室和图书馆、阅览室，直到 1970 年中国人民解放军军事工程学院南迁。

中国人民解放军军事工程学院海军工程系学员在文庙泮桥上留影

1956 年，中国人民解放军军事工程学院各系工作的苏联专家在大成门月台上合影①

---

① 大成门当时已被用作专家宿舍。

1971 年，中国人民解放军军事工程学院将房产交给黑龙江省军区，省军区后勤部先后将文庙当做被服仓库、军械库（文庙二院）、修理厂（文庙一院）。此时的文庙，建筑多处被改造，年久失修，已是断瓦残垣，庭院蒿草丛生，一幅萧条破败的景象。

20 世纪 70 年代的文庙

泮桥的汉白玉栏杆倾倒缺损

大成门的前廊被改建

大成门前的丹陛破损

文庙大成殿一角

褪色脱落的大成殿前檐油漆彩画

被改建的礼门

破损的院墙

1981 年，黑龙江省人民政府为了保护哈尔滨市现存规模最大的仿清代建筑群，下发黑政发【1981】15 号文件，将哈尔滨文庙列为省级文物保护单位，以免遭到破坏。

1985 年 1 月，经国务院和中央军委批准，黑龙江省军区将哈尔滨文庙移交给黑龙江省文物管理委员会，3 月 9 日双方签署了交接书。同年，经黑龙江省政府批准，以哈尔滨文庙为馆舍成立了黑龙江省民族博物馆。

1985～1987 年对文庙进了一次修复，内容和范围包括：文庙第一进院内的围墙、三座牌楼、大成门、东西掖门、名宦祠、乡贤祠、东西官厅，第二进院内的东、西庑和大成殿。

1985 年，文庙维修礼门（德配天地牌楼）

维修前的礼门戗柱柱根朽断

礼门彩绘褪色、剥落

维修礼门立柱

安装礼门戗柱

1985 年，文庙维修义路（道冠古今牌楼）

维修前义路立柱朽裂、彩绘剥落

义路戗柱做地仗

维修后的义路

1985 年，文庙维修棂星门

棂星门立柱朽裂、彩绘剥落

搬运柱顶石

柱顶石基座

安装戗柱柱顶石

油饰彩绘之一

油饰彩绘之二

维修后的棂星门

1986 年，文庙各殿维修

东官厅维修木屋架

东官厅屋面苫背

东庑维修——拆除加建台阶

东庑维修——拆除加砌墙体

西庑维修——安装槛窗

西庑维修——恢复槛墙及门窗格式

1986 年，文庙恢复大成殿陈设

搬运"道洽大同"牌匾

悬挂"道洽大同"牌匾

1986 年 11 月，恢复悬挂大成殿"道洽大同"牌匾

油饰祭孔乐器——"柷"

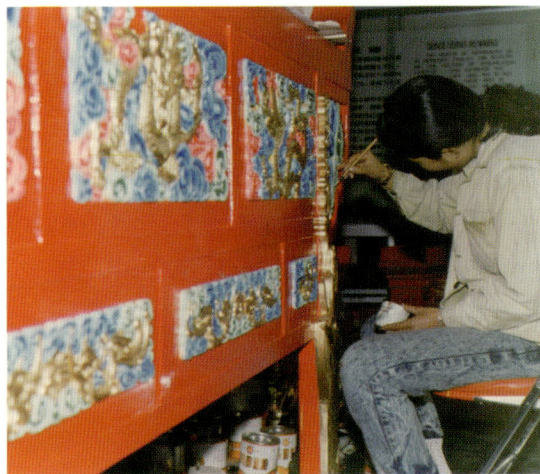

油饰大成殿供案

1988 年 9 月 20 日，经过初步修缮复原之后，黑龙江省民族博物馆（哈尔滨文庙）正式对外开放。先后举办了《孔子圣迹展》、《中国孔庙专题展》、《少帅春秋——爱国将领张学良生平事迹图片展》等多种形式的展览，接待中外游客近百万。

大成殿举办《孔子圣迹展》

观众参观《中国孔庙专题展》

《桦皮镶嵌艺术展》开幕式

谭方之（前左二）、周铁农（前左三）、朱典明（前左五）、张向凌（前左七）为《少帅春秋》特展剪彩

1992 年 5 月，台湾考古专家来访

1993 年 5 月，朝鲜平壤代表团来馆参观

1991 年 3 月，全国政协副主席司马仪·艾买提（前右三）参观文庙

1993 年 12 月，泰国公主诗琳通（前左三）来访

1996 年，哈尔滨文庙被国务院公布为第四批全国重点文物保护单位。

1996～2003 年，国家文物局陆续下拨资金进行小规模维护性的零星修缮。

2007～2009 年，经黑龙江省文化厅申请，国家文物局批准，对哈尔滨文庙进行三年整体的全面修复。

第三节　哈尔滨文庙的保护范围

哈尔滨文庙被认定为省、市级重点文物保护单位以后，哈尔滨市人民政府在 1993 年 10 月 21 日印发《关于对哈文政发（1993）137 号和哈文政发（1993）139 号文件的批复》的文件，划定了哈尔滨文庙的保护范围。又于 1995 年 6 月 7 日印发《关于公布哈尔滨市市级文物保护单位名单的通知》（哈政发〔1995〕13 号）。文件中规定哈尔滨文庙为市级文物保护单位，同时划定"文庙院墙以内为特别保护区，院墙以外 12 米为重点保护区，重点保护区以外，大成殿周围 72 米以内为一般保护区"。建设控制地带：为大成殿四周檐墙向外 144 米。

黑龙江省第六届人民代表大会常务委员会令第 6 号《黑龙江省文物管理条例》第八条规定：纪念建筑和古建筑周围以主体建筑物高度的二至五倍为保护范围。

1. 特别保护区：红墙内（文庙院内）。
2. 重点保护区：红墙外 12 米。
3. 一般保护区：以主体建筑大成殿墙根四周向外 72 米。

第五章　文物现状勘察研究

在进行现场勘察之前，设计部门首先制定出详细的勘察计划，对参与勘察的人员进行文物保护教育和业务培训，然后开始对原有图纸和历史档案进行详细的查阅，做了大量的信息资料收集和准备工作，包括派人去哈尔滨市档案馆、省图书馆查阅有关信息资料；去哈尔滨工程大学走访咨询原来的一些老同志，向他们了解一些文庙的原始信息，他们都非常积极热情地给文庙提供了 20 世纪 20 年代的苏联老照片及文庙历史沿革的一些资料。在进行书面资料查找的同时，从老同志他们那里询问到了当时文庙殿房的使用状况、历史修缮过的部位、当年修缮的做法和措施以及未能解决的隐患，历年来各方面使用者根据需要对殿房格局的改动和变动，收集整理了大量的口头资料。

在此基础上，我们明确了勘察的主要目的：查明由于自然因素造成的建筑结构的损坏，包括建筑基础是否变形、下沉、倾斜和坍塌，建筑木结构是否糟朽、断裂和屋面是否渗漏等。查明由于人为因素造成的损坏现象，包括历史上维修的变化情况，以及由于使用所造成的改变等。

设计部门于 2007 年 2 月成立了文庙古建筑维修勘察小组，开始对文庙垣墙内中轴线上三座黄琉璃瓦主要殿房、中院绿琉璃瓦两座配殿、前院六座灰瓦配殿以及前院三座牌楼、万仞宫墙、泮池、状元桥、垣墙等一些建筑物、构筑物进行深入细致的勘察。小组成员既有经验丰富的工程师，也有技术熟练的骨干力量。鉴于哈尔滨文庙占地面积大，古建筑殿房数量较多，普查范围广，现场勘察的广度、深度将直接影响后期修缮方案的制订，因此进入现场勘察以后，勘察组将普查人员分为瓦作、木作、油作与附属设施四个方面，每人负责一面，实行专人专责的工作方式，分头展开细致的勘察工作，同时绘制出勘察草图。

勘察设计的过程始终渗透了文物保护的概念，对勘察中发现的任何缺失构件都进行了详细的文字记载和影像记录。

绘制图纸的工作包括：核对现有的图纸资料，建庙初期的原始图纸与现在各殿房的实际状况相比对，检查建筑台基、测量轴线、柱径尺寸、核对大木构架尺寸、补齐测绘图纸等。核对工作依照先单体建筑后整体院落的次序进行，首先测量单体建筑的各种标高、平面布局、上下尺寸、大木构件、斗栱、斗口、举架、步架、内檐装修以及各个细部构件的尺寸等，然后测量总体院落的总平面、各处高程等，最后进行汇总。如果分尺寸与总尺寸，现场勘察尺寸与原始图纸尺寸出现不符时，务必要找出误差的缘由。同时注意对历次维修建筑格局的改变情况的甄别，不同做法和改变都要标注在草图上。

勘察工作包括对建筑本体和附属设施的勘察。对建筑本体的勘察首先是外部勘察，即查看椽望是否糟朽、房屋是否漏雨，同时对隐蔽物件的糟朽部位使用探针等工具进行探查。查看油饰的地仗及彩画破损情况，墙面、墙砖的酥碱情况，地面砖的破损情况等。然后对殿座内部进行勘察，通过查看天花或顶棚是否有水渍来判断屋面是否漏雨，检查室内地面的损坏情况，查看殿内装修的损坏程度。钻入棚顶，根据维修记录和外部直观及测量，有针对性地查看顶棚的梁架、望板损坏情况。最后上房查看屋面脊件和瓦件的损坏情况。对于特殊情况的建筑，如大成殿、崇圣祠等，还特别搭设便于普查的脚手架，仔细收集数据。在勘察中发现的移位、沉降等问题都用标尺详细测量，记录尺寸，并标注在草图相应位置上，细微到每个隔扇棂花窗花牙子的花纹、材质颜色破损部位与数量等。由于许多历史信息可能会在今后修缮过程中丢失，因此为保证建筑原信息的真实印记，勘察中除进行细致的文字、图纸的记录外，还拍摄了大量的影像资料存档。对重要的部位和具有重大历史意义的彩画，如大成门正面两次间额枋的地仗和彩画，仍能可见初始建庙时的彩画痕迹且状况良好、信息十分珍贵，故拍下照片存档。对勘察中发现的各个历史时期的建筑修缮痕迹一一标明，以利于下一步修缮时的对比分析。

对建筑物附属设施的勘察主要是查看安全防护，消防、避雷等项目的监控记录，查看设施设备的安装是否合理，设备是否完好等情况。另外，对院区内的露天陈设、古树、草坪、甬路、排水等方面的保护情况也进行了勘察。

全面的现场勘察结束之后，各小组开始进行细致的汇总、分析，将档案资料和现场勘察情况进行汇总对比，分析建筑的修缮年代和特点，作出初步的价值评估，保存重要的、真实的信息，为撰写勘察方案做准备。

第六章 价值评估

哈尔滨文庙是黑龙江省境内现存最完整、规模最宏大的仿清官式建筑群,是祭祀孔子的殿堂,具有重要的历史价值、艺术价值和科学价值。

第一节 历史价值

孔子是我国历史上春秋时期伟大的思想家、政治家、教育家,儒家学派的创始人。他的思想和学说影响了社会生活的各个方面,是我们民族文化和精神文明的渊薮,受到汉代以后历代帝王的尊崇。1923 年中国政府正式成立了东省特别区长官公署,"自政权收回后,百务聿新,当事者以学校浡兴,不可废崇祀先圣之典","祭者教之本也,此庙之建所为不可缓也"(张学良《哈尔滨文庙碑记》)。其时内地正是反帝反封建、批孔之时,而"东省特别区"则以孔子之教为政权之要,反帝而尊孔,并在哈尔滨市区内兴建了我国最后一处规模完备的祭孔庙宇。1929 年落成后,举行了祭祀活动。哈尔滨文庙是这一历史时期的重要实物载体之一。

第二节 艺术价值

从建筑艺术角度来看,哈尔滨文庙是按照清光绪三十二年(1906 年)升祭祀为大祀的规模,仿照皇宫之制而建造的。文庙建筑布局严谨,院落划分尺度适宜,主体建筑序列层层展现、主题突出。大成门、大成殿皆为三出陛,中陛踏跺间置高浮雕汉白玉五龙戏珠御路石;主要建筑皆采用统一的黄琉璃瓦,彩绘为和玺彩画、旋子彩画、苏式彩画,这在其他孔庙建筑中是少见的。通过建筑尺度、规格、瓦顶色彩、彩绘规制来表现建筑等级的传统手法运用得当,具有较高的建筑艺术价值。

第三节　科学价值

由于哈尔滨文庙兴建于中国建筑变革最初开始的时期，又是中国营造学社成立前夕，在国内建筑行业中已出现一些钢筋混凝土结构的仿古建筑，在建筑创作上仍是形式复古为主流。哈尔滨文庙的建筑就是采用清官式做法，而在结构材料上已采用了部分钢筋混凝土材料，反映了清代古典建筑传统技术与艺术的延续发展，成为中国这一历史时期传统建筑的延续和技术变化的主要实物例证。

几经风雨，历尽沧桑，哈尔滨文庙以其独特的东方建筑风格、雄伟壮观的气势，屹立在以西欧古典建筑风格为主要基调的哈尔滨建筑群体之中。

第三篇

哈尔滨文庙保护工程修缮设计说明

第七章　工程范围、内容及性质

第一节　工程范围、内容及性质

哈尔滨文庙东西庑、大成殿、乡贤祠、崇圣祠、大成门、名宦祠、东西官厅以及东西耳房。

各建筑单体瓦顶泥背酥松，瓦件松散、残碎，檐头瓦件有随时脱落的可能；屋顶大面积漏雨，造成屋面木基层糟朽，伴有虫蛀现象，大木构架潮湿，存在隐患；彩绘剥落褪色。为避免险情出现及残损状况的进一步恶化，急需维修。同时，各殿由于历史原因，存在不同程度的改制现象，应恢复原貌。

第二节　维修原则

1. 严格遵守不改变文物原状修旧如旧的原则，尽可能真实、完整地保存文庙建筑的历史信息和建筑特色。

2. 在维修过程中以建筑现有原做法为主要修复手法，尽可能多地保存旧有建筑材料，尽可能多地采用原材料和原工艺做法，新补配的构件需详细建档记录。

3. 坚持最小干预原则，对于近代改变原状的做法和工程上的错误做法，要在本次维修中予以纠正，恢复原貌。

第八章 文物本体保护工程设计方案

第一节 东庑、西庑

一、现状勘察

东、西庑房位于文庙第二进院落，其形制属无斗栱大式建筑，单檐歇山屋顶，覆绿琉璃瓦，面阔九间，进深三间七架，大木构件规整。作为此次修缮的主体，东、西庑房的屋顶存在着较大的安全隐患。

以下为东庑房现状勘察照片：

东庑房立面

正立面，檐口勾滴缺失

侧立面，博缝、山花、油饰、地仗脱落

背立面，墙面涂料脱色

透风

保存较好

大木梁架

现状稳定

瓦顶漏雨，梁架潮湿、霉变

大木梁架

梁架开裂

檩子开裂

椽子、望板

因漏雨，椽子、望板糟朽、霉变

望板霉变

檐口

瓦口木、椽头糟朽

瓦口木、椽头糟朽、霉变

瓦顶

正脊脱釉、吻兽表面刷绿漆

瓦件脱釉、黄琉璃瓦钉不合规制

勾滴全部缺失

彩画

外檐彩画开裂、剥落、脱色

室内彩画污染现状

以下为西庑房现状勘察照片：

西庑房立面

正立面，檐口勾滴缺失

侧立面

大木梁架

结构稳定

檩子表面糟朽

椽子、望板

椽子、望板糟朽、霉变

椽子虫蛀严重

檐口

勾滴缺失

飞子糟朽

瓦口木、椽头糟朽

椽飞表面糟朽

瓦顶

瓦顶松动、瓦件缺失

瓦件脱釉残损

油饰、彩画

正立面檐部彩画残损

背立面檐部彩画残损

廊内掏空，彩画被雨水污染，　　　　　　室内彩画污染现状
下架油饰离鼓

（一）台明、散水

阶条石由花岗石砌筑，上铺水泥方砖，现状保存较好。周圈散水亦为水泥方砖铺墁，局部被渣土覆盖。

（二）墙体、墙面

墙体下碱干摆砌筑，上身抹灰，外罩红浆，现状保存基本完好。现存问题：山墙及后檐墙下部透风大部缺失，上身墙体局部灰皮空鼓，受雨水冲刷，大面积褪色。

（三）大木构架

部分构件存在开裂现象。由于屋面漏雨严重，致使梁枋、檩受潮，椽子、望板糟朽严重。

（四）油饰彩画

外檐彩画为龙锦枋心金线大点金旋子彩画。现彩画已严重剥落、开裂、褪色。下架油饰均存在空鼓、剥落现象，西庑房尤为严重。

（五）屋顶瓦面

绿琉璃瓦歇山顶，现状残毁严重。由于泥背酥松、瓦件大面积脱落，加之昼夜温差大，导致瓦件脱釉，严重影响了屋面的防水功能。

二、工程性质

东、西庑房的建筑因屋顶灰背酥松、瓦件松散大面积漏雨，造成屋面木基层严重糟朽，室内大木构架由于潮湿，局部腐朽。因此，本次维修工程的性质为修缮保护工程。同时，漏雨还造成了外檐彩画大面积剥落，内檐彩画的污染，故本次维修工程同时包括彩画的维修和保护。

三、工程内容

（一）木构部分

对劈裂（干裂）木构件进行裂缝修补、加固；对糟朽、虫蛀及潮湿构件进行防虫防腐处理或更换、修补。

（二）墙体、墙面

外墙下碱补配透风，上身抹灰层维修及涂刷广红土浆罩面。

（三）屋顶瓦面

屋顶瓦面重新苫背宽瓦，严重脱釉瓦件进行更换替补，宽（wà）瓦时严格按照原瓦陇分中号陇；挑顶至木基层，仔细勘察木基层并进行维修；粘接修补和添配瓦兽件。

（四）油饰彩画

按照现有原做法重做外檐彩画、内檐彩画；现状除尘保护；椽望重做三道灰、油饰，山花、下架找补地仗，重做油饰。

四、设计说明

（一）维修原则

严格遵守不改变文物原状的原则，尽可能真实完整地保存文庙建筑的历史原貌和建筑特色。在维修过程中以原建筑现有传统做法为主要的修复手法。对于近代改变原状的做法和工程上的错误做法，要在本次维修中予以纠正，恢复原貌。

尽可能多地保存旧有建筑材料，尽可能多地采用传统材料和传统工艺做法。

（二）设计说明

1. 木构件局部防虫防腐处理应由专业部门制订方案，统一进行。

2. 修配木构件用材尽可能选与本体建筑相同的树种；木材含水率：大木构件含水率＜20%，小木构件含水率＜15%，维修木构件以现有构件加固的物理手段完成。采用加箍或嵌补的方法进行。

3. 掉釉后的瓦胎由于质地毛细孔问题，冬季长时间积雪造成降水大量深入瓦件内部，在零下30℃的气温下造成大面积屋面瓦件残毁，凡残毁瓦件一律更换。

4. 油饰彩画工程中采用传统材料和传统工艺按原状进行补绘或重绘。

（三）做法说明

1. 施工前，要首先根据现场实际情况做好文物保护措施，确保维修范围内一切文物的安全。

2. 遵守国家现行有关施工及施工验收规范进行施工。

3. 在施工过程的每一阶段，都要做详细的记录，包括文字、图纸、照片，留取完整的工程技术档案资料。如果发现新情况或发现与设计不符的情况，除做好记录以外，须及时通知设计单位，以便调整或变更设计。

4. 设计中选用各种建筑材料，必须有出厂合格证，并符合国家或主管部门颁发的产品标准，地方传统建材必须满足优良等级的质量标准。

哈尔滨文庙东庑房维修做法说明一览表

（一）台基地面

序号	构件名称	残损现状	修缮说明	备注
1	水泥方砖散水	散水被渣土掩埋	清除杂土 视情况或修整或按原制补配水泥方砖及水泥牙子砖	渣土量 16m³ 散水修整量估算 11.3m²、牙子 16m，补配量 6m²、牙子 10m

（二）木构件修缮做法

序号	构件名称	残损现状	修缮说明	备注
1	梁枋	劈裂裂缝宽度≤25mm，长不超过 1/2L（长度），深不超过 1/4B（宽度）	天花内梁枋一般用油灰填补即可，必要时用干燥旧木条嵌补，用结构胶粘牢或加铁箍；结构胶为改性环氧树脂，根据使用调整配比，区别室内外环境及木材的要求	修补估量 52 根
		糟朽深度＜20mm 天花以上梁枋普遍潮湿	现场进行防腐处理	估量 105 根
2	檩	劈裂	同梁枋修缮	估量 30%（23 根）
		糟朽，天花以上檩子普遍潮湿	同梁枋修缮	45 根
3	椽、飞	椽、飞头糟朽，当糟朽长度＜20mm 时	砍刮干净防腐处理后粘补	估量 40%，即 355 根
		糟朽严重	剔除，用干燥旧木料粘补拼接或更换	估量 40%，即 560 根
4	子角梁	梁头糟朽＜1/5 挑出长度	剔补拼接	估量 3 根
5	山花、博缝	局部糟朽	修补	估量 7m²
6	连檐、瓦口、闸挡板、望板	糟朽严重	按原制更换	连檐 188m、瓦口木 94m、闸挡板 188m、望板 697.8m²

（三）墙体墙面修缮做法

序号	构件名称	残损现状	修缮说明	备注
1	墙身、槛墙干摆下碱	透风缺失	按实物补配	18 块
2	墙面抹灰（外）	墙面抹灰局部空膛	局部铲除重做 （1）红麻刀灰（白灰：红土：麻刀 = 100：5：3）打底，厚 20mm （2）钉麻揪，间距 500mm，麻长 250mm ~ 300mm （3）布麻均匀，抹灰压麻，分两层赶轧坚实 （4）刷（红土）浆两道	估量 15m²
		红土浆普遍流失，颜色变浅	重刷红土浆两道	129.04m²

（四）屋顶瓦面

序号	构件名称	残损现状	修缮说明	备注
1	屋顶瓦面	屋面灰背酥松，瓦件全部松动，脱釉严重	全部揭瓦	527.8m²
			单个瓦件脱釉面积≥30%，更换瓦件	估量 50%，计 264m²
			单个瓦件脱釉面积<30%，釉面修补	估量 30%，计 158m²
			更换添配檐头附件	长度 71m
			更换添配铃铛排山附件	长度 8m
			重新苫背宽（wà）瓦作法： （1）望板进行防腐处理后，抹护板灰一层厚 15，护板灰配比为白灰：青灰：麻刀 = 100：8：3 （2）苫掺灰泥背，平均厚 120，掺灰泥配比为白灰：黄土 = 4：6，分二层压抹，拍打坚实（待七八成干后上青灰背） （3）苫青灰背，厚 30，白灰：青灰：麻刀 = 100：10：5，分两层赶轧坚实。 （4）4：6 掺灰泥宽（wà）瓦，厚 40 ~ 50，筒瓦下灰泥装满，熊头灰抹足挤严 （5）麻刀青灰捉节夹垄，勾抹严实，当匀垄直	灰背 100% 新做，计 527.8m²
2	脊兽件	局部残缺，个别构件缺失	补配缺失和残断构件，用结构胶粘补牢固	补配犄角 3 对
		局部脱釉	釉面修补（参照瓦件脱釉处理）	脊件 6m
		残损严重或不合形制	更换或按原制补配安装	补配小跑 10 个，正吻 1 件，垂戗兽 4 个，正脊 5m，垂脊 11m，垂戗兽前 3m，兽后 3m，更换压当条 25m

（五）油饰彩画

序号	构件名称	残损现状	修缮说明	做法说明			
				地仗做法	油饰做法	彩画做法	贴金做法
1	山花	地仗、油饰普遍脱落6.8m²	重做地仗、油饰	两麻六灰	四道二朱油		
2	博缝	地仗、油饰普遍脱落13.2m²	重做地仗、油饰	两麻六灰	四道二朱油		
3	连檐、瓦口	地仗、油饰普遍脱落42m²	重做地仗、油饰	三道灰	一道章丹油，两道银朱油，一道光油出亮		
4	椽飞、望板	地仗、油饰普遍脱落360m²	重做地仗、油饰	三道灰	三道颜料光油（红帮绿底）		
5	飞头	地仗、油饰普遍脱落3.1m²	重做地仗、油饰、彩画	三道灰	扣绿色油	片金（黑）万字	贴库金箔
6	椽头	地仗、油饰普遍脱落2.6m²	重做地仗、油饰、彩画	三道灰		金（黑）龙眼宝珠	贴库金箔
7	角梁	地仗、油饰普遍脱落，仔角梁头不同程度糟朽8m²	重做地仗、油饰、彩画	一麻五灰		老角梁金边黑老仔角梁金边，画肚弦	贴库金箔
8	外檐上架大木	地仗龟裂、剥落，彩画褪色130m²	找补或重做地仗，重做彩画	一麻五灰		龙（龙锦）枋墨线大点金彩画	贴库金箔
9	雀替	地仗、油饰基本保存完好，局部缺损12m²	找补地仗，修补油饰、彩画	三道灰		按现状	贴库金箔

哈尔滨文庙西庑房维修做法说明一览表

（一）台基地面

序号	构件名称	残损现状	修缮说明	备注
1	水泥方砖散水	散水被渣土掩埋	清除杂土视情况或修整或按原制补配水泥方砖及水泥牙子砖	渣土量13.5m²散水修整量砖12.5m²、牙子18m，砖7m²、牙子9m

（二）木构件修缮做法

序号	构件名称	残损现状	修缮说明	备注
1	梁枋	劈裂裂缝宽度≤25mm，长不超过1/2L（长度），深不超过1/4B（宽度）	天花内梁枋一般用油灰填补即可，必要时用干燥旧木条嵌补，用结构胶粘牢或加铁箍；结构胶为改性环氧树脂，根据使用调整配比，区别室内外环境及木材的要求	修补估量86根
		糟朽深度<20mm天花以上梁枋普遍潮湿	现场进行防腐处理	估量117根

续表

序号	构件名称	残损现状	修缮说明	备注
2	檩	劈裂	同梁枋修缮	估量50%（47根）
		糟朽，天花以上檩子普遍潮湿	同梁枋修缮	45根
3	椽、飞	椽、飞头糟朽，当糟朽长度<20mm时	砍刮干净防腐处理后粘补	估量30%，即205根
		糟朽严重	剔除，用干燥旧木料粘补拼接或更换	估量60%，即369根
4	子角梁	梁头糟朽<1/5挑出长度	剔补拼接	估量3根
5	山花、博缝	局部糟朽	修补	估量9m²
6	连檐、瓦口、闸挡板、望板	糟朽严重	按原制更换	连檐188m、瓦口木94m、闸挡板188m、望板697.8m²

（三）墙体墙面修缮做法

序号	构件名称	残损现状	修缮说明	备注
1	墙身、槛墙干摆下碱	透风缺失	按实物补配	17块
2	墙面抹灰（外）	墙面抹灰局部空臌	局部铲除重做 （1）红麻刀灰（白灰∶红土∶麻刀＝100∶5∶3）打底，厚20 （2）钉麻揪，间距500mm，麻长250～300mm （3）布麻均匀，抹灰压麻，分两层赶轧坚实 （4）刷（红土）浆两道	估量18m²
		红土浆普遍褪色，颜色变浅	重刷红土浆两道	128m²

（四）屋顶瓦面

序号	构件名称	残损现状	修缮说明	备注
1	屋顶瓦面	屋面灰背酥松，瓦件全部松动，脱釉严重	全部揭瓦	527.8m²
			单个瓦件脱釉面积≥30%，更换瓦件	估量60%，计318m²
			单个瓦件脱釉面积<30%，涂料修补	估量30%，计158m²
			更换添配檐头附件	长度78m
			更换添配铃铛排山附件	长度11m

序号	构件名称	残损现状	修缮说明	备注
1	屋顶瓦面	屋面灰背酥松，瓦件全部松动，脱釉严重	重新苫背宽（wà）瓦作法： （1）望板进行防腐处理后，抹护板灰一层厚15，护板灰配比为白灰：青灰：麻刀＝100：8：3 （2）苫掺灰泥背，平均厚120，掺灰泥配比为白灰：黄土＝4：6，分两层压抹，拍打坚实（待七八成干后上青灰背） （3）苫青灰背，厚30，白灰：青灰：麻刀＝100：10：5，分两层赶轧坚实。 （4）4：6掺灰泥宽（wà）瓦，厚40～50mm，筒瓦下灰泥装满，熊头灰抹足挤严 （5）麻刀青灰捉节夹垄，勾抹严实，当匀垄直	灰背100％新做，计527.8m²
2	脊兽件	局部残缺，个别构件缺失	补配缺失和残断构件，用结构胶粘补牢固	补配戗角4对
		局部脱釉	涂料修补（参照瓦件脱釉处理）	脊件3m
		残损严重或不合形制	按原制补配安装	补配小跑11个，垂戗兽5个，正脊6m，垂脊9m，垂戗兽前2m，兽后3m，更换压当条27m

（五）油饰彩画

序号	构件名称	残损现状	修缮说明	做法说明			
				地仗做法	油饰做法	彩画做法	贴金做法
1	山花	地仗、油饰普遍脱落6.8m²	重做地仗、油饰	两麻六灰	四道二朱油		
2	博缝	地仗、油饰普遍脱落13.2m²	重做地仗、油饰	两麻六灰	四道二朱油		
3	连檐、瓦口	地仗、油饰普遍脱落42m²	重做地仗、油饰	三道灰	一道章丹油，两道银朱油，一道光油出亮		
4	椽飞、望板	地仗、油饰普遍脱落360m²	重做地仗、油饰	三道灰	三道颜料光油，（红帮绿底）		
5	飞头	地仗、油饰普遍脱落3.1m²	重做地仗、油饰、彩画	三道灰	扣绿色油	片金（黑）万字	贴库金箔
6	椽头	地仗、油饰普遍脱落2.6m²	重做地仗、油饰、彩画	三道灰		金（黑）龙眼宝珠	贴库金箔

续表

序号	构件名称	残损现状	修缮说明	做法说明			
				地仗做法	油饰做法	彩画做法	贴金做法
7	角梁	地仗、油饰普遍脱落，仔角梁头不同程度糟朽8m²	重做地仗、油饰、彩画	一麻五灰		老角梁金边黑老仔角梁金边，画肚弦	贴库金箔
8	外檐上架大木	地仗龟裂、剥落，彩画褪色130m²	找补或重做地仗，重做彩画	一麻五灰		龙（龙锦）枋心墨线大点金彩画	贴库金箔
9	雀替	地仗、油饰基本保存完好，局部缺损12m²	找补地仗，修补油饰、彩画	三道灰		按现状	贴库金箔
10	外檐下架柱	地仗离臌、脱落38m²	重做地仗、油饰	两麻六灰	四道二朱油		
11	隔扇、槛窗、边、抹	油皮、地仗局部脱落99m²	找补地仗，重做油饰	三道灰、边抹溜布条	四道二朱油		
12	内檐下架柱	地仗、油饰局部脱落25.8m²	找补地仗，重做油饰	一麻五灰	四道二朱油		

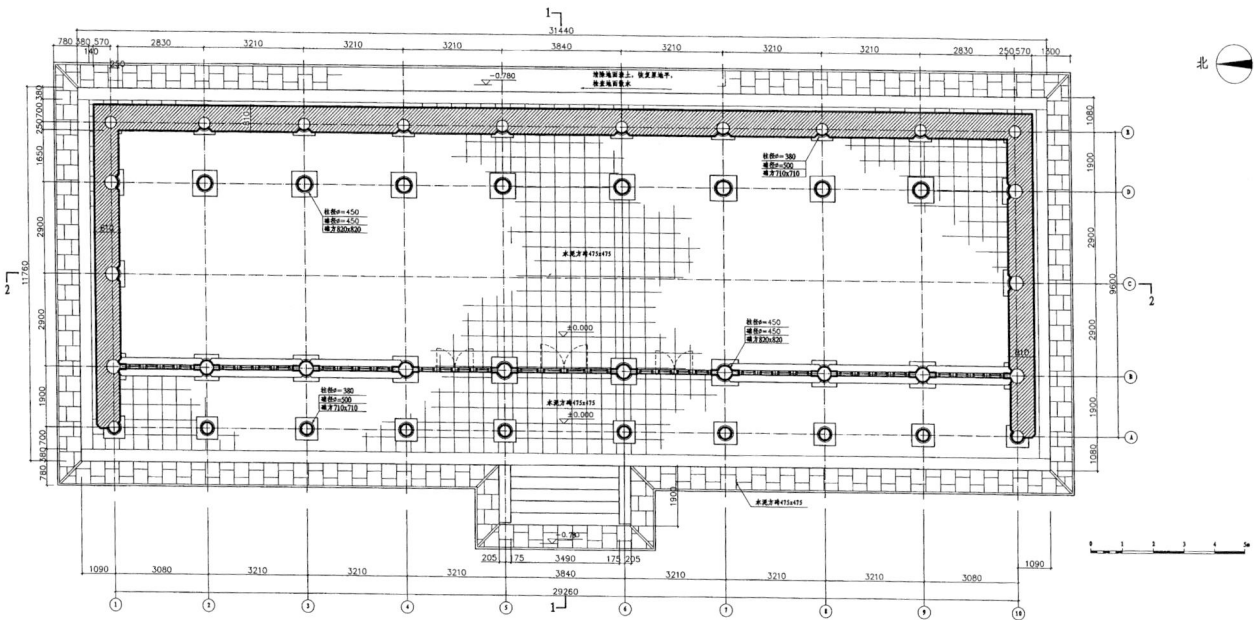

文庙东、西庑维修设计平面图

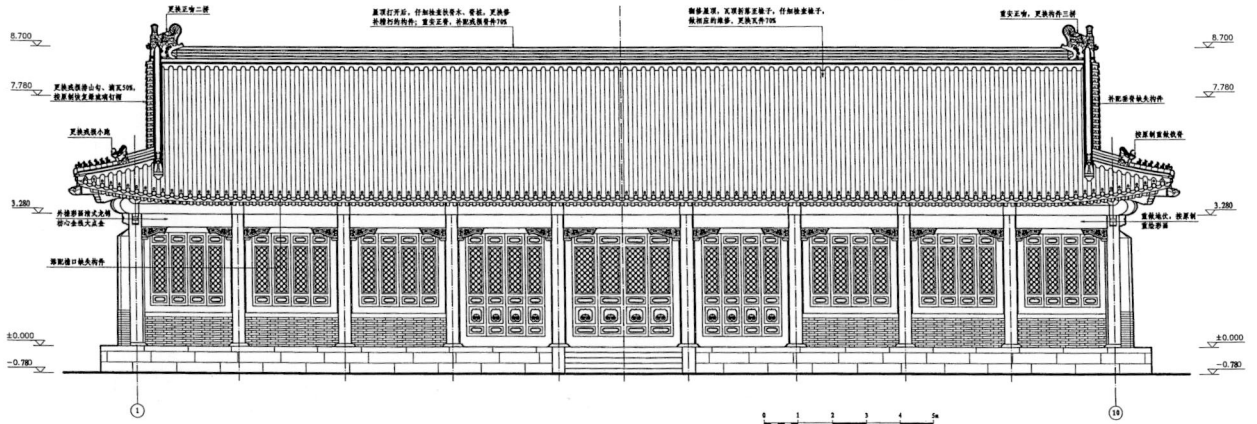

文庙东、西庑正立面图

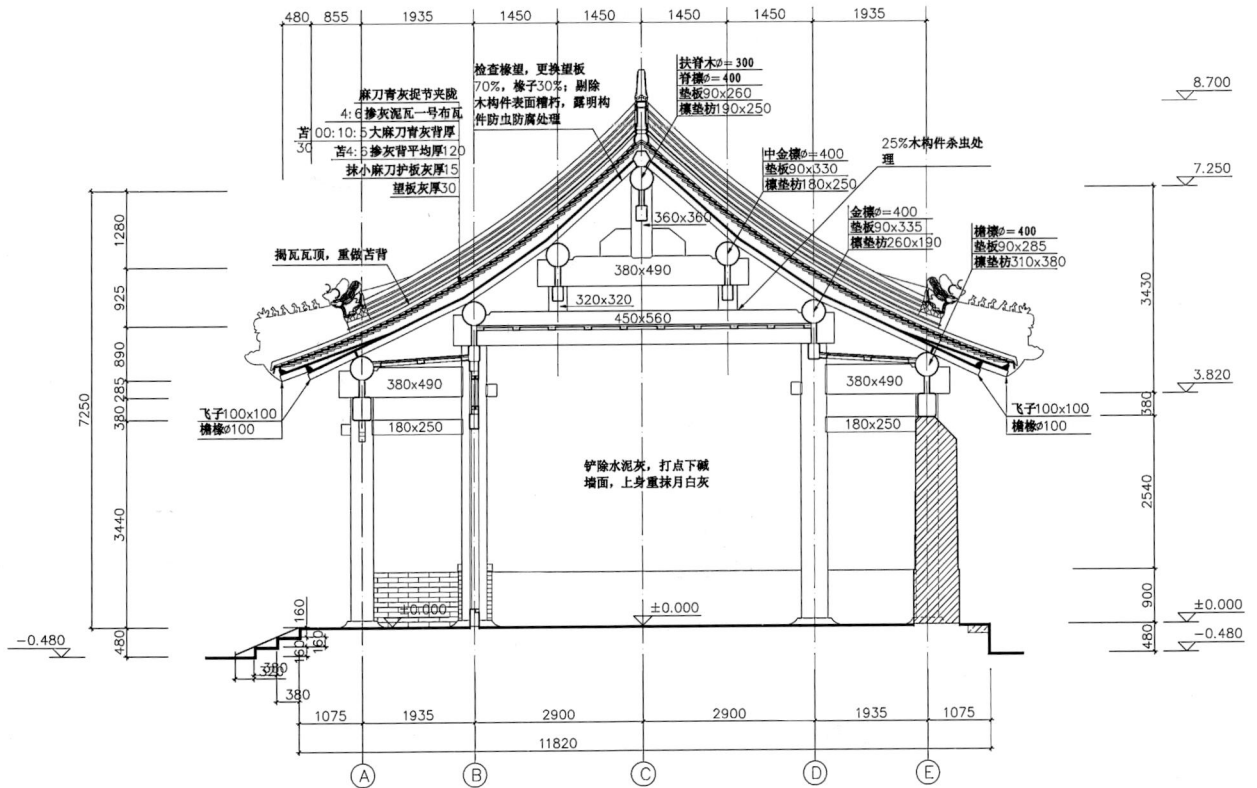

文庙东、西庑侧剖面图

文庙东、西庑俯视剖面图

第二节　大成殿、乡贤祠及院墙

一、现状勘察

以下为大成殿现状勘察照片：

大成殿正立面

大木梁架

屋顶漏雨，梁枋潮湿

檩子干裂，伴有水渍

屋顶漏雨，椽子上留有水渍

室内彩画

雨水污染天花、梁枋，地仗起臌剥落

天花枝条彩画剥落

屋顶瓦面

下檐瓦面脱釉严重

瓦面松动，捉节夹垄灰脱落

筒瓦酥松脱落，灰背酥松

上檐瓦顶脱釉严重，筒瓦松动脱节

瓦顶脊饰

正吻尾部碎裂

垂脊三连砖普遍碎裂

椽子、望板

檐口椽子油饰脱落，椽望糟朽

檐口油饰脱落严重

外檐及廊内掏空彩画

外檐彩画褪色严重，贴金已完全脱落

廊内掏空彩画现状

台基地面

室内地面下沉，局部后做
混凝土地面上分格

室外地面下沉，局部后做
混凝土地面上分格

月台台帮

月台台帮外闪，栏板望柱脱榫

月台阶条外闪

外墙

外墙后开窗户，下碱透风缺失

彩画保护试验

穿插龙锦枋心彩画右侧 1/2 区域作过保护
试验与另一侧未作保护的对比

以下为乡贤祠现状勘察照片：

东立面（正立面）

乡贤祠正立面

地面

廊步台明热力地沟破坏铺墁

墙体

后檐墙因屋面漏雨潮湿发霉、脱灰

红机砖糙砌刷灰浆、简制
透风、水泥墙反碱

大木梁架

因漏雨，椽望槽朽、霉变
（红框内为虫蛀木灰）

椽子、望板

因漏雨，椽望槽朽、霉变

檐口

瓦口木、椽头槽朽

瓦口木、椽头槽朽

瓦顶

东坡局部瓦碎裂、裹陇灰脱落

瓦碎裂、裹陇灰脱落局部

彩画

西面外檐彩画被油漆

二、工程性质

　　大成殿、乡贤祠建筑因屋顶泥背酥松、瓦件松散大面积漏雨，造成屋面木基层槽朽，室内潮湿，存在隐患，院墙墙面大面积缺损导致雨水渗漏墙体，墙身灰皮脱落，急需维修。

三、工程内容

（一）大成殿

1. 台明、月台及散水

按原揭墁台明及月台水泥方砖地面，更换残砖 25%，剥除水泥砂浆地面，恢复水泥方砖铺墁；拆砌月台阶条石，对汉白玉栏杆进行归位。

2. 墙体、墙面

对墙上身拆除窗户补砌墙体，重做传统抹灰层，罩广红浆，下碱补配柱根透风；拆除槛墙，按外墙下碱干摆形式恢复槛墙；铲除内墙砂浆层，修补打点下碱干摆墙体，上身墙面罩传统月白灰。

3. 主体构件

钢筋混凝土金柱、额枋在施工时进行无损勘测，据实际状况再决定是否需要采用保护措施；木构件用结构胶及木条修补干裂构件，对于开裂严重的构件铁箍加固、修补；更换糟朽木基层。

4. 木装修

恢复五间格扇门的形制，恢复格扇心屉，恢复三交六椀形式，按传统工艺重新制作抹头及裙板雕饰。

5. 油饰彩画

针对不同材料的上架外檐构件，按其原做法找补地仗，重绘彩画；重做椽望，斗栱三道灰地仗，油漆彩画；对于廊内掏空及室内梁架彩画，保留现有彩绘原貌，不作过多干扰，只进行除尘回贴处理；天花支条下垂，部分彩画地仗脱落，清除基面粉尘后实施贴金处理；对于下架油饰根据不同的材质按原做法，找补地仗重新油饰处理。

6. 屋顶瓦面

翻修瓦顶，检查木基层，根据现场情况进行维修，用传统工艺重新苦背，更换 30% 残碎和严重脱釉的瓦件、脊兽件。

（二）乡贤祠

1. 木构部分

对糟朽、虫蛀及潮湿构件进行防虫防腐处理或更换、修补。

2. 墙体、墙面

对墙下碱补配透风，拆砌干摆小停泥下碱，上身抹灰层铲除重做红灰（外）和月台灰（内），外涂刷广红土浆罩面。

3. 屋顶瓦面

屋顶瓦面重新苦背宽瓦，依实际情况维修更换糟朽木基层，宽（wà）瓦时严格按原瓦分中号线。

4. 油饰彩画

按照现有原做法重做西面外檐彩画；椽望重做三道灰，油饰，山花找补地仗，重做油饰。

（三）院墙

1. 清除尘土，铲除水泥层，做水泥砖（480mm×480mm）散水（宽740mm）。
2. 铲抹墙体下碱水泥灰并画缝（710mm×235mm），刷灰浆，铲抹墙体上身，刷红浆。
3. 修整墙帽砖基层，揭瓦墙帽。

四、设计说明

1. 木构件局部防虫防腐处理应由专业部门制订方案、药剂，统一进行。
2. 修配木构件用材尽可能选与建筑相同的红松，木材含水率：大木构件含水率<20%，小木构件含水率<15%。
3. 所有建筑残缺构件一律按建筑的原有材料、工艺及做法进行补配重做。
4. 油饰彩画工程中采用按照建筑原有材料和工艺进行重绘和补绘。
5. 彩画保护除尘处理应有专业人员制订方案，药剂，统一进行。
6. 施工前，要首先根据现场实际情况做好文物保护措施，确保维修范围内一切文物的安全。
7. 遵守国家现行有关施工及施工验收规范进行施工。
8. 在施工过程的每一阶段，都要做详细的记录，包括文字、图纸、照片、音像、留取完整的工程技术档案资料，如果发现新情况或发现与设计不符的情况，除做好记录以外，须及时通知设计单位，以使调整或变更设计。
9. 设计中选用各种建筑材料，必须有出厂合格证，并符合国家或主管部门颁发的产品标准，地方传统建材必须满足优良等级的质量标准。
10. 由于维修的建筑避雷设施符合规范要求，须在屋面维修后，按原样恢复避雷设施，并进行专业检测。
11. 严格遵循施工规范，按原有工艺要求进行施工。

第三节　崇圣祠、大成门、名宦祠、东西官厅、东西耳房

一、崇圣祠

恢复崇圣祠原形制。取消前檐檐下"书厅"匾额，重挂"崇圣祠"匾额；根据金步尽间单步梁上的横批，恢复金步隔扇及心屉三交六碗装修形式，拆除檐部现代门窗；封堵墙体上身窗户；拆除室内隔墙、木地板，恢复原格局。

（一）台明、月台及散水

台明：修整前檐方砖地面，按原规格补配残碎水泥方砖；拆除木地板，根据现场状况修缮室内地坪。月台：修整、归安花岗石阶条石，起墁方砖地面，泛水坡度按原制1%恢复。归安台明台阶，更换残碎垂带、象眼。散水：清除表面渣土，修整变形，按1%找泛水坡度。

（二）墙体、墙面

墙体上身，糙砌墙体，封堵窗户7扇，新墙墙面抹传统红灰罩广红浆；按庑房形式重做三顺一丁干摆下碱，补配柱根墙面残缺透风；铲除内墙面水泥灰，重抹上身传统月白灰；打点下碱干摆。

（三）大木构架

大木构件：嵌补开裂大木构件，对于开裂严重的用铁箍加固；修补表面糟朽的构件。木基层：更换糟朽、虫蛀望板，修补、更换残损椽子。所有非露明木构件一律防虫防腐处理。

（四）木装修

拆除檐步的现代门窗，根据金柱上的榫口及尽间单步梁上保留的三交六椀横披，恢复金步三交六椀装修。

（五）油饰彩画

下架大木：恢复下架一麻五灰地仗油饰。外檐上架彩画：找补地仗，按现状重绘龙锦枋心金线大点金旋子彩画。斗栱、椽望：按原做重做油饰彩画。博缝、山花：按下架做法恢复博缝、山花地仗，重新油饰，博缝梅花钉贴金，山花平面绶带贴金，绶带形式参照庑房。

（六）屋顶瓦面

揭瓦瓦顶，重打灰背，添配、更换残碎严重的瓦件；补配、更换残缺的脊、兽件。

二、大成门

恢复大成门原格局，拆除南侧檐部稍间槛窗、槛墙，拆除檐柱与中柱（A－B/2、A－B/5）间隔墙，重砌中柱两侧稍间墙体。

（一）台明、散水

台明：拆除混凝土地面，恢复地面水泥方砖格式。散水：整修散水地面，补配残碎水泥方砖。

（二）墙体、墙面

按现状剔补室外下碱酥碱的干摆砖；铲除内墙面水泥灰，上身重做传统月白灰，整修下碱干摆墙。

（三）大木构架

嵌补开裂大木构件，对于开裂严重的用铁箍加固；修补、更换糟杇、虫蛀椽子；更换残损望板；所有非露明木构件一律防虫防腐处理。

（四）油饰彩画

重做椽望、檐头三道灰地仗，椽望红帮绿底油饰，椽头虎眼贴金，飞头万字贴金。找补下架地仗、油饰。

（五）屋顶瓦面

揭瓦瓦顶，重打灰背，添配、更换残损严重的瓦件；更换风化、酥碱严重的脊、兽件。

三、名宦祠

（一）台明、散水

台明：铲除廊下及室内素混凝土地面，恢复水泥方砖铺墁。散水：恢复北侧散水地面仿褥子面水泥砖铺墁，泛水坡度按原制1%恢复。台阶：归安外闪台阶。

（二）墙体、墙面

参照第二进院内的庑房墙体下碱形式，恢复墙体下碱三顺一丁干摆做法。补配柱根墙面透风；铲除外墙面上身水泥灰，按传统工艺重抹红灰、罩广红浆。铲除墙体内侧表面水泥，恢复上身月白灰做法，打点、修整下碱干摆墙。

（三）大木构架

大木构架：嵌补大木构件裂缝，开裂严重的构件用铁箍加固。木基层：修补、更换残损椽子，更换残损望板。所有非露明木构件一律防虫防腐处理。

（四）油饰彩画

上架大木：砍铲东面外檐上架红油漆，根据现状恢复一麻五灰地仗，金线大点金龙锦枋心旋子彩画。椽望、檐头：重做椽望、檐头三道灰地仗，椽望红帮绿底油饰，椽头虎眼、飞头万字贴金。山花、博缝：重做一麻五灰地仗、油饰，博缝梅花钉贴金，山花平面绶带贴金。

（五）屋顶瓦面

揭瓦瓦顶，取消裹垄灰做法，重做屋顶灰背，残损严重瓦件按原尺寸更换。

四、东西官厅

封堵东西官厅上身墙体窗户 7 扇，按庑房下碱做法重砌三顺一丁干摆墙。铲除上身内墙面水泥灰，重抹传统水泥灰。铲除廊下及室内素混凝土地面，重墁水泥方砖。

（一）东官厅

1. 台明、散水

铲除廊下、室内混凝土地面，恢复水泥方砖铺墁。修整变形散水，更换残碎水泥砖。

2. 墙体、墙面

参照庑房墙体形式恢复三顺一丁干摆下碱，补配柱根墙面透风。糙砌、封堵上身窗户，新砌墙面，抹传统红灰罩广红浆；铲除、清理内墙面水泥灰，上身抹月白灰，打点下碱干摆墙面。

3. 大木构架

大木构架：嵌补开裂大木构件，对于开裂严重的用铁箍加固。木基层：修补、更换糟朽、虫蛀椽子，更换残损望板。所有非露明木构件一律防虫防腐处理。

4. 油饰彩画

檐头、椽望：重做三道灰地仗、红帮绿底油饰，椽头虎眼、飞头万字贴金。山花、博缝：重做一麻五灰地仗、油饰，参照庑房山花形式重做平面绶带贴金、博缝梅花钉贴金。

5. 屋顶瓦面

揭瓦瓦顶，取消裹垄灰做法，重做屋顶灰背，残损瓦件按原尺寸更换，筒瓦根据现场状况定量。

（二）西官厅

1. 台明、散水

铲除廊下、室内地面素混凝土，恢复水泥方砖铺墁。修整变形散水地面，更换残砖。

2. 墙体、墙面

参照庑房墙体形式恢复三顺一丁干摆下碱，补配柱根墙面透风。糙砌、封堵上身墙体窗户，新砌墙面抹传统红灰罩广红浆；铲除、清理内墙面水泥灰，上身抹月白灰，打点下碱干摆墙面。

3. 大木构架

大木构架：嵌补 30% 开裂的大木构件，对于开裂严重的用铁箍加固。木基层：更换糟朽、虫蛀椽子 65%，望板 90%。所有非露明木构件一律防虫防腐处理。

4. 油饰彩画

檐头、椽望：重做三道灰地仗、红帮绿底油饰，椽头虎眼、飞头万字贴金。山花、博缝：重做一麻五灰地仗、油饰，山花绶带贴金、博缝梅花钉。

5. 屋顶瓦面

揭瓦瓦顶，取消裹垄灰做法，重做屋顶灰背，残损瓦件按原尺寸更换。

五、东西耳房

（一）东耳房

1. 台明、散水

台明：剔补立砖阶条残砖；揭除地板革，铲除地面水泥灰，参照名宦祠及东西官厅的形式重墁水泥方砖。散水：铲除素混凝土地面，按仿褥子面形式重新铺墁水泥砖，栽水泥牙子，按1%的坡度找泛水。

2. 墙体、墙面

按原状糙砌、封堵后檐墙上窗户；封护、剔补后檐鸡嗉檐，剔补、封护博缝残砖。剔除外墙表面水泥灰，打点、修整墙面；铲除室内墙面水泥灰，传统方式重抹月白灰。

3. 大木构架

翻修瓦顶时，检查屋顶木基层、大木梁架，根据现状情况进行修缮。

4. 油饰彩画

檐头椽望：重做地仗油饰，地仗为三道灰，椽望红帮绿底油饰，椽头贴万字金。下架大木：找补地仗，重新油饰。

5. 屋顶瓦面

揭瓦瓦顶，取消裹垄灰做法，重做灰背，筛选瓦件，按现有瓦件尺寸更换残损瓦件。

（二）西耳房

1. 台明、散水

台明：打点、剔补立砖阶条残砖35%；清铲陡板水泥灰，打点、修缮陡板。铲除地面水泥灰，参照名宦祠及东西官厅的形式重墁水泥方砖。散水：铲除素混凝土地面，按仿褥子面形式重新铺墁水泥砖，栽水泥牙子，按1%的坡度找泛水。

2. 墙体、墙面

拆除前檐外墙及室内隔墙，封护、剔补墙面残砖。传统工艺重抹室内墙面月白灰。

3. 大木构架

仔细检查脊檩，根据实际状况或进行杀虫处理或更换。修缮、更换糟杇、虫蛀椽子，更换虫蛀望板。

4. 木装修

檐步装修按东耳房的装修形式恢复。重抹天棚抹灰。

5. 油饰彩画

按东耳房的形式重做西耳房的油饰、彩画。

6. 屋顶瓦面

揭瓦瓦顶，取消裹垄灰做法，重做灰背，筛选瓦件，按现有瓦件尺寸更换残损瓦件。

第四篇
哈尔滨文庙工程实施报告

第九章　维修工程招标情况

哈尔滨文庙为建筑类全国重点文物保护单位，其仿清建筑规制、等级为全国最高。故此次文庙全面维修将在全国范围内进行统一招标。此次招标，对竞标单位的要求很高：一是必须具备文物建筑维修工程一级资质；二是要赶在雨季之前完工；三是要保证维修期间不影响文庙正常开放。黑龙江省民族博物馆委托了具有招标一级资质的"黑龙江省国律招标有限责任公司"作为维修工程的招标代理机构。

据了解，全国具有文物建筑维修一级资质的单位有 20 多家。报名参与哈尔滨文庙修缮竞标的有6 家，这 6 家分别如下：

1. 北京市园林古建工程公司；

2. 大连市古建筑园林工程有限公司；

3. 北京房屋修二古代建筑工程有限公司；

4. 北京市大龙建设有限公司；

5. 北京市文物古建筑工程公司；

6. 北京市首华建设经营工程有限公司。

其中，北京房修二古代建筑工程有限公司曾维修过故宫、天安门，北京园林古建公司具有 50 多年古建筑维修经验，曾为全国各地的孔庙进行过维修。

本次投标于 2007 年 3 月 16 日 8 时 30 分至 9 时在哈尔滨香坊区衡山路 18 号（远东大厦）A 区 10层开标大厅进行。至投标截止时间，共收到投标文件 6 套。在哈尔滨市动力公证处的监督下，当场开封验标，有效标书 6 套。

评标机构：在哈尔滨动力公证处的监督下，评标委员会由招标人代表（张晓东）1 人和从有关部门设立的专家库中随机抽取的技术、经济、管理等方面的专家 4 人，共计 5 人组成。组长：张晓东，成员：王爱华、陈光侠、董相东、吴勃。

评标依据：《中华人民共和国招标投标法》、《中华人民共和国文物保护法》、《评标委员会和评标办法暂行规定》、《工程施工招标投标管理办法》、《招标文件和投标补遗文件的要求》。

评标原则：1. 竞争择优；2. 公平、公正、科学合理；3. 质量好、履约率高、价格合理、施工方法先进；4. 反对不正当竞争；5. 商务标评议 45 分，技术标评议 50 分，信誉标评议 5 分。

评标过程：2007 年 3 月 16 日 9 点 30 分开始，在哈尔滨市香坊区衡山路 18 号（远东大厦）A 区10 层评标室进行了封闭式的评标。首先评委共同选举张晓东同志为评标委员会组长，主持该项目的评标工作。然后由招标代理机构宣布评标人员守则、评标标准和办法。全体评委在熟悉招标文件和评标标准和办法后，依据《中华人民共和国招标投标法》、《评标委员会和评标办法暂行规定》和

《工程施工招标投标管理办法》，本项目的招标文件本着"公平、公正"的原则对各投标单位的投标文件进行评审。按评标程序，详细叙述并填写有关附表，即《有效性检查表》、《投标报价评议表》、《资格审查表》、《综合评标表》、《综合评标比较表》、《授标建议》。

经过评标委员会公正、严格的评审，得出如下结论：

北京房屋修二古代建筑工程有限公司由于投标报价合理，业绩突出，施工组织设计全面，符合本工程特点，综合评议得分第一，因此被评标委员会推荐1位预中标人。

北京市文物古建筑工程公司和大连古建筑园林工程有限公司的投标文件由于未提供ISO9000（2000版）质量体系认证证书，按照招标文件第十章评标标准和办法中资格审查第五条的要求为废标。

鉴于以上具体情况，经黑龙江省文化厅"哈尔滨文庙东、西庑维修工程"领导小组批准，黑龙江省民族博物馆与北京房屋修二古代建筑工程有限公司签订"哈尔滨文庙东、西庑维修工程"合同。

文庙一期工程结束后，东西庑在修旧如旧的前提下重放光彩，受到了广大领导和市民的好评，鉴于北京房修二古代建筑工程有限公司施工的专业性、严谨性，以及达到的预期效果，二期、三期工程黑龙江省民族博物馆经国家文物局批准对北京房屋修二古代建筑有限公司进行了单一来源性招标。

投标报价评议表

招标编号/标投号：0760GLTC1003/01　　　招标内容：哈尔滨文庙东、西庑屋顶修缮工程

序号	投标人 内容	北京首华建设经营工程有限公司	北京市文物古建筑工程公司	北京大龙建设集团有限公司	北京房修二古代建筑工程有限公司	大连市古建筑园林工程有限公司	北京市园林古建工程公司
1	投标报价（元人民币）	695763.83	480430.00	477949.00	609555.71	609253.71	755061.00
2	修正后的投标报告（元人民币）	695763.82	480430.00	477949.00	609555.71	609253.71	755061.00
3	修正后投票报告的算术平均值（元人民币）	598750.81	598750.81	598750.81	598750.81	598750.81	598750.81
4	评标标底：第3项下浮5%后的数值（元人民币）	568813.27	568813.27	568813.27	568813.27	568813.27	568813.27
5	修正后的投标报价对评标标底的偏离率±%	22.318	15.538	−15.974	7.163	7.110	32.743
6	满分	37	37	37	37	37	37
7	减分（−）	11.16	3.88	3.99	3.58	3.53	16.37
8	结论	25.84	33.12	33.01	33.42	33.45	20.63

1. 仅对"有效性检查"合格者进行投标报价评议。

2. 当投标人经过修正后的投标报价与评标标底相同时，得满分37分，高于评标标底，每高出2%扣1分。当投标人经过修正后的投标报价低于评标标底，每低于2%扣0.5分，扣完为止。中间值按插入法计算。结论栏填写"报价得分"。

3. 经校核的投标报价对投标人起约束作用，如果投标人不接受修正后的投标报价，则其投标将被拒绝，如果投标文件中出现了临时修正校标报价，但没有相对应的工程预算书，则其商务标评议不得分。

资格审查表

招标编号/标投号：0760GLTC1003/01 招标内容：哈尔滨文庙东、西庑屋顶修缮工程

序号	内容＼投标人	北京首华建设经营工程有限公司	北京市文物古建筑工程公司	北京大龙建设集团有限公司	北京房修二古代建筑工程有限公司	大连市古建筑园林工程有限公司	北京市园林古建工程公司
1	投标人营业执照符合要求	✓	✓	✓	✓	✓	✓
2	投标人企业资质是文物保护工程施工一级资质	✓	✓	✓	✓	✓	✓
3	投标人通过 ISO9000 系列（2000版）质量体系认证	✓	×未提供ISO9000	✓	✓	×未提供ISO9000	✓
4	本项目的项目经理是不低于二级项目经理且近三年完成工程等级为二级以上的文物保护工程且证企相符	✓	✓	✓	✓	✓	✓
5	本项目的技术负责人具有国家文物保护工程施工职业资格证书且证企相符	✓	✓	✓	✓	✓	✓
6	具有本项目的工长、质检员、安全员任何一人的岗位证书且证企相符	✓	✓	✓	✓	✓	✓
7	结论	合格	不合格	合格	合格	不合格	合格

1. 合招标文件要求的打"✓"，不符合招标文件要求的打"×"，同时说明理由。
2. 在结论栏中填写"合格"或"不合格"。
3. 仅对资格审查的合格者进行符合性检查。

授标建议

招标编号/标投号：0760GLTC1003/01 招标内容：哈尔滨文庙东、西庑屋顶修缮工程

中标人名称	北京房修二古代建筑工程有限公司
中标人地址	北京市海淀区交大东路 26 号
投标报价	609555.71 元人民币

公　　示

黑龙江省国律招标有限责任公司受招标人委托，对《哈尔滨文庙东、西庑屋顶修缮工程》（招标编号：0760GLTC1003）进行国内邀请招标，并已完成评标工作，现将中标结果公示如下：

中标人：北京房修二古代建筑工程有限公司

中标金额：609555.71 元人民币

公示起止时间：2007 年 3 月 16 日至 2007 年 3 月 18 日

2007 年 3 月 16 日

中标公示

黑龙江省国律招标有限责任公司
HEILONGJIANG GUOLU TENDERING CO.,LTD.
中国·哈尔滨市香坊区衡山路 18 号（远东大厦）A 区 10 层
F15, A YuanDong Beilding, No.18 HengShan Road, XiangFang District, HarBin 150036 ,China
电话（Tel）：+86-451-82367162　　传真（Fax）：+86-451-82367163
邮编：150036

中标通知书

致：　北京房修二古代建筑工程有限公司

关于哈尔滨文庙东、西庑屋顶修缮工程

（招标编号：0760GLTC1003）

黑龙江省国律招标有限责任公司通知你们在上述项目中标。工程规模为 1054m2 东、西庑屋顶修缮，中标金额为陆拾万玖仟伍佰伍拾伍元柒角壹分人民币（小写：609555.71 元人民币）。中标总工期为 61 日历天，工程质量要求符合 合格 标准。本项目项目经理为 郭梦喜，技术负责人为 李至成。

你单位在收到中标通知书后，须在 2007 年____月____日前到哈尔滨市南岗区文庙街 25 号与招标人签订合同。

黑龙江省民族博物馆
黑龙江省国律招标有限责任公司
2007 年 3 月 20 日

中标通知书

工程建设项目招标代理协议书

委托人：黑龙江省民族博物馆

受托人：黑龙江省国信招标有限责任公司

依照《中华人民共和国合同法》、《中华人民共和国招标投标法》及国家的有关法律、行政法规，遵循平等、自愿、公平和诚实信用的原则，双方就 哈尔滨文庙东、西庑屋顶修缮工程 招标代理事项协商一致，订立本合同。

一、工程概况

工程名称：哈尔滨文庙东、西庑屋顶修缮工程

地　　点：哈尔滨市南岗区文庙街 25 号

规　　模：1054m² 东、西庑屋顶修缮

招标规模：1054m² 东、西庑屋顶修缮

总投资额：约 80 万元人民币

二、委托人委托受托人为

工程建设项目的招标代理机构，承担本工程的 东、西庑屋顶修缮工程 招标代理工作。

三、合同价款

代理报酬为 按国家发改委关于《招标代理服务费管理暂行规定办法》（计价格[2002]1980号）文中的取费标准和中标金额计算，向本项目的中标人收取。

四、组成本合同的文件：

1. 本合同履行过程中双方以书面形式签署的补充和修正文件；

2. 本合同协议书；

3. 本合同专用条款；

4. 本合同通用条款。

2

五、本协议书中的有关词语定义与本合同第一部分《通用条款》中分别赋予它们的定义相同。

六、受托人向委托人承诺，按照本合同的约定，承担本合同专用条款中约定范围内的代理业务。

七、委托人向受托人承诺，按照本合同的约定，确保代理报酬的支付。

八、合同订立

合同订立时间：2007 年 1 月 15 日

合同订立地点：哈尔滨市

九、合同生效

本合同双方约定 双方法定代表人或授权代理人签字或盖章并加盖公章 后生效。

委托人（盖章）：黑龙江省民族博物馆　　　　受托人（盖章）：黑龙江省国信招标有限责任公司

法定代表人（签字或盖章）：　　　　　　　　法定代表人（签字或盖章）：

授权代理人（签字或盖章）：　　　　　　　　授权代理人（签字或盖章）：

单位地址：哈尔滨市南岗区文庙街 25 号　　　单位地址：哈尔滨市香坊区衡山路 18 号 A 区 10 层

邮政编码：150001　　　　　　　　　　　　邮政编码：150036

联系电话：0451-82538606　　　　　　　　联系电话：0451-82367153

传　真：0451-82538438　　　　　　　　　传　真：0451-82367163

3

工程建设项目招标代理协议书

黑龙江省文化厅王珍珍副厅长在招标仪式现场

招标仪式现场

采购中心人员组织议标

专家审阅投标材料

第十章　施工组织设计

第一节　编制总说明

一、编制说明

本施工组织设计涵盖了招标文件中所包括的全部工程内容，并且阐述了施工单位对整个工程的工程质量、工期、安全、文明施工及关于文物保护和环境保护等工作进行统一管理的设想。

为在将来的施工过程中，使本施工组织设计能切实指导施工，编制之前，施工单位对施工现场进行了详尽的探勘，熟悉工程图纸；编制过程中，多次向古建专家咨询，获得了大量的、宝贵的、科学的、实时性很强的建议，结合本工程特点，有针对性地编制了本施工组织设计；本施工组织设计对工程所涉及主要部分，分项工程的施工方案及施工工艺作了详尽的介绍。

根据本工程的特点，结合本工程的施工难点，在本施工组织设计的施工方案中，重点介绍了修缮施工方案及文物保护和环境保护上所采取的具体措施；在管理方面，详细阐述了施工组织保证、劳动力、机械的配备，以及工期、工程质量、安全与文明施工和协调管理的各种措施；同时，在本施工组织设计中又对工程回访和维修服务等方面做出了各种承诺，这些将作为合同条款列入施工承包合同中，使其具有相应的法律效力。承诺安排优秀的施工管理人员进驻现场，所有施工管理人员必须持证上岗。

二、公司简介

北京房修二古代建筑工程有限公司成立于 1964 年（前身创建于 1951 年），2001 年完成改制，是建设部审批的大型古建一级施工企业。具有文物古建修缮和高级建筑装饰施工资格。注册资金为 1276 万元，有职工 400 多人，工程技术人员 100 人（技术人员以上职称），年施工产值 1 亿元，公司拥有各种机械设备 504 件（7212 千瓦），房屋建筑面积 60000 平方米，生产基地、仓库土地面积为 130062 平方米。

公司近年内完成类似哈尔滨文庙修缮工程的工程项目有故宫内多处修缮工程，白云观修缮工程、2000 年钟鼓楼修缮工程，西黄寺中国藏语系高级佛学院修复工程，法源寺钟鼓楼、天王殿、戒坛修缮工程，普渡寺修缮工程，天坛斋宫一期修缮工程，通州区清真寺修缮工程（一期），以及北新仓修缮工程。公司在施工程有北海琼华岛古建修缮工程（标段一）、火神庙文物建筑修缮（二期）工程、东四清真寺修缮工程和重庆湖广会馆修复建设工程。

三、编制依据

（一）文件性依据

哈尔滨文庙修缮工程招标文件和施工图纸。

ISO9001 质量管理体系、ISO14000 环境管理体系、OSHMSI18000 职业安全卫生管理标准，北京房修二古代建筑工程有限公司质量、环境及职业安全卫生管理手册、程序文件及其支持性文件。

北京房修二古代建筑工程有限公司其他有关承包管理、质量管理、安全管理、文明施工管理规定。

（二）主要规程、规范

建筑地基基础工程施工质量验收规范	GB50194－93
砌体工程施工质量验收规范	GB50202－2002
屋面工程验收规范	GB50204－2002
建筑地面工程质量验收规范	GB50207－2002
木结构工程质量验收规范	GB5020－2002
北京市建筑安装分项工程施工工艺规程	DBJ01－26－2003
建筑施工高处作业安全技术规范	JGJ80－91
建筑机械使用安全技术规范	JGJ33－2001
施工现场临时用电安全技术规范	JGJ46－88
建筑施工安全检查标准	JGJ59－99
建筑施工扣件式钢管脚手架安装技术规范	JGJ130－2001
建筑安装工程资料管理规程	DBJ01－26－2003
北京市建筑安装工程施工安全操作规程	DBJ01－62－2002
建设工程施工现场安全防护、场容卫生、环境保护及保卫消防标准	DBJ01－83－2003
古建筑修建工程质量检验评定标准	GJJ39－91

（三）其他依据

房屋建筑工程和市政基础设施工程实行有见证取样和送检的规定。

四、目标及承诺

质量目标：坚持文物四保存原则，工程质量达到"合格"标准。

管理目标：充分利用建筑工程公司技术优势，实行 ISO9002 管理标准，保证工程管理、质量、工期、安全、文明施工创一流水平。

文施目标：无事故、无火灾、无扰民、无环境污染。

第二节　工程概况

一、工程概况

哈尔滨文庙东、西庑屋顶修缮工程建设规模：建筑面积约 1054 平方米，结构形式为砖木结构。

哈尔滨文庙大成殿、崇圣祠、大成门修缮工程：建筑面积约 1913 平方米，结构形式为砖木结构。

哈尔滨文庙乡贤祠、名宦祠、东西官厅、东西耳房修缮工程：院内均为一层砖木建筑。

二、设计概况

建筑规模：

1. 东、西庑屋顶修缮工程：建筑面积约 1054 平方米。

2. 大成殿、崇圣祠、大成门修缮工程：建筑面积约 1913 平方米。

3. 乡贤祠、名宦祠、东官厅、西官厅、东耳房、西耳房修缮工程：建筑层数为一层，总建筑面积 1011.19 平方米。

工程类别：三类。

耐火等级：砖木结构为四级。

防水等级：Ⅲ级。

使用年限：30 年。

结构类型：砖木结构。

抗震设防烈度：8 度。

三、主要建筑做法

（一）内、外墙

外墙、内隔均为古建传统做法。

（二）门窗及玻璃

1. 本工程外檐门窗装修按古建木制装修传统做法制作安装，样式以门窗装修详图为准。

2. 常规标准门窗节点和五金配件按"国家标准规定"相应规格、数量配置。

3. 如有特殊部件加工订货前，与厂家协商确定。

（三）屋面

1. 屋面：布瓦屋面，其中东西官厅为 1 号瓦，乡贤祠、名宦祠、东西耳房为 2 号瓦；墙面为停泥丝缝，彩画为旋子彩画。

2. 屋面防水：屋面做法按传统古建工艺施工。

3. 屋面保温：屋面做法按传统古建工艺施工。

（四）内装修

按传统做法施工。

（五）油饰彩画

1. 地仗做法按中国古建传统做法施工，即上、下架露明大木构件一麻五灰地仗，大连檐、瓦口、椽头做四道灰地仗，椽望做三道灰地仗，框、榻板、支摘窗边抹及裙板做一麻五灰地仗，门窗棂条做两道灰地仗，博缝板地仗按二麻六灰做地仗。油漆为铁红色。

2. 彩画按中国传统掐箍头彩画做法施工，檐椽绘制百花图，飞椽绘制栀花。

（六）石材及砖

1. 阶条石、踏跺石、柱顶石采用青白石石材。

2. 建筑室内地面铺装及散水铺装均为尺四方砖，尺寸见图纸标注。

（七）木材

1. 木结构建筑如：梁、柱、枋、檩、椽望等构件均选用黄花松，含水率不得大于 20%；门窗中式装修大木用材采用一级红松，含水率不得大于 12%。

2. 所选用的木材不得有结、疤以及虫等病害，均应做防虫、防腐处理；砌筑在墙以内的木柱周围插瓦圈，瓦圈内用生白灰粉填实；所有木构件，榫卯制作需严密牢固；承重木构件需作防火处理，达到防火要求。

3. 超长构件需另行选用符合受力要求的木材加工，并应出具相应的木材检测或受力试验报告。

四、施工过程中的关键控制节点

施工前必须做好文物保护工作，对文物建筑、文物设施的大木、装修、墙体、地面、石构件、油漆彩画和文物陈设、古树名木采取有效的遮挡、覆盖和包裹等措施，防止造成损坏。

保持该地区古建筑的完整、健康和原始状态，木结构、屋面构件及石构件的材质和规格，要求必须符合国家文物部门的质量要求和验收规范。施工工艺的保证，在现有设计和规范的基础上，最大限度地采用传统工艺手法施工，尽量在保证结构安全的前提下，使用原有的构件，避免造成"建设性破坏"的结果，让该建筑永远保持"原汁原味"风貌。

防虫防腐施工工艺，应由专业部门制订方案和药剂，经试验合格后，方可使用，使用过程中要严格按照说明书或操作工艺执行。

及时办理预检、隐检等验收手续，做到事事有记录，项项有检查，把控过程的各个节点；为了实现对业主的承诺，保证本工程的最终质量目标达到招标文件要求的验收标准，在整个工程的施工中，加强工程的质量管理，采取先进科学的管理措施，也是整体工程施工的重点工作。施工中公司将选择优秀的施工队伍，建立完善的施工安全管理体系、质量保证体系和质量管理制度，保证工程的总体目标的实现。

气候概况：哈尔滨的气候属中温带大陆性季风气候，冬长夏短，有"冰城"之称，是旅游和避暑的胜地。哈尔滨市是全国地理纬度最高的特大城市，太阳辐射年内变化较大，加之受西伯利亚冷气团和副热带暖气团影响，四季温差大。一年中气温最低出现在 1 月，最高出现在 7 月。气温年较差（最热月与最冷月平均气温之差）平均为 42.2℃。

工程施工，在春末夏初适宜施工。但要合理安排施工工序，做好雨季施工准备，施工中采取有效的防雨、防潮、防风措施，以保证工程顺利完工。

第三节　项目组织与管理

一、项目管理

（一）项目管理理念执行"三位一体"

1. 项目管理战略执行"三位一体"的方针，即在质量管理方面上做到"过程精品、动态管理、节点考核、严格奖惩"。在成本管理方面做到"标价分离、分层负责、精工细做，节约增效"；在现场管理方面上做到"形象、文明施工，安全生产，立体标化"。这三方面是不可分离的一个整体，是国际通行的项目法施工与国有施工企业的有效结合，这三个方面的各项指标归纳细化为公司对项目的目标责任管理合同，把项目作为一个整体实行三位一体的全面考核。

2. 三位一体的质量管理方面，是严格按照以 GB/T9002 - ISO9002 模式标准建立的质量保障体系来运作，形成以全面质量管理为中心环节，以工程项目的具体特点为前提，充分协调关联单位，保障实现业主的质量要求。质量管理的依据是公司制定质量保证体系和公司在合同文本中对本工程的质量目标承诺。三位一体的成本管理方面由公司组织相关人员负责实现，成本管理是施工企业实现对业主让利保证，是实现优质低价的保证，是预算人员、结算人员、过程成本控制人员、会计人员和项目管理人员共同配合实现的。现场管理是由项目经理部负责实现，项目经理部在管好现场的基础上，执行公司的成本控制指令，执行公司质量保证体系，把公司、项目经理部形成的管理合力，用于实现业主对本工程项目的各项要求，兑现公司合同对业主的各项承诺。

（二）组合有效资源

1. 项目管理在于使所有参与项目进程的人员、单位在项目的完成过程中取得合理的利益回报，项目作为总承包方，有责任为项目目标的实现整合最有效的社会资源，使各参与方的利益回报在合理的范围之内，使之提供的服务及时、准确、充分、合理、有效。

2. 该组合过程是一个动态的管理过程，也是动态的协调过程，该过程的根本目的是为了保证业主要求目标的实现，该组合过程的有效标准是针对与之相对应的各阶段目标和项目的最终目标得出的。

3. 在某些情况下，有效的标准也可能超出以上各目标的明示，如出于站在业主利益，或更长远利益上提出的更高的目标标准，从而产生的与此相对的有效组合。但该改变是建立在业主对此建议书面认可确认的前提下进行的。

4. 有效标准及有效引出的一切标准都是以业主利益为主的，涉及业主方的潜在利益的有效，不明确利益的有效均需获得业主的书面明示，才能作为标准。

（三）项目管理体系

项目管理体系从纵向分为策划服务、组织实施、实际操作三个层次，三个层次也可以分为公司、项目、作业层。

1. 策划服务：包括确定目标，制订方案，配备资源，规范程序，使本项目的施工目标清楚，责任明确，是运作项目工程能否取得成功的关键前提。

2. 组织实施：按"三位一体"的管理思想即"过程精品，形象，成本控制"为核心，按照程序标准化、工作人性化、管理科学化的要求。

3. 实际操作：施工方案、样板引路，工序控制节点为核心，严格奖惩；通过三个层次的管理责任的划分来保障项目管理目标的实现，对这样的项目我们提出在管理中要强调管理升级，即责任升级、目标升级、优化升级，以创造出新世纪的精品名牌。

二、项目经理部

（一）项目经理的产生

1. 项目经理是公司在项目上的全权代表，受公司法人委托行使项目管理职权，在授权范围内负责项目的全方位、全过程管理，达到目标责任管理的各项考核指标，实现公司对业主的合同承诺。

2. 项目经理的产生是根据《项目经理竞聘上岗管理办法》，针对工程项目招标书的要求，在公司范围内，通过资格审查、业绩考核，择优选用。

3. 通过该程序产生的项目经理主观能动性强，与项目的适应匹配性大，对招标文件理解到位，与公司内其他部门协作密切。通过该程序产生的公司项目经理代表了公司的整体价值取向和评价标准。

（二）项目经理部组建

1. 项目经理根据《项目经理部组建、管理、解散办法》，对项目经理部的各岗位人选提名推荐，经分公司审核批准，劳动管理部门根据工作进展情况及时抽调相关人员加入项目工作。

2. 部分重要岗位参考《项目经理竞聘上岗管理办法》的程序通过竞聘。

具有以下职责：

（1）大木结构、屋面瓦作、墙体墙面、装修油饰诸环节上的综合协调管理。

（2）对各专业施工队及内部协作部门提供有效服务和实行有效控制。

（3）在施工现场与工程设计师意图之间的沟通；与现场监理工程师、业主之间的协调与配合。

（4）协调社会关系为现场施工提供保障。

（5）适应总承包体制，为业主提供全方位服务。

三、主要管理措施

（一）质量管理

按公司质量管理手册的要求，编制本工程质量计划，建立质量管理机构，以确保公司质量保证体系在项目内有效的运行。项目根据工程质量计划、公司质量程序文件和作业指导书，编制出各阶段的质量目标和阶段性质量计划，对各工序和分项工程进行目标分解，编制分项工程施工技术方案，落实责任到面、到人，使每个操作程序都处于严格的受控状态，达到过程精品的要求。对所有操作的班组除正常要求必须进行"三检"制以外，针对本工程质量要求高，工艺要求比较复杂的特点，将在本工程施工过程中对所有的操作工序实行项目质检人员旁站制度，以加强过程监督。公司派驻该项目质量检查员代表公司履行对项目的质量监督。质检员具有对外签字认可评定权，对公司总经理负责，有权代表公司对项目的质量问题进行纠正和处理，项目技术质量部负责对项目质量管理的全过程进行检查和控制。

1. 质量体系

按 GB/T19002 – 1994 和 ISO9002：2000 标准的要求建立和保持文件化的质量体系，对 19 个质量体系要素做了适合本工程质量保证所需要的规定，以保证工程质量符合设计和施工验收规范要求，保证工程施工、安装和服务整个过程符合标准规范和合同要求。

2. 管理职责

项目部成员职责依据项目管理目标责任书所规定的责权、利进行分解满足工程需要。

3. 目标和承诺

本工程质量目标：确保合格工程，达到现行国家工程建设标准、规范和文物部门的要求。保证项目全部符合设计、施工规范要求。

本工程所需的原材料、半成品、成品、设备检验率达到100%。

实测允许偏差项目分项合格率100%。

分部工程优良率达到100%。

工程观感得分率达到95%以上。

质量承诺：不断开发和使用施工传统工艺、传统材料，以领先的技术达到领先的质量水平；致力于不断培训和提高员工素质，优秀人才优先安排在对本工程质量有影响的关键部位和工作岗位；资金使用优先满足本工程，质量措施的需要，以不断提高公司的质量管理和质量保证能力；以朋友的真挚竭诚同任何伙伴合作；以合理的造价同业主洽商，获得利益的根本途径在于提高施工技术水平和施工管理水平，采用一切可行的措施降低工程实施过程中的消耗。

（二）工期管理

为保证按期交付，公司精心编制了本工程总体工程进度控制的网络计划，该计划中对各个节点工期进行了重点安排，具体详见施工计划部分。根据这个计划，公司将另行编制二级网络计划、施工段的三级网络计划，并落实计划管理责任。公司负责监督网络总计划和各个节点实际完成的情况，项目负责按一级网络计划具体要求认真落实二、三级网络的编制和实施，利用计算机技术对网络计划的完成情况进行全过程的记录、分析、优化。

本工程进行工期安排时，充分考虑了木装修和油漆彩画的提前穿插。项目经理部将由总工程师牵头，组成专门班子协助配合甲方将装修、油饰作法及材料考查选定，样板做法确定，适时插入装修及油饰，确保最终工期目标的实现。

（三）安全管理

本工程的安全管理目标为杜绝死亡及重大伤亡事故，创"安全文明工地"，项目要认真遵守《公司安全管理手册》和国家及哈尔滨市的有关安全管理规定，有针对性地制定本工程安全管理措施。

（四）工程技术管理

本工程将由公司下属工程技术部负责编制施工组织设计，项目技术负责人组织技术组的方案工程师编制重点部分、分项工程施工方案及一般部分、分项工程的工序作法文件，以保证每个施工步骤都按程序文件来操作。

（五）资金管理

项目所用资金公司将给予充分的保障。根据公司财务管理规定，本项目将在公司内部开设项目专用账户，做到专款专用。项目所用各项资金一律由项目经理审批，公司财务部及总经理负责核准，以保证资金的正确使用。

（六）物资、设备管理

公司实行固定资产物资和设备的统一采购，由项目提出计划后公司资产管理部组织供货，项目部有比价权、验收权。项目部按照进度计划要求提出各阶段的材料需用量计划，可与公司资产管理部签订物资、设备供应协议，明确双方的责、权、利，公司工程技术部负责对所购材料进行全方位的监督、检查和协调，公司资产管理部负责协助项目部满足物资、设备的供应，以保证生产需要。

四、主要管理制度

为了兑现对业主的承诺。项目经理部建立下列管理制度和办法：

1. 施工项目现场管理制度；
2. 施工项目计划管理制度；
3. 施工项目质量管理和控制办法；
4. 施工项目成本管理制度；
5. 施工项目技术管理制度；
6. 总承包管理与协调服务制度；
7. 施工项目安全管理制度；
8. 施工项目计量管理制度；
9. 施工项目文明施工管理制度；
10. 施工项目机械设备管理制度；
11. 施工项目材料管理制度；
12. 施工项目财务管理制度；
13. 施工项目劳动管理制度；
14. 施工项目治安保卫管理制度；
15. 施工现场消防管理制度；
16. 施工现场环境管理制度；
17. 施工项目成品保护制度。

第四节　施工部署

以东、西庑施工组织设计方案为例。

一、工程特点

1. 本工程处于哈尔滨文庙内。施工期间文庙正常开放，不便材料存放和运输，建筑材料也不能直接运到施工地点，需进行二次人工倒运。
2. 根据招标文件要求施工期间不停止开放，施工部署按照公园正常开放考虑。对施工人员在入场之前进行宣传教育，做到文明施工、礼貌施工、讲职业道德和社会公共道德。

3. 哈尔滨文庙为全国重点文物保护单位，施工时要考虑文物建筑安全，人身安全（施工人员、参观人员、业主方管理人员），消防安全的问题。

4. 本工程工期紧任务急，安排进度计划要充分进行考虑。

二、施工部署

（一）整体施工部署

1. 工期部署

本工程的工期为 61 天，按照常规古建筑复建工程的经验，工期相对较紧张。因此，在安排施工进度计划时充分考虑了此情况，计划在接到中标通知书后及时配合业主单位办理好一切开工手续，进场一周内做好相关的围挡、文保、消防措施，两天内做好相应的进场手续及围挡工作。因本工程为新建工程，包括基础、主体、屋面、装饰、给排水、电气等六分部工程，施工项目较多，且分布施工地点，构造各不相同，拟在进场后分组同时进行施工。在 6 月 30 日前完成所有的柱顶石以上的土建工程，为室内装饰工程和油饰彩画工程留出充足的时间。

2. 施工项目部署

根据工期要求在不影响客观因素的前提下进行同时施工。结合本工程特点，各分部工程油饰彩画工程、地仗施工时赶在雨季前完工。以确保总工期目标的实现。

（二）施工进度计划

哈尔滨文庙东、西庑修缮工程计划开工日期 2007 年 4 月 15 日，计划竣工日期 2007 年 6 月 15 日。

（三）施工机械

本工程使用施工机械机具在施工现场用量不是很大，建筑高度不是很高，故不安排垂直运输机械，屋面工程的材料垂直运输，使用人工倒运，根据工程需要搭设倒料平台。

投入的主要施工机械设备表如下：

序号	机械或设备名称	数量（台）	国别	额定功率（KW）	生产能力	用于施工部位	备注
1	切砖机	1	订做	3.8	满足	砖加工	场外
2	炮筒子	1	订做	3.8	满足	屋面墙体	现场
3	麻刀机	1	订做	1.5	满足	屋面墙体	现场
4	木工圆锯	1	国产	5.5	满足	木作	场外

续表

序号	机械或设备名称	数量（台）	国别	额定功率（KW）	生产能力	用于施工部位	备注
5	木工电刨	1	国产	5.5	满足	木作	场外
6	木工压刨	1	国产	5.5	满足	木作	场外
7	手电锯	2		0.8	满足	木作	现场
8	手电刨	2		0.8	满足	木作	现场
9	油工拌料机	1	订做	2.5	满足	地仗	现场
10	砂轮机	1		1.1	满足	地面	现场
11	云石机	2		0.3	满足	地面	现场
12	角磨机	2		0.3	满足	地面	现场

（四）施工运输措施

本工程地处哈尔滨文庙内，施工期间各项交通限制较多，场外施工运输时间相对固定，材料运输又是保证完成本工程项目的关键。由于本工程施工时没有足够的材料存放现场，且施工地点布局分散，施工期间开放，针对这一特点，更要组织好材料运输工作。场外运输由公司有关部门负责到当地交警队办理通行证，在不违反法规的前提下确保本工程的材料供应，场内运输由人工进行二次倒运，并根据现场的实际情况，施工之前做出具体的施工方案。

三、保证工期措施

（一）资金保证

1. 为确保工程顺利进行，本工程甲方拨付款资金专款专用。
2. 本工程建设单位需提供预付款，施工准备专用。
3. 保证每月施工人员的生活费、工资每月发放80%～85%，其余工资尾款工程验收完成后兑现。
4. 项目部设置材料采购组，保证采购材料的资金使用。

（二）前期准备工作保证

1. 项目部施工准备组的技术人员根据现场实际情况落实现场用地、运输通道及布置施工现场平面。
2. 施工现场项目经理、技术负责人、专业工长及施工人员先期进入现场进行施工准备工作，组织机械、暂设材料、设备仪器、施工材料进场工作。
3. 项目部采购人员对材料采购进行评审，与合格单位订立材料供货合同。
4. 项目部后勤部门在公司基地安排好施工人员的食堂等事项，做好后勤保障。

（三）管理组织措施

1. 本工程项目经理为本工程总负责人，对本工程全权负责，承担本工程的法律责任。

2. 本工程设：瓦作工长一名、木作工长一名、油画作工长一名。把好各个专业的施工进度和质量关口。

3. 本工程项目技术负责人一名，承担本工程的技术责任。技术负责人负责本工程技术工作，常驻施工现场主持日常技术工作。工程技术管理人员设专职质量检查员两名（古建质检两名）、技术资料员、安全员、预算员各一名。

4. 本工程配备材料供应组，设材料负责人一名，材料组负责材料的采购、发放、记账，同时负责采购的材料质量及材料出场合格技术资料。

（四）技术措施

1. 根据本工程建筑特点，我们制定工期节点控制、动态管理。

2. 依据工程进度计划安排每天下午 5 点钟在施工现场召开碰头会，参加的人员有各专业工长、安全员、技术负责人等，由项目经理主持。会议内容解决存在影响施工计划的问题，明确解决问题的办法，落实到具体人员，要求完成日期和具体时间。此会要求会议质量，务实、不扯皮，限制发言时间，不搞马拉松会，严格遵守会议制度。

3. 制定本工程的计划目标责任制度，关键路线施工计划受到影响的责任人要受到批评，未引起重视、继续脱期的责任人由项目经理根据情节轻重给予处理。

4. 严格遵守环境保护、安全生产的各项规定，不出现因不符合法规规定而停工。

5. 本工程在旅游区，搞好施工与游客的关系，为施工创造良好的施工氛围，减少对施工的影响。

（五）材料保证措施

1. 工程施工之前，计划单要进行审查，核审无误后采购材料，材料进场后进行验收，保证材料合格、数量准确后使用。

2. 加工半成品材料提前进行，对加工厂家进行考察和评审，选择加工能力强、信誉好、质量可靠、价格合理的厂家订立合同，合同要明确完成时间，交货地点、半成品运输、装卸保护措施和双方的责任内容。

3. 对材料把好材料质量关，索要厂家的材料合格证明，材料进场后按规定对材料进行材料复查工作，保证材料合格后使用，防止因材料不合格而影响工程工期。

（六）机械设备保证措施

1. 保证机械设备进场完好率，进场后必须保证使用，修理保证随叫随到。

2. 施工现场的施工机械责任落实到人，进行维护保养，完好率保证在 95% 以上。

3. 对机械易损件的采购储存，对于小型机械、机具采取多备，防止施工当中因施工机械、机具造成停工而影响工期。

4. 编制机具、机械防意外预案，并进行落实。

第五节　施工准备与资源配置计划

一、施工准备

充分的施工准备工作是建筑工程开工前的一个重要环节，是直接关系到工程开工能否顺利进行的关键。因此，公司按计划组织调集各专业精干、高效的施工技术及施工管理人员组成以项目经理为首的项目组织管理机构，在公司的协调配合下，由项目经理统一安排，组织各职能部门逐一落实包括技术准备、施工现场准备及各资源计划等各项准备工作，为按时、保质地完成工程施工任务打下坚实的基础。

（一）技术准备

1. 项目部组建后，由项目技术负责人组织项目经理部技术、工程各专业人员认真熟悉图纸，对图纸疑问进行记录汇总，为参加设计交底会做准备。在工程开工后 5 日内，参加设计交底会，办理施工图纸的有关变更洽商。

2. 公司中标后，即由公司总工程师组织对拟派项目部的全体管理人员进行一次详细的施工组织设计交底会。根据施工组织设计和施工图纸，由技术组在分部工程施工前编制出施工方案，并报监理审批后实施。工程开工前由项目技术负责人组织施工管理人员、施工班组长，分别进行一次施工方案交底会。

3. 根据本工程图纸及施工方案要求，由公司技术质量科统一为项目部准备需用的测量、试验、检验计量器具和有关规范、规程、图集、工具书等。

4. 开工前，由项目技术负责人与监理工程师共同商定有见证取样试验数量和试验单位，并办理见证取样试验委托等手续。为保证工程试验资料的真实性和完整性，在工程开工后 15 日内完成本工程试验取样计划。

（二）现场施工暂设

施工暂设布置根据业主单位要求进行设置。

1. 其具体布置如下：

用途	面积（平方米）	位置	需用时间
库房 1 间	$2.00 \times 4.00 \times 1 = 8$	现场	施工全过程
油工料房	$3.00 \times 2.00 \times 1 = 6$		

用途	面积（平方米）	位置	需用时间
办公室 1.5 间	6.00×4.50×1.5＝40.5		
会议室 1 间	6.00×4.50×1＝27		
保安宿舍 1 间	6.00×4.50×1＝27	由业主指定单位	施工全过程
半成品存放区	10.00×5.00×1＝50		
施工用料周转场地	5.00×16.00×1＝80		

2. 施工用电：生活区内设置总配电箱，砖加工、灰塘、油工料房设单独配电箱，总配电箱设总电表。

3. 施工用水：生产、生活用水均由业主单位提供。

4. 消防用水：本工程消防用水使用业主单位消防井及消防泵，并按所修缮建筑面积每 10 平方米配备 1 个干粉灭火器，并设置相应数量的消防架配备齐全相关消防用具。

（三）施工生产准备

1. 进入现场后，首先统一筹划，合理布置，按平面图及文明施工要求组织搭建好临时设施，布置施工用水、用电的管线，为施工生产的顺利进行作好充分准备。

2. 按照公司有关管理文件的规定，由项目技术负责人组织各职能部门制定出一整套项目管理制度。具体如下：

项目管理人员岗位责任制度；

项目现场标准化管理制度；

项目技术管理制度；

项目质量管理制度；

项目安全管理制度；

项目计划、统计与进度管理制度；

项目材料、机械设备管理制度；

项目分配与奖励制度；

项目试验管理制度；

项目计量管理制度；

项目技术资料管理制度；

项目劳务管理制度；

项目例会及施工日志制度；

项目组织协调制度；

项目信息管理制度。

3. 到主管部门办理施工安全、消防、环卫、卫生、治安等有关手续和证件。

4. 配备专业试验人员，开展施工材料复验。

5. 组建安全保卫系统，建立完善进出场制度。

（四）劳动力准备与计划

1. 根据本工程的工作量、进度、质量要求选择确定劳务队伍。劳务队伍选用长期与我公司合作，且技术水平高、建制整、有同类工程施工经验，并多次参加过此类工程施工的施工队伍，在人力资源的数量与素质上确保施工质量和工期需要。开工前确定劳务队伍，并办理好各项用工手续。

2. 督促劳务队调集劳动力，并进行进场三级安全教育，进行分工种的操作培训，办理有关保险、暂住等各方面的手续。

3. 劳动力计划：单位（个）

时间	瓦工	木工	油工	画工	普工	架子工	其他	备注
4 月	10	10			30	10	8	88
5 月	20	20			50	10	8	108
6 月	20	20	10	5	50	10	8	123
7 月	10	10	15	5	30	10	8	68
8 月	10	4	10	3	15	3	8	53

（五）材料准备

1. 根据生产计划制定详细的材料进场计划。

2. 根据程序文件中材料采购工作程序要求，做好材料合格分承包方登记注册工作，组织主要材料的货源，进行各种材料的询价、考察、订货工作，根据施工进度安排材料进场。

3. 做好预制加工所用材料的报验、送检工作。

4. 落实现场材料管理制度，严格执行限额领料制度。

第六节　施工方法及技术实施

以东、西庑为例。

一、基本情况

哈尔滨文庙东、西庑屋面修缮工程建筑现状：屋面部分的正脊吻件、七样绿色琉璃正脊件及六样绿琉璃瓦件均已松动、断裂、脱釉，部分戗脊已歪闪；外檐及室内清式金线大点金龙锦枋心旋子彩画脱落褪色；局部木构件及木基层已发生腐朽霉变。总体建筑情况现已陈旧破损较为严重。

根据本次修缮工程招标范围，主要针对建筑屋面部分的整修，其中包括揭瓦屋面、补配损坏瓦、兽脊构件，恢复屋面做法；更换木基层椽子望板槽朽构件；剔补加固部分大木（梁头）构件。

计划开竣工日期为 2007 年 4 月 15 日至 2007 年 6 月 15 日，有效工期 61 天。

工程质量要求符合合格标准。

二、施工原则

哈尔滨文庙东、西庑屋面修缮工程，为文物建筑保护修缮，因此在本次修缮过程中应严格遵守文物建筑保护修缮原则，恢复原有建筑的历史风貌。同时通过建筑的修缮，达到保护历史建筑目的。施工原则如下：

1. 遵照"不改变文物原状"、"保护为主，抢救第一"的文物修缮原则，按"四保存"即原形制、原结构、原材料、原工艺及尽可能地保存原构件的要求，制定本次维修施工，尽可能真实完整地保存本文物建筑的历史原貌和建筑特色。在维修过程中以本建筑现有传统做法为主要修复手法，对于近代改变原状的做法和工程上的错误做法，要在本次维修中予以纠正，恢复原貌。

2. 在维修中力求真实性的保护每座文物建筑中所具有的历史信息，使用古建传统工艺进行施工操作。同时在维修中坚持可识别的原则，对于建筑后期被更改的部分，结合修缮有据的原则进行复原。尽可能多地保存旧有建筑材料，尽可能多地采用传统材料和传统工艺做法。

3. 修缮本着在原有建筑主体之上恢复建筑原有风貌，针对建筑各部位的损坏程度按设计要求进行修缮施工。其中包括对屋面瓦件的缺损及损坏程度进行挑顶修复，在修缮中对损坏木构件部位的拆除，均应做好相关记录如：材质、原工艺做法、构件尺寸、形式、数量、破损原因和损坏程度等。并做好相邻临近文物的保护。拆除要更换的材料时决不能将非更换部位拆除或损坏，屋面揭瓦前要做现状记录如：泥灰背厚度和层数、原各种做法、瓦垄数和瓦口大小情况等，以便恢复原状。选用瓦件等辅助材料应与原有建筑构件相同，以保障原有的工艺（原做法）。

三、施工范围及内容

哈尔滨文庙东、西庑屋面修缮工程的主要施工范围及内容为屋面部分的瓦面拆除、木基层整修、部分木构件加固整修等。

基本工程做法为拆除所有屋面部分的瓦构件及基层泥灰背，之后拆除局部已发生腐朽霉变的木构件及木基层椽子望板，并针对个别大木构件的腐朽开裂梁头进行剔补加固处理。基本做法如下：

构件名称	构件规格	工艺内容
正脊、戗脊、垂脊吻兽件	吻件琉璃七样	拆除后重新恢复
屋面瓦件	琉璃六样	拆除后重新恢复掺灰泥宽（wà）瓦
基层泥灰背	15mm 厚护板灰、厚泥灰背	分层找平、赶光压实
木基层椽子望板	方椽 100mm×100mm、檐椽 100mm、望板 30mm 厚	大于 20mm 粘接处理糟朽构件更换，重新铺装
大木构件	按原型制尺寸	糟朽面剔补、小于 1/5 剔除拼接、劈裂缝嵌补木条

施工流程：拆除屋面→拆除木基层→检修木构件→补配更换木基层椽子望板→重做屋面基层灰背→恢复屋面笕（wà）瓦。

四、各分部分项施工做法及施工工艺

本工程主要施工项目为基础工程、主体工程、装饰工程、屋面工程、地面工程和油饰彩画工程。

本着"保护文物古建筑的原貌，不破坏文物价值，修缮的部位应尽量利用旧料，并与原有的风格保护一致，尽量恢复其历史原貌和风格"为原则，尽可能多地采用传统工艺做法。

传统工艺的保护：

1. 设置专人进行技术资料管理

资料的管理实行技术负责人负责制，建立齐全的资料管理体系。各分项资料分解责任到人，保证施工技术资料与施工质量检查同步，使资料保证真实、齐全、有效。黑龙江民族博物馆基建办、监理单位、施工单位都设置专职资料员，分别进行各自的档案收集整理，及时分类和汇总，以保证资料的完整性和统一性。

2. 利用影像资料记录传统工艺

为保证历史信息传承的真实性，黑龙江民族博物馆基建办和研究部对工程中的重点部位修缮和重点工艺都做了详细的文字和影像记录。整个修缮过程共拍摄技术照片4000余张，摄制录像资料300多个小时，全面记录传统工艺，以备借鉴，利于传承。

（一）基础部分

砌筑应采用三一砌筑法。砖墙水平灰缝和竖向灰缝宽度宜为10毫米，但不小于8毫米，也不大于12毫米。水平灰缝的砂浆饱满度不得小于80%，竖缝宜采用挤浆或加浆方法，不得出现透明缝，严禁用水冲浆灌缝。砖墙的转角处和交接处应同时砌起，对不能同时砌起而必须留槎时应砌成斜槎，斜槎长度不应小于斜槎高度的2/3。砖墙每天的砌筑高度不宜超过1.8米，并在正确的部位留置脚手眼。

（二）木结构部分

1. 柱类构件的制作

（1）柱子制作必须符合设计要求或文物建筑传统操作规程规定。

（2）柱子上下划盘头线时（即盘柱脖、柱跟时），必须跟线，如有升的柱子应按升线画线，没升线的柱子按中线画线，柱子中线、升线的位置必须准确，对面的中线平行线不绞线。

（3）柱根的管脚榫须做圆榫，柱头须做馒头榫，要求方正有卯。

（4）柱子榫卯的涨眼高厚尺度为榫眼本身高度的1/10。

2. 梁类构件的制作

（1）梁（柁）的制作必须符合设计要求或文物建筑操作规程规定。

（2）梁的裹楞（圆慢楞）应按规定倒裹圆慢楞，严禁压楞或倒八字楞。

（3）太平梁和扒梁榫必须做梯步榫，榫宽不大于扒梁宽的1/4，严禁将扒全部袖在桁檩里。

（4）短扒梁搭置于长扒梁上时，其搭置长度应不小于1/2长扒梁宽，榫卯咬合部分宽不大于扒梁自身宽的1/5。扒梁、抹角梁与桁檩相交，梁头外端必须压过檩中与桁檩的外金盘线齐。桃尖梁、抱头梁、接尾梁与柱相交时，其榫子截面宽度不得小于自身宽的1/5，也不得大于宽的3/10，半榫长不小于柱径1/3，不大于柱径的1/2。

（5）梁头挖桁（檩）时要做鼻子。撕鼻子宽度为梁宽1/2，两边碗宽各1/4，口要符合桁（檩）的弧度，碗口径可大于檩径，但不得大于桁（檩）径5毫米，并不允许小于桁（檩）径，里外口必须平顺，不得输根。

（6）角梁的起翘及出冲应符合设计要求，椽槽位置必须准确，最深槽不得小于0.5椽径，上干口必须按举架坡度找斜桶槽侧肋，槽底应刨光。

3. 枋类构件的制作

（1）枋类制作必须符合设计要求或文物建筑操作规程规定。

（2）枋子的各部节点榫卯制作必须符合以下规定：

①檐、金、脊檩的端头必须做燕尾榫，燕尾榫的长度以枋子所在位置的柱径为准。枋子榫的两榫的两肩做法，可做抱肩或回肩。

②承椽枋榫卯为直榫，榫长为柱径的1/4。椽窝位置要准确，桶窝径同椽径加举，椽窝深半椽径，凿椽窝时应按举架坡度凿成斜椽窝。

③箍头枋子一端做透榫，另一端做箍头榫和霸王拳（小式做三岔头），不得做出假箍头。

④穿插枋、跨空枋端头做透榫，必须做大进小出榫。

⑤圆形、扇形建筑的檐枋、金枋等弧形构件，其弧度必须与样板相符。

4. 桁（檩）类构件的制作

（1）桁（檩）类的制作必须符合设计要求或文物建筑操作规程规定。

（2）桁（檩）类的制作必须符合以下规定：

①檐、金、脊檩两端，一端作银锭榫，一端作银锭口子。此种榫卯在明代有螳螂头榫的做法。

②桁（檩）两端与梁头搭接处须作刻半榫。

③搭角檩在转角处应作搭角刻半榫，搭角榫必须为山面压檐面。桁（檩）条按面宽丈杖准确的排出椽花，标写大木号待装。

5. 板类构件的制作

（1）板类制作必须符合设计要求或文物建筑操作规程规定。

（2）板类制作必须符合以下规定：

①博缝板昂身必须符合举架要求。带托合、做头缝榫，缝子应两面钉扒锔，分步挖檩碗，檩窝深半椽径或1/2板厚。

②山花板的位置按收山法确定，山花板拼缝必须作龙凤榫或企口榫缝，板缝间必须钉扒锔或落银锭。

6. 椽望类构件的制作

（1）椽、望、连檐类制作必须符合设计要求或文物建筑操作规程规定。

（2）椽、望、连檐、椽碗、衬头木、翼角椽、翘飞椽的制作应符合以下规定：

①正身檐、花架椽、脑椽等制作应放八挂线，砍刨圆光，作出金盘线，檐椽后尾与花架椽交接处一般多用压掌做法。

②飞椽闸挡板做法，必须按要求做闸挡板口子，飞头后尾擦尾子时要求当线（飞头脖线）。

③翼角椽宛必须做金盘，拨后尾必须按样板搬弹线，后尾按角度线刨光跟线，椽头必须擦楞，不得见硬楞。

④翘飞椽制作必须按样板找撇向，找翘飞母的角度及起翘角度线。

⑤椽宛要求通长连做。

⑥望板必须做柳叶缝。檐头露明望板或露明造的望板必须刨光。

⑦翼角大连檐锯解破缝时必须用手锯，以保证连檐高度。

7. 大木构件安装

（1）大木构架安装必须符合设计要求或文物建筑操作规程规定。

（2）大木安装必须由明间开始向两端对称安装，安檐枋时必须用丈杆对中，允许拉中，绝不能闯中。

（3）下架安装完毕，必须按设计图纸严格校核尺寸，校核完毕方可进行下道工序。

（4）拨正必须在安廊子大木之前进行，老檐柱首先拨正吊直，再吊檐柱升线然后将各种戗杆稳好，绑牢。

（5）凡规定有升线的柱子，安装拨正必须按升线吊直。无升线的柱子按中线吊直，严禁出现倒升，大木拨正安装桁（檩）子时必须拉通线。

（6）大木拨正时，柱根的十字中线必须与柱顶四面跟中，大木安装后必须校定柱顶轴线。

8. 椽望类构件安装

（1）椽子、飞椽、老（仔）角梁、翼角椽、翘飞椽、望板、连檐等安装必须符合设计要求或文物建筑操作规程规定。

（2）各种椽、飞椽、闸挡板装钉必须牢固。脑椽必须全部伸入扶脊木椽窝内钉牢，椽子剪撑应符合昂及举架斜度，合掌严实。

（3）钉望板时必须钉迈步钉。

（4）翼角椽与衬头木必须前后口接触严实，并留有碗口山。

五、屋面工程

（一）苫泥灰背

1. 护板灰

木基层完成后根据设计做法要求涂刷防腐，并办理隐检手续。用白麻刀灰将望板缝勾抹严实，然后抹厚20毫米护板灰，护板灰配比为白灰：青灰：麻刀=100：8：3。

2. 垫层背

六成干时抹垫层背，垫层背平均80毫米厚，泥背配比为白灰：黄土=4：6，分二层压抹，七成干时用拍子砸实。苫泥背的同时作出囊度，使整个屋顶曲线柔美自然。

3. 青灰背

青灰背厚 30 毫米，配比为白灰：青灰：麻刀 = 100：10：5，分层擀轧坚实。苫青灰背由檐头往上操作，用木抹子将灰顺坡向抹平，每挡宽度以操作时能够接茬为宜，与下一挡接茬抹成八字，坡茬宽度不少于 100 毫米，茬子不得溜浆，要接白茬。然后拍麻刀，麻刀要匀，不要厚，不得有"麻刀蛋"或"漏麻"，用铁抹子将麻拍入灰内，揉实入骨，然后刷浓青浆，用铁抹子趟平后进行下一挡。脊部位及接茬麻要相互搭接，隔日接茬要先洇水，待能上人时刷浓浆用双梁抹子顺坡向擀压平光，随着灰背的硬度清浆由浓到稀，不少于"三浆三压"。

4. 屋面防水工程

此工程其屋面防水等级为 2 级。

（二）宽（wà）瓦

石板瓦屋面施工不需要"分中、号垄"，也没有木瓦口，石板铺设要横着一行一行的进行，这与瓦屋宽（wà）瓦纵向进行是不同的。

1. 排瓦当

（1）横向排当目的是要算出横向的每行能摆多少块石板。用屋面的横向长度减去砖檐所占的宽度，然后除以石板的宽度，即为石板的块数。

（2）竖向排当的目的是要算出屋面纵向能摆多少行。脊中至连檐加上石板出檐的尺寸，然后除以板块石板的宽度（按"压五露五"算），即为行数。如不能整除，可调整石板出檐的尺寸或适当增大前、后坡石板交接处的缝隙，必要时还可增加石板的搭接密度。

2. 檐头"样活"

按算好的横向位置在檐头试摆一行瓦，叫"样活"。样活时瓦下部铺泥，但应调整好瓦的位置。

3. 冲趟

按"样活"时排定的瓦位置在屋面的两侧，纵向各铺一趟瓦，叫做"冲趟"。整个屋面的瓦都将以此为准，所以这两趟瓦须铺直顺、平整。

4. 瓦檐头一行瓦

以两端冲好的两趟瓦为标准，在檐头栓两道线。前口线是瓦出檐和前口的高低标准，另一道线拴在后口，作为瓦后口的高低标准，然后铺泥，泥应饱满，按线铺瓦宽（wà）瓦。

六、墙体部分

（一）淌白墙

淌白墙作法与丝缝作法基本相似，不同之处在于：

1. 淌白缝子铺墁干活或水活，也不用水冲，但应将墙面清扫干净。

2. 淌白缝子作法所用的砖料为淌白截头砖。

3. 应注意砖的朝向问题。

4. 在耕缝之前，应将砖缝过窄处用扁子作"开缝"处理。

（二）墙面勾缝

1. 淌白墙勾缝为凹缝，虎皮石墙为凸缝，又叫泥鳅背缝。

2. 墙面勾缝的统一要求：

（1）凡墙面较干，恐灰附着不牢者，须事先用水将墙面洇湿。

（2）灰缝勾完后，要用刷子、扫帚等将墙面清扫干净。

（3）灰缝的质量要求，灰缝应横平竖直（虎皮石墙除外）深浅应一致，灰缝应光顺，接茬自然，无明显裂缝、缺灰、"嘟噜灰"、后口空虚等缺陷，卧缝与立缝接茬无搭痕。

（三）梢子、博缝、饯檐冰盘檐

1. 砖件品种、规格、质量及所用灰浆的品种、配比必须符合设计要求或文物建筑操作规程的规定。

2. 所有出挑石、砖件必须牢固、无松动。

3. 组砌正确、砖檐、梢子等砖的式样及出头尺寸、排列形式等必须符合设计要求。

4. 熨博缝差活准确，碰缝严实，博缝插旗前后坡大小搭对，两山昂向一致，无倒升。

5. 砌腿子翻活必须准确，头缝严实，两腿高低及层数搭对，爬山顺山衬脚必须对称。

6. 饯檐看面高低及扑身一致，下梢子、冰盘檐必须卧立缝严实，各层出进一致，压后平牢，用麻刀灰苫小背要平光。

七、室内地面

（一）室内抄平放线冲趟

以柱盘为准，超出水平点，并用墨线弹在四面墙上，首先在明间正中冲趟。

（二）铺墁

在打泥时，泥不要太硬、太足，应打成"鸡窝泥"，"样趟"后编号揭趟浇浆。用"木剑"在砖的里棱上"打油灰条"后对号入座，然后用墩锤上缝，将砖叫"平"、叫"实"，用竹片将接缝挤出的油灰铲掉，即"起油灰"，然后用磨头将高处磨平，即"铲齿缝"，以卧线为准检查砖棱直顺，有偏差用磨头磨平，即"刹趟"。待全部墁完后，用砖药将砖的残缝、砂限打点平整，然后用平尺板检查整体平整度，用磨头沾水磨平，即"墁水活"，最后将地面擦拭干净。

（三）"泼墨"、"钻生"

地面完全晾干后，钻生前要在砖面上均匀擦墨矾水。墨矾水的配制方法：把 10 份黑烟子用骨胶水化开，然后与 1 份墨矾混合。将刨花与水一起煮熬，待水变色后将刨花滤净，然后把黑烟子和墨矾倒入水中，再一起熬至深黑色为准。趁热把制成的墨矾水分两次泼洒在地面上，用麻刀或软布涂擦，即"泼墨"。"泼墨"干透后用生桐油浸泡，油的厚度可在 2 毫米左右，用油耙来回推搂，钻生应以钻到喝不进去的程度后用皮刮板将油皮铲掉，然后用生石灰粉与青灰掺和到与砖色相近的灰面撒在地面上呛生厚约 30 毫米，2～3 天后即可刮去，扫净后用布沾明油反复抹擦。

八、木装修工程

（一）槛框、榻板制作、安装

1. 槛框制作必须符合设计要求或文物建筑操作规程规定。

2. 下槛安装必须在地面铺墁完成后进行。

3. 榻板的安装必须在槛墙砌好后进行。

4. 外檐下槛安装可用钉钉牢（钉小面）但两端必须做抱肩，内檐下槛必须做溜销，严禁用钉固定，中槛两端必须做倒退榫，上下口按要求起线。

5. 门框、间柱制作时必须两端作榫，两口起线。

6. 安装榻板，柱与榻板相交处必须按圈口圈活。榻板如为拼板作法，板缝应两面钉扒锔或落银锭，八字应为六方尺（八字楞宽应与柱径同）。

（二）边框制作、安装

1. 边框制作必须符合设计要求或文物建筑操作规程规定。

2. 隔扇、槛窗、风门的大边与上下抹头交角必须做大割角双榫实肩，大边与中抹头交角为人字双榫蛤蟆肩。

3. 门窗、隔扇的边框制作，严禁出现所用材料正面、背面不分的现象。

4. 门窗边抹的肩角必须严密，使胶加榫严实，榫眼饱满，不得劈裂（楔的宽略小于眼宽）不得用母榫，不要闷头榫。

（三）仔屉、棂条制作安装

1. 外檐棂条应为盖面、内檐棂条应为凹面，仔边里口必须做窝角线。

2. 内、外装修仔边榫卯必须做三道线。

3. 外檐棂条榫卯丁字交接处须做飘肩半榫，搭接处做马蜂腰。

4. 内檐棂条榫卯做半银锭大割角。

九、油饰彩画修缮

（一）一麻五灰地仗

1. 施工工序：斩砍见木→楦缝→下竹钉→汁浆→捉缝灰→通灰→使麻→磨麻→压麻灰→中灰→

细灰→磨细钻生。

2. 斩砍见木：深 2 毫米，间距 15 毫米左右。要求横着木纹砍，不伤木骨。槽朽部分、木缝内灰要砍净、挠净。

3. 楦缝：楦缝前必须撕缝，将大的裂缝用锋利的刀子撕成 V 型，并将树脂、油迹、灰尘清理干净，以利于灰料挤入缝口深处，很深、很宽的缝隙用干燥的木条将缝隙楦满，并加钉钉牢，且木条不应高于木构件表面，还要随形。

4. 下竹钉：缝隙在 5～10 毫米时下竹钉，以防木构件涨缩，将灰料挤出。竹钉宽约 10 毫米，长视情况而定，用时根据具体部位进一步削修。较大较长的缝隙先下两端，后下中间段，竹钉间距控制在每 150 毫米间距一个，不能漏下，不能出母钉。竹钉要下实。

5. 汁浆：浆用油满和血料加水配制，表面尘土清理干净，用棕刷在构件表面涂刷满汁或喷浆机，汁严、汁到，不能遗漏，特别是缝隙深处应反复涂刷。

6. 捉缝灰：灰要捉严、捉实，按传统做法要横掖、竖划。顺缝刮净余灰，缝内有灰，表面无灰，构件不平或缺棱掉角处用铁板掐出棱角。用铁板要找出柱头，裹柱根、贴柱秧要找平、找直、随圆，毛病大时分层垫平、垫直，灰干后用砂轮片将干灰飞翅磨掉，传统叫划拉灰，用笤帚扫净浮灰，打扫干净。捉缝灰要饱满严实，不能有蒙头灰。

7. 通灰：通灰之前用磨头对捉缝灰打磨。通灰施工作业的叉灰、过板子、检灰要三人一组操作。抹灰要抹实，且分两层进行，使叉灰层有一定厚度，便于过板子。板子要有足够的长度，确保通灰的平整，在保证形状前提下，灰层厚度尽可能均匀，接头不能明显。捡灰要将灰入木骨，过板要刮圆、刮平，用铁板捡灰要找平、找圆，因通灰是使麻的垫层，所以一定要平、圆、直，线角要顺。灰干后用砂轮片磨掉飞翅，打扫干净。

8. 使麻：使麻前要对通灰进行打磨，麻要选用好麻，有拉力，不含杂质。开浆者要厚度适宜，铺麻要横搭木纹，厚度一致。有木件交接处要先横秧角使麻，然后再横着木纹使，以免秧角开裂。遇柱顶、柱门时要亏些（约 10～20 毫米），不粘到头。铺完麻要砸干，轧麻要先轧角线秧，后轧大面，反复轧实，对个别未被浆汁浸透的部位进行潲生，进行水轧，用轧子尖或麻针将局部翻起，把多余的浆汁挤出，干麻包粘上浆料轧实。要求不能出现干麻包崩秧、窝浆，不能漏籽，麻要一致。

9. 磨麻：麻干后用磨头进行打磨，动作短急（即短磨麻），打磨的方向与麻丝垂直，使麻表面纤维起麻绒，磨麻过程中遇有拉起的麻丝不可敷衍，要将其刮掉，保持麻层的密实度，之后打扫干净。

10. 压麻灰：用皮子抹灰，灰要抹实、抹严后过灰板，板口要与通灰板口错开，有线口的地方要找直，要达三停三单，做柱子时，两次板口接头错开，以免出现出节现象。压麻后木件要平、圆、直，不能出现空臌、秧角，棱要干净利落。灰干后用砂轮片磨掉飞翅，扫净。

11. 中灰：用铁板、皮子在压麻灰上满刮一道，越薄越好，要"克骨灰"灰要抹严、抹到、刮平、刮圆。干后用细砂轮片磨掉飞翅，扫净，过水布。

12. 细灰：在中灰干后要进行打磨、过水布以确保灰层之间结合牢固，找细灰干净、利落，贴柱秧，裹柱根，然后大面细灰。平面必须用板子和铁板，要有厚度，厚度应控制在 1.5～2 毫米之间。木件圆用皮子，要细灰连接，薄厚一致，错开通灰板口、压麻灰板口。风大和暴晒应围挡和防风，严防出现鸡爪纹。

13. 磨细钻生：是很重要的工序，磨细灰必须用细砂轮片磨平，断斑，磨细灰要磨一间钻一间，不能全磨完再钻生油。柱子下架要从底下往上磨，磨一段，钻一段。待生油钻透后用麻头满擦一遍，以免挂甲，然后把地面现场清理干净。待生油干后进行下道工序。

（二）单皮灰地仗

1. 单皮灰的施工部位：椽望、连檐、瓦口、隔扇、槛窗的子屉等。

2. 各部位单皮灰做法要与旧地仗相同，通常做法为：椽望为三道灰，连檐、瓦口、椽头均为四道灰，装修的子屉为三道灰。

3. 单皮灰具体做法为：

（1）四道灰：捉缝灰、通灰、中灰、细灰、磨细钻生。

（2）三道灰：捉缝灰、中灰、细灰、磨细钻生。

（3）二道灰：捉中灰、满细灰、磨细钻生。

4. 连檐、瓦口的地仗施工，在捉缝和通灰时就应适当将大连檐与瓦口之间的水平缝垫找成坡形。由于此部位易受雨水侵蚀，所以生油要反复钻头。

（三）油饰部分

油饰采用古建油饰色彩分配方式，即连檐瓦口章丹色打底打红色罩面，椽子望板铁红色油饰（红帮绿度），垫栱板章丹色打底失红色罩面，下架柱子铁红色油饰。油饰前应根据原由油饰面和设计色调进行配兑油料，并制作样板。

施工操作时应选择较好的自然环境条件，同时应采取防止环境污染措施。油饰面应达到平整光亮、分色整齐直顺，大面颜色一致，无痱子、流坠、透底脱层等现象。

质量要求：油漆颜色一致，光亮度一致，无结头，与彩画部位接合部要分明齐整不脏活，彩画完成后做到不褪色、不掉色，颜色清楚线条流畅，横平竖直，纹饰颜色分明。

（四）彩画

1. 做彩画样板，并做出颜色色标。请甲方、设计、监理审核后施工。

2. 扎谱子孔眼端正，要直扎、扎透，不要扎斜。孔距要均匀，孔距2毫米。

3. 磨生油过水布，用砂布将干透生油打磨，要磨到，过水布。水布不能带水过多，也不能太干，要适中。水布过不到的地方尘土扫干净。

4. 分中，按彩画尺寸分中和彩画在大木件上的位置分中，以免走样。

5. 沥粉，用土粉子加大白粉配制，加光油。沥粉要粉条饱满直顺，不能出现疙瘩粉。沥大粉、小粉纹饰不能偏离谱子，要跟原彩画一致。

6. 刷色，颜色要根据样板彩画走，不走样、不差色。调制颜色必须按照传统工艺进行。

7. 包胶，颜色纯正，涂抹平整，无遗漏、无流坠，先包大粉，后包小粉，将粉条饱满。

8. 拉晕色，拉大粉、晕色要宽窄一致，根据样板彩画纹饰不变。要颜色纯正，要实。

9. 打点活，彩画部位检查一遍，需要修补打点修理，主要注意落活。

十、脚手架工程

（一）脚手架选型

根据本工程构造特点：按有关施工安全操作规程。脚手架采用 Φ48 毫米 ×3.5 毫米钢管，直角扣件、对接扣件和旋转扣件搭设。操作层满铺脚手板，两道护身栏杆、一道挡脚板，防护高度 1.5 米。外排立杆内侧立挂密目安全网。

（二）搭设程序及方法

施工中开始准备脚手架的材料，挑选合格的钢管及扣件并对油漆剥落的钢管补刷油漆，脚手架钢管应采用单独的一种颜色。根据施工方案配备立杆、大横杆、小横杆及剪刀撑的长度。根据施工方案确定的尺寸对基础部位应夯实，立杆下脚通垫 200 毫米 ×50 毫米 ×4000 毫米脚手板。

从一个角或跨中开始搭设立杆和大横杆要长短搭配接头位置错开，内外立杆在离地面不大于 20 厘米处，加绑扫地杆，搭设一步高后进行立杆和大横杆的校正调直，同时在搭设三步高后应加设剪撑，角度为 45 度，应在架体外设抛撑，撑点高度为 5 米，底角为 60 度，撑杆间距 6 米，操作层满铺脚手板，操作面端头应绑两道护身栏杆，架子搭设登高扶梯采用钢管搭设，两边设扶手栏杆，外围满挂绿色密目安全网。

1. 外檐脚手架

（1）架子采用钢管脚手架，外檐搭双排齐檐架子，立杆下脚通垫脚手板，外立杆加绑扫地杆，立杆间距不大于 1.5 米，大横杆间距不大于 1.8 米，外排立杆距檐头 15 厘米，架宽 1.2 米，设正反斜支撑。小横杆间距不大于 1.5 米。

（2）操作面满铺脚手板，脚手板对接处必须设双排小横杆，两小横杆间距不大于 30 厘米，要求严密无探头板，距檐头不大于 15 厘米，绑两道护身栏，一道挡脚板。

（3）外排立杆内侧立挂安全网下脚封严，防护高度为 1.5 米。

（4）脚手架高度的步数，根据各殿座高度的具体情况而定。架子搭好后，经验收合格，方可使用。

2. 满堂红架子的搭设（用于结构）

此架立杆间距不大于 1.5 米，横杆间距为 1.5 米，小横杆间距不大于 1 米，架子高度在 2～4 米之内，脚手板可以花铺但空隙不得大于 20 厘米，板子搭头必须用铅丝绑牢，架子四角必须绑斜撑，中间每隔四排立杆设剪刀撑一直到顶，架子顶部临边应绑扎两道护身栏和设挡脚板，上料口四周应设安全护栏。

（三）搭设要求

1. 搭设人员必须持相关证件上岗，作业中必须遵守安全操作规程，必须戴安全帽、系安全带、严禁酒后作业和穿易滑鞋，操作中严禁说笑打闹，严禁上下抛掷以确保安全。

2. 搭设时先将吊盘就位，四周铺设通长脚手板，立四角杆再绑中间杆，并必须加绑扫地杆，井字架随搭起高度按楼层逐层与柱子、窗口别拉接上，立杆接头要错开不得在同一步架内。

（1）小横杆长度应基本统一，且两头超出立杆的长度不小于 10 厘米，立杆和大横杆接头位置要错开。

（2）操作面铺设脚手板，小横杆要与大横杆用扣件固定，要求严密无探头板。

（3）密目安全网用 16 号铁丝捆绑在大横杆上须每点都应绑扎、且上下左右都绷直。所有绑扎头必须朝向架外，以免挂烂衣服或伤人。

（4）在架体搭设时，各种材料必须进行可靠的传递，不得随意乱抛，同时施工人员要系好安全带，在竖立杆时必须有两人以上同时操作，以免立杆不稳，伤及行人，环境设施工安全。

（5）搭设好的架体其上的构件，特别是扣件、钢管等在使用中严禁随意拆卸，并且架体严禁用作料堆场，其中准许放些临时的零星材料，且放置要稳定。

（6）建立完善验收制度和检查制度，搭好的脚手架在分段验收合格后方能投入使用。

名称	规格	单位	数量	单位
安全网	1.8×6 密目	米	60	块
钢管	6	米	460	根
钢管	3	米	160	根
钢管	1.5～2.2	米	200	根
脚手板	50×300×4000	毫米	300	块
卡子	一字	个	270	个
卡子	十字	个	400	个
卡子	转轴	个	140	个

第七节　雨季施工

本工程开、竣工阶段及主要施工阶段基本为雨季，为此本工程要做好雨季施工的预防措施。

雨季一般在 6、7、8、9 四个月份，哈尔滨地区是东北降雨较多、较集中的地区之一，虽本工程开工初期赶在雨季末期，也要做好雨季施工措施。

一、雨季施工措施内容

施工操作面的防雨苫盖保护，施工场地的排水，施工材料的保护，施工机械的防护，用电机械设备线路的安全防护，沟槽的积水处理和防护，施工脚手架的稳定性等。

二、雨季施工的技术准备措施

1. 进入雨季前由项目部技术负责人组织各专业工长对现场进行全面检查，找出雨施隐患部位，影响雨季施工的部位以及各种可能出现情况的应对措施，经过讨论归纳，总结后形成本工程雨季施工作业指导书，下发给各专业工长指导施工。

2. 在雨季施工期间各专业工长进行技术交底时要重点强调雨季施工内容，安全员在布置和检查安全工作时要重点检查雨施方案的落实情况和雨施隐患。

3. 每天有专人负责收听天气预报和近期天气形势预报，提前做好应对准备。

三、雨季施工危险源的确定

1. 施工中强调以人为本，防止员工遭受雨淋而生病，员工人身防雨应对方法是准备充足的雨披和雨鞋。

2. 工人宿舍的防雨主要是做好屋面防雨的技术措施和周围环境要做好排水与围挡，防止雨水灌入宿舍。

3. 施工现场场地的防雨主要有三个部分：

（1）施工现场场地排水畅通问题。应对方法是，对现场内原有排水系统进行疏通与治理，对存在隐患的部位采取拦、垫、通、掏等技术手段进行处理，消除隐患，保证畅通。

（2）材料堆放场地其危险在于材料遭受雨淋或雨水浸泡，造成质量下降或材料流失。应对方法是，做好施工用料的防雨苫盖准备工作，料场周围排水处理工作。

（3）现场所用的工具、设备防雨问题，工具设备遭受雨淋或雨水浸泡可造成机械损伤或报废，以及漏电发生触电危险。应对方法是，加强苫盖保护，经常检查，建立落实设备保护责任制。

4. 施工作业面危险源防雨包括屋面、施工架子。

四、雨季施工材料的准备

1. 员工防雨准备雨披、雨鞋。
2. 苫盖材料：准备充足的苫布、彩条布、塑料布、麻绳、铅线、脚手板。
3. 排水工具：铁锹、洋镐、手推车。
4. 其他料具准备：应急灯、手电筒、值班电话、编织布、砂石料、舀水工具、通条、扫帚等。

五、雨季施工人员准备

1. 落实岗位责任制，实行分片包干，责任落实到人，每个施工员负责各自施工项目的雨施措施的落实与应急抢险工作。

2. 项目经理组织雨季防汛队应对突发事件，并经常进行演练，以熟悉运行程序和工作内容。

六、各种情况的应对

1. 防汛抢险队的组成：由项目经理、技术负责人、各专业工长、暂设电工、材料组长、安全员、包工队班组长及年轻力壮的民工组成。

2. 防汛抢险队的岗位责任：项目经理负责现场全面指挥，技术负责人负责应急情况的技术处理措施的制定，材料员负责抢险材料的采购和发放，电工负责抢险机械的保护、检查、更换、维修，安全员负责安全隐患的检查与抢险应急人员的调动，民工队负责施工现场场地排水疏通和材料的苫盖，各专业施工队负责本专业施工作业面的苫盖保护、排水处理、成品保护等。

3. 抢险队活动内容：由安全员组织各专业工长及专业队民工负责人认真学习雨施作业指导书，明确各自负责范围内危险源的种类、数量、位置及应对措施，然后对施工队民工进行培训。

4. 安全员组织雨季抢险演练，熟悉组织程序和操作程序，各专业工长经常检查自己责任区内危险源的日常维护情况和安全程度。

5. 鼓励民工汇报、提醒、指出安全隐患、提出合理的建议，定期组织抢险队活动，做到常抓不懈，常备不懈，招之即来，来之能战，战之能胜。

七、雨季施工措施

1. 屋面施工：在屋顶上支搭防雨棚，棚上苫盖一层塑料布一层编织布，边沿与架木绑扎牢固。

2. 油漆地仗施工：各殿座的外檐装修晚间一律使用塑料薄膜将外檐柱、外檐装修进行围挡，防止溅雨将已经完成的地仗溅湿。檐头部位的连檐、瓦口使用苫盖瓦面的编织布向下延伸遮挡连檐、瓦口，防止雨淋。

3. 材料堆放防雨：要进行防雨的材料包括黄土、白灰、木材，其中黄土用苫布苫盖，木材、白灰要在现场支搭棚子，上盖苫布，下边悬空垫起铺设脚手板。

4. 施工机械的保护：施工机械包括麻刀机、麻刀灰机、地仗搅拌机、开砖机等，这些机械均不能遭受雨淋，因此，必须备足苫盖物资，放在机械旁边，每天下班前苫盖并压牢。小型手电动工具由专人负责保管，用完后收回，避免雨淋。

5. 电气检测维修：雨季施工电气设备产生漏电引起短路或发生触电事故，暂设电工班对现场电气设备的安装使用维修保护负安全责任。下雨前苫盖机械、拉闸断电、配电箱上锁，风雨过后对用电线路、设备进行摇测检查，发现问题及时检修。

第八节 文物保护措施

施工之前组织参加本工程的施工管理和施工操作人员进行入场教育，学习有关文物保护方面的法律、法规，贯彻落实文物保护条例，加强所有施工人员的文物保护法制观念，加强文物意识，文明施工意识和公民道德意识。在施工过程中坚决制止、防止建设性损坏。并与所有参加施工的人员签订协议书，违反施工现场管理制度者，将受到惩罚。

一、文物保护组织机构及职责

（一）文物保护组织机构图

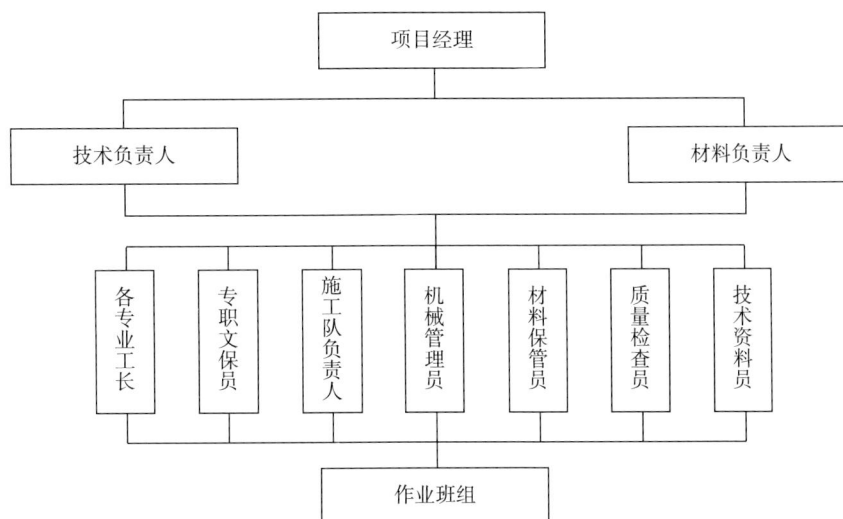

```
                    项目经理
        ┌──────────────┴──────────────┐
     技术负责人                    材料负责人
        └──────────────┬──────────────┘
    ┌────┬────┬────┬────┬────┬────┬────┐
   各专  专职  施工  机械  材料  质量  技术
   业工  文保  队负  管理  保管  检查  资料
   长    员    责人  员    员    员    员
    └────┴────┴──┬─┴────┴────┴────┘
              作业班组
```

1. 组长：项目经理。
2. 副组长：技术负责人。
3. 组员：各专业工长、材料负责人、一名专职文保员。

（二）管理职责的划分

1. 组长：是本项目文保工作的第一责任人，负责统筹协调组织文保工作。对项目部施工过程中文物保护体系的运行工作负全面领导责任。

2. 副组长：在项目经理的领导下负责组织制定和实施本项目的文物保护技术措施。在开始施工前组织参加本工程的施工管理和施工操作人员认真学习有关文物方面的法律、法规，以加强所有施工人员的文物保护法制观念；领导项目部各职能部门进行定期文保工作检查，制定各项文保管理制度；对现场职工进行文物保护的教育；在施工过程中坚决制止、防止建设性损坏。根据项目部的具体情况制定相应文物保护工作方案和措施。

3. 各专业工长：负责本专业施工过程的文物保护管理工作，负责对本专业人员进行文物保护教育，参加项目部组织的定期文物保护工作检查，对本专业存在的问题负责督促整改。

4. 材料负责人：负责材料供货商材料装卸、运输过程的文物保护管理工作，负责对供货人员和运输人员进行文物法律、法规的宣传教育工作，参加项目部组织的定期文物保护工作检查，对本责任范围内存在的问题负责监督整改。

5. 专职文保员：负责施工现场的文物保护工作，参加项目部组织的定期文物保护工作检查，对检查出的问题督促整改。

6. 施工队负责人：严格执行文物保护法及相关法律法规和我单位制定的各项文物保护措施，监督本队人员文明施工，杜绝建设性损坏现象发生。

二、文物保护措施

（一）施工中对文物的保护措施

为达到对文物保护修缮目的，在修缮施工的过程中必须严格遵循施工组织设计中所制定的各项原则，进行拆除施工时对继续使用和不再使用的各种构件均要轻拆、轻拿、轻运、妥善存放。

1. 殿内不可移动文物保护：殿内不可移动文物根据其体量大小，钉制全高全封闭的木板维护，上面加盖。在文物表面先用棉布将表面包裹好之后再安装木板防护，防护板要牢固。

2. 瓦面施工的保护措施：在瓦面施工时不允许穿硬底鞋，瓦垄内使用麻刀球垫在脚下，施工完的瓦面不得上人蹬踩。拆除下来的再利用瓦件等材料拆除之前由施工管理人员进行拆前检查，拆下后运至指定地点按规格堆放，将完好可再使用的瓦件进行清点、登记、分类码放，为添配瓦件做好准备工作。

3. 彩画的保护措施：彩画施工顺序由上而下进行，刷油刷色沾料时刷子不应滴淋，不应用手抚摸构件表面。保留部分彩画在施工前用塑料布包裹好，钉钉时尽量错开彩画部位。

4. 石材的保护措施：运料的小推车腿用橡胶裹好，防止碰坏地面石活。拆除石活时，要用小撬棍轻轻撬动，不要将石活撬坏。石桥面、石台阶要用脚手板和竹胶板搭设马道进行封护，油工做地仗油饰施工时要在可能被其污染的部位如柱顶石、台明石等部位粘贴报纸等进行保护。

5. 外檐架子支搭时的保护措施：外檐架子为双排齐檐瓦木油画施工架子，所有架子立杆不准与地面直接接触，均铺垫脚手板一层，排木、打戗、一律不准与建筑物直接接触，均满铺垫脚手板一层。排木、打戗、一律不准与建筑物相连，架子的稳定性要靠架子的戗杆解决，形成几何不变体系，翻板时注意不要磕碰建筑。

6. 对古树的保护：用钢管做骨架，四周用木板封严，防止白灰、渣土进入树坑，树干上禁止捆铁丝绳索，不能因影响施工而折断树枝。

（二）施工成品保护措施

施工完成后的成品也属于文物，也要尽力保护不受到损伤。

1. 防磕碰：凡是墙角、石活棱角、门框、柱子等易磕碰的部位，都要用木板包裹严实。

2. 屋面瓦件、滴水、勾头最容易在拆除架子时被损坏，因此，拆除架子时必须十分小心，架子立杆一定要扶稳，加强对滴水、勾头瓦的保护。

3. 防止污染：凡是台明、柱顶石、槛墙、楣板等容易遭受地仗油饰彩画污染的部位，在油画工施工前用报纸刷糨糊粘贴这些易污染部位，待完成油画施工后再刷水将报纸清除。

（三）防止气候影响的保护措施

根据建设单位给出的工期条件，本工程赶在雨季末期和冬季初期施工阶段。依据修缮工程的特点，施工前必须考虑到拆开后增大工程量的因素，屋面施工赶在雨季，在施工前必须充分备齐遮挡苦盖的物资材料，屋面瓦拆除后，不论晴天与阴天，每天下班之前拆除面和施工作业面一律用一层塑料布和一层编织布苦盖，并要求有专人负责检查，以防不测。雨季施工由工长在晚间下班时进行检查，经检查后无后患，施工人员方可离开现场。掌握天气形势动态情况，提前做好防范准备工作，施工脚手架超建筑物高度的，增加临时避雷措施，保证地极电阻合格。地面和油饰外墙抹灰基本赶在 11 月初期，在施工前及施工时掌握天气形势，提前做好防范准备工作，施工脚手架做好加固检查工作。

（四）防火、防盗保护措施

文物修缮工程防火工作极为重要，防火措施必须列为重点工作内容。对于工程的材料要进行妥善保存保管，尤其是建筑拆下来的旧材料，施工中列为文物保存范围，任何个人无权私自动用及收藏，对于不遵守制度忽视文物法规的任何行为，项目部有权扭送或起诉到有关部门，对其违法行为进行制裁，本工程设置专职安全、消防保卫人员。

地仗工程中凡浸擦桐油、清油、灰油、汽油、稀料的棉丝丝团和麻头以及灰油、油皮子等易燃物不得随意乱丢，必须随时清除，并及时清运出现场妥善处理，防止因发热造成火险。

（五）文物保护的技术措施

工地设一名专业技术人员负责文物原状的资料收集工作。具体工作包括：摄像、照相、文字记录，真实完整的记录各分项工程的工艺特点、材料做法等特征。对所要修缮的部位，修缮前仔细进行测量，做详细的文字记录，对测量过程进行摄像和照相，作为修缮复原的技术依据，待工程竣工后保留一套完整、真实的技术资料存档，以备专家、学者将来研究考证。具体做法是，细部尺寸列表记录，工艺作法文字记录，同时配以照片记录实况，最后汇总刻录成光盘，施工过程录像资料另刻光盘存档。

第九节　质量保证体系及保证措施

一、工程遵循的质量标准和法规

本工程遵循的质量标准和法规详见第十章第三节。

二、工程质量目标

整体工程质量目标：整体工程质量等级合格。

本工程的各单项工程分部、分项工程质量验收项目划分及质量目标：

合格率100%，其中一般项目中各项抽样检验合格点率≥90%，且无明显效果的缺陷。

三、质量组织保证

本工程建立由项目经理领导，项目技术负责人、工长中间控制，专职质检员检查的三级质量管理体系，形成从项目经理到各施工班组长的质量管理网络。同时，公司将委派质量总监定时到项目部，对项目质量管理运行情况执行监督检查，质量总监工作直接对公司。制定科学的质量保证组织体系，并明确各岗位职责。

（一）质量管理职责

1. 质量总监：代表公司对本工程质量进行全过程监控，有权对一切影响工程质量的行为给予制止，必要时勒令停工，确保本工程质量目标的实现。

2. 项目经理：是项目工程质量管理工作的领导者与管理者，是工程质量的第一责任人，对工程质量终身负责；领导与组织有关人员编制项目质量计划书。

3. 项目技术负责人：对项目工程质量负有第一技术责任；负责组织编制项目质量计划；领导技术、质量管理人员贯彻执行技术法规、规程、规范和涉及质量方面的有关规定、法令等，为实现本项目的质量目标提供可靠的技术保障；负责编制工程的主要分部施工方案，负责协调各专业之间的技术矛盾；领导组织开展 QC 小组活动。

4. 技术员：熟悉工程图纸，解决设计图纸中的技术问题，编制工程的分项工程技术交底及关键工序的作业指导书，并贯彻到施工操作层；按图纸要求提出加工订货计划，办理施工过程的技术洽商。做好施工前的技术交底，对复杂部位要绘制大样图。及时填写隐、预检记录，对所有材料、成品、半成品做好进场检验记录。

5. 专职质检员：负责主管各工序的隐、预检项目及检验批质量的检查和验证工作，对检验批的交验质量负责；负责向监理单位报验分项工程检验批工程资料，做好工序状态标识工作；协同工长作好现场施工过程质量的检查工作，随时指出操作中的质量问题，并要求及时纠正。

6. 工长：熟悉本专业施工图纸，在施工过程中，严格按施工图纸、施工规范、工艺标准和施工组织设计要求组织安排施工，负责本专业的施工交底工作，随时检查施工中的质量，解决工序交叉中出现的质量问题，对违反操作规程的要及时纠正处理，把质量问题消灭在施工过程中，管理施工过程中的各种标识。

7. 资料员：对项目技术性文件和资料进行控制管理。对施工过程发生的技术资料和质量记录及时收集、整理、分类编目，对不合格或不按时完成的资料督促有关人员及时纠正，保证本工程资料的完整准确。

8. 材料负责人：全面负责本项目的物资、机具的供应及管理工作，保证工程需用材料、成品、半成品和机具的及时供应，并保证质量。负责向技术部门提供材料的各种合格证及检测报告等资料，并对材料及时进行标识，以免混用。

9. 材料员：负责进场材料的验收、发放工作，并给予明显标识。对未经检验（复试）的材料，严格控制，不得移动和使用。对经检验（复试）不合格的应予退货或拒收，保证使用材料质量。

（二）质量保证程序

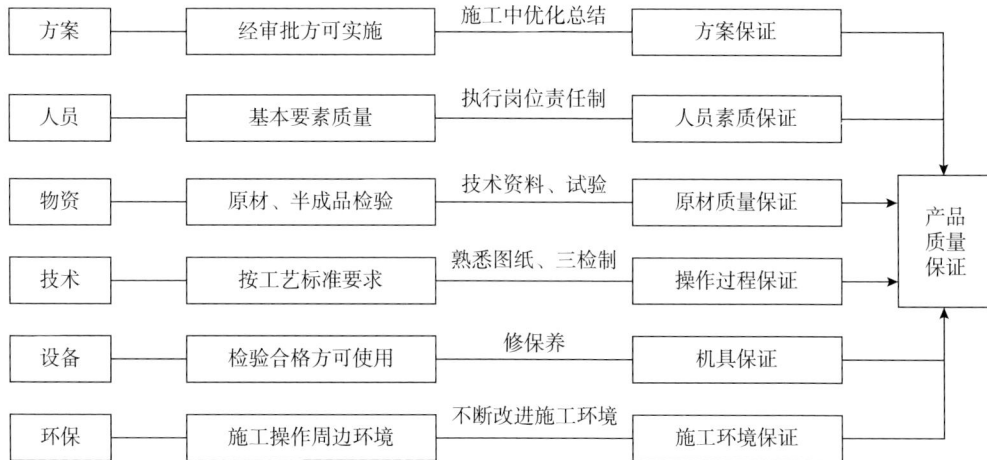

方案	→ 经审批方可实施 → 施工中优化总结 → 方案保证	
人员	→ 基本要素质量 → 执行岗位责任制 → 人员素质保证	
物资	→ 原材、半成品检验 → 技术资料、试验 → 原材质量保证	产品质量保证
技术	→ 按工艺标准要求 → 熟悉图纸、三检制 → 操作过程保证	
设备	→ 检验合格方可使用 → 修保养 → 机具保证	
环保	→ 施工操作周边环境 → 不断改进施工环境 → 施工环境保证	

四、施工质量过程控制

（一）事前预控

1. 工程开工前，根据质量目标制定《创优计划》和《质量计划》，并编制详细、可行的《质量奖罚制度》、《质量保证措施》、《三检制度》、《成品保护制度》、《样板引路制度》、《挂牌操作制度》、《过程标识制度》、《质量会诊制度》等质量管理制度。做到有章可依，并且在每一分项工程施工前，质量部门都要进行详细的质量交底，指出质量控制要点及难点，说明规范要求，把握施工重点。

2. 劳务队伍采用公开招标、公平竞争的原则，严格审查施工队伍施工质量综合能力，通过考核的方式，选出素质高、信誉好、经文物局培训持有上岗证，且有丰富的施工经验的队伍。

3. 现场操作人员确保满足古建筑专业施工的资格，对操作人员的技能进行评定，当确认能达到规定的要求时，方可上岗操作。

4. 在施工前，根据图纸及施工组织设计，列出本工程质量管理的关键点，以便在施工中进行重点管理，加强控制，使重点部位的质量得以保证，同时北京房修二公司将重点部位管理的严谨作风贯穿到整个施工过程中，以此来带动整体工程施工质量。

5. 对于主要分项工程制定质量预控工作程序，以便施工中按预控程序要求进行施工质量管理。

（二）事中控制

施工过程中，严格按照各项质量管理制度进行管理，尤其严格执行《三检制度》，并且形成了一套成熟的完整的工序质量管理程序，详见下图：

```
                        ┌──────────────┐
                        │  工序施工完毕后  │
                        └──────────────┘
                                │
                                ▼
┌──────────────┐        ┌──────────────┐
│ 分项工程班组长  │───────│  施工班组自检   │◀──────────────┐
└──────────────┘        └──────────────┘               │
                                │ 合格                  │
                                ▼                       │
┌──────────────┐        ┌──────────────┐  不合格  ┌──────┐ │
│ 工长、专职质检员 │───────│ 检验批质量专检，专职质 │───────│ 整改 │─┤
└──────────────┘        │ 检员检验批质量验收记录 │       └──────┘ │
                        └──────────────┘               │
                                │ 合格                  │
                                ▼                       │
┌──────────────┐        ┌──────────────┐  不合格  ┌──────┐ │
│项目技术负责人、工长│─────│ 项目部组织交接检验 │───────│ 整改 │─┤
└──────────────┘        └──────────────┘       └──────┘ │
                                │ 合格                  │
                                ▼                       │
┌──────────────┐        ┌──────────────┐  不合格  ┌──────┐ │
│   监理工程师   │───────│对检验批质量进行验收确认│──────│ 整改 │─┘
└──────────────┘        └──────────────┘       └──────┘
                                │ 合格
                                ▼
                        ┌──────────────┐
                        │  进行下道工序   │
                        └──────────────┘
```

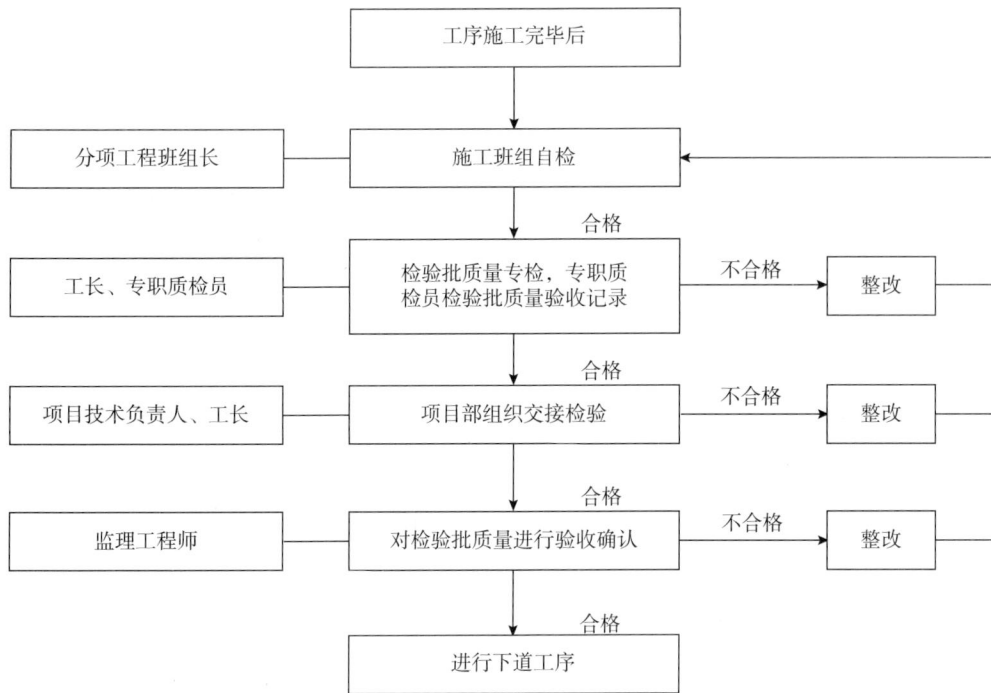

五、质量保证措施

（一）采购物资质量保证

1. 项目部料具组负责物资采购、供应与管理，并根据公司物资采购工作程序，对本工程所需采购和供应的物资进行严格的质量检验和控制。

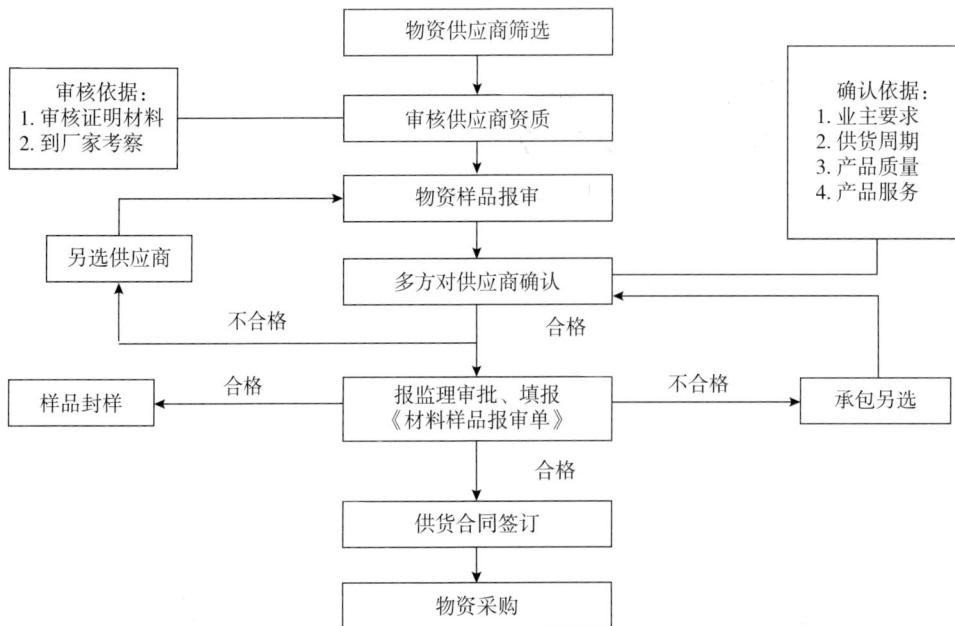

```
                        ┌──────────────┐
                        │ 物资供应商筛选  │
                        └──────────────┘
                                │
┌──────────────┐        ┌──────────────┐        ┌──────────────┐
│ 审核依据：     │───────│ 审核供应商资质  │        │ 确认依据：     │
│ 1. 审核证明材料 │        └──────────────┘        │ 1. 业主要求    │
│ 2. 到厂家考察  │                │                │ 2. 供货周期    │
└──────────────┘                ▼                │ 3. 产品质量    │
              ┌──────────▶┌──────────────┐        │ 4. 产品服务    │
              │           │ 物资样品报审   │        └──────────────┘
              │           └──────────────┘               │
    ┌──────────────┐            │                        │
    │ 另选供应商    │            ▼                        │
    └──────────────┘    ┌──────────────┐                 │
              ▲ 不合格   │ 多方对供应商确认 │◀────────────────┘
              └──────────└──────────────┘
                                │ 合格
                                ▼
┌──────────────┐  合格  ┌──────────────┐  不合格  ┌──────────────┐
│   样品封样    │◀───────│ 报监理审批、填报 │───────│   承包另选    │
└──────────────┘        │《材料样品报审单》│       └──────────────┘
                        └──────────────┘
                                │ 合格
                                ▼
                        ┌──────────────┐
                        │  供货合同签订   │
                        └──────────────┘
                                │
                                ▼
                        ┌──────────────┐
                        │   物资采购    │
                        └──────────────┘
```

2. 采购物资时，须在确定的合格分承包厂家或商店中采购，所采购的材料或设备必须有出厂合格证、材质证明和使用说明书，对材料有疑问的禁止进货。

3. 料具组委托分供方供货，事前应对分供方进行认可和评价，建立合格分供方档案，材料供应在合格的分供方中选择。同时，项目经理部对分供方实行动态管理，定期对分供方的业绩进行评审、考核，并作记录，不合格的分供方从档案中予以除名。

4. 加强物资进场检验工作。采购的物资（包括分供方采购的物资），应根据国家和地方政府主管部门的规定及标准、规范、合同要求及按质量计划要求抽样检验和试验，并做好标识。当对其质量有怀疑时，加倍抽样或全数检验。

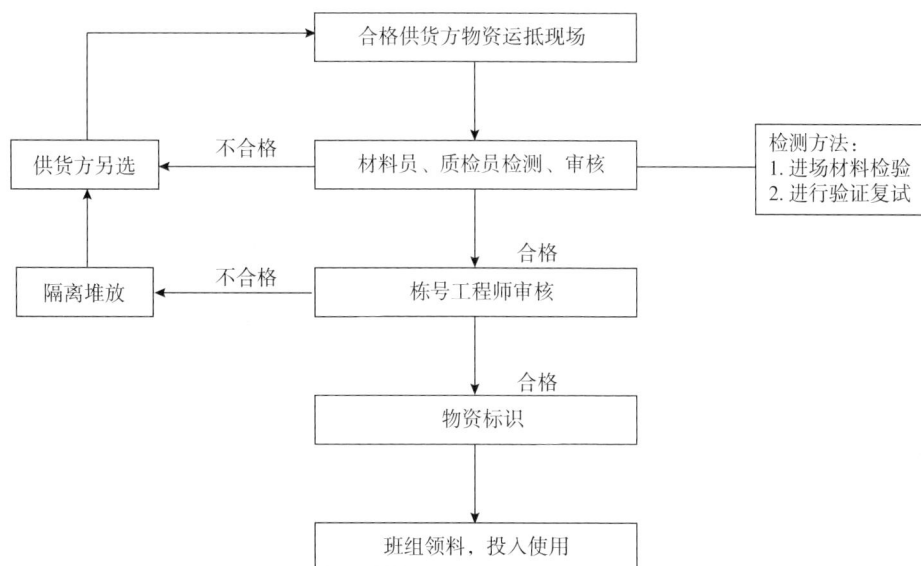

（二）技术保证

技术上严格执行 ISO9001（2000 版）质量标准按房修二公司程序文件要求运行，使工程在技术上得到有力保障。

1. 会审图纸：收到业主施工图纸后，由公司技术质量科负责对图纸受控分发，由技术质量科组织项目技术负责人和项目部各专业技术人员，进行熟悉和审查图纸，写出图纸上存在的问题和建议，签名后交技术负责人汇总整理成图纸会审记录，作为设计交底时提出问题的依据。

2. 设计交底：由技术负责人组织各专业技术负责人，参加建设单位组织的设计交底会，由技术负责人发表图纸会审意见，技术负责人整理设计交底记录，并办理有关设计变更、洽商，随施工图受控发放。

3. 编制施工方案：在组织施工前，项目部技术负责人根据施工组织设计编制具有针对性和可操作性的施工方案，特殊过程施工方案由公司技术质量科编制，经总工程师审批后项目部组织实施。

4. 技术交底：由项目部技术负责人对施工方案进行书面的和口头面对面的技术交底，真正做到管理人员和操作人员人人皆知，自己在本施工分项中该如何做，一旦出了质量问题能及时查明原因，并责任到人。使各级管理人员能按照技术交底检查监督和做好服务工作，确保工程质量目标的实现。

5. 建立技术会议制度：每周召开一次由总工程师主持，公司主管经理参加，项目技术负责人组织召集，项目部各专业技术人员参加的施工技术质量会，总结和汇报周技术质量工作，提出问题，研究和优化技术措施。

每两周一次由技术负责人主持，项目部技术、质量管理人员和配属队伍管理人员参加的质量、技术意识提高会。

6. 强化施工质量记录和档案资料管理：公司技术质量科是工程质量记录和档案资料管理以及监督指导的职能部门，项目部实行技术负责人负责制，项目部设专职资料管理员，并持证上岗。所有施工图纸的变更，必须以设计单位的设计洽商，并经建设单位（监理单位）确认和签字为准，由项目部组织执行。项目部技术负责人接到设计洽商后，及时通知有关施工管理人员，并在施工图上按要求标注洽商内容。工程质量记录和档案资料做到一开工就建立齐全的资料分册，由专职资料员及时汇集和分类整理，集中管理存放各分项资料分解责任到人。保证施工技术资料与施工和质量检查同步，使资料达到真实、齐全、整洁，符合要求。技术质量科对项目部质量记录和档案资料进行不定期抽查指导，并定期一个月审核资料，以保证技术资料一次验收合格。

（三）制度保证

1. 质量会诊制度：在项目内部分别组成油作、画作等分项工程质量考评小组，对每个施工完毕的施工段进行质量会诊和总结，并填写质量会诊表，质量会诊表中着重反映发生每种质量超差点的数量，并对发生的原因进行分析说明。质量会诊小组成员在每期质量例会上对上一期质量会诊出来的主要问题进行有针对的分析和总结，预控下一期不再发生同样的问题。同时，质检组对各殿座同一分项工程质量问题发生频率情况统计分析，作出统计分析图表，进一步发现问题变化趋势，以便更好地克服质量通病。

2. 挂牌施工管理制度：以项目质量保证体系来规定和划分每个管理人员的岗位选题职责；对现场操作人员，采取挂牌施工。

挂牌管理体现在以下两个方面：其一，标明小组负责施工区域。现场管理人员如发现某段施工质量有问题，可立即根据标牌查找到操作人员，及时提出整改要求。其二，操作面悬挂施工交底，直接将施工操作顺序和工艺标准现场交底给工人，让工人在操作过程中始终可以方便地对照交底，从而实现高标准、高质量的目标。

3. 奖惩制度：通过奖优罚劣，促使施工人员在施工过程中进一步加强责任感，把工作做得更细、更认真，避免不必要的错误发生或杜绝今后再发生类似的错误。

4. 过程标识制度：每施工完一段，项目质检员立即检测，并将检测结果如实地填入质检标识签内，标识签粘贴在受检部位，方便工人及时了解每段施工质量的好坏，对增强工人的质量意识起警示作用。

5. 三检制度：各分项工程质量管理严格执行"三检制度"（即班组自检、工序间交接检、专业质检员专检），并做好隐、预检记录，质检员检查检验批合格后，填写检验批质量验收记录报监理验收。

6. 成品保护制度：对易破损、破坏的工程成品、半成品等均采取相应保护措施，安排专人负责，同时采取相应的奖惩措施，以做好工程成品、半成品的成品保护工作。

六、重点部位质量控制和质量通病的防治

为了确保工程质量目标的实现，针对本工程的特点，分阶段对重点部位的质量及质量通病采取有效的措施进行有效的控制和防治。

（一）油饰彩画

1. 地仗油饰最容易出现的质量问题是鸡爪纹，油皮超亮，贴金不亮，油皮粗糙，油皮底皮开裂。地仗油饰的质量保证措施：

（1）调制地仗中灰细灰严格加水量，不能做溏施工时，注意天气情况，遇有曝晒或刮风（四级以上）天气，不要进行地仗施工。施工质量保证措施为在调制灰浆时的水内加入等量的抗渗梳理剂溶液，可以有效地防止鸡爪纹和开裂的发生。

（2）刷漆时一定要注意天气情况，遇有大风雨雾曝晒等天气或气温过低时不要进行刷漆施工，即使正常天气施工时也要在上午 10 点至下午 3 点施工，不要过早也不要过晚，这样才能保证施工质量。

（3）做油饰施工前必须现场附近范围全部清扫干净，并且随时洒水湿润降压尘土，遇有大风等不好天气不得进行施工。

2. 彩画工程容易出现的质量问题有：图案走样，颜色褪色和污染，彩画图案粗糙。彩画工程的质量保证措施：

（1）起谱子、扎谱子要认真、仔细，以原彩画锤拓纹样为依据，各部位要注明颜色。

（2）彩画用料必须用优质的产品，严禁使用劣质产品，特别指出使用巴黎绿绝对禁止兑入砂绿。

（3）加强施工人员工作责任心的教育，同时专业质量检查员要严把质量关，要在现场采用旁站的方式进行质量监督。

（二）屋面

1. 对瓦件进行严格挑选，凡有隐裂伤残的瓦件一律不得使用。
2. 宽（wà）瓦时檐头一进门三块瓦一定要用麻刀灰而且要足。

（三）地面工程

地面工程最容易产生的质量问题是地面不平、地砖损坏和上缝灰脱落。保证质量的措施：

1. 按施工图纸要求进行施工抄平放线确定地面标高，由专职验线员进行复测检验确定无误后，弹线施工。
2. 栓线时拉通线长度超过 5 米时，要在中间做架线处理，每一个支点间距不得大于 5 米。
3. 地面墁好后对地面范围设置围挡，立警示牌，在达到强度之前严禁上人。
4. 地面砖加工必须人工砍制，转头肋包灰要符合古建操作规程，严禁使用机械加工砖侧面。

第十节　安全管理体系及措施

一、安全生产管理目标

无因工死亡事故，无重大机械设备事故，无重大火灾事故，无食物中毒事故，轻伤事故率控制在0.3‰以内。

二、安全管理体系

施工现场安全生产管理体系是施工企业和施工现场整个管理体系的一个组成部分，包括为制定、实施、审核和保持"安全第一、预防为主"方针和安全管理目标所需的组织机构、计划活动、职责、过程和资源。

施工现场安全生产管理体系的建立不仅是为了满足工程项目部自身安全生产要求，同时也是为了满足相关方（政府、业主、社会）对施工现场安全生产管理的持续改善和安全生产保证能力的信任。

（一）安全管理机构

工程项目部是施工第一线的管理机构。依据工程特点，建立以项目经理为首的安全生产领导小组和针对安全生产的督查小组。领导小组成员由项目经理、项目技术负责人、项目安全保卫负责人、各专业工长及施工队负责人组成。根据本工程特点和面积，配备专业安全管理机构，由3人组成，其中专职安全员1名，兼职安全员2名。建立安全生产领导小组和督查小组成员相结合的轮流值日制度，解决和处理施工生产中的安全问题，并进行巡回安全生产监督检查。建立每周一次的安全生产例会制度和每日安全活动制度。项目经理亲自安排主持定期安全生产例会，协调安全与生产之间的矛盾，督促检查安全活动讲话的记录，听取各方面存在的安全隐患的汇报，并做出有效决策，保证安全工作问题的消除与整改落实。确保安全生产工作目标的落实。

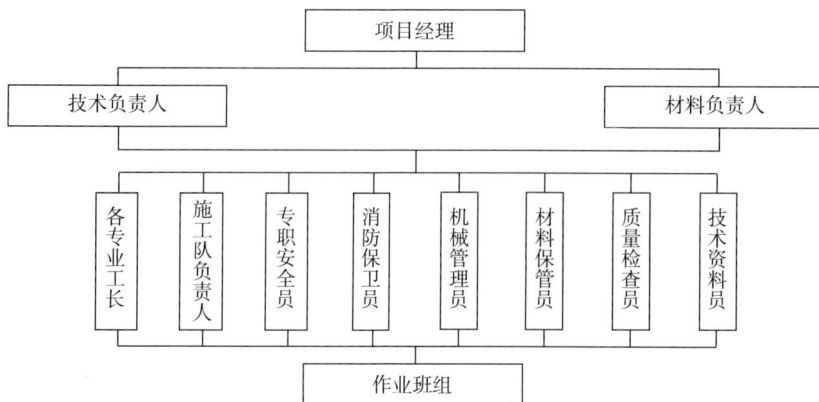

（二）各岗位人员职责

1. 项目经理：是本项目安全生产的第一责任人。负责统筹协调组织实施安全生产管理工作；组织制定和实施本项目的安全技术措施；领导项目部各职能部门进行定期安全生产检查，制定各项安全管理制度；对各级安检部门提出的安全隐患积极组织整改；对现场职工进行安全技术和安全纪律教育；发生伤亡事故及时上报，并认真分析事故的原因，提出和实施改进措施。对安全生产工作负全面领导责任。

2. 技术负责人：对本项目安全技术负直接责任。协助项目经理贯彻执行安全生产规章制度；编制施工组织设计（施工方案）及安全技术措施，并负责组织实施与监督检查；负责向工长进行重大或关键部位的安全技术交底；组织职工学习安全技术操作规程；及时解决施工中的安全技术问题；参加工伤事故的调查分析，负责制定改进安全技术措施。

3. 专职安全员：负责对本项目安全生产工作进行全面监督检查、施工队入场人员的安全教育的工作。负责检查验收脚手架；协助项目部有关领导搞好安全消防保卫工作，督促检查各种安全隐患整改工作；做好安全资料和日常检查记录及资料上报工作；对本项目的安全生产工作负直接领导责任。发现问题及时处理并上报有关领导。

4. 材料负责人：负责对本项目大中型机械和机具的采购租赁和安全防护设施及防护用品采购验收工作。对所购置的产品质量负主要责任。

5. 各专业工长：对所辖班组（包括外施队）的安全生产负直接领导责任。认真执行安全技术措施及安全操作规程；针对生产任务的特点向班组（包括外施队）进行书面安全技术交底并履行签字手续；随时检查施工现场内的各项防护设施和完好使用情况；及时纠正违章作业行为，及时解决不安全隐患，做到不违章指挥。

6. 消防保卫员：负责本项目防火防盗工作。负责施工人员消防治安知识培训和演练工作；负责专业保安人员的日常管理工作和消防器材的维修保养工作；并做好记录收集存档。

7. 机械管理员：负责本项目所有机械的进场检查验收和机械安全技术交底及安全教育工作。负责机械的日常检查、维修保养工作；并将记录材料及时存档。

8. 质量检查员：负责检查特殊工种的上岗证情况。

9. 材料保管员：负责本项目的各种材料进场收发登记验收工作。对有毒有害、易燃易爆物品分库存放单独管理，严格执行领退料制度；对项目部施工材料的安全、消防、保卫负有重要看管、防范丢失管理责任。

10. 技术资料员：负责监督检查本项目各项施工方案的执行情况。

11. 施工队负责人：认真执行安全生产管理制度及相关法律法规，合理安排本队施工人员的工作。对施工人员在生产中的安全与健康负有全面责任。负责施工人员各项劳务手续的办理及安全教育培训工作；经常组织施工人员学习安全操作规程及相关法律法规，监督本队人员遵守劳动安全纪律，做到不违章指挥，不违章作业；根据上级的交底向本队各工种进行详细书面安全交底；落实解决所辖班组存在的各种安全隐患的整改工作。

（三）安全管理制度

1. 编制安全生产技术措施制度：除施工组织设计对安全生产有原则要求外，凡重大分项工程的施工将分别另行编制安全生产技术措施，措施要有针对性，并报上级主管和监理工程师审批。

2. 安全技术交底制度：项目技术负责人向土建、安装负责人及施工队，进行作业前安全技术交底，专业工长向班组层层交底。交底要有文字资料，内容要求全面、具体、针对性强。交底人、接底人均应在交底资料上签字，并注明收到日期。

3. 特殊工种职工实行持证上岗制度：对电工、机械操作工、架子工等特殊工种实行持证上岗，无证者不得从事上述工种的作业。包括检查、验证持证的有效性，检查是否及时审验及超期、所对应工种与持证是否相符，并将所有证件复印件留项目部备案保存。

4. 安全检查制度：项目部每半个月、施工队每周定期作安全检查，安全员每日作安全巡视检查，每次检查都要有记录，对查出的事故隐患要及时整改。对未按要求整改的要给单位或当事人以经济处罚，直到停工整顿。平时安全检查由项目部和施工队的安全员负责。

5. 安全验收制度：凡脚手架搭设、电气线路架设等项目完成后，都必须经过有关部门检查验收合格后，方可投入使用。

6. 安全生产责任制度：项目经理与法人签订《安全生产责任书》、施工队与项目部签订《安全生产责任书》、操作工人与施工队签订《安全生产责任书》，按现场实有施工人员进行入场教育的同时，每人与项目部签订《安全生产个人协议书》；以此来强化各级领导和全体员工的安全责任及安全意识，加强自身安全保护意识。

7. 事故处理"四不放过制度"：发生安全事故，必须严格查处。做到找不出原因不放过，本人和群众受不到教育不放过，没有制定出防范措施不放过，事故责任者没有严肃处理不放过。

8. 对员工进行安全培训教育：安全生产教育的目的和作用是使企业各级领导和广大职工真正认识到安全生产的重要性、必要性，懂得安全生产、文明生产的科学知识，牢固树立安全第一的思想，自觉地遵守各项安全生产法令和规章制度。安全教育的规定：

（1）项目部对新进场工人和调换工种的职工，按规定进行安全教育和技术培训，经考核合格后，持证上岗作业。

（2）电工、架子工、机械工和各种机动车辆司机等特殊工人除进行一般安全教育外，还经过本工种的安全技术教育，以考核合格后，方准独立操作；每年还要一次复审。对从事有尘毒危害作业的工人，要进行尘毒危害和防治知识教育。

（3）定期培训项目管理人员，提高管理水平，熟悉安全技术、劳动卫生业务知识，做好安全生产工作。

（4）安全生产的经常性教育。项目部在做好新工人入场教育、特种作业人员安全生产教育和各级施工人员的安全生产培训的同时，要把安全教育贯穿于管理工作的全过程，并根据接受教育对象的不同的特点，采取多层次，多渠道和多种方法进行。

（5）教育所有施工人员进入施工现场必须穿戴好劳动防护用品。施工作业中正确使用"三宝"，即：安全带、安全帽、安全网。

三、安全管理

（一）施工过程的安全管理

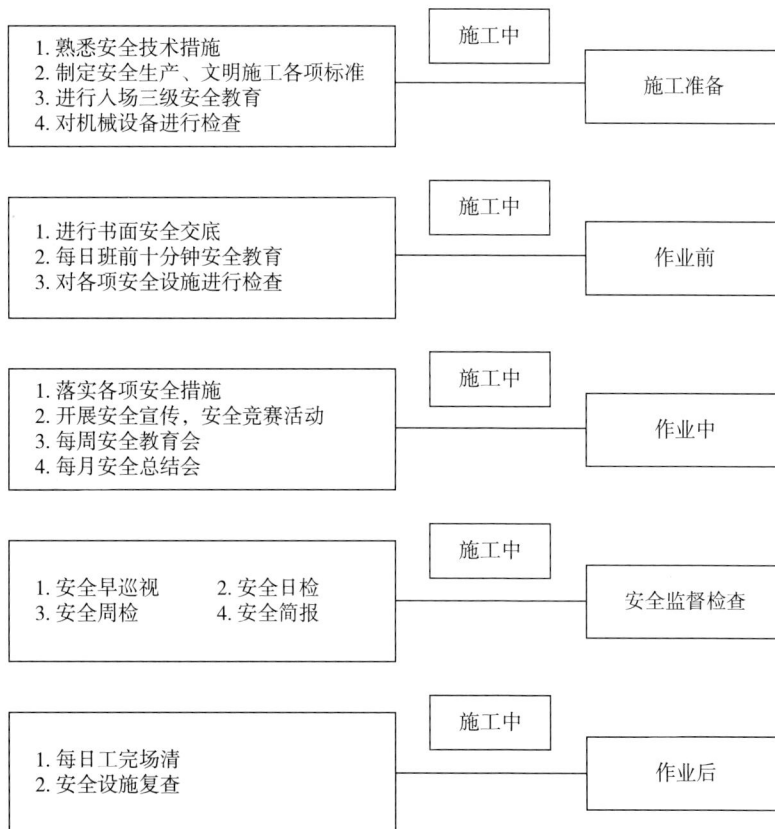

1. 熟悉安全技术措施 2. 制定安全生产、文明施工各项标准 3. 进行入场三级安全教育 4. 对机械设备进行检查	施工中 → 施工准备

1. 进行书面安全交底 2. 每日班前十分钟安全教育 3. 对各项安全设施进行检查	施工中 → 作业前

1. 落实各项安全措施 2. 开展安全宣传，安全竞赛活动 3. 每周安全教育会 4. 每月安全总结会	施工中 → 作业中

1. 安全早巡视　　2. 安全日检 3. 安全周检　　　4. 安全简报	施工中 → 安全监督检查

1. 每日工完场清 2. 安全设施复查	施工中 → 作业后

（二）安全防护管理

预控	1. 编制安全技术措施 2. 进行层层书面交底，技术负责人至工长，工长至班组长，班组长向工人口头交底
落实	1. 由工长、技术员指导工人对防护措施进行落实 2. 专职安全员予以监督
验收	1. 组成由工长、方案编制人、安全员、作业班长参加的验收 2. 报公司安全科进行验收
检查	由工长、安全员巡视工地，进行检查，发现问题及时维护完善

四、安全技术保证措施

（一）安全防护措施

1. 脚手架防护措施

（1）脚手架的施工必须是在专项施工方案的指导下进行，脚手架搭设完成后，必须按照规定由有关部门人员进行检查、验收，合格后方可使用，使用中安排专人负责维护。

（2）施工中，脚手架的搭设，均由持有上岗证的架子工进行作业。并严格把好脚手架十道关。（即材质关、尺寸关、铺板关、防护关、连接关、承重关、上下关、雷电关、操作人员关、检验关）。

（3）钢管脚手架的杆件连接均使用合格的玛钢扣件。

（4）单体建筑在建筑物四周搭双排齐檐承重架子，打十字戗。

（5）脚手架的操作面均满铺合格的脚手板，离檐头距离控制在 200 毫米以内，无空隙和探头板、飞跳板。操作面外侧设两道防护栏和一道 18 厘米的挡脚板，架子外侧满挂密眼安全网。

（6）保证脚手架整体结构不变形，脚手架纵向设置剪刀撑，其宽度不超过 7 根立杆，与水平面夹角控制在 45°～60°，设置正反斜支撑。

（7）各种脚手架在投入使用前均由项目技术负责人组织支搭并使用脚手架的负责人及技术、安全人员进行共同检查验收，履行交验手续。

（8）特殊脚手架在支搭、拆装前，由项目技术负责人编制安全施工方案，公司主任工程师审批后再进行施工。

（9）进出殿座出入口必须搭设宽 3 米的防护棚，棚顶应满铺不小于 50 毫米厚的脚手板，两侧用密目安全网封闭。

2. 高处作业防护措施

（1）高处作业施工要遵守《建筑施工高处作业安全技术规范》JGJ80－91。

（2）使用落地式脚手架四周采用密目安全网沿架体进行封闭，网之间连接牢固并与架体固定，安全网要整洁美观。

（3）物料必须堆放平稳，不得放置在临边附近，也不得妨碍作业、通行。

（4）建筑施工对施工现场以外人或物可能造成危害的，应当采取安全防护措施，如建筑物间相临较近的通道、建筑物出入口、施工通道支搭防护棚，棚上满铺脚手板和编织布。

（5）施工交叉作业时，应当制定相应的安全措施，并指定专职人员进行检查和协调。

3. 料具存放安全防护措施

（1）砖、瓦件应保证码放稳固、规范，高度不得超过 1.5 米。

（2）白石灰等袋装材料严禁靠墙码垛、存放。

（3）临时建筑物应按规定要求搭建，保证建筑自身安全。

（4）有毒材料专库存放，专人负责保管，使用时专人负责领料。

4. 临时用电安全防护措施

（1）施工现场临时用电必须按照建设《施工现场临时用电安全技术规范》JGJ46-88的要求，编制临时用电施工组织设计，建立相关管理文件和档案资料。

（2）项目部与施工队必须订立临时用电管理协议，明确各方相关责任。施工队必须遵守现场管理文件的约定，项目部必须按照规定落实对施工队的用电设施和日常施工的监督管理。

（3）施工现场临时用电工程必须由电气工程技术人员负责管理，明确职责，并建立电工值班室和配电室，确定电气维修和值班人员。现场各类配电箱和开关箱必须确定检修和维护责任人。

（4）临时用电配电线路必须按规范架设整齐，架空线路必须采用绝缘导线，不得采用塑胶软线。电缆线路必须按规范沿附着物敷设或采用埋地方式敷设，不得沿地面明敷设。

（5）各类施工活动必须与内、外电线路保持安全距离，达不到规范规定的最小安全距离时，必须采用可靠的防护和监护措施。

（6）配电系统必须实行分级配电。各级配电箱、开关箱的箱体安装和内部设置必须符合有关规定，箱内电器必须可靠完好，其选型、定值要符合规定，开关电器应标明用途，并在电箱正面门内绘有接线图。

（7）各类配电箱、开关箱外观要完整、牢固、防雨、防尘，箱体外涂安全色标，统一编号，箱内无杂物。停止使用配电箱应切断电源，锁好箱门。固定式配电箱应设围栏上锁，并有防雨防砸防潮措施。

（8）独立的配电系统必须按部颁规范采用三相五线制的接零接地保护系统，非独立系统根据现场实际情况采取相应的接零或接地保护方式。各种电气设备和电力施工机械的金属外壳、金属支架和底座必须按规定采取可靠的接零或接地保护。

（9）在采用接零或接地保护方式的同时，必须逐级设置漏电保护装置，实行分级保护，形成完整的保护系统。漏电保护装置的选择应符合规定。

（10）现场金属架构物（照明灯架、超高脚手架）和各种高大设施必须按规定装设避雷装置。

（11）手持电动工具的使用，依据国家标准的有关规定采用Ⅱ类、Ⅲ类绝缘型的手持电动工具。工具的绝缘状态、电源线、插头和插座应完好无损，电源线不得任意接长或调换，维修和检查应由专业人员负责。

（12）一般场所采用220V电源照明的必须按规定布线和装设灯具，并在电源一侧加装漏电保护器。特殊场所必须按国家标准规定使用安全电压照明器。

（13）施工现场应根据用途按规定安装照明灯具和使用电器具。现场凡有人员经过和施工活动的场所，必须提供足够的照明。

（14）使用行灯和低压照明灯具，其电源电压不应超过36V，行灯灯体与手柄应坚固、绝缘良好，电源线应使用橡套电缆线，不得使用塑胶线。行灯和低压灯的变压器应装设在电箱内，符合户外电气安装要求。

（15）现场使用移动式碘钨灯照明，必须采用密闭式防雨灯具。碘钨灯的金属灯具和金属支架应做良好接零保护，金属架杆手持部位采取绝缘措施。电源线使用护套电缆线，电源侧装设漏电保护器。

（16）使用电焊机应单独设开关，电焊机外壳应做接零或接地保护，一次线长度应小于 5 米，二次线长度应小于 30 米。电焊机两侧接线应压接牢固，并安装可靠防护罩。电焊机把线应双线到位，不得借用金属管道、金属脚手架、轨道及结构钢筋做回路地线。电焊机把线应使用专用橡套多股软铜电缆线，线路应绝缘良好，无破损、裸露。电焊机应装设防埋、防浸、防雨、防砸措施。交流电焊机要装设专用防触电保护装置。

（17）施工现场临时用电设施和器材必须使用正规厂家的合格产品，严禁使用假冒伪劣等不合格产品。安全电气产品必须经过国家级专业检测机构认证，并有 CCC 认证的防伪标识。

（18）检修各类配电箱、开关箱、电器设备和电力施工机具时，必须切断电源，拆除电气连接并悬挂警示牌。试车和调试时应确定操作程序和设立专人监护。

5. 施工机械安全防护措施

（1）施工现场使用的机械设备（包括自有、租赁设备）必须实行安装、使用全过程管理。

（2）施工现场要为机械提供道路、水电、临时机棚等必需的条件，确保使用安全。

（3）机械设备操作应保证专人专机，持证上岗，严格落实岗位责任制，并严格执行清洁、润滑、调整、紧固、防腐的"十字"作业法。

（4）施工现场机械设备安全防护装置必须保证齐全、灵敏、可靠。

（5）施工现场外的木工、切砖机械必须搭设防砸、防雨的操作棚。

（6）各种机械设备要有安装验收手续，并在明显部位悬挂安全操作规程及设备负责人的标牌。

（7）认真执行机械设备的交接班制度，并做好交接班记录。

（8）施工现场机械严禁带病运行，运行中禁止维护保养；操作人员离机或作业中停电时，必须切断电源。

（9）圆锯的锯盘及传动部位应安装防护罩，并设置保险档、分料器。凡长度小于 500 毫米、厚度大于锯盘半径的木料，严禁使用圆锯。破料锯与横截锯不得混用。

（10）砂轮机应使用单向开关。砂轮必须装设不小于 180° 的防护罩和牢固可调整的工作托架。严禁使用不圆、有裂纹和磨损剩余部分不足 25 毫米的砂轮。

（11）平面刨、手压刨安全防护装置必须齐全有效。

（12）进入施工现场的车辆必须有专人指挥。

（二）防中毒、防中暑措施

1. 食堂设专人负责，统一管理，建立食品卫生管理制度，并办理卫生许可证。

2. 炊事人员要有身体健康证，并定期检查身体。操作人员上岗必须穿戴整洁的工作服并保持个人卫生。

3. 食堂、操作间、仓库要做到生熟食分开操作和保管，并有灭鼠、防蝇措施。严禁吃扁豆、吃隔夜饭、喝生水。

4. 装饭菜容器每次使用完后清洗消毒，食堂内设洗手池。

5. 暑期施工时，每日为作业面工人准备绿豆汤以解暑降温，防止中暑现象发生。超高温天气延迟作业时间。并配备防暑药品。

五、现场消防措施

（一）组织管理

本工程现场地处公园内，施工现场相对集中，施工期间可能有多个单位同时施工的情况。本工程为全国重点文物保护单位，项目经理部将建立消防工作领导小组，各专业施工队参加。

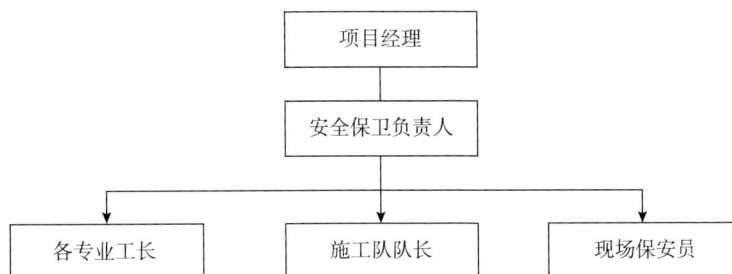

消防工作领导小组以项目经理为组长，安全保卫负责人为副组长，各专业工长、施工队队长、现场保安员为组员。领导小组必须定期分析施工人员的思想状况，做到心中有数；经常检查消防器材，以保证消防的可靠性；经常检查现场的消防规定执行情况，发现问题及时纠正；定期对职工进行消防教育，提高思想认识，一旦发生灾害事故，做到招之即来，团结奋斗。

组建义务消防队以本项目经理为义务消防队长、以项目安全保卫负责人为副队长，现场施工人员人数的25%工人组成义务消防队员。每月进行一次教育训练，熟悉掌握防火、灭火知识和消防器材的使用方法，做到能防火和扑救火灾。

（二）防火教育

1. 现场要有明显的防火标志，每月对职工进行一次防火教育，每半月组织一次防火检查，建立防火工作档案。

2. 电工从事电气设备安装和电、气焊切割作业，要有操作证和用火证。动火前，要清除附近易燃物，配备看火人员和灭火用具。用火证当日有效，动火地点变换，要重新办理动火手续。

3. 施工材料的存放、保管，应符合防火安全要求，库房应用非燃烧材料支搭。易燃易爆物品，应专库储存，分类单独存放，保持通风、用火符合防火规定。

（三）施工现场防火安全操作基本要求

1. 油漆工涂漆、喷漆防火要求

（1）喷漆涂漆的场院所应有良好通风，防止极限浓度，以防引起火灾或爆炸。

（2）油漆工不能穿易产生静电的工作服。接触涂料、稀释剂的工具，应采用防火花型的。

（3）浸有涂料、稀释剂的破布、纱团、手套和工作服等，应及时清理，不能随意堆放，防止因化学反应而生热，发生自燃。

（4）在施工中必须严格遵守操作规程和程序。

（5）对使用中能分解、发热自燃的物料，要妥善保管。

2. 油漆料库和调料间的防火要求

（1）油漆料库与调料间分开设置，油漆料库、调料间与散发火花的场所保持一定的防火距离。

（2）性质相抵触、灭火方法不同的品种，应分库存放。

（3）涂料和稀释料的存放和管理，应符合《仓库防火管理制度》的要求。

（4）调料室应有良好的通风，并应采用防爆电器设备，室内禁止一切火源，调料间不能兼做更衣室和休息室。

（5）调料人员应穿不易产生静电的工作服，不带钉子的鞋。使用开启涂料和稀释剂包装的工具，应采用不易产生火花的工具。

（6）调料人员应严格遵守操作规程，调料间内不应存放当日加工所用的原料。

3. 仓库保管员的防火要求

（1）仓库保管员要遵守仓库防火安全管理规则。

（2）熟悉存放物品的性质、储存中的防火要求及灭火方法，要严格按照其性质、包装、灭火方法、储存防火要求和密封条件等分别存放。性质相抵触的物品不得混放在一起。

（3）严格按照"五距"储存物资。即垛与垛之间距不小于 1 米，垛与墙之间距不小于 0.5 米，垛与梁、柱间距不小于 0.3 米，照明灯具垂直下方与垛的水平间距不得小于 0.5 米。

（4）库房物品应分类、分垛储存，主要通道的宽度不小于 2 米。

（5）露天存放物品应分类、分堆、分组和分垛，并留出必要的防火间距。

（6）物品入库前应进行检查，确定无火灾隐患后，方准入库。

（7）库房门窗应当严密。

（8）库房内严禁吸烟和使用明火，并做到人走断电。

（9）库房管理人员在每日下班前，应对经管的库房巡查一遍，确认无火灾隐患后，关好门窗，切断电源后方可离开。

（10）随时清扫库房内的可燃材料，保持地面清洁。

（11）严禁在库房内兼设办公室、休息室或更衣室、值班室，以及各种加工作业等。

4. 木工房及木工作业的防火要求

（1）操作间应采用阻燃材料搭建。

（2）木工棚内严禁吸烟和动用明火。

（3）碎料、刨花、锯末等易燃物每班清扫，倒在指定地点。

（4）木料加工场所禁止安放砂轮机、切割机。

（5）电机、闸箱等电器设备保持干燥，经常清理粉尘。

（6）油棉丝、油抹布不得随地乱扔，要放在铁桶内，定期处理。

（7）活完脚下清，下班后清理现场，断电、锁闸箱。

（8）木工棚内外配备盛满水的水桶、灭火器等消防器材。消防器材，严禁挪为他用。

（四）施工现场防火规范

1. 安装使用电气设备防火要求

（1）各类电气设备、线路不准超负荷使用，线路接头要接牢，发现发热或打火短路问题要立即修理。

（2）存放易燃液体、可燃气瓶的库房，照明线路要穿管保护，库内要采用防爆灯具，开关应设在库外。

（3）穿墙电线或靠近易燃物的电线要穿管保护，灯具与易燃物应保持安全距离。

（4）在高压线下面，不准搭设临时建筑，不准堆放可燃材料。

2. 使用明火防火要求

（1）现场生产、生活用火均应经项目安全部门批准，任何人不准擅自动用明火。使用明火要远离易燃易爆物，并备有消防器材。

（2）本工程为全国重点文保单位，进入施工现场严禁吸烟，吸烟在休息室，室外严禁吸烟。

（3）现场从事电焊、气焊工作的人员均受过消防知识教育，持有操作合格证。在作业前要办理用火手续，并配备专职的看火人员，看火人员随身应有灭火器具，在焊接过程中不准擅离岗位。

3. 现场材料堆放防火要求

（1）木料堆放不宜过多，垛之间应保持一定的防火间距。木材加工后的废料要及时清理，防止自燃。

（2）易燃、易爆物品的专用仓库应设在地势低处。

4. 工棚搭设防火要求

（1）工棚设置处要有足够的消防器材，设蓄水池或蓄水桶。

（2）工棚内的灯具、电线都应采用妥善绝缘保护，灯具与易燃物一般应保持300毫米间距；使用低压照明，工棚内不准使用碘钨灯照明。

5. 施工现场不同施工阶段防火要求

（1）木构件安装施工时，易燃材料较多，对所有电气设备和电线线路要严加管理，预防短路打火。

（2）水电专业施工时焊接量比较多，要增加看火人员。如果场内易燃物较多时，要特别注意明火管理，电焊火花落点要及时清理，消灭火种。电焊线接头要卡实，焊线绝缘要良好，与脚手架或建筑物钢筋接触时要采取保护措施，防止漏电打火。

（3）在使用易燃油漆时，要注意通风严禁明火，以防易燃气体燃烧、爆炸。还注意静电起火和工具碰撞打火。

6. 现场发生火灾事故后的注意事项及急救要领

（1）现场出现火险或火灾时，根据火灾情况及时报警，立即组织现场人员进行扑救，救火方法要得当。油料起火不宜用水扑救，可用泡沫灭火器或采用隔离法压灭火源；电气设备起火时，应尽快切断电源，采用ABC干粉灭火器灭火，千万不要盲目向电器设备上面泼水，这样容易造成触电、短路爆炸等并发性事故；化学材料起火，更要慎重，要根据起火物性质选择灭火方法，同时要注意救火人员的安全，防止中毒。

（2）现场出现火险时，现场人员判断要准确，不能当即扑救的要及时报警，请消防部门协助灭火。在消防队到达现场后，知情人员要及时而准确地向消防人员提供电器、易燃、易爆物的情况。火灾区内如有人等，要尽快组织力量，设法先将人救出，然后再全面组织灭火。灭火以后，要保护火灾现场，并设专人巡视，以防死灰复燃。保护火灾现场是查找火灾原因的重要措施。

（五）重要部位防火措施

1. 资料室防火

（1）非本室人员，未经许可，不得进入。

（2）严禁吸烟，不准用明火照明和取暖，不准使用电热器具。

（3）保持走道畅通，文件柜之间保持一定距离，过道、门厅不准存放物品。

（4）室内所用电线、电闸、电灯与资料柜保持在 30 厘米以上距离。

（5）室内要保持整洁，废纸要随时清理，不准存放易燃物品。

（6）管理人员下班前要进行安全检查，切断电源，关窗并插销，锁好门再走，钥匙要随身携带。

（7）节假日值班人员，要坚守岗位，严格执行交接班制度。

（8）销毁文件要在安全地点进行。

2. 集体宿舍防火

（1）宿舍区域内不准存放易燃易爆物品。

（2）宿舍内不得动用明火及使用大功率的电器。不得在宿舍内做饭。

（3）遇有停电，使用蜡烛照明时，一定要把蜡烛放在不燃物体上，人离开或来电要熄灭。

（4）不准躺在床上吸烟，烟头要及时熄灭，不得乱扔乱放。

（5）室内要保持整洁，禁止储存堆放可燃物品。

3. 食堂防火

（1）伙房应用非易燃材料建造。

（2）伙房内的液化石油气炉灶等有火种的设备，要有专人加强管理。经常检查管道及阀门是否漏气，发现问题及时解决。禁止使用明火检查带气设施。

（3）使用液化气灶应先点火后开气。气瓶与炉灶应保持 1 米以上距离。

（4）炼油或油炸食品时，油量不应超过容器的 2/3，油温不得过高或跑油，看管人员不得离开锅灶。

（5）所有的电气设备，应作防潮处理，保持良好的绝缘。开关、闸刀、保险器，应装在安全地点。

（6）配置相应的消防器材，工作人员要熟悉放置地点和使用方法。

（7）工作后人离开伙房时，应熄火、关气、插窗、锁门。

4. 配、变电室防火

（1）配、变电室不准无关人员进入。

（2）配电室、变电室、电容室、值班室应分开设置。严禁在变、配电室、电容室和开关（柜）箱内存放易燃易爆与其他物品。

（3）变电室要保持整洁，定期对变压器、开关柜进行维护清扫，保持清洁，防止因尘污造成短路。对电气设备的线路经常检查，发现问题及时解决。

（4）值班人员要坚守岗位，认真监护电压、负荷的变化情况，填写运行记录，严格交接班制度。

（5）每年雨季之前，应对避雷设施进行一次检查，保持灵敏有效。

（6）停电清扫检修时，严禁用汽油、煤油擦洗。

六、治安保卫措施

（一）治安保卫管理组织

针对本项目成立保卫工作领导小组，以项目经理为组长，安全保卫负责人为副组长，各施工专业工长、施工队队长、安全员、现场保安为组员。

（二）职责与任务

定期分析施工人员的思想状况，做到心中有数。定期对职工进行安全保卫教育，提高思想认识，一旦发生灾害事故，做到招之即来，团结奋斗。

（三）门卫管理制度

1. 本工程对象为全国重点文物保护单位，治安保卫工作更为重要，在本工程上对每位参与施工人员设置个人情况登记卡，给每位人员办理出入证，时刻掌握现场人员数量，一旦出现问题便于对在场人员进行检查。

2. 外来人员联系业务或找人，门卫必须先验明证件，进行登记后，经有关领导批准后方可进入工地。

3. 门卫值班每天记录完整清楚，值班人员上班不得睡觉、喝酒，不得随意离开岗位，发现问题及时向主管领导报告。

4. 进入工地的材料，门卫值班人员必须进行登记，注明材料规格、品种、数量，车的种类和车号。

（四）治安保卫措施

为了加强施工现场的保卫工作，确保建设工程的顺利进行，根据现场地理位置面积和当地治安状况特制定如下措施：

1. 施工现场设门卫值班室，由专业保安人员昼夜轮流值班，白天对外来人员、进出车辆及所有物资进行登记，夜间值班巡逻护场。重点是仓库、办公室、成品、半成品、原材料的防火防盗工作。

2. 加强对施工队人员的管理，掌握人员底数，掌握每个人的思想动态，及时进行教育，把事故消灭在萌芽状态。

3. 每月对职工进行一次治安教育，每季度召开一次治保会，定期组织保卫检查，并将会议检查整改记录存入安全资料内备查。

4. 对易燃、易爆、有毒品设立专库、专管，非经项目负责人批准，任何人不得动用。不按此执行，造成后果追究当事人刑事责任。

5. 施工现场设立门卫和巡逻护场制度，护场守卫人员要佩戴值勤标志。

6. 严禁赌博、酿酒、传播淫秽物品和打架斗殴。严禁集体闹事、参与社会邪教组织进行违法犯罪活动。

7. 加强文物保卫工作，严格执行文物保卫措施，严防被盗、破坏和治安灾害事故的发生。

8. 施工现场发生各类案件和灾害事故，立即报告有关部门并保护好现场，配合公安机关侦破。

9. 坚守岗位遵守保安人员的各项工作职责，杜绝失职或监守自盗的事件发生。

10. 配合项目部做好突发事件的救援疏散、保卫工作。

（五）现场保卫定期检查措施

为了维护社会治安，加强对施工现场保卫工作的管理，保护国家财产和职工人身安全，确保施工现场保卫工作的正常有序，促进建设工程顺利进行，按时交工，根据本项目实际每周对现场保卫工作进行一次检查，对现场保卫定期检查提出的问题限期整改，并按期进行复查。检查内容如下：

1. 加强对全体施工人员的管理，掌握各施工队伍人员底数，检查各队的职工进场手续是否齐全，无证人员、非施工人员立即退场，并对施工队负责人进行处罚。

2. 施工现场保卫值班人员必须佩戴袖标上岗，门卫及值班人员记录完整明确。

3. 施工现场易燃、易爆物品设有专库，专人负责保管，进出料记录明确，做好成品保护工作，并制定具体措施严防盗窃，破坏和治安事故的发生。

七、安全生产事故应急救援预案

（一）应急事故救援领导小组

成立项目部和施工队两层应急事故救援领导小组，分别设组长一名，副组长两名、组员若干名。并将组长、副组长手机号码、办公室电话公布。

应急事故救援领导小组负责各类突发事件的应急救援工作。项目部应急救援小组不定期召开会议，研究项目部应急救援工作的重要项和重大决策。从应急预警开始，负责项目部所辖施工队应急救援工作的组织与协调指挥。

（二）生产安全事故应急救援报告程序图

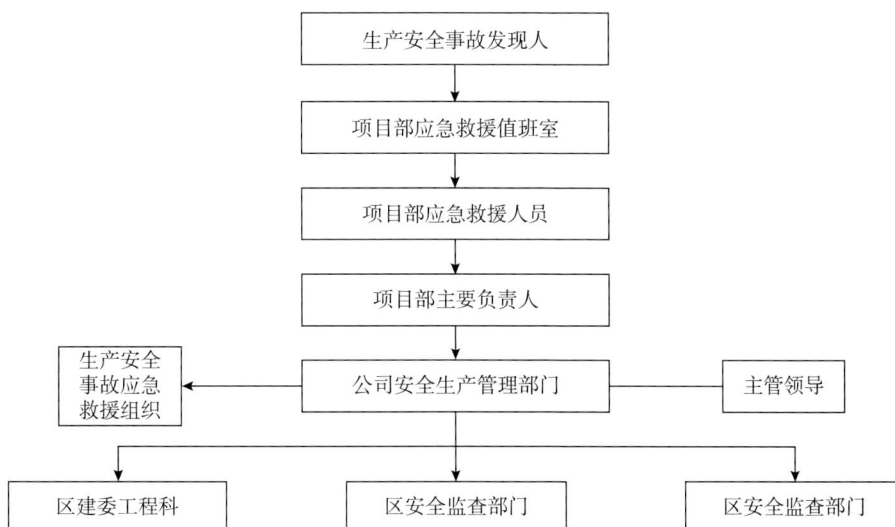

```
                    ┌─────────────────┐
                    │ 生产安全事故发现人 │
                    └────────┬────────┘
                             ↓
                    ┌─────────────────┐
                    │ 项目部应急救援值班室 │
                    └────────┬────────┘
                             ↓
                    ┌─────────────────┐
                    │ 项目部应急救援人员 │
                    └────────┬────────┘
                             ↓
                    ┌─────────────────┐
                    │ 项目部主要负责人  │
                    └────────┬────────┘
                             ↓
  ┌──────────┐      ┌─────────────────┐      ┌──────────┐
  │ 生产安全   │←────│ 公司安全生产管理部门 │      │ 主管领导  │
  │ 事故应急   │      └────────┬────────┘      └──────────┘
  │ 救援组织   │               │
  └──────────┘               │
        ┌──────────────┬──────┴──────┬──────────────┐
        ↓              ↓             ↓              ↓
  ┌──────────┐  ┌──────────┐  ┌──────────┐
  │ 区建委工程科 │  │ 区安全监查部门 │  │ 区安全监查部门 │
  └──────────┘  └──────────┘  └──────────┘
```

　　生产安全事故应急救援组织应具备现场救援救护基本技能，定期进行应急演练。配备必要应急救援器材和设备，并进行经常的维修和保养，保证应急救援时正常运转。建立健全应急救援档案，其中包括：应急救援组织机构名单、救援救护基本技能学习培训活动记录、应急救援器材和设备目录、应急救援器材和设备维修保养记录和生产安全事故应急救援记录等。

（三）生产安全事故应急救援程序流程图

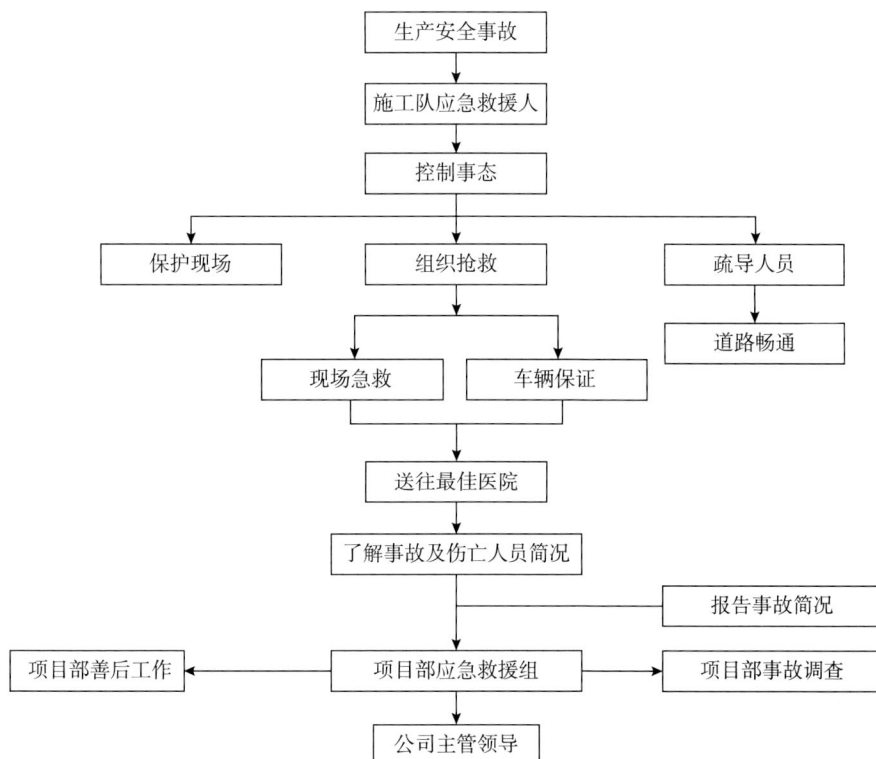

```
                          ┌──────────┐
                          │ 生产安全事故 │
                          └─────┬────┘
                                ↓
                          ┌──────────┐
                          │施工队应急救援人│
                          └─────┬────┘
                                ↓
                          ┌──────────┐
                          │ 控制事态  │
                          └─────┬────┘
            ┌──────────────────┼──────────────────┐
            ↓                  ↓                  ↓
      ┌──────────┐       ┌──────────┐       ┌──────────┐
      │ 保护现场  │       │ 组织抢救  │       │ 疏导人员  │
      └──────────┘       └─────┬────┘       └─────┬────┘
                    ┌──────────┴──────────┐        ↓
                    ↓                     ↓   ┌──────────┐
              ┌──────────┐         ┌──────────┐│ 道路畅通 │
              │ 现场急救  │         │ 车辆保证 │└──────────┘
              └──────────┘         └─────┬────┘
                                         ↓
                                  ┌──────────┐
                                  │ 送往最佳医院 │
                                  └─────┬────┘
                                        ↓
                              ┌────────────────┐
                              │ 了解事故及伤亡人员简况 │
                              └───────┬────────┘
                                      │          ┌──────────┐
                                      │          │ 报告事故简况 │
                                      │          └──────────┘
                                      ↓
  ┌──────────┐            ┌────────────────┐            ┌──────────┐
  │ 项目部善后工作 │←──────│ 项目部应急救援组 │──────→│ 项目部事故调查 │
  └──────────┘            └───────┬────────┘            └──────────┘
                                  ↓
                            ┌──────────┐
                            │ 公司主管领导 │
                            └──────────┘
```

（四）紧急情况抢险救援组织的启动与实施

1. 施工现场一旦发生重大伤亡事故，发生事故的施工负责人应积极组织抢救，并立即上报上一级领导，项目部领导接到事故报告后，根据事故的紧急情况和事故的不同类别启动抢险救援预案。决定抽调抢险队伍人员的数量及抢险设备的种类、资金到现场进行救援并及时上报上一级救援组织及相关领导。

2. 项目部主要领导、应急救援小组成员及施工队主要负责人、各专业负责人的手机必须24小时长期开机，保持与公司、项目部领导的通讯联系准确及时。做到一旦发生重大安全事故与重大安全隐患，能够及时取得联系组织抢救。

第十一节　文明施工、环保目标承诺及措施

一、环境目标

（一）环境管理目标

建筑与绿色共生，发展和生态协调；创建花园式的施工环境，营造绿色建筑。做好工程周围公益、环保事业，做到"四无"（无大气污染、无粉尘污染、无噪音污染、无污水污染），"五化"（即亮化、硬化、绿化、美化、净化）。具体指标如下：

1. 噪音排放达标：昼间＜65dB，夜间＜55dB。
2. 防大气污染达标：施工现场扬尘符合要求达到国家二级排放规定。
3. 生活及生产污水达标：污水排放符合《市水污染排放标准》。
4. 施工垃圾设封闭式垃圾站，并分类处理，尽量回收利用，及时清运。
5. 节约水、电、纸张等资源消耗，节约资源，保护环境。

（二）保证目标实现的组织措施

1. 建立组织机构

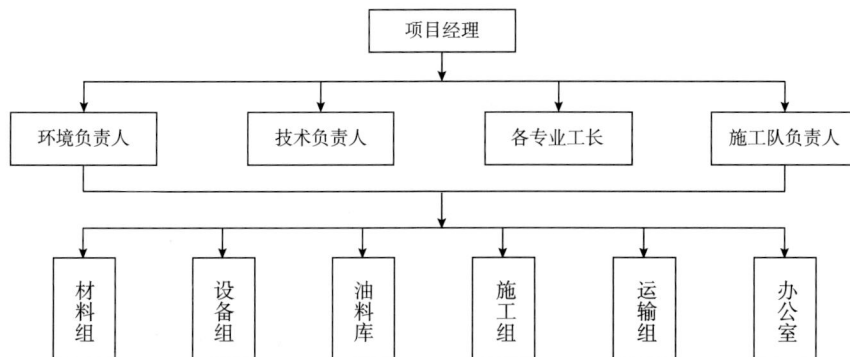

（1）组长：项目经理。

（2）副组长：环境负责人。

（3）组员：技术负责人、各专业工长、材料负责人、两名专职文明施工员

2. 管理职责的划分

（1）项目经理：应根据 GB/T24000 - ISO14000 环境管理系列标准建立管理体系，在充分识别环境因素的基础上，主动采取有效措施，实施"绿色生产"。

（2）组长：是本项目文明施工、环境保护管理的第一责任人，负责统筹协调组织文明施工管理工作；对项目部文明施工、环境保护体系的运行工作负全面领导责任。

（3）副组长：在项目经理的领导下负责组织制定和实施本项目的文明施工、环境管理的技术措施；领导项目部各职能部门进行定期文明施工检查，制定各项文明施工、环境保护管理制度；对现场职工进行文明施工、保护环境的教育；对上级部门检查提出的问题积极组织整改。

（4）项目技术负责人：负责根据项目部的具体情况制定相应文明施工、环境管理方案和措施。

（5）各专业工长：负责本专业施工过程的文明施工、环境管理管理工作，负责对本专业人员进行文明施工、环境保护教育，参加项目部组织的定期文明施工、环境保护检查，对本专业存在的问题负责督促整改。

（6）材料负责人：负责项目部施工现场材料存放场地和材料库房及供货商材料装卸、运输过程的文明施工、环境管理工作，负责对供货人员和运输人员宣传本工程的文明施工、环境管理目标和标准要求，参加项目部组织的定期文明施工、环境保护检查，对本责任范围内存在的问题负责监促整改。

（7）专职文明施工员：负责施工现场的文明施工和环境保护工作，负责组织调配文明施工保洁人员，参加项目部组织的定期文明施工、环境保护检查，对检查出的问题督促整改，负责每天对工地进行噪音、扬尘、污水排放及节能方面的检查，并做好记录工作。负责周边居民协调接待工作。

（8）外施队负责人：认真执行文明施工、环境保护管理制度及相关法律法规，合理安排本队施工人员的工作。监督本队人员文明施工，杜绝有损环保的行为，落实解决所辖班组存在的不文明施工现象的整改工作。

二、文明施工

（一）施工环境的文明施工

1. 严格执行北京市建设工程施工现场安全防护、场容卫生、环境保护及消防保卫标准和哈尔滨市建设工程施工现场生活区设置管理标准及我公司施工现场安全文明施工标准。

2. 暂设区域根据业主和公司"企业形象手册"要求进行围挡，高度 2 米。大门上侧绘制企业徽标及书写公司名称，大门两侧书写企业质量方针；在大门外侧立工程标志牌，大门内设一图八板（安全生产记事标牌、施工标牌、施工现场保卫消防制度、安全管理制度、施工现场环境保护制度、

文明施工管理制度、文物保护制度、施工现场总平面图）。

3. 项目部成立3人组建的安全文明环保卫生专业保洁队伍。由文施负责人指挥调动，主要负责整个现场环境卫生保洁清扫、洒水降尘及垃圾废料清运整理工作。

4. 美化环境，在出入口、暂设区域内利用空间进行绿化或摆放盆花。

5. 现场划分为施工区及材料区，办公区按视觉识别标识设置管理。在现场各区域竖立统一标牌，注明区域责任人，并与责任人签订现场管理责任书，实行奖罚分明的目标管理。

6. 施工现场出入口处设置清扫车辆的设施，出场时必须将车辆清理干净，不得将泥沙带出现场。

7. 本工程施工现场可用暂设场地窄小，施工材料必须严格按照施工平面图统一存放，做到分界明显，分类码放整齐，现场材料、成品、半成品均设置标识牌，标明名称、使用部位、规格、产地、状态等。

8. 施工垃圾在现场设置砖混结构的密闭式垃圾站，用于存放施工垃圾。对有可能造成二次污染的废弃物必须单独存放。并设置安全防范措施进行醒目标识。施工垃圾争取做到分拣完后及时清运出场。

9. 废弃物的运输确保不散放，不混放；送到政府批准的单位或场所进行处理消纳；对可回收的废弃物做到再回收利用。

10. 在现场各用水点要悬挂张贴节约用水标志。安装各种用水器具及水嘴要选用节水产品。

11. 各种控制阀门、水嘴要设专人维护，发现问题及时给予修理，严禁跑冒滴漏现象发生。

（二）施工过程的文明施工

1. 瓦面和窎（wà）瓦泥拆除时易产生扬尘，拆前预先洒水湿润，但浇水不要过多防止淋到彩画，采用喷雾降尘，拆下的渣土装入编织袋，绑紧后运下。屋面施工作业面每天用苫布苫好，苫布用铅丝拴牢固，时刻注意环境保护。

2. 墙体拆除易产生扬尘，防止扬尘在墙体拆除前一天进行浇水湿润，拆除过程中用喷水枪随拆随喷。

3. 斩砍地仗要用喷雾的方法对地仗进行湿润，然后再用小斧子砍除，用挠子挠除糟朽木材时，也要用喷水雾，防止扬尘，架子上随时有专人进行清扫。

4. 椽望拆除，要细心作业，先起钉子，后将椽望撬起，以保证构件完整。

5. 施工现场实行限额领料制度，以减少损耗，降低生产成本。施工中要求作业面已完工序达到活完料净脚下清。

6. 现场材料组建立机械设备维修保养档案，每月对各种机械进行一次检修保养，并同机械使用者签订操作、保养责任书，以保证机械良好运行。

7. 现场散装材料如白灰、黄土上覆盖安全网，防止扬尘。

8. 安装完的成品设备要采取"护、包、盖、封"的保护措施，防止人为破坏。

9. 进入生产作业地带，必须穿好各种劳动防护用品。

10. 凡挂有"严禁吸烟"、"有电危险"等危险警告标志的现场或挂有安全色标的标记的地方，均应严格遵守。

11. 遵规守纪，维护现场文明施工和安全秩序是我们施工人员的应尽义务。

12. 公司组织的安全、消防、文施环保检查，发现的问题应及时解决，并留下记录。

三、环境保护措施

（一）环境管理因素分析

1. 环境管理因素分析

根据本工程的实施情况，在施工过程中出现的环境管理因素主要有：噪音排放、粉尘排放、污水排放、施工垃圾排放。

2. 环境管理的法律依据及其他法律依据

《中华人民共和国环境保护法》；

《大气环境质量标准》；

《地面水环境质量标准》；

《市水污染物排放标准》；

《建筑施工场界噪声限值》（GB12573 - 90）。

3. 环境管理流程图

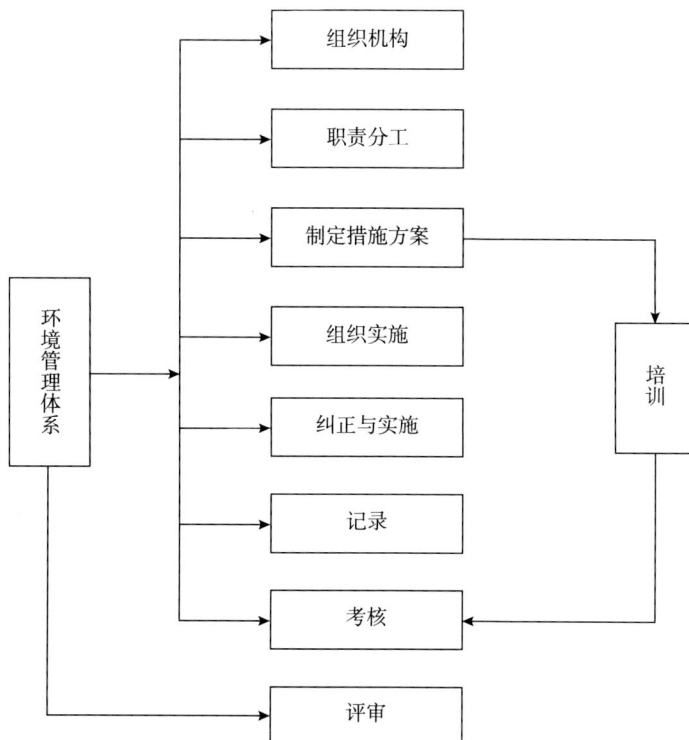

4. 施工现场环境、自我保护体系图

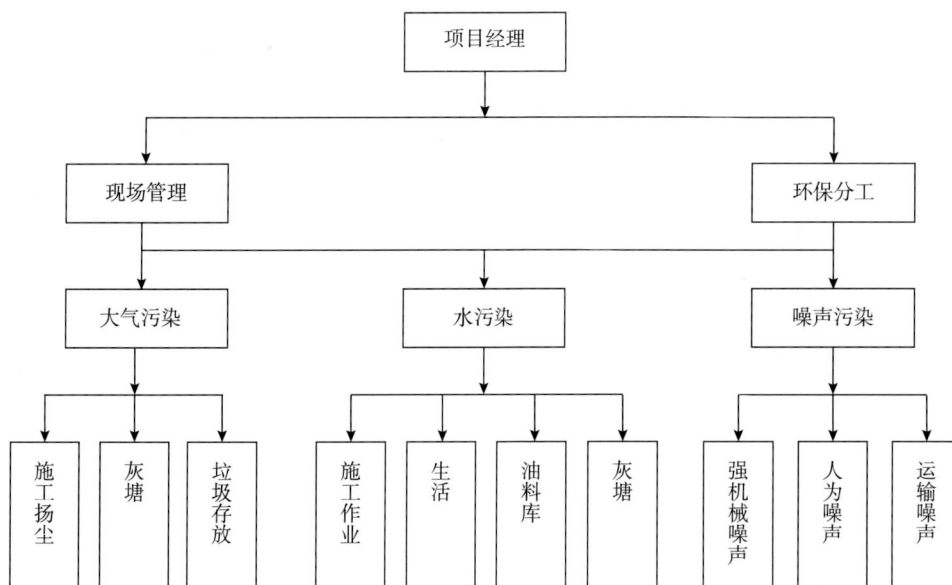

（二）环境保护措施

1. 施工现场防大气污染措施

（1）施工现场应采取覆盖、洒水等有效措施，做到不泥泞、不扬尘。

（2）遇有四级以上大风的天气不得进行灰土施工、灰土转运以及其他可能产生扬尘污染的施工。

（3）施工现场划分区域，每个区域设专人负责环保工作，用改装小推车作为洒水设备，及时洒水，减少扬尘污染。

（4）施工现场施工垃圾、生活垃圾分类存放，不能当天运出的垃圾上盖废旧安全网；清运施工垃圾采用封闭式专用容器清运，严禁凌空抛撒；施工垃圾清运装车时应提前适量洒水，并按规定及时清运消纳。

（5）白灰和其他易飞扬的细粒建筑材料用密闭存放或专库存放，使用过程中应采取有效的防止扬尘措施。施工现场土方应集中堆放，采取覆盖或固化等措施。

（6）施工现场出入口处设置清扫车辆的设施，出场时必须将车辆清理干净，不得将泥沙带出现场。

（7）施工现场生活饮用水用电热水器，配备保温桶；场外住地食堂炊事炉灶用煤气，冬季取暖用清洁燃料锅炉。

（8）对本工程使用的运输车辆尾气排放必须符合环保要求，在与其签订合同前提供尾气排放检测合格证明。

2. 施工现场防水污染措施

（1）灰塘处设置沉淀池，废水不得直接排入市政污水管网，通过净水过滤池进入清水储水池，用于降尘洒水。

（2）现场存放油料，必须对库房进行防渗漏处理，储存和使用都要采取措施，防止油料泄漏，污染土壤水体。

（3）现场生活用水池设置过滤沉淀池，废水不得直接排入市政污水管网，通过净水过滤池进入清水储水池，用于降尘洒水。

（4）清洗车辆的污水不能直接排入市政污水管网，通过净水过滤池进入清水储水池，用于降尘洒水。

（5）民工住宿地食堂设置简易有效的隔油池，加强管理，专人负责定期掏油，防止污染。

3. 施工现场防噪声污染措施

（1）人为噪声控制

①提倡文明施工，建立健全控制人为噪声污染的管理制度，增强全体施工人员的环保意识，提高防止噪声扰民的自觉性，减少人为噪声。

②在施工现场严禁大声喧哗吵闹、高声唱歌或敲击工具、餐具等。

③作业中搬运物件，必须轻拿轻放，严禁抛投物件而造成噪声。

（2）严格控制作业时间

①晚间作业时间控制在22时内，早晨作业不早于6时。

②材料运输需在夜间进行，要采取有效的降噪措施，尽量使用人力搬运。

（3）强噪声机械的降噪措施

①对施工过程可能产生的强噪声的砖加工放在场外完成，减少因施工现场的加工制作产生的噪声。

②现场内的强噪声机械实行封闭式作业，即对砂轮机、切割机等设备搭设封闭式机械棚，以减少强噪声的扩散。

4. 施工现场具体环保措施

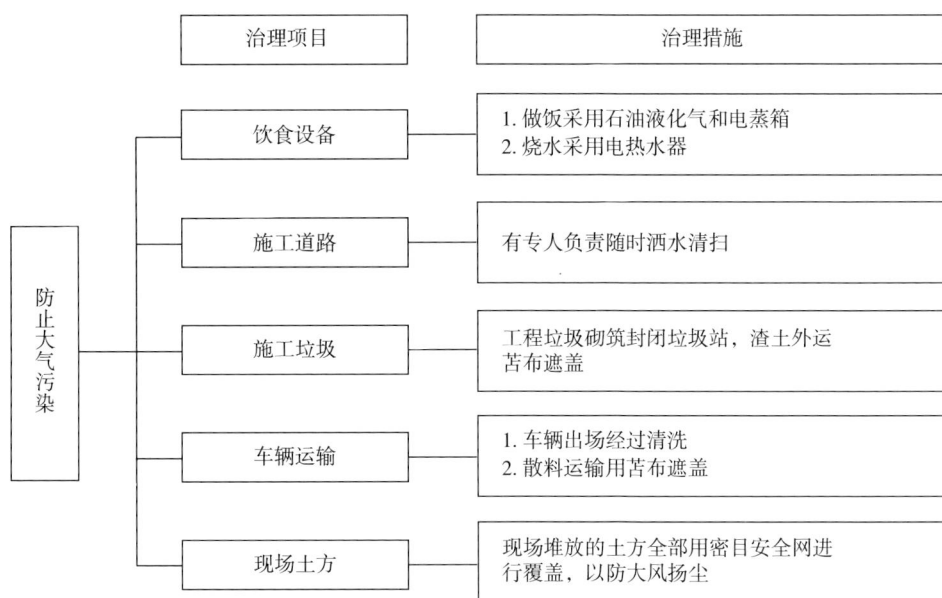

治理项目	治理措施
饮食设备	1. 做饭采用石油液化气和电蒸箱 2. 烧水采用电热水器
施工道路	有专人负责随时洒水清扫
施工垃圾	工程垃圾砌筑封闭垃圾站，渣土外运苫布遮盖
车辆运输	1. 车辆出场经过清洗 2. 散料运输用苫布遮盖
现场土方	现场堆放的土方全部用密目安全网进行覆盖，以防大风扬尘

（防止大气污染）

防止水污染	灰塘	设沉淀池，污水沉淀后外排
	运输车辆	冲洗台设沉淀池，污水沉淀后外排
	食堂	设隔油池，定期掏油
	厕所	设专用化粪池，设专人保洁

防止光污染	生产照明	尽量减少夜间施工，采用新型灯具，减少照明范围
	电气焊	采取措施加设不透光围挡
	生活照明	22:00~6:00严格按安全管理规定，满足使用要求即可

| 防噪音污染 | 机械设备 | 强噪音机械设备采用四周密闭工作棚 |
| | 人为噪音 | 22:00~6:00不进行高噪音作业 |

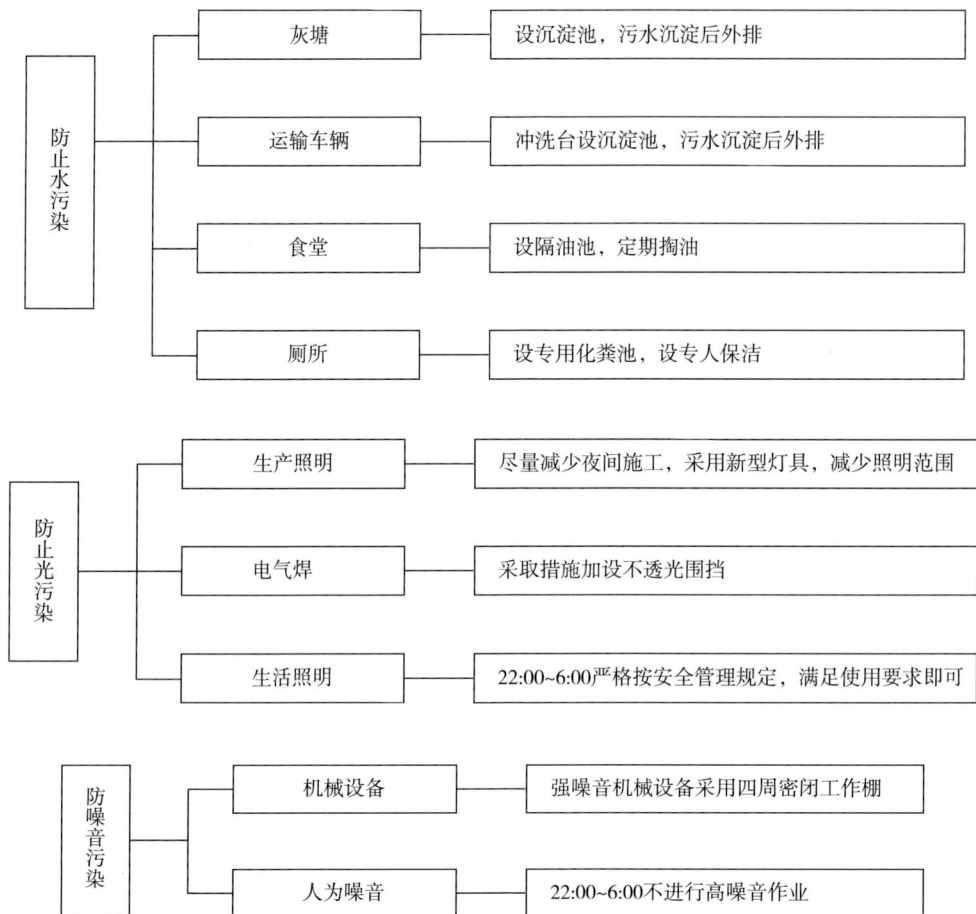

（三）有毒有害物控制措施

1. 设专库存放并有专人进行管理，仓库搭设必须符合有关标准。

2. 有毒有害物品标识应齐全、清晰、正确，包装应完整。

3. 运输时要有遮雨措施，避免曝晒，避免金属撞击破损而泄漏污染环境。

4. 使用前应检查有毒有害物品标识是否齐全，清晰明确，使用时应在有效期内。

5. 对施工中剩余的有毒有害物品，严禁随意倾倒于地面或下水道中，应存放在指定的容器中及时回收。

6. 对施工完毕后的酸、碱液体应采取中和、稀释措施，符合标准要求后进行排放。

7. 对操作人员防护应有防腐蚀手套、防毒面具、防腐蚀鞋。

8. 在施工中应采取强制通风措施，设专人监护，作业时间不宜太长，采取轮流作业方式。

（四）环境保护管理

1. 加强对现场人员的培训与教育，提高现场人员的环保意识。根据环境管理体系运行的要求，结合环境管理方案，对所有可能对环境产生影响的人员进行相应的培训。

（1）符合环境方针、与程序和符合环境体系要求的重要性。

（2）个人工作对环境可能产生的影响。

（3）在实施环境保护要求方面的作用与职责。

（4）违反规定的运行程序所产生的不良后果。

2. 加强信息交流与传送，实施有力监督。

（1）建立项目内部环境保护信息的传递与沟通渠道，以便确认环境保护方案是否被实施，以及环境保护工作中存在的问题，从而对下一步工作及时做出决策。

（2）建立项目与公司、项目与外部主管部门的信息交流与传递渠道。按规定要求接收、传递、发放有关文件，对需回复的文件，按规定要求审核后予以回复。

3. 加强文件控制，不断了解有关环保知识与法律法规。

（1）文件要有专人负责保管，并设置专门的有效工具。

（2）对文件定期进行评审，与现行法律和规定不符时，及时修改。

（3）确保与环保有关的人员，都能得到有关文件的现行版本。

（4）失效文件要从所有发放和使用场所撤回或采取其他有效措施。

4. 监测和测量：组织有关人员，通过定期或不定期的安全文明施工大检查来落实环境管理方案的执行情况，对环境管理体系的运行实施监督检查。

5. 不符合项的纠正与预防措施：对项目安全文明施工大检查中发现的环境管理不符合项，由工程科开出不符合报告，项目技术部门根据不符合项分析产生的原因，制定纠正措施，交项目相关人员负责落实实施，公司工程部门负责跟踪检查，技术部门对实施结果要加以确认。

6. 记录。

（1）对环境管理过程中进行培训、检查、审核等所有工作都应进行记录。

（2）环境记录应字迹清楚，标识明确，具备可追溯性。

（3）环境记录要有专人保存和管理，在规定期限内不得销毁。

7. 环境管理体系的审核。

（1）做好环境管理的各项工作，积极配合本单位搞好有关的监督检查工作。

（2）根据纠正和预防措施，及时改进检查中发现的问题，并使以后的工作中防止类似问题发生。

（3）项目经理部要做好项目环境管理自查工作，每月进行一次自查，对检查中发现存在的问题，开列不符合项，并组织整改。

（五）工作制度

1. 每周召开一次"施工现场文明施工和环境保护"工作例会，总结前一阶段的施工现场文明施工和环境保护管理情况，布置下一阶段的施工现场文明施工和环境保护管理工作。

2. 建立并执行施工现场环境保护管理检查制度，每周组织一次由各专业施工队的文明施工和环境保护管理负责人参加的联合检查，对检查中所发现的问题开出"隐患问题整改通知单"，各施工单位接到"隐患整改通知单"后，根据具体情况，定时间、定人、定职予以解决。

第十二节　技术资料管理

　　技术资料是施工企业依据有关管理规定，在施工过程中形成的应当归档保存的各种图纸、表格、文字、音像材料等技术文件，是体现工程质量的重要组成部分，是施工全过程的真实写照。技术资料的管理要实行技术负责人负责制，并配备专职城建档案管理员，负责施工资料的收集、整理和归档工作。施工资料应与施工进度保持同步，按专业归类，认真书写，项目齐全、准确、真实，无未了事项。施工资料的填写符合《中华人民共和国建筑法》、《建设工程质量管理条例》、《建设工程勘察设计管理条例》及国家有关规范、标准和地方性标准《建筑工程资料管理规程》、行业性标准《文物建筑工程质量检验评定标准》的规定。表格统一采用地方标准《建筑工程资料管理规程》DBJ01 - 51 - 2003 所附表格，采用电脑进行管理。

　　项目部实行技术负责人负责制，项目部设专职资料员，并持证上岗。所有施工图纸的变更，必须以设计单位的设计洽商，并经建设单位确认和签字为准，由项目部组织执行。项目技术负责人接到设计洽商后，及时通知有关施工管理人员，并在施工图上按要求标注洽商内容。

　　工程质量验收记录和施工检查档案资料做到由专职资料员及时汇集和分类整理，集中管理存放，各分项资料分解责任到人。保证施工技术资料与施工和质量检查同步，使资料达到真实、齐全、整洁、符合要求。公司技术部对项目部质量记录和档案资料进行不定期检查指导，并定期核审资料，保证工程备案的顺利进行。

一、工程管理验收资料的管理

（一）工程管理验收资料：（C0）类

　　工程概况表：应包括工程的一般情况、构造特征、机电系统等。

　　工程质量事故报告：凡工程发生重大质量事故，应如实记录事故情况、损失情况、施工原因、设计与施工同有问题，以及天灾、人祸等；处理意见包括现场处理情况、设计和施工的技术措施、主要责任者及处理结果。

　　单位（子单位）工程质量验收记录：单位工程完工，施工单位组织自检后，报监理单位对工程进行预验收，通过后向建设单位提交工程竣工报告，由建设单位组织设计单位、监理单位、施工单位对单位工程进行竣工验收，填写验收记录。

　　施工总结：由项目经理针对工程的特点从管理方面、技术方面、经验方面进行总结。

　　工程竣工报告：施工单位在工程完工后由项目经理编写工程竣工报告。

（二）施工管理资料（C1）类

　　施工现场质量管理检查记录：施工单位按规定填写报项目总监理工程师检查，做出检查结论。

有见证取样的送检管理资料：包括见证取样试验室的备案书、见证取样记录及见证取样试验汇总。

施工日志：要以单位工程为记载对象，从工程开始施工起至工程竣工止，由专业工长逐日进行记载，记载内容保持真实连续和完整。

二、施工技术资料的管理

施工技术资料（C2）类，包括施工组织设计、施工方案、技术交底、图纸会审、设计交底、设计变更等内容。图纸会审、设计交底及设计变更在各方签字完毕后，及时发放至相关人员。施工组织设计、施工方案在工程开工及分部分项工程施工前编制完毕，并上报业主及监理进行审批。在技术文件报审前，项目部内部审批，手续齐全。

（一）施工组织设计、施工方案

单位工程施工组织设计在组织施工前编制，并依据项目管理规划大纲编制部位、阶段和专项施工方案。编制内容齐全，并有审批手续，发生较大的施工措施和工艺变更时，应有变更审批手续。

（二）技术交底记录

包括施工组织设计交底、主要分项工程施工技术交底。各项交底应有文字记录，交底的双方应有签认手续。

（三）图纸会审记录

图纸审查记录由参加图纸交底的各单位将图纸审查中的问题整理汇总，报建设单位，由建设单位提交给设计单位进行设计交底准备。图纸审查由建设单位组织监理、施工单位、设计单位的技术负责人及相关人员参加，设计单位对工程的各专业进行设计交底，设计交底记录由施工单位整理、汇总，各单位技术负责人会签，并由建设单位加盖公章，形成正式设计文件。施工图纸会审记录是工程施工的正式设计文件，不得在会审记录上涂改或变更其内容。

（四）设计变更通知单

对设计单位下达设计变更通知单，施工单位及时逐条修改图纸，向施工人员及时交底，

（五）工程洽商记录

工程洽商记录及时办理，内容必须明确具体，注明原图号，必要时应加附图。有关设计变更和技术洽商，应有设计单位、施工单位和建设单位（监理单位）等有关各方代表签认；设计单位如委托建设（监理）办理签认，应办理委托手续；相同工程如需用同一洽商时，可用复印件或抄件。

三、施工测量记录的管理

施工测量记录（C3）类，包括轴线位置，建筑物轮廓线，构配件断面尺寸，建筑物高程、水准、坡度等。应认真测量，如实记录，仔细填写。

四、施工物资资料的管理

施工物资资料（C4）类：

1. 工程物资（包括主要原材料、成品、半成品、构配件、设备等）质量必须合格，并有出厂质量证明文件（包括质量合格证明或检验报告、产品生产许可证、产品合格证等）。

2. 质量证明文件的抄件（复印件）应保留原件所有内容，并注明原件存放单位、还应有抄件人、抄件（复印）单位的签字和盖章。

3. 不合格的物资不准使用，需采用技术处理措施的产品，应满足技术要求，并经项目技术负责人批准后方可使用。涉及结构安全的材料需要代换时，应征得设计单位的同意，并符合有关规定方可使用。

4. 凡使用新材料、新产品、新工艺、新技术，应具有鉴定资格单位出具的鉴定证书和有关部门的批准使用文件，同时应有其产品质量标准、使用说明和工艺要求，使用前应按其质量标准进行检验和试验。

5. 按规定实行有见证取样和送检的管理并作好见证记录。需进行现场复试的材料均采取见证取样制度。

6. 对国家所规定的特定设备和材料应附有关文件和法定检测单位的检测证明。

7. 工程物资资料应进行分级管理，半成品供应单位或半成品加工单位负责收集、整理、保存所供物资或原材的质量证明文件，施工单位则需收集、整理、保存供应单位或加工单位提供的质量合格证明文件和进场后进行的检验、试验文件。各单位应对各自范围内的工程资料的汇集整理结果负责，并保证工程资料的可追溯性。

8. 工程物资进场报验。

工程物资进场经施工单位自检合格后填写表（C4－1），填报《工程物资进场报验表》（B2－4）向建设（监理）单位报请验收，附件应齐全，并提供：出厂质量证明文件、进场数量清单、进场复试报告或检验报告记录。

本工程所用材料质量均应合格，并有出厂质量证明文件。须业主及监理确认的材料应提前将产品性能说明书，质量检验报告。生产企业资质、工程物资报审表等文件报送业主及监理，按照工程物资选样资料的管理流程进行。进入现场内提供随行质量文件（材质证明、合格证、准用证等）。对须进行复试的材料应由试验员按照有关规范要求进行取样并到具备相应资质的试验室进行复试，须进行见证取样的材料应按照哈尔滨有关规定进行取样送检，有见证取样的项目应抽取的比例为该项目试验总次数的30%以上，试验总次数在10次以下的不得少于2次。自检合格后向业主及监理单位报请验收。

五、施工记录资料的管理

施工记录（C5）类：资料是反映现场施工情况的重要资料，主要包括隐蔽工程检查记录、预检工程检查记录以及一些专用施工记录。施工记录的填写应真实、准确、全面，施工记录应随工程同步进行，并定期进行归档。

六、施工试验记录资料的管理

施工试验记录资料是检验工程质量的重要依据，因此必须确保资料的原始性、真实性、准确性及严肃性。试验员应在开工初期根据工程需要列出试验计划，根据计划做好取样送检工作，并对出具的试验报告的计算审核及结论的正确性负责，一切原始数据不准涂改，资料不准抽撤，同时应有试验计算、审核和负责人签字。

七、工程质量验收资料的管理

施工验收资料（C7）类：

1. 分部/分项工程施工报验表（表 B2 - 7）：分部/分项工程施工报验表应附施工记录和施工试验记录等。分项工程报验时应填报《分部/分项工程施工报验表》，提供：施工验收记录、施工记录、施工试验记录、质量检验评定表。

2. 分部工程验收记录：分部工程报验应提供《分部/分项工程施工报验表》、分部工程质量核定表、分项工程质量评定汇总表、施工试验资料、调试报告。

3. 主体结构工程、装饰装修工程、屋面工程、地面工程、油饰彩画工程、电气工程、水暖工程的验收由建设单位组织施工、监理单位和设计单位进行验收，可整体进行验收，也可分段验收，并报文物工程监督站。

4. 工程质量验收按 GBJ50300 - 2001 系列标准及文物建筑工程质量检验评定标准执行，按分项工程、分部工程、单位工程顺序进行评定，并分为先评定、后核定两个程序。

5. 所有分项工程应有质量评定表，完成后按分部工程进行汇总，并有监理单位签署的《分部/分项工程施工报验表》（单独归档）。

八、技术资料管理计划及内容

1. 原材试验：木材含水率、砖料瓦件的抗压抗折强度试验、吸水率、透水率及冻融试验。

2. 隐检记录：三、四道灰地仗，地面铺墁基层与垫层，要求填写内容翔实准确。

3. 预检记录：施工标高水准测量，砖加工，瓦作灰料调制，油作灰料调制，彩画起谱子、打谱子。要求填写内容翔实准确。

4. 施工试验：灰土垫层干密度试验。

5. 分项工程质量验收：砖加工、装修制安、屋面宽（wà）瓦、细墁方砖地面、油饰地仗基层、彩画各分项。

6. 分部工程验收：屋面工程、地面工程、装修工程、油饰彩画工程。

九、资料归档的管理

所有工程资料形成后，应定期交至资料员处归档。资料员应对上交资料进行检查，保证资料的真实准确无误。资料归档后由资料员按照要求进行分类组卷，分包专业工程资料汇总按工程资料的管理规程的要求，或单独组卷，或分册整理，并编制目录以便查阅。资料员应对归档后的资料负责，确保其不被损坏、修改及遗失。资料员应建立借阅记录，并负责向借阅人要回所借资料。项目技术负责人应定期对归档资料进行检查，确保资料与工程同步进行。公司技术部对项目部质量记录和档案资料进行不定期检查指导，并定期核审资料，保证工程备案的顺利进行。

第十三节　与甲方、监理及设计单位的配合

一、与业主关系协调配合措施

（一）与业主的关系

施工承包方应按照施工合同的约定，根据国家、建设部、北京市有关工程建设规定，全面履行合同，向业主交付满意工程。承包方与业主是合同关系。

（二）与业主之间的协调配合措施

1. 与业主配合的"三个服从原则"

（1）业主要求超出合同规定但对工程质量或使用功能有益时，服从业主要求。

（2）业主要求与承包方想法不一致，但业主要求不低于国家规范、行业标准要求或者都达到相同效果时，服从业主要求。

（3）业主要求超出合同范围，承包方经过努力能够做到时，服从业主要求。

2. 与业主的配合措施

除按照招标文件的规定履行工期、质量、安全等责任外，还将为业主提供如下服务：

（1）搞好图纸管理，减少变更、洽商管理，从而达到降低造价、控制投资的目的。

（2）材料采购计划，提前编制进场计划，协助业主进行考察、订货，满足工程需要。

（3）认真复核图纸，积极提出合理化建议，改善使用功能。

（4）提供业主要求的其他配合和服务。

二、与监理的关系协调配合措施

（一）与监理关系

施工承包方与监理单位是被监理与监理的关系。施工承包方应遵守管理规定，自觉服从监理单位的全过程监理。

（二）与监理协调配合措施

1. 与监理配合的"三让"原则

（1）承包方与监理方案不一致，但效果相同时，总承包意见让位于监理。

（2）承包方与监理要求不一致，但监理要求有利使用功能时，总承包意见让位于监理。

（3）承包与监理要求不一致，但监理要求高于标准或规范要求时，总承包意见让位于监理。

2. 与监理协调配合措施

（1）认真学习监理规范和监理交底，服从监理单位的监理。

（2）按照与监理配合"三让"原则，正确处理与监理要求或意见不一致时的情况。

（3）及时向监理单位提供监理要求的各种方案、计划、报表等。

（4）建立积极地与监理沟通的渠道，如会议制度、报表制度等，与监理及时交换信息，及时解决存在的问题。

（5）与监理意见不能达成一致时，共同与业主协商，本着对工程有利、对业主有利的原则妥善处理。

三、与设计人的关系协调配合

（一）承包方对设计管理的重要意义

图纸是反映设计师对建筑工程设计理念的重要手段，是工程师的语言。欲达到优质工程的质量目标，承包商必须充分理解、掌握设计意图和设计要求。深化设计管理的重要内容，对实现优质工程的质量目标产生巨大的影响。特别是科学、可行、合理的施工方案，不仅可以保障良好的工程质量和施工进度，还可以降低工程造价。

（二）总承包加强图纸会审、设计交底

1. 图纸设计交底

收到施工图纸后，我们将立即组织有关部门认真学习、研读图纸，了解图纸重点和实施难点，了解设计意图和设计要求，及时提出有关图纸的优化意见，由承包单位汇总后提前转给设计单位。

在业主的组织下，进行图纸会审会议和技术交底会议的组织工作，参加上述设计会议，做好交底记录的确认工作，并将设计单位确认的图纸会审记录及时送报及发放到有关分包商。

2. 图纸的变更、洽商管理

在施工过程中，出现图纸变更、洽商是必然的，如果处理的好，可以进一步改善工程的使用功能，但如果处理不及时，将会给工程施工带来延误，影响工程的正常进行，因此，对图纸的变更洽商要进行认真管理。为此，除组织好图纸会审和技术交底工作外，我们还将采取如下措施：

（1）在施工承包方管理部门设置专门人员负责设计管理，及时组织各专业人员进行图纸审核，力争在施工之前将图纸中存在的问题解决。

（2）及时与业主进行沟通，了解业主在使用功能、美观等方面的需求变化，根据业主需要在该工序施工之前，进行变更。

（3）对需要变更的图纸，我们将提出合理化建议，与业主、监理协商后，责成专职人员绘制方案图，并提交设计人进行审核。

（三）承包方与设计人的配合措施

科学合理的设计与图纸及时连续的供应是工程顺利竣工的前提条件，因此，做好设计配合工作至关重要。

1. 承包商收到图纸后，立即对图纸进行全面的审查，对在学习图纸的过程中出现疑问和合理化建议进行汇总整理，并及时提交给业主及设计人，在业主组织下，参与设计交底与图纸会审。

2. 及时向设计人书面提出施工图设计可能出现的疏忽缺陷，或尺寸差异，或资料不足，并按设计人修正或补充的施工图指导施工。

第十一章 防雷设施设计方案

第一节 棂星门

1. 该建筑物防直击雷设计，按国家标准《建筑物防雷设计规范》GB50057－2010 中的第二类防雷建筑物设计。

2. 沿正脊、垂脊敷设避雷带，避雷带采用 Φ14.2 镀铜圆钢，避雷带采用铜套管连接，避雷带支撑卡的间距不大于 1 米，高度为 15 厘米，在拐角处为 0.5～0.8 米，施工时按照屋顶瓦间距设定。

3. 根据 GB50057－2010 第 4.3.3 规定，引下线间隔不大于 18 米，敷设 2 根引下线，引下线采用 Φ14.2 镀铜圆钢，距地面 1.8 厘米处设断接卡，地面上 1.7 米至地面下 0.3 米一段采用 φ20PVC 管绝缘保护。

4. 在引下线到达地面处、建筑物旁开挖深度不小于 1 米的地沟（应避开地下电缆、供水、供气管道），向外敷设水平接地线。

5. 在距建筑物基础不小于 3 米处打 3 米深的井，在井内放置金属体的电解离子接地极 DK－AG（φ63×1000）作为垂直接地主材，并与水平接地线采用放热熔焊接，热熔焊接处采取防腐措施。

6. 每根引下线冲击接地电阻值不大于 10Ω。

7. 工程材料表如下：

设备名称	型号	单位	数量
避雷带	Φ14.2 镀铜圆钢	米	50
固定支架	避雷带支撑卡	个	50
引下线	Φ14.2 镀铜圆钢	米	30
垂直接地体	DK－AG 电解离子接地极	套	2
绝缘保护	φ20PVC 管	米	4

第二节 大成门

1. 该建筑物防直击雷设计，按国家标准《建筑物防雷设计规范》GB50057－2010 中的第二类防雷建筑物设计。

2. 沿正脊、垂脊敷设避雷带，避雷带采用 Φ14.2 镀铜圆钢，避雷带采用铜套管连接，避雷带支撑卡的间距不大于 10 米，高度为 15 厘米，在拐角处为 0.5～0.8 米，施工时按照屋顶瓦间距设定。

3. 根据 GB50057-2010 第 4.3.3 规定，引下线间隔不大于 18 米，敷设 4 根引下线，引下线采用 Φ14.2 镀铜圆钢，距地面 1.8 厘米处设断接卡，地面上 1.7 米至地面下 0.3 米一段采用 φ20PVC 管绝缘保护。

4. 在引下线到达地面处、建筑物旁开挖深度不小于 1 米的地沟（应避开地下电缆、供水、供气管道），向外敷设水平接地线。

5. 在距建筑物基础不小于 3 米处打 3 米深的井，在井内放置金属体的电解离子接地极 DK-AG（φ63×1000）作为垂直接地主材，并与水平接地线采用放热熔焊接，热熔焊接处采取防腐措施。

6. 每根引下线冲击接地电阻值不大于 10Ω。

7. 为了防止雷电流引起电源线路火灾，在本部大楼总配电房输入回路配电柜处安装一台 DK-380AC50G 型电源电涌保护器，作为电源线路上的第一级防护（作为设备防护的第二级电涌保护器，用户可根据设备使用情况另行设计，不在本设计范围内）。

8. 工程材料表如下：

设备名称	型号	单位	数量
避雷带	Φ14.2 镀铜圆钢	米	150
固定支架	避雷带支撑卡	个	150
引下线	Φ14.2 镀铜圆钢	米	80
垂直接地体	DK-AG 电解离子接地极	套	4
绝缘保护	φ20PVC 管	米	8
电源电涌保护器	DK-380AC50G 型	台	1

第三节　礼门、义路

1. 该建筑物防直击雷设计，按国家标准《建筑物防雷设计规范》GB50057-2010 中的第二类防雷建筑物设计。

2. 沿正脊、垂脊敷设避雷带，避雷带采用 Φ14.2 镀铜圆钢，避雷带采用铜套管连接，避雷带支撑卡的间距不大于 1 米，高度为 15 厘米，在拐角处为 0.5～0.8 米，施工时按照屋顶瓦间距设定。

3. 根据 GB50057-2010 第 4.3.3 规定，引下线间隔不大于 18 米，敷设 4 根引下线，引下线采用 Φ14.2 镀铜圆钢，距地面 1.8 厘米处设断接卡，地面上 1.7 米至地面下 0.3 米一段采用 φ20PVC 管绝缘保护。

4. 在引下线到达地面处、建筑物旁开挖深度不小于 1 米的地沟（应避开地下电缆、供水、供气管道），向外敷设水平接地线。

5. 在距建筑物基础不小于 3 米处打 3 米深的井，在井内放置金属体的电解离子接地极 DK - AG（φ63×1000）作为垂直接地主材，并与水平接地线采用放热熔焊接，热熔焊接处采取防腐措施。

6. 每根引下线冲击接地电阻值不大于 10Ω。

7. 工程材料表如下：

设备名称	型号	单位	数量
避雷带	Φ14.2 镀铜圆钢	米	100
固定支架	避雷带支撑卡	个	100
引下线	Φ14.2 镀铜圆钢	米	80
垂直接地体	DK - AG 电解离子接地极	套	4
绝缘保护	φ20PVC 管	米	8

第四节　东配殿（祭器库、宰牲亭、东官厅），西配殿（乐器库、神厨、西官厅）

1. 该建筑物防直击雷设计，按国家标准《建筑物防雷设计规范》GB50057 - 2010 中的第二类防雷建筑物设计。

2. 沿正脊、垂脊敷设避雷带，避雷带采用 Φ14.2 镀铜圆钢，避雷带采用铜套管连接，避雷带支撑卡的间距不大于 1 米，高度为 15 厘米，在拐角处为 0.5 ~ 0.8 米，施工时按照屋顶瓦间距设定。

3. 根据 GB50057 - 2010 第 4.3.3 规定，引下线间隔不大于 18 米，敷设 5 根引下线，引下线采用 Φ14.2 镀铜圆钢，距地面 1.8 厘米处设断接卡，地面上 1.7 米至地面下 0.3 米一段采用 φ20PVC 管绝缘保护。

4. 在引下线到达地面处、建筑物旁开挖深度不小于 1 米的地沟（应避开地下电缆、供水、供气管道），向外敷设水平接地线。

5. 在距建筑物基础不小于 3 米处打 3 米深的井，在井内放置金属体的电解离子接地极 DK - AG（φ63×1000）作为垂直接地主材，并与水平接地线采用放热熔焊接，热熔焊接处采取防腐措施。

6. 每根引下线冲击接地电阻值不大于 10Ω。

7. 为了防止雷电流引起电源线路火灾，在本部大楼总配电房输入回路配电柜处安装一台 DK - 380AC50G 型电源电涌保护器，作为电源线路上的第一级防护（作为设备防护的第二级电涌保护器，用户可根据设备使用情况另行设计，不在本设计范围内）。

8. 工程材料表如下：

设备名称	型号	单位	数量
避雷带	Φ14.2镀铜圆钢	米	150
固定支架	避雷带支撑卡	个	150
引下线	Φ14.2镀铜圆钢	米	100
垂直接地体	DK-AG电解离子接地极	套	5
绝缘保护	φ20PVC管	米	10
电源电涌保护器	DK-380AC50G型	台	1

第五节　名宦祠、乡贤祠

1. 该建筑物防直击雷设计，按国家标准《建筑物防雷设计规范》GB50057-2010中的第二类防雷建筑物设计。

2. 沿正脊、垂脊敷设避雷带，避雷带采用Φ14.2镀铜圆钢，避雷带采用铜套管连接，避雷带支撑卡的间距不大于1米，高度为15厘米，在拐角处为0.5~0.8米，施工时按照屋顶瓦间距设定。

3. 根据GB50057-2010第4.3.3规定，引下线间隔不大于18米，敷设4根引下线，引下线采用Φ14.2镀铜圆钢，距地面1.8厘米处设断接卡，地面上1.7米至地面下0.3米一段采用φ20PVC管绝缘保护。

4. 在引下线到达地面处、建筑物旁开挖深度不小于1米的地沟（应避开地下电缆、供水、供气管道），向外敷设水平接地线。

5. 在距建筑物基础不小于3米处打3米深的井，在井内放置金属体的电解离子接地极DK-AG（φ63×1000）作为垂直接地主材，并与水平接地线采用放热熔焊接，热熔焊接处采取防腐措施。

6. 每根引下线冲击接地电阻值不大于10Ω。

7. 为了防止雷电流引起电源线路火灾，在本部大楼总配电房输入回路配电柜处安装一台DK-380AC50G型电源电涌保护器，作为电源线路上的第一级防护（作为设备防护的第二级电涌保护器，用户可根据设备使用情况另行设计，不在本设计范围内）。

8. 工程材料表如下：

设备名称	型号	单位	数量
避雷带	Φ14.2镀铜圆钢	米	150
固定支架	避雷带支撑卡	个	150
引下线	Φ14.2镀铜圆钢	米	80
垂直接地体	DK-AG电解离子接地极	套	4
绝缘保护	φ20PVC管	米	8
电源电涌保护器	DK-380AC50G型	台	1

第六节　大成殿、东庑、西庑

1. 该建筑物防直击雷设计，按国家标准《建筑物防雷设计规范》GB50057－2010 中的第二类防雷建筑物设计。

2. 沿正脊、垂脊敷设避雷带，避雷带采用 Φ14.2 镀铜圆钢，避雷带采用铜套管连接，避雷带支撑卡的间距不大于 1 米，高度为 15 厘米，在拐角处为 0.5～0.8 米，施工时按照屋顶瓦间距设定。

3. 根据 GB50057－2010 第 4.3.3 规定，引下线间隔不大于 18 米，敷设 5 根引下线，引下线采用 Φ14.2 镀铜圆钢，距地面 1.8 厘米处设断接卡，地面上 1.7 米至地面下 0.3 米一段采用 φ20PVC 管绝缘保护。

4. 在引下线到达地面处、建筑物旁开挖深度不小于 1 米的地沟（应避开地下电缆、供水、供气管道），向外敷设水平接地线。

5. 在距建筑物基础不小于 3 米处打 3 米深的井，在井内放置金属体的电解离子接地极 DK－AG（φ63×1000）作为垂直接地主材，并与水平接地线采用放热熔焊接，热熔焊接处采取防腐措施。

6. 每根引下线冲击接地电阻值不大于 10Ω。

7. 为了防止雷电流引起电源线路火灾，在本部大楼总配电房输入回路配电柜处安装一台 DK－380AC50G 型电源电涌保护器，作为电源线路上的第一级防护（作为设备防护的第二级电涌保护器，用户可根据设备使用情况另行设计，不在本设计范围内）。

8. 工程材料表如下：

设备名称	型号	单位	数量
避雷带	Φ14.2 镀铜圆钢	米	150
固定支架	避雷带支撑卡	个	150
引下线	Φ14.2 镀铜圆钢	米	100
垂直接地体	DK－AG 电解离子接地极	套	5
绝缘保护	φ20PVC 管	米	10
电源电涌保护器	DK－380AC50G 型	台	1

第七节　崇圣祠

1. 该建筑物防直击雷设计，按国家标准《建筑物防雷设计规范》GB50057－2010 中的第二类防雷建筑物设计。

2. 沿正脊、垂脊敷设避雷带，避雷带采用 Φ14.2 镀铜圆钢，避雷带采用铜套管连接，避雷带支撑卡的间距不大于 1 米，高度为 15 厘米，在拐角处为 0.5 ~ 0.8 米，施工时按照屋顶瓦间距设定。

3. 根据 GB50057 - 2010 第 4.3.3 规定，引下线间隔不大于 18 米，敷设 4 根引下线，引下线采用 Φ14.2 镀铜圆钢，距地面 1.8 厘米处设断接卡，地面上 1.7 米至地面下 0.3 米一段采用 φ20PVC 管绝缘保护。

4. 在引下线到达地面处、建筑物旁开挖深度不小于 1 米的地沟（应避开地下电缆、供水、供气管道），向外敷设水平接地线。

5. 在距建筑物基础不小于 3 米处打 3 米深的井，在井内放置金属体的电解离子接地极 DK - AG（φ63×1000）作为垂直接地主材，并与水平接地线采用放热熔焊接，热熔焊接处采取防腐措施。

6. 每根引下线冲击接地电阻值不大于 10Ω。

7. 为了防止雷电流引起电源线路火灾，在本部大楼总配电房输入回路配电柜处安装一台 DK - 380AC50G 型电源电涌保护器，作为电源线路上的第一级防护（作为设备防护的第二级电涌保护器，用户可根据设备使用情况另行设计，不在本设计范围内）。

8. 工程材料表如下：

设备名称	型号	单位	数量
避雷带	Φ14.2 镀铜圆钢	米	150
固定支架	避雷带支撑卡	个	150
引下线	Φ14.2 镀铜圆钢	米	80
垂直接地体	DK - AG 电解离子接地极	套	4
绝缘保护	φ20PVC 管	米	8
电源电涌保护器	DK - 380AC50G 型	台	1

第八节　东耳房、西耳房

1. 该建筑物防直击雷设计，按国家标准《建筑物防雷设计规范》GB50057 - 2010 中的第二类防雷建筑物设计。

2. 沿正脊、垂脊敷设避雷带，避雷带采用 Φ14.2 镀铜圆钢，避雷带采用铜套管连接，避雷带支撑卡的间距不大于 1 米，高度为 15 厘米，在拐角处为 0.5 ~ 0.8 米，施工时按照屋顶瓦间距设定。

3. 根据 GB50057 - 2010 第 4.3.3 规定，引下线间隔不大于 18 米，敷设 2 根引下线，引下线采用 Φ14.2 镀铜圆钢，距地面 1.8 厘米处设断接卡，地面上 1.7 米至地面下 0.3 米一段采用 φ20PVC 管绝缘保护。

4. 在引下线到达地面处、建筑物旁开挖深度不小于 1 米的地沟（应避开地下电缆、供水、供气管道），向外敷设水平接地线。

5. 在距建筑物基础不小于 3 米处打 3 米深的井，在井内放置金属体的电解离子接地极 DK - AG

（φ63×1000）作为垂直接地主材，并与水平接地线采用放热熔焊接，热熔焊接处采取防腐措施。

6. 每根引下线冲击接地电阻值不大于 10Ω。

7. 为了防止雷电流引起电源线路火灾，在本部大楼总配电房输入回路配电柜处安装一台 DK－380AC50G 型电源电涌保护器，作为电源线路上的第一级防护（作为设备防护的第二级电涌保护器，用户可根据设备使用情况另行设计，不在本设计范围内）。

8. 工程材料表如下：

设备名称	型号	单位	数量
避雷带	Φ14.2 镀铜圆钢	米	100
固定支架	避雷带支撑卡	个	100
引下线	Φ14.2 镀铜圆钢	米	40
垂直接地体	DK－AG 电解离子接地极	套	2
绝缘保护	φ20PVC 管	米	4
电源电涌保护器	DK－380AC50G 型	台	1

第九节　1 号楼、2 号楼、3 号楼、4 号楼

1. 该建筑物防直击雷设计，按国家标准《建筑物防雷设计规范》GB50057－2010 中的第二类防雷建筑物设计。

2. 沿正脊、垂脊敷设避雷带，避雷带采用 Φ14.2 镀铜圆钢，避雷带采用铜套管连接，避雷带支撑卡的间距不大于 1 米，高度为 15 厘米，在拐角处为 0.5～0.8 米，施工时按照屋顶瓦间距设定。

3. 根据 GB50057－2010 第 4.3.3 规定，引下线间隔不大于 18 米，敷设 5 根引下线，引下线采用 Φ14.2 镀铜圆钢，距地面 1.8 厘米处设断接卡，地面上 1.7 米至地面下 0.3 米一段采用 φ20PVC 管绝缘保护。

4. 在引下线到达地面处、建筑物旁开挖深度不小于 1 米的地沟（应避开地下电缆、供水、供气管道），向外敷设水平接地线；

5. 在距建筑物基础不小于 3 米处打 3 米深的井，在井内放置金属体的电解离子接地极 DK－AG（φ63×1000）作为垂直接地主材，并与水平接地线采用放热熔焊接，热熔焊接处采取防腐措施。

6. 每根引下线冲击接地电阻值不大于 10Ω。

7. 为了防止雷电流引起电源线路火灾，在本部大楼总配电房输入回路配电柜处安装一台 DK－380AC50G 型电源电涌保护器，作为电源线路上的第一级防护（作为设备防护的第二级电涌保护器，用户可根据设备使用情况另行设计，不在本设计范围内）。

8. 工程材料表如下:

设备名称	型号	单位	数量
避雷带	Φ14.2 镀铜圆钢	米	150
固定支架	避雷带支撑卡	个	150
引下线	Φ14.2 镀铜圆钢	米	100
垂直接地体	DK－AG 电解离子接地极	套	5
绝缘保护	φ20PVC 管	米	10
电源电涌保护器	DK－380AC50G	台	1

第十节　古树

1. 拟为选定的 15 颗未加装避雷措施的古树,加装预防电避雷针保护,在古树顶端设置避雷针,避雷针的高度要依据古树树冠的面积而定,避雷针选用 DK－BX10 型提前预放电避雷针,其保护范围要完全覆盖所保护古树的树冠。

2. 沿主干设置引下线,根据树干大小每隔 5 米设置环形可伸缩抱箍及支撑架,内置橡胶垫,引下线采用 Φ14.2 镀铜圆钢,距地面 1.8 厘米处设断接卡,地面上 1.7 米至地面下 0.3 米一段采用 φ20PVC 管绝缘保护。

3. 在引下线到达地面处、建筑物旁开挖深度不小于 1 米的地沟(应避开地下电缆、供水、供气管道),向外敷设水平接地线。

4. 在距建筑物基础不小于 3 米处打 3 米深的井,在井内放置金属体的电解离子接地极 DK－AG(φ63×1000)作为垂直接地主材。并与水平接地线采用放热熔焊接,熔接处采取防腐措施。

5. 每根引下线冲击接地电阻值不大于 10Ω。

6. 工程材料表如下:

设备名称	型号	单位	数量
提前预放电避雷针	DK－BX10 型	套	15
固定支架	避雷带支撑卡	个	500
引下线	Φ14.2 镀铜圆钢	米	500
垂直接地体	DK－AG 电解离子接地极	套	15
绝缘保护	φ20PVC 管	米	30

第十二章 施工变更洽商

第一节 东、西庑屋顶修缮过程

1. 变更名称：屋面木基层。

2. 变更时间：2007 年 5 月 31 日。

3. 检查情况：根据设计图纸及修缮方案于 2007 年 5 月 4 日，建设单位、设计单位、监理单位、施工单位再次对东、西庑屋面木基层损坏情况进行鉴定。

4. 鉴定结果：因屋面望板糟朽严重，扶脊木、仔角梁、椽飞不同程度糟朽、断裂已严重影响结构安全，根据实际情况进行更换。

5. 变更内容：屋面全部拆除，更换望板、椽子、飞椽、翼角翘飞。具体填配数量如下：

飞椽添配：201 根（1600 毫米×100 毫米×100 毫米）。

大连檐添配：79.45 米（130 毫米×110 毫米）。

瓦口添配：119 米。

望板添配：538.6 平方米。

闸挡板添配：146 个。

隔椽板添配：76 个。

梅花钉添配：6 组。

大木构件：由花博缝剔补糟朽部位，其他部位整修加固。

仔角梁 4 根添配，整修、加固（4500 毫米×220 毫米×170 毫米）。

第二节 大成殿修缮工程

1. 变更名称：屋面工程。

2. 变更时间：2008 年 4 月 30 日。

3. 检查情况：根据设计图纸及修缮方案于 2007 年 5 月 4 日，建设单位、设计单位、监理单位、施工单位再次对大成殿琉璃屋面损坏程度进行鉴定。

4. 鉴定结果：大成殿为庑殿黄色琉璃瓦屋面，因年久失修漏雨严重，瓦面已全部脱节松散，瓦件严重掉釉，开裂，残缺不全。

5. 变更内容：屋面全部拆除，按古建传统做法恢复；脊件在保证强度的前提下进行粘接，损坏严重的按原样更换；底瓦，筒瓦脱釉30%，严禁使用，按原样更换。具体添配数量如下：

底瓦：上层檐添配8510块，下层檐添配5500块。

筒瓦：上层檐添配4400块，下层檐添配2170块。

勾头：上层檐添配256块，下层檐添配102块。

滴水：上层檐添配216块，下层檐添配120块。

撺头：上层添配2个。

淌头：上层檐添配2个。

兽角：上下层檐添配12对。

仙人头：添配5个。

正当沟：添配26个。

斜当沟：添配104个。

岔兽：添配1个。

钉帽：添配320个。

第三节　大成殿室内修缮工程

1. 变更名称：室内修缮工程。

2. 变更时间：2008年9月12日。

3. 检查情况：根据设计图纸及修缮方案于2008年8月8日，建设单位、设计单位、监理单位、施工单位对大成殿室内彩绘及油饰部位的实际情况进行鉴定。

4. 鉴定结果：天花部分垂落，起臌，部分支条燕尾脱落，大木彩绘部位积尘严重，油饰部位局部开裂，漆皮褪色严重，根据实际情况进行修缮。

5. 变更内容：

（1）室内天花443.88平方米，檐廊天花81平方米，天花回帖30%，面积为157.64平方米，重做支条燕尾20%，面积为104.976平方米。

（2）室内彩绘面积3152.24平方米，檐廊彩绘面积202.63平方米，按传统工艺除尘。

（3）上架走马板172.516平方米，下架后檐金柱220.704平方米，中柱415.84平方米，后檐墙檐柱25.63平方米，前檐金柱78.65平方米，室内门窗踏板178.025平方米，找补三道灰地仗30%，面积327.41平方米，重新油饰（三道二朱油）。

（4）孔子像两侧迎风板32平方米，像座上门窗隔扇22平方米，局部找补三道灰地仗30%。

（5）门窗隔扇重做铜面页，描饰进口金箔漆三道27平方米。

第四节　崇圣祠修缮工程

1. 变更名称：屋面工程。

2. 变更时间：2008 年 9 月 10 日。

3. 检查情况：根据设计图纸及修缮方案于 2008 年 8 月 6 日，建设单位、设计单位、监理单位、施工单位对崇圣祠琉璃瓦屋面损坏情况进行鉴定。

4. 鉴定结果：崇圣祠为歇山黄色琉璃瓦屋面，因年久失修漏雨严重，瓦面全部脱节松散，瓦件严重脱釉、开裂、残缺不齐。

5. 变更内容：屋面全部拆除，按古建传统做法恢复；脊件在保证强度的前提下进行粘接，损坏严重的按原样更换；底瓦，筒瓦脱釉30%，严禁使用，按原样更换。具体添配数量如下：

底瓦添配：8792 块。

筒瓦添配：2320 块。

勾头添配：932 块。

滴水添配：290 块。

第十三章　监理计划与总结报告

第一节　监理计划

本计划是吉林省工程建设监理有限责任公司为本工程施工阶段对监理任务的高标准且顺利完成所制定的监理方案文件。主要是说明公司对本项目监理思路、监理方法、监理组织、监理措施，实现建设单位投资目标和建设意图。公司通过对项目的"三控制，二管理，一协调"，使投资、工期和质量在这个既统一又相互矛盾的目标系统中，达到最优化的目标值。

一、项目概况

1. 项目名称：哈尔滨文庙修缮工程（共三期）
2. 建设地点：哈尔滨市南岗区文庙街
3. 建设单位：黑龙江省民族博物馆
4. 设计单位：中国文物研究所
5. 施工单位：北京房修二古建筑工程有限公司
6. 建筑面积：5674 平方米
7. 施工日期：2007 年 4 月～2009 年 7 月

二、监理工作范围与内容

（一）监理工作范围

自监理合同签订之日起至工程竣工验收止（包括保修期）的土建、安装、装饰、工程的施工质量、进度、投资监理。

（二）监理工作内容

1. 施工阶段的工作内容

（1）审查施工单位各项施工准备工作。

（2）督促施工单位施工管理制度和质量体系建立、健全与实施。

（3）审查施工单位提交的施工组织设计、施工技术方案和施工进度计划，并督促其实施。

（4）协助组织设计交底及图纸会审，审查设计变更。

（5）审查施工单位提出的分包项目及分包单位资质。

（6）复核已完工程量，签署工程付款凭证。

（7）审查工程使用的原材料、半成品、成品和设备的质量。

（8）督促施工单位严格按规范、规程、标准和设计要求施工，控制工程质量。

（9）抽查工程施工质量，对隐蔽工程进行复验签证，参与工程质量事故的分析与处理。

（10）分阶段进行进度控制，及时提出调整意见。

（11）协助处理合同纠纷和索赔事宜，协助建设单位和施工单位的争议。

（12）督促检查安全生产、文明施工。

（13）督促施工单位整理合同文件及施工技术档案资料。

（14）组织施工单位对工程阶段验收及竣工初验，并对工程施工质量提出评估意见。

2. 动用前准备和保修阶段

（1）协助组织好参与检查动用前的各项准备工作。

（2）保修期间如发现有工程问题，应协助检查工程状况，检定工程质量问题责任，督促保修。

三、监理工作目标

1. 工期：实现工程按期竣工的目标。

2. 质量等级：优良；主要分布质量等级：优良。

四、监理方法

（一）严格控制

1. 严格控制工程造价，认真审核工程预决算和签署工程月度付款凭证。

2. 严格控制工程质量，对施工组织设计或施工方案、施工管理制度、质量保证体系、测试单位与分包单位的资质、工程上使用的材料、半成品、成品和设备的质量以及工程复核验收签证等须严格把关。

3. 严格控制进度计划的贯彻执行，当工程施工实际进度与计划进度不符时，总监理工程师应该及时提出要求调整计划及采取相应措施的意见，力争项目进度目标的实现。

（二）积极参与

1. 认真学习有关文件，积极配合设计单位解决工程中出现的问题和疑点，协调设计单位和施工单位之间出现的矛盾。

2. 在施工组织设计或施工方案审查时，从实际出发，积极提出改进意见，使之更为完善。

3. 经常对计划完成情况作客观分析，找出主要原因，突出对策和建议，使总进度计划如期完成或提前完成。

（三）热情服务

1. 监理人员坚守现场，积极配合施工需要。

2. 遇到问题尽可能及时解决于现场，不拖拉、不推诿。

3. 对施工上的一些复杂难题，尽可能的给予帮助。

4. 及时向有关单位提供工程信息，做好协调工作。

五、监理工作权限

1. 施工组织设计必须经项目总监工程师审核认可后才能开工。

2. 工程上使用的原材料、半成品、成品和设备的质量经专业监理工程师认可后方准使用。

3. 凡隐蔽工程必须经专业监理工程师复核签证认可后，才能进行下一道工序施工。

4. 已完工程形象进度和施工质量，必须经总监理工程师签证认可后，建设单位才予以支付工程款。

5. 当施工单位不按图纸或不遵守施工操作规范、验收规范规定进行施工时，监理工程师可签发监理通知单，书面通知整改。当严重危及安全和质量时总监理工程师有权签发停工通知单，施工单位接到停工通知后，必须立即停止施工。

六、与各方之间的业务关系

（一）与建设单位的关系

1. 建设单位与监理单位之间是委托与被委托的关系。建设单位应在施工承包合同中明确授予监理单位责权范围。监理单位依据监理合同中建设单位授予的权力行使职责，公正独立的开展监理工作。

2. 建设单位应向监理单位提供监理人员现场办公用房及通讯设施等，生活上提供方便。在监理实施过程中，总监理工程师应定期向建设单位报告工程进展情况及施工单位履约的情况，重大问题应用专题报告的形式报告建设单位。未经建设单位授权，总监理工程师无权自主变更工程承包合同。由于不可预见和不可抗拒的因素，总监理工程师认为需要变更承包合同时，要及时向建设单位提出建议，协助建设单位与施工单位协商变更工程承包合同内容。

3. 建设单位人员如发现施工中存在问题时，应向监理组提出，由监理组组织人员共同研究解决。

（二）与施工单位的关系

1. 监理单位与施工单位是监理与被监理的关系。施工单位在施工时必须接受监理单位的监督检查，并为监理单位开展工作提供方便，包括提供监理工作所需的原始记录等技术经济资料。监理单位要为施工创造条件，按时按计划做好监理工作。

2. 监理单位与分包单位无直接关系。分包单位在施工方案、技术复核、隐蔽工程验收等技术上的签证认可事项，应通过承包单位向监理单位办理签证。

（三）与设计单位的关系

监理单位与设计单位无监理关系，监理人员在工程监理过程中应贯彻设计意图，按设计要求进行监理工作。对于设计图纸中所发现的疑点或建议，可向设计单位提出，设计单位作出是否修改意见，监理组无权自主变更设计。设计人员如发现施工单位在施工过程中不符合设计、施工规范的行为，应及时向监理组提出，并由监理组织有关人员共同研究解决。

七、监理工作流程

为了使建设监理工作标准化和程序化，理顺建设单位、监理单位与设计单位、施工单位之间的业务关系，现将主要监理工作流程列图如下：

（一）材质核定流程

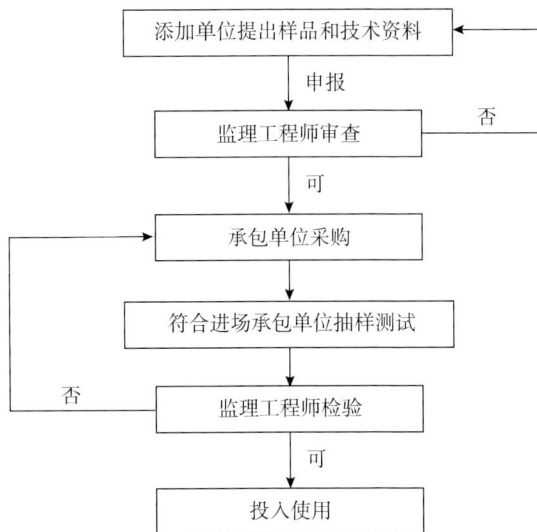

（二）技术联系工作流程

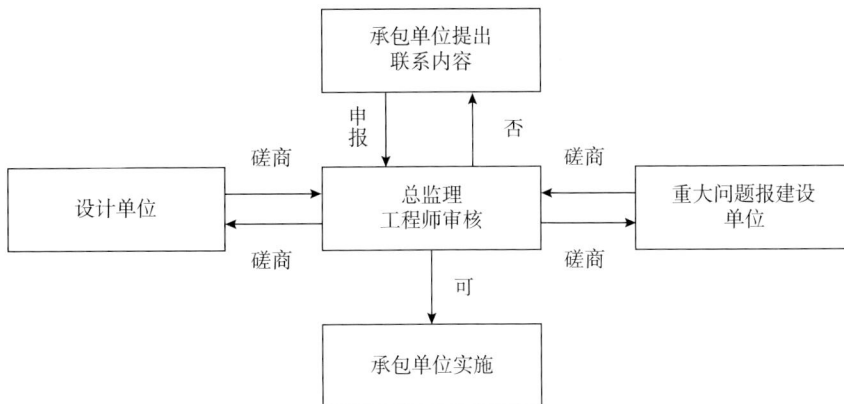

（三）隐蔽工程验收流程

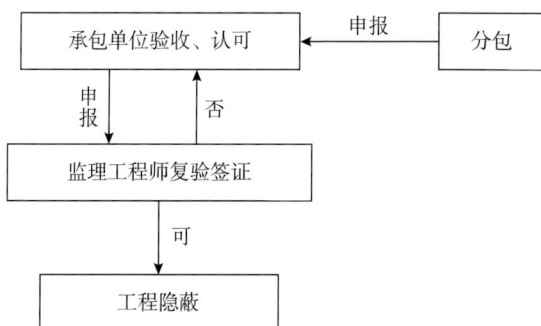

```
                    ┌──────────────┐   申报   ┌────────┐
                    │ 承包单位验收、认可 │ ◄─────── │  分包  │
                    └──────────────┘          └────────┘
                      │      ▲
                    申报    否
                      ▼      │
                    ┌──────────────┐
                    │ 监理工程师复验签证 │
                    └──────────────┘
                      │
                      可
                      ▼
                    ┌──────────────┐
                    │   工程隐蔽    │
                    └──────────────┘
```

（四）工程付款流程

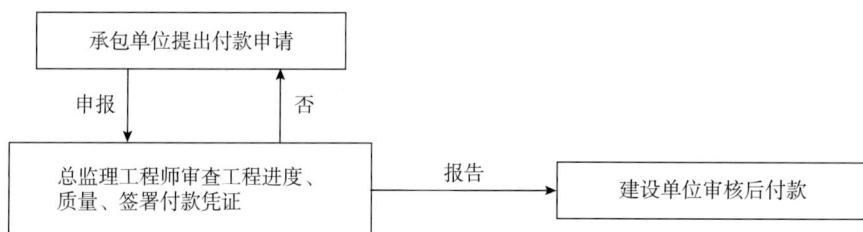

```
              ┌──────────────────┐
              │ 承包单位提出付款申请 │
              └──────────────────┘
                │          ▲
              申报         否
                ▼          │
      ┌──────────────────────┐  报告  ┌──────────────┐
      │ 总监理工程师审查工程进度、  │ ─────► │ 建设单位审核后付款 │
      │ 质量、签署付款凭证        │        └──────────────┘
      └──────────────────────┘
```

（五）施工阶段质量控制工作流程

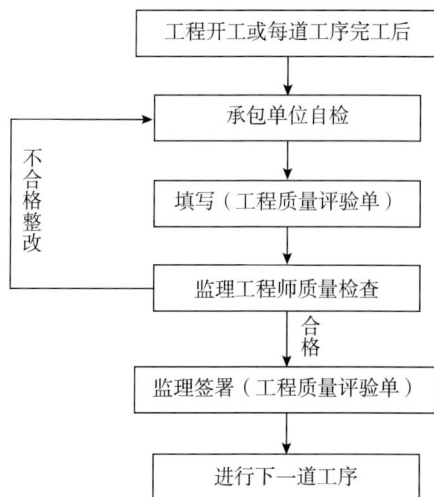

```
              ┌──────────────────┐
              │ 工程开工或每道工序完工后 │
              └──────────────────┘
                        │
                        ▼
        ┌─────► ┌──────────────┐
        │       │  承包单位自检  │
        │       └──────────────┘
        │               │
       不               ▼
       合       ┌──────────────────┐
       格       │ 填写（工程质量评验单）│
       整       └──────────────────┘
       改               │
        │               ▼
        │       ┌──────────────────┐
        └─────── │ 监理工程师质量检查 │
                └──────────────────┘
                        │
                        合格
                        ▼
                ┌──────────────────┐
                │ 监理签署（工程质量评验单）│
                └──────────────────┘
                        │
                        ▼
                ┌──────────────┐
                │  进行下一道工序  │
                └──────────────┘
```

第二节　关于哈尔滨文庙屋面修缮监理要点（细则）

　　由于哈尔滨文庙建筑的独特性和唯一性，决定了其不可再生的历史地位和文化内涵。因此，对文庙的修缮必须保证其原有结构的完整，建筑风格的统一，建筑尺寸的准确，色彩的原始格调。使文庙旧貌换新颜，达到保护古建筑，传承民族文化的目的。

为实现上述目标，监理工作要求：

一、一般要求

1. 施工单位严格执行监理工作程序，认真履行工序自检，复检，报申制度。

2. 施工中建立健全安全体系和行之有效的安全制度、安全措施，文明施工的方案及措施，否则，不得进入施工。稍有安全隐患，必须立即停工整改，消除隐患后再行施工。

3. 工程施工必须严格执行 CJJ39 - 91 行业标准，即《古建筑修建工程质量检验评定标准》，确保工程质量。

4. 所需建筑材料材质，规格尺寸、样式、色泽接近或好于原始材料。

5. 建筑材料进场前，必须提供材料出厂合格证和二次试、化验报告。经监理人员确认合格后方可进场使用（其中木材须提供含水率及材质检测报告）。

6. 确保合同工期。

7. 本工程为修建工程，不可预见的施工内容必然存在，遇有施工情况变更时，施工单位须及时报告监理人员，经监理人员现场复核签证。过时补报，监理人员一律不予受理。

8. 拆除前对原建筑进行整体及局部拍照，施工中关键部位也要进行拍照。保留足够的影像资料。

9. 拆除弃用的建筑材料，要妥善安置，不得损坏。

二、质量要求

屋面工程包括屋面木基层以上的垫层、瓦面及屋脊。

琉璃屋面工程（包括削割瓦即琉璃坯不施釉的屋面）。

1. 检查数量：按屋面面积每 100 平方米检查一处，但不少于两处。

2. 检查方法：肉眼检查建筑实体，检查建筑材料出厂合格证或试验报告。

（一）要求保证项目

1. 屋面严禁出现漏水现象。

2. 瓦的规格、品种、质量等必须符合设计要求。

3. 屋面不得有破碎瓦，底瓦不得有裂缝隐残；底瓦的搭接密度必须符合设计要求或古建常规做法；瓦垄必须笼罩。

4. 泥背、灰背、焦渣背等苫背垫层的材料品种、质量、配比及分层做法必须符合设计要求或古建常规做法，苫背垫层必须坚实，不得有明显开裂。

5. 木瓦灰泥或砂浆的品种、质量、配比等必须符合设计要求或古建常规做法。

6. 脊的位置、造型、尺寸及分层做法必须符合设计要求或古建常规做法，瓦垄必须伸进屋脊内。

7. 屋脊之间或屋脊与山花板，围脊板等交接部位必须严实，严禁出现裂缝，存水现象。

8. 特别强调：原建筑屋面拆除过程中，要求施工单位在拆除的每道工序必须认真进行原建筑状态、结构尺寸的测量，以此作为维修施工时的施工依据。

（二）要求基本保证项目

1. 瓦垄：分中号垄正确，瓦垄基本直顺，屋面曲线适宜。

2. 钉瓦口：安装牢固、接缝平整、无缝隙、退雀台（连檐上退进的部分）适宜、均匀。

3. 瓦底瓦平摆正，不偏歪，底瓦间缝隙不宜过大；檐头底瓦无坡度过缓现象；瓦灰泥饱满严密。

4. 捉节夹垄：瓦翅子应背严实，捉节饱满，夹垄坚实，下脚干净，无孔洞、裂缝、翘边、起泡等现象。

5. 屋面外观：瓦面和屋脊洁净美观，釉面擦净擦亮。

6. 屋脊：屋脊牢固平整，整体连接好，填馅饱满，苫小背密实，吻兽、小跑及其他附件安装的位置正确，摆放正稳。

允许误差项目及误差值

序号	项目		允许偏差	检验方法
1	泥背每层厚 50mm		±10	与设计要求或本表各项规定值对照，用尺量检查，抽查三点，取平均值
2	灰背每层厚 30mm		+5~10	
3	焦渣背厚		+10~20	
4	底瓦泥厚 40mm		±10	
5	睁眼高度（筒瓦翘至底瓦的高度）	5 样以上高	+10~5	
		6~7 样高	+10~5	
		8~9 样高	+10~5	
6	当沟灰缝	8mm	+7~4	
7	瓦垄直顺度		8	拉2m线，用尺量
8	走水当均匀度	4 样以上	16	用尺量相邻三垄瓦及每垄上下部
		5~6 样	12	
		7~9 样	10	
9	瓦面平整度		25	用2m靠尺横搭于瓦面，尺量盖瓦跳垄程度，檐头、中腰、上腰各抽查一点
10	正脊、围脊、博脊平直度	3m 以内	15	
11	垂脊、岔脊、角脊直顺度（庑殿带旁囊的垂脊不检查）	3m 以外	20	3m 以内拉通线，3m 以外拉 5m 线，用尺量
		2m 以内	10	
		2m 以外	15	
12	滴水瓦出檐直顺度		10	拉3m线，用尺量

（三）另有要求的屋面检查项目

1. 筒瓦屋面

（1）底瓦伸进筒瓦的部分，每侧不小于筒瓦的1/3。

（2）裹垄灰及夹垄灰不得出现爆灰、断节、空臌、明显裂缝等现象。

（3）裹垄灰与基层粘接牢固，无起泡、翘边、裂缝、露麻。坚实光亮，下脚平顺垂直、干净、无孔洞、野灰、外形美观。

（4）屋面整洁，浆色均匀。檐头及眉子，当沟刷烟子浆宽度均匀。

（5）堵抹"燕窝"（软瓦口）要严实、平整、洁净。

（6）屋脊砌筑牢固平稳坚实、整体性好、胎子砖灰浆饱满。

2. 合瓦屋面

底盖瓦均应放平摆正，无偏歪，底瓦间缝隙不应过大，檐头底瓦无坡度过缓现象，勾抹瓦脸严实，瓦灰泥泡满严实。

3. 干槎瓦屋面

（1）编搭正确，搭肩均匀一致，不挤，比架，瓦垄不偏斜、弯曲，缝隙均匀严密。

（2）檐头瓦无坡度过缓或尿檐现象。

（3）檐头"捏嘴"应坚实光亮，不裂不翘，下脚干净，浆色均匀，美观。

4. 青灰背屋面

（1）不得使用朽污变质的麻刀，屋面苫背不得使用灰膏，必须使用泼浆灰。

（2）灰背与墙体、砖檐、屋面等交接部位，应避免做成逆槎，灰背粘接必须牢固，不得翘边、开裂、挡水，灰背屋面的瓦檐不得出现尿檐现象。

（3）灰背表面平顺，无坑洼不平，泛水适宜，排水通畅，沟嘴子附近排水迅速，灰背屋面的瓦檐出檐平顺。

5. 屋面木基层修缮

（1）屋面木基层修缮应在拟定维修的古建筑物的法式的前提下，确定修缮的方案。

（2）各类木构件及斗栱修缮换件所用的木材的材质，要符合CJJ39－91标准的规定。对更换的原构件应持慎重态度，凡能修补加固的，应最大限度的保留原件。

（3）古建筑修缮应严格遵守"不改变原状"的原则。在配换原件时，必须按原构件法式特征、风格手法，原样进行配换。

（4）屋面木基层修缮要符合修缮设计或遵照原做法。要求：椽头高低，出入平齐，椽头大小均匀一致，翼角无鸡窝囊。望板下口平，接缝严，无疵病。

6. 油漆彩绘地仗工程

（1）地仗工程所用材料的品种、规格和颜色必须符合设计要求和现行材料标准的规定。

（2）地仗材料的配合比、原材料、熬制材料和自制材料的计量、搅拌，必须符合古建筑传统操作规则。

（3）使麻糊布地仗要严格按砍净挠白，剁斧迹，撕缝，下竹钉或楦缝，除锈，汁浆，捉缝灰，通灰（扫荡灰），使麻（粘麻），糊布，压麻灰，压布灰，中灰，细灰，磨细灰和钻生油工序进行。不得漏项。

（4）修补地仗：对修补部位要按挖补砍活，找补操底油，找补捉灰和通灰，找补使麻糊布，找补压麻灰或压布灰，找补中、细灰，磨细灰和钻生油工序进行。不得漏项。

（5）使麻糊布地仗必须保证各遍灰之间及地仗灰与基层灰之间黏结牢固，无脱层，空臌，崩秧，翘皮和裂缝等缺陷。生油必须钻透。

（6）要求大、小面平整光滑，楞角直顺，细灰接槎平整，大小面无砂眼，颜色均匀，表面洁净，清晰美观。

（7）轧线线口基本顺直，宽窄一致，线角通顺，可略有不平，曲线自然流畅，线肚无断裂。

（8）修补地仗要求新旧灰接槎处必须黏结牢固；各遍灰之间及地仗灰与基层灰之间黏结牢固；无脱层，空臌和翘边；表面平整光滑，允许有轻微砂眼。

7. 彩画工程

（1）彩画工程必须按磨生，过水，分中，拍谱子，沥粉，刷色，包胶，晕色，大粉，黑老的施工程序进行。

（2）大木彩画各种图样，选用材料品种，规格，必须符合设计要求。

（3）各种沥粉线条不得出现崩裂，掉条，卷翘现象。

（4）严禁出现色彩翘皮，掉色，漏刷，透底现象。

（5）椽头彩画严禁沥粉线条起翘，爆裂，掉条。

（6）严禁色层起皮，掉粉。

（7）斗栱彩画沥粉严禁出现翘裂，掉条现象。

（8）色彩面层严禁爆裂，翘皮，掉粉。

油漆彩画工程

（一）	使麻、糊布地仗工程
1	各遍灰之间及地仗灰与基层之间必须粘接牢固，无脱层、空臌、崩秧、翘披和裂缝等缺陷。生油必须钻透，不得挂甲
（二）	单披灰地仗工程
1	各遍灰之间及地仗灰与基层之间必须粘接牢固，无脱层、空臌
2	崩秧、翘披和裂缝等缺陷。生油必须钻透。不得挂甲
（三）	使麻、糊布地仗工程
1	表面大小面平整光滑，楞角顺直，细灰接槎平整，大小面无砂眼，颜色均匀，表面洁净，清晰美观
2	扎线线口基本直顺，宽窄一致，线角通顺平整，曲线自然流畅，线肚饱满光滑，无断条，清晰美观
（四）	单披灰地仗工程
1	连檐瓦口要表面平整光滑，水缝直顺，按茬平整，楞角直顺整齐
2	方椽头方正，不得缺楞短角；圆椽头边缘整齐，大小一致成圆形；表面平整光滑，无砂眼和龟裂

续表

3	椽子望板表面光滑，望板错槎借平；椽秧，椽根勾抹密实。整齐，无疙瘩灰，乌龟裂，椽楞直顺
4	斗栱表面平整光滑，棱角直顺整齐，无砂眼和龟裂
5	花活花纹纹理层次清楚秧角整齐，不得窝灰，纹理不乱，表面光滑平整，大边、仔边直顺整齐
6	上下架大木表面平整光滑，楞角直顺整齐，细灰接槎平整，大小面无砂眼，无龟裂，表面洁净
7	二道灰表面要光滑楞角直顺整齐，无较大砂眼和龟裂，操油不得遗漏

裱糊、大漆

1	各种纸面、丝绸面与底子纸之间必须粘接牢固，无脱层、空臌、翘皮、崩秧和油口等缺陷	
2	大漆工程严禁有漏刷、脱皮、空臌、裂缝等缺陷	
3	裱糊纸面、丝绸面色泽一致，正、斜视无瘢痕	
4	横平竖直，图案端正，拼缝图案、花纹吻合 1.5m 正视不显接缝，阴角处搭接，阳角处无接缝，搭接时，搭接宽度不得大于 3mm	
	流坠和皱皮	大面无、小面明显处无
	光亮和光滑	光亮均匀一致、光滑、无挡手感
	颜色和刷纹	颜色一致，无明显刷纹
	划痕和针孔	大面无、小面明显处无
	五金玻璃	洁净

椽头彩画

1	彩画样式、做法及选用材料品种、规格、必须符合设计要求	
2	严禁沥粉线条起翘、爆裂、掉条	
3	严禁色层起皮或掉粉	
	沥粉	线道横平竖直、光滑直顺、饱满。横竖线道搭接合条，平行线道距离宽窄一致，风路均匀
	色彩均匀度	色彩饱满、均匀一致、不透底影、层次清楚
	图案及线条工整规则度	线道横平竖直、空当均匀、粗细一致、退晕规则、拐角方正
	对比一致	各种椽头线道粗细一致，规格统一
	洁净度	洁净、无脏污、修改及裹面现象
	艺术印象	花样合理、构图巧妙灵活、形象生动、色彩鲜艳、慨然均匀、风格一致、无重样

大木彩绘

1	各种彩画图案及选用材料的品种、规格必须符合设计要求
2	各种沥粉线条不得出现崩裂、掉条、卷翘现象
3	严禁色彩出现掉皮、掉色、漏刷、透底现象
4	斗栱彩画所用材料的品种、规格及做法必须符合设计要求
5	斗栱沥粉严禁出现翘裂、掉条现象

6		色彩面层严禁爆裂、翘皮、掉粉
7	沥粉	线道饱满、齐直、宽窄一致、无刀子粉、疙瘩粉
8	刷色	刷严刷到、均匀一致、不脏荷包及盖斗板
9	晕色	宽窄一致、线界直顺、色彩均匀、拐角方正、足实盖底色
10	边线	线条齐直、宽窄一致、色彩均匀饱满、拐角方正
11	大粉	线条横平竖直、拐角方正、色彩均匀饱满、留边宽窄一致、无离缝现象
12	黑老	线条工整直顺、居中准确、随形黑老留晕宽窄一致、规格统一
13	洁净度	洁净、无颜色污痕及明显修补痕迹,昂头色彩鲜艳,无手摸污痕,不脏金活

喷、刷浆

1	刷浆(喷浆)严禁掉粉、起皮、漏刷和透底。
2	墙面花边、色边、花纹和颜色必须符合设计要求。底层的质量必须符合刷浆相应等级的规定
3	花墙边、色边线条均匀平直。颜色一致,无接头;接头错位不大于1mm,纹理清晰。图案无移位
4	反碱、咬色:有轻微少量,不超过一处
5	喷点、刷纹:距1.5米正视,喷点均匀,刷纹通顺
6	流坠、疙瘩、溅沫(浆落):有轻微少量,不超过两处
7	颜色、砂眼、划痕:颜色一致、不花,有少量砂眼,划痕不超过两处
8	装修、下架大木、五金灯具、玻璃:洁净

其他彩画

1		天花彩画图样、做法,所用材料的品种、规格及做法必须符合设计要求
2		沥粉线条必须附着牢固,严禁卷翘、掉条
3	各色层严禁出现翘皮、掉色现象	
	行线排列直顺度	排列通顺整齐,宽窄一致
	方、圆光线	线道直顺,饱满,搭角到位。圆光线接头无错位通顺、起伏一致、色线工整规则
	岔角、圆心图案	岔角工整、风路均匀一致,各色线条直顺流畅。圆心内图案工整规则,风路均匀
	艺术印象	渲染均匀、层次鲜明、色调沉稳、勾线有力、画面干净整齐
	天花裱贴	裱贴牢固平整、无空臌、翘边、皱痕及折裂沥粉线现象,表面洁净、色彩鲜艳、无污痕
	燕尾	色彩鲜明、层次清楚、图案工整、线条准确流畅、裁贴燕尾与支条宽窄一致、裱贴牢固平整、无拼缝、边缝
	支条	色彩均匀一致、与燕尾搭接处无色差
	洁净度	色彩洁净、无手指脏污痕迹
	楣子	掏里必须刷严、刷到,迎面均匀一致,线条清晰直顺,色彩足实,分色线整齐,无裹面
	牙子	掏里必须刷严、刷到,涂色足实均匀,渲染均匀无斑迹,色调沉稳
	雀替、花活	色彩鲜明、足实盖地、层次清楚、渲染均匀、线道宽窄一致、留晕整齐、不混色、不漏缝、洁净无脏色

清漆、烫蜡

1	木纹	大面棕眼平，木纹清晰
2	光亮、光滑	光亮足、光滑
3	裹楞、流坠和皱皮	大面小面明显处无
4	颜色刷纹	颜色一致、无刷纹
5	五金玻璃	洁净

烫蜡、刷软蜡

1	大木及木基层	腊洒布均匀，无露底，明亮柔和光滑，棕眼平整色泽一致，木纹清晰，厚薄一致，表面洁净，无腊柳，秧角不窝腊
2	装修和花活	有色不混，本色无斑迹，无露底，棕眼刮平，光滑明亮，色泽一致，木纹清晰，表面洁净，无腊柳

贴金

1	贴金箔、铝箔、铜箔等应与金胶油粘接牢固，无脱层、空鼓、崩秧裂缝等缺陷
2	贴金表面色泽基本一致，光亮、不花；不得有绽口、漏贴，金胶油不得有流坠、咽、皱皮等缺陷
3	线筐、各种线贴金扣油线条直顺整齐，弧线基本六场

油漆

1	混色油漆工程严禁脱皮、漏刷、反绣、潮亮和顶生			
2	清漆工程严禁漏刷、脱皮、班迹和潮亮			
3	烫蜡、擦软蜡工程严禁在施工过程中烫坏木基层			
4	光油油漆工程严禁脱皮、漏刷、潮亮和顶生			
	透底、流坠、皱皮	大面无流坠，小面明显处无流坠、透底、皱皮		
	光亮和光滑	大小面光亮、光滑均匀一致		
	分色裹楞	大面无裹楞，小面允许偏差1mm		
	颜色、刷纹	颜色一致、无明显刷纹		
	绿椽肚高不小于椽高2/3	允许偏差	高	2mm
			长	3mm
	檐椽和飞头露明部分4/5	允许偏差	高	2mm
			长	2mm
	五金、玻璃、墙面、石活、地面、屋面	洁净		

斗栱彩画

1	斗栱彩画所用材料的品种、规格及做法必须符合设计要求
2	斗栱沥粉严禁出现翘裂、掉条现象

3		色彩面层严禁爆裂、翘皮、掉粉
	沥粉	线道饱满、齐直、宽窄一致,无刀子粉、疙瘩粉
	刷色	刷严刷到、均匀一致、不脏荷包及盖斗板
	晕色	宽窄一致、线界直顺、色彩均匀、拐角方正、足实盖底色
	边线	线条齐直、宽窄一致、色彩均匀饱满、拐角方正
	大粉	线条横平竖直、拐角方正、色彩均匀饱满、留边宽窄一致、无离缝现象
	黑老	线条工整直顺、居中准确、随形黑老留晕宽窄一致、规格统一
	洁净度	洁净、无颜色污痕及明显修补痕迹,昂头色彩鲜艳,无手摸污痕,不脏金活

第三节　监理工作总结

一、修缮哈尔滨文庙的历史意义

哈尔滨文庙始建于1926年,竣工于1929年。是东北地区最大的孔庙建筑群。建成至今已有八十余年的历史。期间虽有修缮,但均系不同时期的局部小规模的维修。

本次维修为有史以来规模最大、投资最多、较为彻底地一次修缮。

本次维修得到了黑龙江省文化厅及黑龙江省民族博物馆领导的高度重视,对传承和弘扬优秀民族文化,继承优秀民族传统和建设和谐社会环境有着重要意义。

二、工程概况

此次维修分为三期,第一期修缮重点是主殿区的东、西庑屋面修缮工程;院内均为一层砖木建筑,屋面为布瓦屋面,墙面为停泥丝缝;结构为砖混结构。

第二期工程项目是对大成殿、崇圣祠、大成门的屋顶维修工程,对屋顶望板、梁及木制构件部分的更换、修缮;对油漆彩画全部修复,重新贴金箔;其中更换瓦面2124.92平方米,更换望板611.7平方米,油漆彩画2836.42平方米。

第三期工程项目是对乡贤祠、名宦祠、东西官厅、东西耳房的瓦面调整、更换修缮。在修旧如旧的原则下更换了瓦面1308.18平方米,更换望板1387.86平方米,油漆彩画2218平方米。

本次修缮的设计单位为中国文物研究所(现为中国文化遗产研究院),施工单位为北京市房建二古代建筑工程有限公司,监理单位为吉林省工程建设监理有限责任公司。

本次修缮工作严格遵循国家建筑相关法律法规,实行招、投标及监理制度。规范的管理为修缮工程质量、安全、工期提供了保证。为保护古代建筑,体现民族文化脉络,增强民族凝聚力起到了良好的作用。

三、工作情况

（一）安全施工

施工单位自进入施工现场，在监理单位及甲方的配合下，对作业人员进行了全面的安全教育，制定了切实可行的安全制度，设置了有效的安全措施，为安全、顺利施工提供了保证。

（二）工程质量

本工程严格按中华人民共和国"古建筑修建工程质量检验评定标准"进行质量检验；施工按设计及古建筑常规做法施工。从而使工程质量有了可靠地保证，并得到了黑龙江省文化厅及黑龙江省民族博物馆的认可。

（三）工期

第一期中的东西庑屋面修缮工程原定为 2007 年 4 月 15 日~6 月 15 日完成。由于工程所需木材量较大，规格、尺寸较多，施工期间哈尔滨周边木材货源奇缺，这种不可抗力给工程进度带来一定影响。致使工期拖延半月余，未能按原定工期完工。第二、三期工程吸取前期的经验教训，货源准备充足；配合规范化的管理，按规定工期圆满地完成了修缮任务。

（四）问题及教训

本工程由于前期调研时未预见因素没有显现，导致设计修缮项目不完全。如望板，调研时可见部分完好，但拆除后发现望板已糟朽，无法再利用；瓦件未拆除前外观完好，拆除时发现破损严重；第一期彩画工程，围墙工程未列入修缮项目，导致前期工程资金不足。

另外，本项目属国家投资，资金流转层次多，资金到位不够及时。

（五）监理工作

本次监理工作本着与甲、乙方相互配合，严格执行国家相关检验标准，确保安全、确保质量的初衷，同时本着预防在前，监督在施工过程中，问题处理在萌芽状态下的监督方法实施监理。监理工作量大，繁琐程度增高，工作时间加长，减少了工程损耗，压缩了工期，保证了质量，最大限度地降低了工程投资。

此次修缮工作在甲方、乙方、监理方三方各负其责，充分协调，共同努力下圆满地完成了修缮任务。同时也是一次"严格执法、充分合作、目标一致、安全顺利、质量达标"的建设过程。

监理平行检验记录

工程名称：哈尔滨文庙屋面修缮工程　　　　部位：东庑角梁维修

	序号	项 目	质量情况
保证项目	1	用于安装的椽子、飞椽、翼角椽、翘飞椽、望板、连檐质量	符合 CJJ39-91 行业标准
	2	各种椽子、飞椽必须钉牢固，闸挡板齐全牢固。	
	3	椽头窝台不大于1/4椽径，不小于1/5椽径。	
	4	大连檐、小连檐，里口木接长接槎时，接槎不得齐头直缝。	
	5	模望板错缝串当不得大于800mm，望板对接顶头缝不小于5mm。	

	序号	项 目	质量情况
基本项目	1	大、小连檐下皮均无鸡窝缝隙，椽当均匀尺寸一致，翘飞头翘飞母	符合 CJJ39-91 行业标准
		与大、小连檐严实无缝隙，椽侧泥与地面垂直，翘飞椽与翼角椽上	
		下相对，不偏斜，与角梁衬头木等构件钉牢固。	

序号	项 目	允许偏差 (mm)	实测数值			
1	檐椽、飞椽椽头平齐	5				
2	椽当均匀 （椽径）	±1/20				
3	正身大连檐平直度	±3				
4	正身小连檐平直度	±3				
5	翼明处望板底平整	3				
6	望板模缝	3				
	角梁长度	±10	4495	4500	4501	4498

交方班组		接方班组		平均合格率 (%)	
监理意见	符合规范合格标准	监理签字		平定等级	合格

2007 年 5 月 26 日

监理平行检验记录

旁站监理记录表

哈尔滨文庙修缮工程（屋面）　　　　　　　　编号： 庙修--26

日期及气候：2007，6，8　晴	地点：文庙大成殿西庑殿屋面。

旁站监理的部位：在屋脊处划底瓦中线，随后屋面冲垄宝瓦。

旁站监理开始时间：7，30	旁站监理结束时间：11，30

施工情况：首先从前坡开始，南北两侧各冲一垄，然后以此为相对高程拉屋脊线，屋面水平线，猫头瓦线，滴水瓦线，作为瓦瓦施工的控制线，进行屋面瓦瓦施工作业.

监理情况：按规范及验收标准进行测量，结果均符合标准要求。

发现问题：无.

处理意见：

备　注：

施工企业：	监理企业：吉林省工程建设监理有限责任公司
项目经理部：	项目监理机构：
质检员：	旁站监理人员：翟烨
年　月　日	2007 年 6 月 8 日

旁站监理记录表

第十四章　竣工检查结论

第一节　竣工检查组织

一、工程缘起

2006 年 8 月黑龙江省民族博物馆收到国家文物局下发的《关于哈尔滨文庙修缮工程方案的批复》（文物保函〔2006〕954 号文件），并提出意见，要求黑龙江省民族博物馆对古建筑彩画的绘制年代、价值、始建时期的遗存进行考证；对木构部分的梁枋、地面、台明、门窗等部分的做法加以说明，并经专家论证后方可实施。同时要求黑龙江省民族博物馆邀请全国有威望的甲级文物古建工程设计单位中国文物研究所（现为中国文化遗产研究院）编制专项修缮设计方案。根据国家文物局"批复"的文件精神，黑龙江省民族博物馆委托中国文物研究所（现为中国文化遗产研究院）工程师颜华设计《哈尔滨文庙东、西庑抢救性维修方案》。

2007 年年初，哈尔滨文庙东庑、西庑的维修工作正式开始，进入正规化的管理，正规化修缮。在黑龙江省文化厅的会议上，厅领导正式宣布"哈尔滨文庙维修领导小组和办公室"的成立及名单。具体的维修工作由办公室承担，对工程进行全面的管理，重大事情由领导小组开会决策；并确定招标公司为国律招标有限公司；会议确定东西庑维修工程最好选用具有古建修缮一级资质的施工单位，提出要把东西庑的维修工程做成一个廉政工程、样板工程。厅领导要求东西庑维修 4 月 15 日开工，6 月 15 日竣工，哈尔滨文庙整体维修工作要在 2009 年全部完成。

二、工程概况

此次维修分为三期，第一期修缮重点为东西庑屋面修缮工程。第二期工程项目是大成殿、崇圣祠、大成门的屋顶维修工程，对屋顶望板、梁及木制构件部分的更换、修缮；对油漆彩画全部修复，重新贴金箔。第三期工程项目是对乡贤祠、名宦祠、东西官厅、东西耳房的瓦面调整、更换修缮。

三、建设管理机构

建设单位成立了以黑龙江省文化厅白亚光厅长、王珍珍副厅长为组长，黑龙江省文化厅文物处孙长庆处长、黑龙江省民族博物馆庞学臣馆长为副组长，王兵、罗葆森、江浙、邱玉春、盖立新、张晓东、李永刚为成员的哈尔滨文庙维修工作领导小组，黑龙江省民族博物馆基建办公室主任夏彦斌负责现场施工管理。

四、工程设计、监理、施工单位履行合同情况

哈尔滨文庙三年整体维修过程中，按着文物建筑修缮原则，修旧如旧，恢复原制，尽量完整保存原有的文物历史信息，本着为历史负责，为社会负责，为子孙后代负责的精神，由甲级古建设计资质的中国文物研究所（现为中国文化遗产研究院）进行设计，由古建施工一级资质的北京房修二古代建筑工程有限公司施工，由东北唯一一家有古建甲级监理资质的吉林省工程建设监理有限责任公司监理。在施工中，监理工程师认真负责，严格执行监理工作程序，认真履行工序自检、复检、报申制度，制定安全制度和安全措施，对文明施工、安全施工的方案及措施监察严谨，稍有安全隐患和不文明施工的行为，立即停工整顿、整改，消除隐患后再进行施工，严格按照"古建筑修建工程质量检验评定标准"的要求执行，确保工程质量，并要求建筑材料进场必须提供出厂合格证和试验、化验报告。施工中不可预见和隐藏部分的工程内容要求施工单位及时报告监理人员，由监理人员现场复检签证。过时补报，监理人员不予受理。整个施工过程中，完全遵守国家现行有关施工及施工验收规范进行施工。施工前根据现场实际情况，做好文物保护措施，确保维修范围内一切文物的安全。在施工过程中的每一个阶段都已做详细记录，做好现场签证，包括文字、图纸、照片、影像，留取完整的工程存档案资料。施工中使用的各种建筑材料，按设计要求必须出有合格证并向符合国家或主管部门颁发的产品标准和质量标准文件。

经过这次全面彻底的修缮，黑龙江省唯一的一座仿清官式古建筑群——哈尔滨文庙，得到了完整必要的保护，原来破损不堪的古建筑殿房，焕然一新。目前呈现在广大游客眼中的是一座浑厚凝重、庄严豪华，壮丽恢弘、金碧辉煌的古建筑群。

第二节　竣工决算报告

分部分项工程量清单结算表

工程名称：哈尔滨文庙东、西庑屋顶修缮工程

序号	项目编码	项目名称	单位	工程数量	金额（元）	
					综合单价	合价
	1.1	东庑屋顶				
	一	屋顶瓦面修缮				
1	1补	拆除全部揭瓦	m²	527.00	13.51	7119.77

序号	项目编码	项目名称	单位	工程数量	金额（元）	
					综合单价	合价
2	2补	更换坏瓦及脱釉严重的瓦件	m²	132.00	317.38	41894.16
3	3补	更换添配檐口附件、勾头、滴水等	m	50.00	119.80	5990.00
4	3补	掺灰尘泥、重作琉璃瓦	m²	527.00	147.57	77769.39
5	4补	望板新作防腐	m²	527.00	15.00	7905.00
6	5补	护板灰一层15mm厚，泥背平均120mm厚	m²	527.00	94.86	49991.22
7	6补	脊兽件损坏、缺失修补和脱釉修补	个	15.00	56.61	849.15
8	7补	正脊、垂脊、戗脊补配安装	m	20.00	433.51	8670.20
9	8补	更换压挡条	m	20.00	506.25	10125.00
		分部小计				210313.89
二		木构件修缮				
10	1补	望板作防腐处理	根	999.00	11.16	11148.84
		分部小计				11148.84
三		腐朽木件更换新件				
11	1补	飞椽糟配严重更换	根	0.00	39.93	0.00
12	2补	仔角梁剔补拼接	根	0.00	24.88	0.00
13	3补	连檐按原样更换	m	0.00	25.42	0.00
14	4补	更换瓦口木	m	0.00	7.24	0.00
15	5补	闸挡板按原样更换	m	0.00	8.08	0.00
16	6补	望板糟朽更换	m²	0.00	76.67	0.00
		分部小计				221462.73
一		屋顶瓦面修缮				
17	1补	拆除全部揭瓦	m²	527.00	13.51	7119.77
18	2补	更换坏瓦及脱釉严重的瓦件	m²	175.00	317.38	55541.50
19	3补	更换添配檐口附件、勾头、滴水等	m	30.00	119.80	3594.00
20	4补	望板新作防腐	m²	527.00	15.00	7905.00
21	5补	护板灰一层15mm厚，泥背平均120mm厚	m²	527.00	94.86	49991.22
22	6补	掺灰尘泥、重作琉璃瓦	m²	527.00	166.07	87518.89
23	7补	脊兽件损坏缺失修补，处理脊件	m	3.00	150.88	452.64
24	8补	残缺脊兽件补配安装	个	13.00	59.61	774.93
25	9补	正脊垂脊补配安装	m	20.00	417.15	8343.00
26	10补	更换压挡条	m	27.00	507.54	13703.58

续表

序号	项目编码	项目名称	单位	工程数量	金额（元）	
					综合单价	合价
		分布小计				234944.53
	二	木构件修缮				
27	1补	飞椽槽配严重更换	根	0.00	39.93	0.00
28	2补	仔角梁、梁头槽配小于1/5剔除拼接	根	0.00	45.33	0.00
29	3补	连檐按原样更换	m	0.00	25.42	0.00
30	4补	更换瓦口木	m	0.00	7.24	0.00
31	5补	闸挡板按原样更换	m	0.00	8.08	0.00
32	6补	望板槽朽更换	m²	0.00	76.67	0.00
		分部小计				0.00
		西庑屋顶小计				234944.53
		合计				456407.26

措施项目清单结算表

序号	项目名称	金额（元）
1	环境保护费	1415.84
2	文明施工费	2133.74
3	安全施工费	1415.84
4	临时设施费	0
5	施工便道	0
	合计	4965.42

哈尔滨文庙东、西庑屋顶修缮工程

序号	项目名称	金额（元）
1	分部分项工程量清单计价合计	456407.26
2	措施项目清单计价合计	4965.42
3	其他项目费	0
4	规费	54495.02684
5	税金	17578.29911
	标内部分审计结算金额	53344.006
	扣水电费	−4844.41314
	最后标内结算金额	528601.5928
	合计	533446.006

分部分项工程量清单结算表

工程名称：哈尔滨文庙东、西庑屋顶修缮工程木构件增加

序号	项目编码	项目名称	单位	工程数量	综合单价（元）	合价（元）
		东庑房屋面				
1	6-787	望板拆除 3.5cm 以内	m²	538.60	3.78	2035.91
2	6-873	飞椽制作（椽径）10cm 以内	根	301.00	39.03	11748.03
3	6-950	大连檐制安 10cm 以内（原中标 70 米）	m	79.45	25.42	2019.62
4	6-987	瓦口制作 6 样琉璃	m	119.00	7.24	861.56
5	6-995	带柳叶缝望板制安（厚）2.5（2.2）cm	m²	538.60	76.67	41294.46
6	6-996	带柳叶缝望板厚每增 0.5cm	m³	538.60	16.15	8698.39
7	6-957	闸挡板制作安装 10cm 以内	m	79.45	8.08	641.96
8	6-959	隔椽板制作安装（椽径）10cm 以内	m	79.45	10.48	832.64
9	6-700	梅花钉安装 10cm 以内	个	42.00	46.69	1960.98
10	6-681	板类拆安　立闸山花板　板厚 5cm	m²	4.50	46.69	210.11
11	6-443	扣金插金仔角梁制作 25cm 以内	m³	0.67	3208.00	2149.36
12	6-651	插金扣金仔角梁吊装	m³	0.67	872.14	584.33
13		小计				73037.35
14		西庑房屋面				
15	6-787	望板拆除 3.5cm 以内	m²	538.60	3.78	2035.91
16	6-995	带柳叶缝望板制安（厚）2.5（2.2）cm	m²	538.60	76.67	41294.46
17	6-996	带柳叶缝望板厚每增 0.5cm	m³	538.60	16.15	8698.39
18	6-901	翘飞椽帛安（椽径 10cm 以内）四五六翘	根	6.00	105.68	634.08
19	6-873	飞椽制作（椽径）10cm 以内	根	25.00	39.03	975.75
20	6-950	大连檐制安 10cm 以内	m	29.40	25.42	747.35
21	6-987	瓦口制作 6 样琉璃	m	119.00	7.24	861.56
22	6-854	方直椽制作安装 10cm 以内	m	70.00	28.98	2028.60
23	6-434	扶脊木制作	m³	4.93	3459.84	17057.01
24	6-629	扶脊木吊装	m³	4.93	218.27	1076.07
25	6-957	闸挡板制作安装 10cm 以内	m	29.40	8.08	237.55
26	6-959	隔椽板制作安装（椽径）10cm 以内	m	79.45	10.48	832.64
27	6-700	梅花钉安装 10cm 以内	个	42.00	46.69	1960.98
28	6-955	小连檐制安 3cm 以内	m	8.20	9.38	76.92
29	6-681	板类拆安　立闸山花板　板厚 5cm	m²	4.50	46.69	210.11

续表

序号	项目编码	项目名称	单位	工程数量	综合单价（元）	合价（元）
30	6-443	扣金插金仔角梁制作25cm以内	m³	0.67	3208.00	2149.36
31	6-651	插金扣金仔角梁吊装	m³	0.67	872.14	584.33
32		小计				81461.07
33		扣水电费				-855.34
34		本页小计				153643.08

分部分项工程量清单结算表

工程名称：哈尔滨文庙东、西庑屋顶修缮工程瓦构件增加

序号	项目编码	项目名称	单位	工程数量	材料费（元）	综合单价（元）	合价（元）
		东庑房屋面					
1	主材	底瓦	件	12958.00	7.10	7.70	99729.95
		底瓦	件	-9913.00		3.61	-35785.93
2	主材	筒瓦	件	3593.00	8.30	9.00	32326.94
		筒瓦	件	-3966.00		4.47	-17728.02
		滴子	件	280.00	13.20	14.44	4043.20
3	主材	滴子	件	-310.00		9.41	-2917.10
4	主材	垂脊筒子		17.00	154.00	166.94	2837.91
5	主材	垂兽座		2.00	135.00	146.34	292.68
6	主材	垂兽		6.00	445.00	482.38	2894.28
7	主材	托泥当沟		3.00	74.50	80.76	242.27
8	主材	倘头		4.00	95.40	103.41	413.65
9	主材	撺头		4.00	99.70	108.07	432.30
		三连砖		15.00	49.50	54.15	812.25
10	主材	三连砖		-74.00		35.15	-2601.10
11	主材	平口条		286.00	2.30	2.49	713.06
12	主材	亚当条		452.00	2.30	2.49	1126.93
13	主材	博脊连砖		14.00	49.50	53.66	751.21
14	主材	正当勾		273.00	6.30	6.83	1864.37
15	主材	饯脊筒子		4.00	152.00	164.77	659.07
		斜当勾	件	28.00	21.50	23.31	652.57
16	主材	斜当勾	件	-80.00		11.88	-950.40
		钉冒	件	6.00	1.70	1.84	11.06

续表

序号	项目编码	项目名称	单位	工程数量	材料费（元）	综合单价（元）	合价（元）
17	主材	钉冒	件	−304.00		1.70	−516.80
18	主材	套兽		1.00	137.80	149.38	149.38
19	主材	仙人		6.00	63.30	68.62	411.70
20	主材	龙		1.00	56.70	61.46	61.46
21	主材	天马		2.00	56.70	61.46	122.93
22	主材	海马		3.00	56.70	61.46	184.39
23	主材	背兽		1.00	110.00	119.24	119.24
24	主材	兽角		16.00	11.80	12.79	204.66
25	主材	大群色		65.00	42.50	46.07	2994.55
26	主材	戗兽		3.00	44.00	47.70	143.09
27	主材	戗兽座		2.00	140.00	151.76	303.52
28	主材	脊兽		−28.00		26.65	−746.20
29	主材	群色条		−64.00		29.91	−1914.24
		渣土	m²	398.00	74.06	80.28	31951.85
30	主材	合计					123290.68

分部分项工程量清单结算表

工程名称：哈尔滨文庙东、西庑屋顶修缮工程脚手架部分

序号	项目编码	项目名称	单位	工程数量	综合单价（元）	合价（元）
1	黑3—1	综合脚手架	100m²	7.40	1200.00	8880.00
2	黑3—35	钢管斜道	座	2.00	2320.00	4640.00
3	京2—114	屋面　支杆	10m²	9.26	115.04	1065.27
4	京2—115	屋面　正脊扶手盘	10m	11.44	1324.00	15146.56
5	京2—118	屋面　重脊脚手架	10m	5.04	622.12	3135.48
6	京2—120	屋面　吻脚手架	座	4.00	1910.00	7640.00
7	2—39	双排里脚手架	10m	20.52	1015.32	20834.37
8	2—161	上料平台	座	6.00	2654.38	15926.28
9		合计				77267.96

第三节　关于哈尔滨文庙东、西庑房屋顶修缮工程审核报告

黑龙江省民族博物馆：

我们接受贵方委托，于2008年12月30日至2008年3月26日对北京房屋修二古代建筑工程有限公司承建的哈尔滨文庙东、西庑房屋顶修缮工程进行了审计。现将审核情况报告如下：

一、工程概况

本工程位于哈尔滨南岗区文庙街25号，工程性质为文物古建筑修缮工程，工程规模为1054平方米的东西庑屋顶修缮工程，承包形式为包工包料，工程开工日期为2007年04月15日，工程竣工日期为2007年06月15日，历时61天，工程资金来源为财政拨款，结算形式为工程量清单招投标形式。

二、审核依据

在审计过程中我们组织专业的工程技术人员对现场进行了我们认为必要的现场勘查、测量，并结合贵单位提供的报审结算、施工图纸、工程验收记录、审计变更通知单等资料，综合了《全国统一房屋修缮工程预算定额》（古建筑分册）、《北京房屋修缮工程预算定额》（古建筑分册）、《2007年黑龙江省建筑安装工程费用定额》、《2000年黑龙江省建设工程预算定额》、《2006年黑龙江省建设工程预算定额〈哈尔滨市单价表〉》等相关的规定，瓦件价格甲乙双方认证的价格表，考虑了北京及哈尔滨两地的相关费率，结合古建筑的专业特点，考察了市场价格，得出最后的审核结论。

三、审核说明

本项审核措施费用只计取环境保护费、文明施工费、安全施工费用，临时设施和施工便道没有考虑。

本项工程对施工单位用水和用电予以扣除，扣除金额按电表和水表指数。

核减（增）金额的主要原因：标内约定施工内容发生变化调整；多计算工程量；木构件飞椽根据实事求是的原则对增加价款部分予以增加；瓦件，对报审工程量多的件数予以核减；渣土外运按实际发生。

脚手架：因为施工单位完全套用北京古建筑结算定额，不完全适合黑龙江省的结算情况，结合具体情况调整，核减部分工程量。

四、审核结论

哈尔滨文庙东、西庑房屋顶修缮工程原报审总金额为：994，494.35 元，审定总金额为：882，803.29 元，核减总金额为：111，691.06 元。

其中：

原中标结算报审金额为：609，556.00 元，审定总金额为：528，601.59 元，核减总金额为：80，954.41 元。

木构件增加部分原报审金额为：123，026.88 元，审定总金额为：153，643.06 元，核增总金额为：30，616.18 元。

瓦构件增加部分原报审金额为：138，223.53 元，审定总金额为：123，290.68 元，核减总金额为：14，932.85 元。

脚手架增加部分原报审金额为：123，687.94 元，审定总金额为：77，267.96 元，核减总金额为：46，419.98 元。

第五篇
附录

第十五章　碑文

哈尔滨文庙碑记

　　哈尔滨据松花江上游，东省铁路横贯其间，欧亚商旅麇集而鹑居，列肆连廛，言庞俗杂。自政权收回后，百务聿新，当事者以学校浡兴，不可废崇祀。先圣之典。于是鸠工兴事，凡历时将三载，庙成。余惟君子之敷教也，必端其本。夫亦植基于仁孝而已矣。孔子之教以孝弟为为仁之本，其所恒言，则曰："吾志在《春秋》，行在《孝经》。"盖以《孝经》教天下之顺，即以《春秋》遏天下之逆。而其三世之说，尤以世界大同之治为极归。使人人以仁孝宅心，则蒸之为善俗，即恢之为郅治，亲亲长长，而天下可平。孝之极诣，所由通神明而光四海也。挽近学子，年少气盛，其持论唯新奇是骛，而抑知民德即离，势必至于家邦陵替。本实先拔，而求其枝叶之无伤，胡可得也。今欧美诸邦，类皆厌兵戎而趋文化，其究哲学者，且旁搜中国经籍，以尼山之学为能止至善，而共深其企向，盖世界大同之机兆，而孔教之气昌矣。中华为至圣祖国，哈埠又为华裔错处之区，使无杰构，以虔奉明禋，其何以动学子钦崇，而回易友邦之祀听，夫古之人抚车服礼器，犹不胜其慨慕流连，而况趋跄将事，摄以威仪，其有不感观兴起者乎？《记》有之曰："祭者教之本也。"此文庙之建所为不可缓也。庙基在南岗文庙街东南，计地九十亩，经始于十五年十月，至十八年十一月，则大成殿暨配殿两庑皆藏事。其用款，由官商合筹为圆七十三万有奇。董其役者前行政长官张焕相及今长官张景惠也。

中华民国十有八年岁次己巳十一月庚戌朔十日己未张学良记

杭州钱拯敬书

北平陈云亭刻石

东省特别区创建文庙碑志（碑阳）

　　行政长官张景惠立石并志
　　东省特别区位介吉江之间，华夷错处，礼俗纷庞，不承于夏风，盖圣教之湮郁久矣。民国十五载夏正丙寅，前行政长官张公焕相，建议创作孔子庙于哈尔滨之南岗，会集中外人士，醵资经始，选工庀材，既敕既周，历三岁，而正殿门庑，规制矗立。戊辰冬十月，景惠奉职继长是区，赓续前绪，修之剔之，不懈益虔，明年己巳秋八月，工竣。巍乎焕乎，百度一新。于是乃考其图形，辨其方位，度其高下，审其财物，著其职司，刻石而志之曰：谨案孔子之庙，在昔为中祀，其殿九楹，为堂七，为夹室二，此旧制也。自清光绪三十二年，升孔子为大祀，而京外学宫，犹仍旧贯，未之改作。

今东省特别区宏规大起，创而非固，故其缔造合乎大祀之仪，崇不逾度，奓不过则。凡庙制，大成殿居中南向，为堂九，为夹室二，都十一楹。其高六丈，广十一丈五尺。堂下曰中阶，曰阼阶，曰西阶，阶各五尺而级十三。前大成门，后崇圣祠，更前为棂星门，皆南向，而高半。参门之内翼以两庑，位东西向，门外自东垣，南为泮池，导泮水出西垣，而桥乎水上。他若迎神有橱，宰牲有亭、盥颒有室，燎瘗有所，祭器乐器有库，缭以周垣，列以青松，王真牙刻桷，美富是宜。凡拓地长一百丈、广三十三丈三尺，方五十五亩五分，庙基有余，则别建乡贤名宦祠，以属学官而典守之。凡缮材若砖甓木石之具，髹漆丹青之施，靡不完。凡购器若俎豆樽罍之设，鼓钟干戚之事，靡不供。礼唯其称，物唯其备。凡费用都圜币七十三万七千三百有奇，出于捐募者约十四万三千四百八十有奇，余悉取足公家。凡襄事，有筹备委员会、工程委员会、监工委员，各若干人。既藏事。都用财董工暨捐款官所姓氏仿汉人题名例，并书之碑阴。

文庙碑阴题名（碑阴）

文庙筹备委员会题名：

委员长：前任东省特别区行政长官张焕相

现任东省特别区行政长官张景惠

委　员：蔡运升　储　镇　付闰成

张国忱　谭书绳　郭崇熙

程万里　李明远　金荣桂

何玉芳　李绍庚　谢荫昌

李科元　屠慰曾　张迢阁　（俄商）索斯金

文庙工程委员会题名：

陆士基　刘敏先　吕　泰　姜凤声

张象昺　陈　浦　王立夫　白汉章

日丹诺夫　民德林（二员俄籍）

文庙监工委员题名：

苏兆民　陆士基　董云芳

文庙捐款姓氏题名：

吉林军务缮后督办张作相敬捐银币一千元；东省铁路督办吕荣环敬捐银币五百元；东省铁路局敬捐银币五万六千五百元；东省铁路局中俄职员敬捐银币四百八拾二元五毫；东省特别区警务管理处敬捐银币一千四百六十四元；东省特别区铁路警务处敬捐银币七百一拾元五毫；东省特别区高等审判厅敬捐银币三百元；东省特别区高等审判厅敬捐银币九十八元九毫六八；东省特别区地亩局敬捐银币二百五十一元；东省特别区市政局敬捐银币八千元；哈尔滨特别市自治会敬捐银币二千元；东北江防舰队办公处敬捐银币三百元；行业工会敬捐银币一千元；滨江道尹公署敬捐银币一千元；滨江关监督署敬捐银币三百元；滨江警察厅敬捐银币五百四十三元三毫；哈尔滨总商会敬捐银币一万元；滨江县商会敬捐银币一万元；张迢阁敬捐银币二千元；姚锡九敬捐银币五百元；滨江粮食交

易所敬捐银币二千元；哈尔滨林业公司敬捐银币一百二十元；中国银行敬捐银币一千九百元；交通银行敬捐银币一千九百元；东三省官银号敬捐银币二千四百元；边业银行敬捐银币一千元；永衡官银号敬捐银币八百五十元；广信公司敬捐银币一千元；大同银行敬捐银币二百伍十元；奉天储蓄会敬捐银币二百伍拾元；浙江兴业银行敬捐银币三百元；美国花旗银行敬捐银币五百元；哈尔滨道胜银行敬捐银币二千元；远东银行敬捐银币五千元；远东借款银行敬捐银币五百元；犹太商业银行敬捐银币五百元；老巴夺父子公司敬捐银币一千元；西比利亚公司敬捐银币二千元；西比义敏公司敬捐银币五百元；法国股份公司敬捐银币五百元；英美纸烟公司敬捐银币五百元；英华东方商业公司敬捐银币二千元；永胜火磨公司敬捐银币二千元；满洲制酒公司敬捐银币三千元；秋林洋行敬捐银币三千元；莫迭尔思饭店敬捐银币一千元；市里洛洋行敬捐银币五百元；普遍洋行敬捐银币五百元；格瓦里斯基敬捐银币三千元；伽干敬捐银币二千元；索斯金敬捐银币二千元；阿布连斯基敬捐银币五百元；司林钦敬捐银币五百元；窝尔加白衣喀尔敬捐银币三百元；楚开南百曼富夹司介布里德百公司敬捐银币二百伍拾元；舒里曼敬捐银币二百元；太里介百敬捐银币一百元；米其阔夫敬捐银币一百元。

以上共募银币一十四万三千四百八十元，建筑及购置费共用银币七十三万七千余元。

撰　　　　文：钟广生

书丹并篆额：张朝墉

刻　　　字：陈云亭

《论语画解》碑刻捐赠人员：

第一块碑：李天嘉　　　　　　　　　　第二块碑：裴子增

第三块碑：车坤珏、徐榕江　　　　　　第四块碑：李虹

第五块碑：王欣悦、李彤（女）　　　　第六块碑：张哲、张楷淞

第七块碑：无名氏　　　　　　　　　　第八块碑：黄华、曹艺慧

第九块碑：王琦、王家宝　　　　　　　第十块碑：王又新、王百莹

第十一块碑：王慧兰、关德双　　　　　第十二块碑：王宁、王晶

第十三块碑：林东旭、林鑫　　　　　　第十四块碑：田苗

第十五块碑：李彤（男）、牟雪丹　　　第十六块碑：隋建伟、隋欣扬

第十七块碑：董航、关德健　　　　　　第十八块碑：张颖、唐本武

第十九块碑：赵悦、高海博　　　　　　第二十块碑：段英

第二十一块碑：渠薇、王实　　　　　　第二十二块碑：段英

第二十三块碑：段久元　　　　　　　　第二十四块碑：纪成文、吴爱玉

第二十五块碑：李岩、吕晟元　　　　　第二十六块碑：刘秀荣、戴明轩

第二十七块碑：于沛濂、张琢杭　　　　第二十八块碑：肖湘林、牟广英

第二十九块碑：张庆刚　　　　　　　　第三十块碑：海音金桥、杨善财

第三十一块碑：牟树勤、薛克东　　　　第三十二块碑：阎俊玮

第三十三块碑：赵春媚　　　　　　　　第三十四块碑：段久元

第三十五块碑：段英　　　　　　　　　第三十六块碑：王霁梅、薛占峰

第三十七块碑：阎镜元、赵红　　第三十八块碑：周成

第三十九块碑：白琳琳、白彬彬　　第四十块碑：段英

第四十一块碑：郑守和、郑岩　　第四十二块碑：万云

第四十三块碑：邓继红、杜卓时　　第四十四块碑：汇生元、段英

第四十五块碑：马勇、郭一同　　第四十六块碑：金梁

第四十七块碑：万琴　　第四十八块碑：静秀、韩淑珍

第四十九块碑：刘天元、贺然　　第五十块碑：王玉慧、王欣元

第十六章　重要文件

第一节　哈尔滨文庙维修工程大事记

2007 年

1 月 15 日

哈尔滨文庙维修领导小组成立。黑龙江省文化厅王珍珍副厅长任组长，黑龙江省文化厅文物处处长孙长庆、黑龙江省民族博物馆馆长庞学臣任副组长，并以正式文件形式上报黑龙江省文化厅（包括维修日程安排）。黑龙江省国律招标有限责任公司承担投标任务。此次维修只涉及东、西庑的屋顶，不涉及其他工程项目，面向全国公开招标。

1 月 26 日

维修领导小组就项目协议书内容进行认定，包括维修面积的认定、预算额的认定。

1 月 29 日

维修领导小组讨论中标公司合同书具体内容，并将东、西庑维修工程合同书报送文化厅，由盖立新调研员审阅。

2 月 7 日

维修领导小组办公室确定邀标的施工单位，甲级资质 36 家，初步确定 11 家监理单位。

2 月 26 日

维修领导小组会议通报标书的修改情况，联系招标单位，确定监理单位。

3 月 7 日

维修领导小组确定招标时间，确定邀标施工单位和监理单位，正式确定 6 家单位参与竞标。

3 月 8 日

维修领导小组将材料交招标公司修改，与招标公司签订合同。通知监理单位，与吉林省文物研究所联系明确聘监理单位吉林省工程建设监理有限责任公司，并请示黑龙江省文化厅。

3 月 16 日

吉林省工程建设监理有限责任公司举行开标仪式，现场评定、产生中标单位。

3 月 22 日

黑龙江省民族博物馆领导与北京房修二古代建筑工程有限公司负责人会面，现场确定合同条款并制订方案。

3月23日

北京房修二古代建筑工程有限公司与黑龙江省民族博物馆签订东、西庑修缮合同。

4月20日

维修领导小组决定全馆男同志成立安全保卫施工督查小组，每天2人进入现场监督。对院内松树进行加固处理。东、西掖门修一条便道方便游人参观及安全。

5月6日

黑龙江省文化厅王珍珍副厅长带领计财处王兵处长、博物馆处胡秀杰副调研员到文庙维修现场，了解施工进展情况。

6月20日

维修领导小组与吉林省工程建设监理有限责任公司签订合同。

6月27日

北京房修二古代建筑工程有限公司报送东、西庑彩画合同，中院围墙合同。决定由北京房修二公司包材料定制瓦件。

7月7日

维修领导小组验收东西庑屋顶维修。

12月14日

东西庑彩画进行维护。

12月18日

维修领导小组验收东西庑维修工程并盖章。

2008年

3月11日

维修领导小组决定由北京房修二古代建筑工程有限公司承担大成殿的维修工作，由北京房修二古代建筑工程有限公司提供组织维修方案。

3月25日

北京房修二古代建筑工程有限公司到黑龙江省民族博物馆为大成殿维修做预算。

3月31日

将大成殿修缮预算上报黑龙江省财政评审中心。

4月1日

东西庑维修费用决算经过5次反复协商审核最终达成一致。

4月9日

大成殿维修开工第一次协商会议。

4月17日

大成殿维修工程开工，施工方和监理方全部到位。

5月10日

大成殿维修合同变更。

5 月 28 日

维修领导小组决定对大成殿彩绘全部清理，免做地仗。

5 月 29 日

审计事务所将审计合同报送黑龙江省文化厅审批。

6 月 2 日

对大成殿金柱的地仗进行修复。

6 月 5 日

统计、查看大成门、崇圣祠的瓦件。

6 月 18 日

黑龙江省财政评审中心、合同监理处领导到黑龙江省民族博物馆验收，共 10 项。

6 月 19 日

研究关于北京房修二古代建筑工程有限公司的结算问题。

6 月 30 日

大成门、崇圣祠维修工程招标。

7 月 1 日

大成门拆开瓦件，需尽快定购崇圣祠金柱。

7 月 7 日

维修领导小组决定使用政府采购（工程类）合同，并作为样本签订。

7 月 9 日

维修领导小组对崇圣祠、大成门的瓦件数量、价格做最终统计，决定购买山东瓦件。

7 月 15 日

认定大成门、崇圣祠的损坏情况。

7 月 16 日

检测大成门和崇圣祠角梁，根据检测结果定购木料。

8 月 4 日

确定崇圣祠彩画的用料和造价。

8 月 7 日

维修领导小组组织崇圣祠彩画招标会议。

8 月 8 日

大成殿金柱修复。崇圣祠用旧料维修，瓦作、木作、彩画一并完成。

8 月 26 日

维修领导小组对大成门、崇圣祠望板等隐蔽工程验收。由北京房修二公司签字盖章、存档。

10 月 30 日

大成殿、大成门、崇圣祠修缮工程决算书送审计部门审计。

2009 年

2 月

庞学臣馆长调离黑龙江省民族博物馆。

4 月 11 日

王军就任黑龙江省民族博物馆馆长，负责组织哈尔滨文庙维修第三期工程。

4 月 30 日

第一进院落 6 个灰瓦等保护建筑维修工程开始招标。

5 月 4 日

维修第一进院落 6 个灰瓦等保护建筑工程正式开始。

5 月 6 日

召开维修工程馆务会议，布置施工工作。

5 月 11 日

维修领导小组决定定购山东淄博瓦厂提供瓦件，要求其厚底色厚度为 10～15 毫米。

5 月 12 日

维修领导小组与吉林省工程建设监理有限责任公司签订监理合同，制定监理工作计划。

5 月 15 日

中国文物研究所颜华工程师来黑龙江省民族博物馆更改设计书。

5 月 28 日

北京房修二古代建筑工程有限公司进驻馆内，施工工程开始。

6 月 28 日

维修领导小组对施工中的泥背情况进行检查，监理、甲、乙三方共同参加，质量满意。

7 月 25 日

文庙维修第三期工程完成收尾工作。

7 月 29 日

完成竣工验收工作。黑龙江省文化厅王珍珍副厅长、省文物管理处盖立新处长、省民族博物馆王军馆长及基建办负责同志、北京房修二古代建筑工程有限公司张明达经理、吉林省工程建设监理有限责任公司等人完成对哈尔滨文庙三年维修工程的全面验收。

8 月 12 日

举行哈尔滨文庙三年维修工程竣工庆祝活动。

12 月 2 日

省财政厅评审中心完成工程评审工作。

第二节　其他文件

1. 国家文物局《关于哈尔滨文庙维修方案的批复》；

2. 《文物建筑修缮工程许可证》；

3. 《黑龙江省文化厅对关于成立哈尔滨文庙东庑西庑大修〈工作领导小组的请示〉的批复》；

4. 国家文物局《关于哈尔滨文庙大成殿等建筑抢救维修工程方案的批复》；

5. 《黑龙江省文化厅对〈关于实施大成殿修缮工程的请示〉的批复》；

6. 省政府采购中心合同监理处对哈尔滨文庙大成殿修缮工程项目的政府采购合同履约情况验收实施方案；

7. 国家文物局《关于哈尔滨文庙崇圣祠等建筑维修方案的批复》；

8. 黑龙江省民族博物馆《关于调剂修缮资金的请示》；

9. 哈尔滨文庙建筑维修施工《安全工作责任状》。

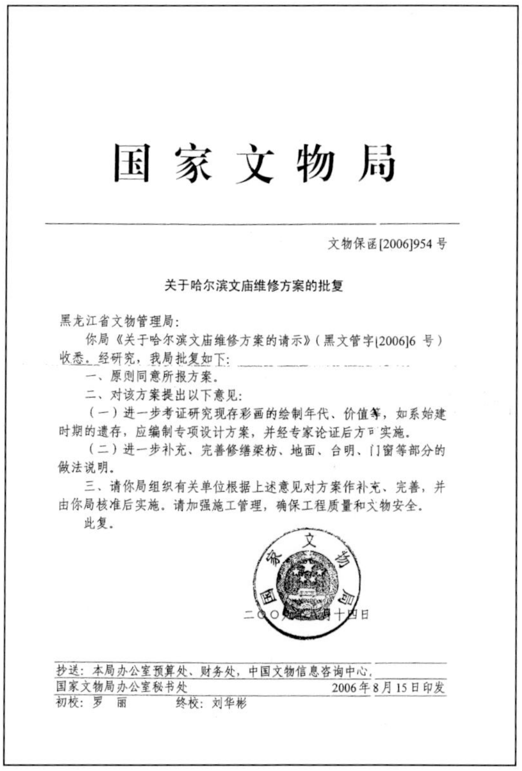

国家文物局《关于哈尔滨文庙维修方案的批复》

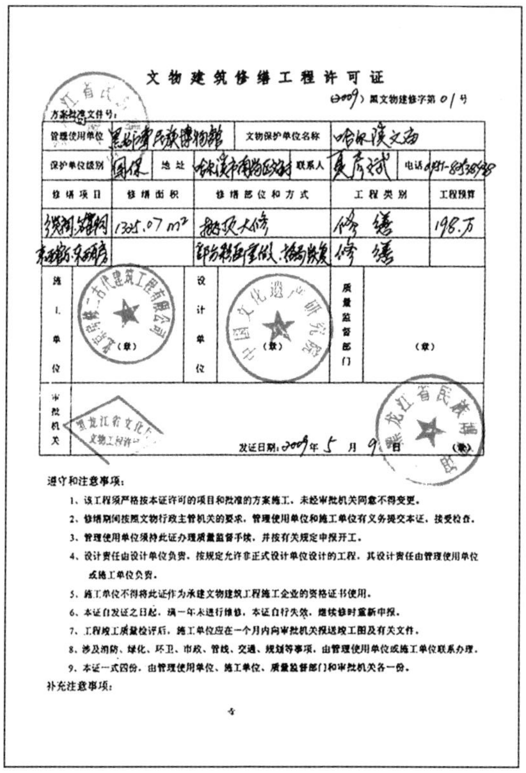

《文物建筑修缮工程许可证》

黑龙江省文化厅文件

黑文发〔2007〕19号

黑龙江省文化厅对关于
成立哈尔滨文庙东庑西庑大修
〈工作领导小组的请示〉的批复

省民族博物馆：

你馆报送的《关于成立哈尔滨文庙东庑西庑大修工作领导小组的请示》（黑民博[2007]3号）收悉。经研究，批复如下：

一、成立哈尔滨文庙维修工作领导小组，负责今后文庙维修工作的重大决策及管理工作。此次东庑西庑的维修属其中的一项工作。

二、一定要精心抓好东庑西庑的维修，不能出任何问题。哈尔滨文庙是全国重点文物保护单位，根据《中华人民共和国文物保护法》、《中华人民共和国文物保护法实施条例》和《文物保护工程

— 1 —

管理办法》的有关规定，其维修方案，需由具有国家文物局批准的文物保护工程勘察设计甲级资质单位制定，经国家文物局核准后，方可实施。其施工需由具有国家文物局批准的文物保护工程施工一级资质单位承担。施工过程要有文物工程监理全程参与。

三、可立即着手制定招投标方案，在领导小组的组织下开展工程前期的招投标工作。

四、哈尔滨文庙维修工作领导小组名单

1、领导小组
组长由主管厅领导担任
副组长：孙长庆、庞学臣
成　员：王　兵、罗葆森、江浙、邱玉泰、益立新、张晓东、李永刚

2、领导小组办公室
主　任：庞学臣
副主任：益立新、邱玉泰、张晓东、李永刚
成　员：张敏杰、黄学民、夏彦斌、陈学富、魏　业、徐景民、林英薇、王　军、刘　勇、孟祥义、宗　丽、刘　杰

此复。

二〇〇七年一月二十九日

主题词：文物保护　文庙维修　批复

录入校对：益立新　　排版印刷：王鑫　　共打印8份

— 2 —

《黑龙江省文化厅对关于成立哈尔滨文庙东庑西庑大修〈工作领导小组的请示〉的批复》

国 家 文 物 局

文物保函〔2008〕2号

关于哈尔滨文庙大成殿等建筑
抢救维修工程方案的批复

黑龙江省文物管理局：

　　你局《关于呈报〈哈尔滨文庙大成殿等建筑抢救维修工程方案〉的请示》（黑文管字〔2007〕5号）收悉。经研究，我局原则同意所报方案，并提出以下修改意见：

　　一、补充大成殿月台排积的具体技术措施。

　　二、乡贤祠木构部分维修设计过于简单，需进一步完善其具体修缮措施。

　　三、补充工程中部分"复原"内容的设计依据。如：大成殿的双交四椀隔扇心复原为三交六椀、屋面按传统材料做法重做灰泥背等。

　　四、进一步规范设计图纸，如核实大成殿黄琉璃瓦和围墙黄琉璃瓦的标注，筒瓦、板瓦尺寸的标注等。

　　请你局组织相关设计单位对该方案作进一步修改、完善，并由你局核准后实施。请加强施工管理，确保工程质量和文物安全。

抄送：本局办公室预算处、财务处，中国文物信息咨询中心。
国家文物局办公室秘书处　　　　2008年1月3日印发
初校：罗丽　　　终校：凌明

国家文物局《关于哈尔滨文庙大成殿等建筑抢救维修工程方案的批复》

黑龙江省文化厅文件

黑文发〔2008〕37号

黑龙江省文化厅对
〈关于实施大成殿修缮工程的请示〉的批复

黑龙江省民族博物馆：

你馆《关于实施大成殿修缮工程的请示》（黑民博[2008]2号）收悉。经研究，批复如下：

一、同意你馆的意见，可请北京房修二古建维修有限公司继续进行文庙大成殿的维修，并在去年招标的基础上，重新签订有关合同等文件。

二、大成殿的维修要严格按照《文物保护工程管理办法》和国家文物局批准的维修方案进行，确保工程质量。

— 1 —

三、对去年维修的东西庑工程的结尾工作，要抓紧进行，力争早日结项。

专此。

二〇〇八年三月五日

主题词：文物保护　维修　大成殿　批复

录入校对：亚立新　　　排版印刷：王　鑫　　　共打印8份

— 2 —

《黑龙江省文化厅对〈关于实施大成殿修缮工程的请示〉的批复》

对省民族博物馆哈尔滨文庙大成殿修缮工程项目的政府采购合同履约情况验收实施方案

按照省政府采购办的要求，根据《黑龙江省政府采购合同监督暂行办法》的规定，由省政府采购中心牵头组织，邀请专业技术专家、采购单位项目负责人参加，组成验收小组，对省民族博物馆哈尔滨文庙大成殿修缮工程项目黑采计字[2008]0324号的政府采购合同履约情况进行验收，现制定如下实施方案：

一、验收小组成员：省采购中心合同监督处肖洪学任组长，省采购中心合同监督处处长白常瑞，省民族博物馆基建科科长夏彦斌，省采购中心工程采购处杜晓辉科长，专业技术专家吕凤翔（黑龙江省室内装饰协会：高级工程师）。

二、验收时间、地点：2008年6月15日至2008年8月31日，哈尔滨市南岗区文庙街25号。

三、验收方法

1、初步验收，时间安排在施工进度的百分之五十以后进行，主要查验合同履约情况。

2、竣工验收，时间安排在施工结束时，主要查验全部工程合同履约及质量情况。

四、验收内容

1、检查施工合同是否备案，有无开工报告，施工是否按计划进行，是否聘用监理工程师。

2、检查工程是否转让，核实项目班子人员的组成是否与投标文件一致。

3、检查项目单位施工现场是否有专职技术人员。

4、检查是否有超范围施工或重大设计变更。

5、检查工程所用的主要材料是否符合招标文件要求，有无合格证和检测报告或环保证明。

6、检查施工工作法是否与施工设计方案相符。

7、验收工程质量，主要以质量监督检测部门的检测报告为准。

8、检查投标文件中的各项承诺是否落实。

9、检查施工内业，包括各类签证，有无不合理或令导致工程费用增加的签证。

10、追加的采购预算是否有补充合同。

五、验收要求

1、采购项目单位及承包项目单位在验收过程中要积极配合验收小组工作，提供相应文件和资料，确保验收工作顺利进行。

2、要求采购单位项目负责人、抽检专家、采购中心项目负责人及中标供应商在验收报告上签字；

3、验收工作结束后，将专家提出的验收意见及时形成

书面材料，并在验收小组集体讨论并达成一致意见的基础上，并与采购项目单位及承包项目单位交换意见后，报省政府采购中心领导和省政府采购办。

六、验收工作纪律

验收组成员要服从分配，不得擅离职守，验收过程中要秉公办事，验收专家要对自己的验收结论负责，验收组成员不允许接受验收对象及项目单位给予的礼品、礼金，不得接受验收对象的邀请，不做可能影响验收工作的任何事情，验收组形成的对验收对象的结论性意见，验收组成员不得随意对外发表个人观点和意见。

省政府采购中心合同监督处
二〇〇八年五月二十八日

省政府采购中心合同监理处对哈尔滨文庙大成殿修缮工程项目的政府采购合同履约情况验收实施方案

国 家 文 物 局

文物保函〔2008〕582 号

关于哈尔滨文庙崇圣祠等建筑
维修方案的批复

黑龙江省文物管理局：

你局《关于申报哈尔滨文庙崇圣祠等建筑维修方案的请示》（黑文管字〔2008〕8号）收悉，经研究，我局批复如下：

一、原则同意所报方案。

二、对该方案提出以下意见：

（一）补充工程做法说明，如各部位油饰彩画、地面水泥方砖的下层做法等。

（二）研究当地冬季的气候环境对屋面的冻蚀问题，补充提出相应的治理措施。

三、请你局组织有关单位根据上述意见对方案做进一步补充、完善，并由你局核准后实施。请加强施工管理，确保工程

质量和文物安全。

此复。

二〇〇八年六月十六日

抄送：本局办公室预算处、财务处。

国家文物局办公室秘书处　　　　　2008年6月17日印发

初校：罗丽　　　　终校：慕禹权

2

国家文物局《关于哈尔滨文庙崇圣祠等建筑维修方案的批复》

黑龙江省民族博物馆

关于调剂修缮资金的请示

省财政厅:

在省财政厅的正确领导和大力支持下，年初，省财政核准投资 6,601,418.38 元用于文庙保护建筑的修缮，其中主要项目大成殿、崇圣祠、大成门大修工程已于今年如期开工，工程进展顺利。目前，大成殿维修工程量已经完成过半，崇圣祠、大成门屋顶维修正在紧张进行中。

由于事前对崇圣祠、大成门等保护建筑的损害程度估计不足，加之今年上半年物价上涨速度过快，造成修缮崇圣祠、大成门全部内容原确定资金不足。

为及早停止雨雪对保护建筑的继续侵害，决定先行修缮该两出建筑的屋顶。为把文庙保护建筑的维修工作完全彻底地做好，保证在明年全部完成文庙的修缮任务，崇圣祠、大成门的前脸恢复、油漆彩画、墙体加固、露台复位等项目还必须在今年完成。

黑龙江省民族博物馆《关于调剂修缮资金的请示》

哈尔滨文庙建筑维修施工

安全工作责任状

甲方: 黑龙江省民族博物馆（哈尔滨文庙）

乙方: 哈尔滨房修二代建筑有限公司

根据国家有关法律法规和相关规定，就乙方在哈尔滨文庙施工期间的安全工作，乙方向甲方签订责任状如下:

1、乙方对整个工程的安全生产负全面责任。

2、结合施工项目的特点要求，制定有效的安全生产管理措施，并监督实施。

3、坚持生产必须安全的原则，对施工现场定期安全检查，发现问题及时解决。

4、根据本工程特点要求和现场实际情况，凡是施工人员进现场前，乙方必须对其进行安全技术培训和安全技术教育，方可上岗。

5、乙方必须按照有关规定，对施工人员的人身进行必要的劳动保护和防护设施（如做安全帽、系安全绳、有毒作业人身防护等）。

6、施工现场实行封闭，设置各项临时保护设施，对游人、建筑物、地面等设施予以有效的保护。

7、乙方必须在施工现场配备必要的消防、急救等设施设备。

8、院内严禁吸烟，严禁酒后作业，如有违规，必须严肃处理。

9、工地现场一切机器设备，严禁非工作人员操作和使用，特殊工种（包括电工、电焊工、架子工、机械工等）必须持证上岗。经有关部门培训考核取得操作证书后，上岗作业才能合法有效。

10、施工现场用电必须按照安全用电规程操作，树立节能观念，加强用电管理，经常巡查，要取缔一切不合理用电设备，职工住宿、安全用电、节约用电，要人人皆知，做到人走灯灭，不点长明灯，宿舍不准乱接乱拉电线，不准使用电炉子、电拖子等电器。

11、现场停电后，所有设备一律断电，电工专业人员对现场做好及后配电装置及用电器的系列检查。

12、施工中，如需要使用明火，必须经过保卫人员检查后，报甲方保卫部门领取用火许可证，方可使用，并配有有效灭火器材，设专人看火。

13、整个施工过程，每周至少一次对现场安全用电、防火进行检查，发现问题及时解决，记录存档。

14、施工过程中，乙方必须加强对自身人员外出的管理。

15、在施工过程中，如发生安全事故，均由乙方全部负责，所造成的乙方损失，乙方自负；给甲方造成的损失，由乙方全部包赔。

甲方

乙方

2009年5月20日

哈尔滨文庙建筑维修施工《安全工作责任状》

第十七章 图纸

第一节 哈尔滨文庙初建原始图纸

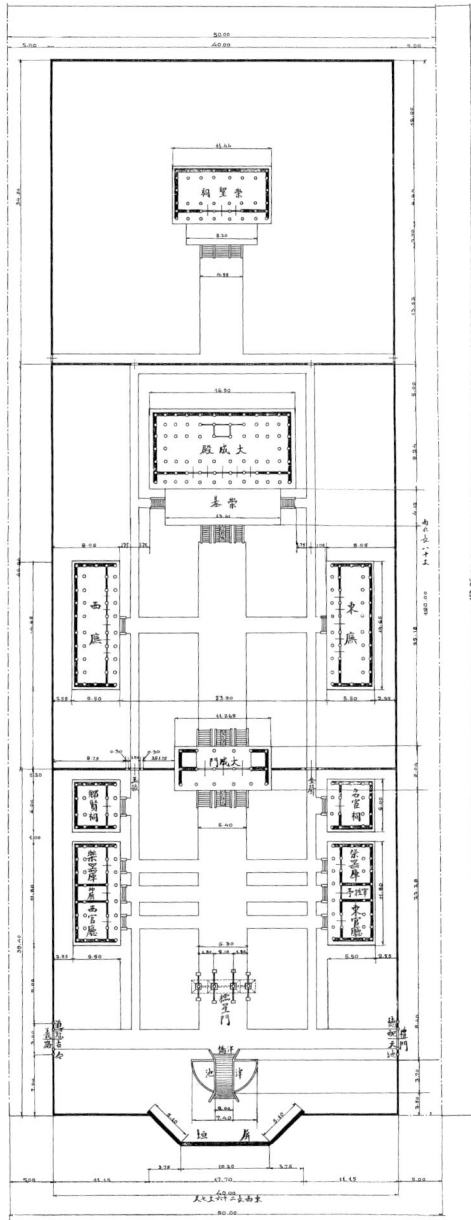

哈尔滨文庙平面图

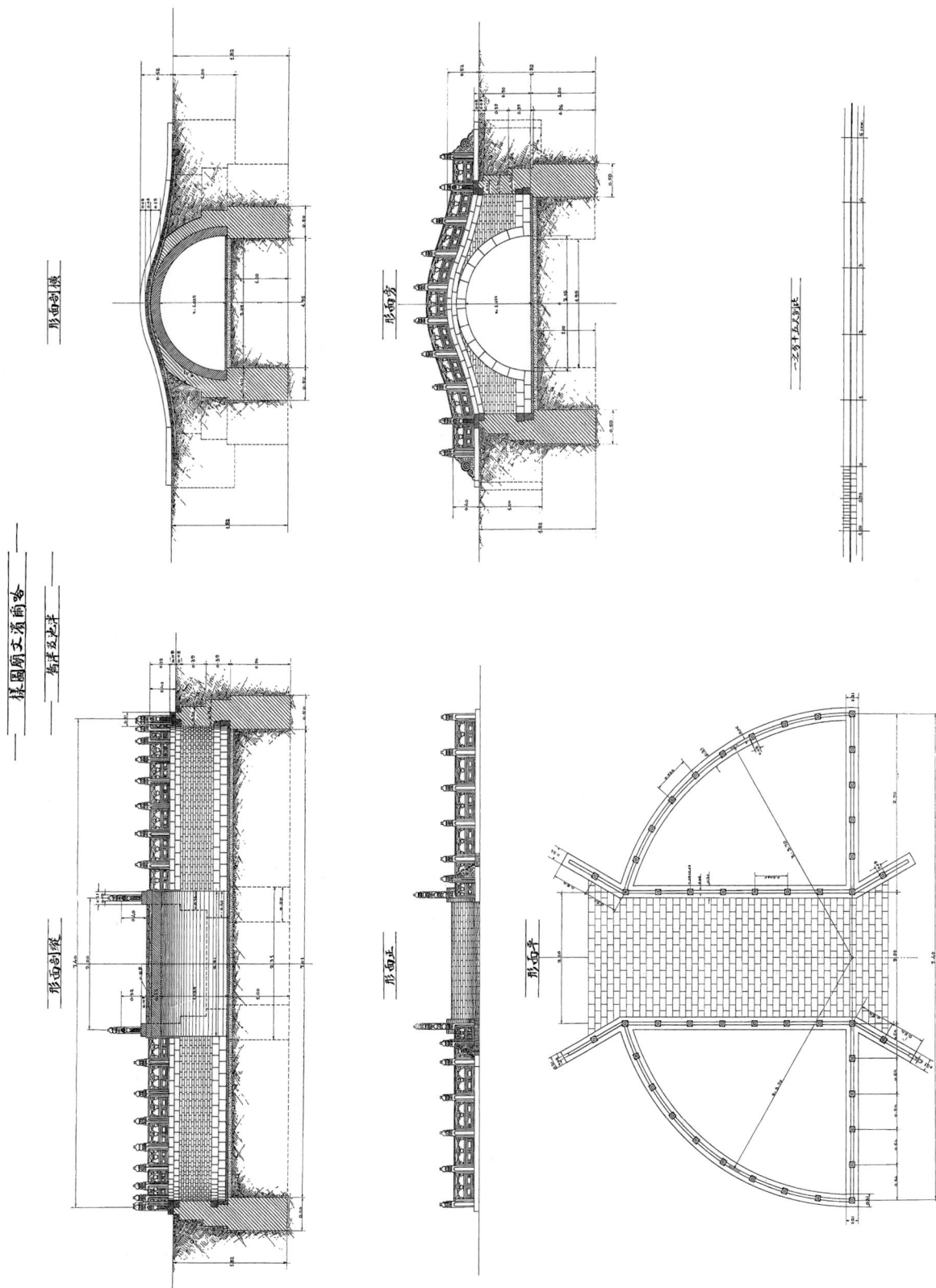

泮池泮桥平、立、剖面图

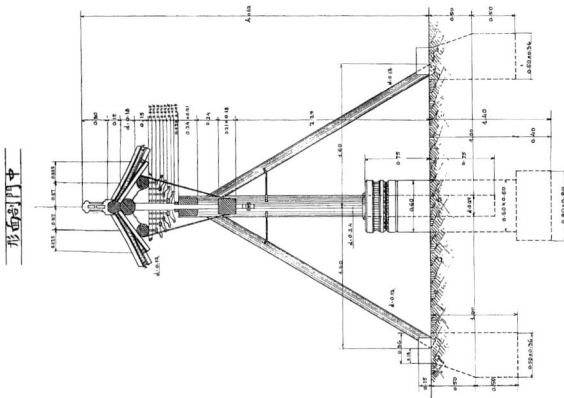

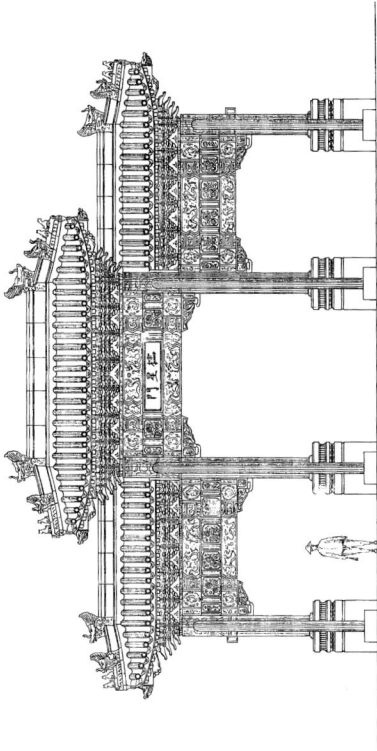

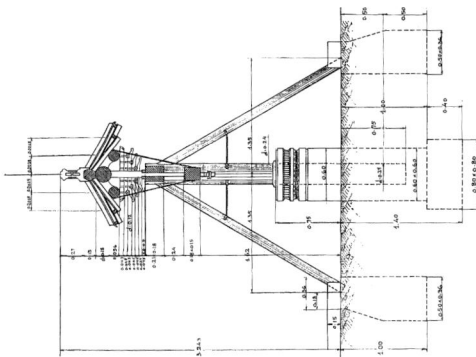

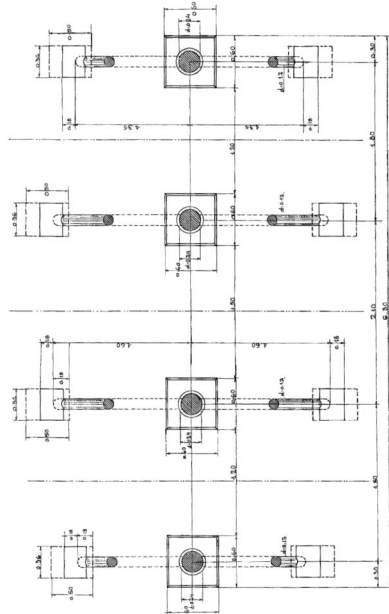

棂星门平、立、剖面图

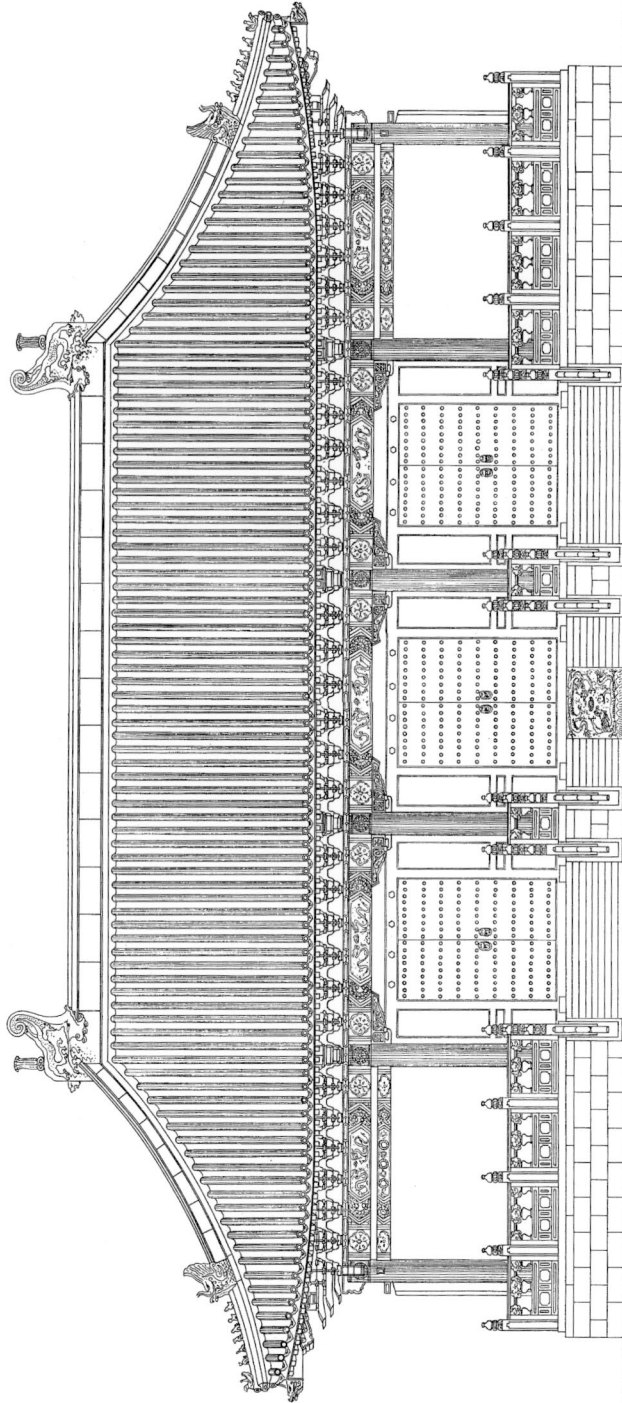
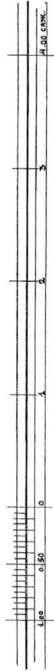

大成门正立面图

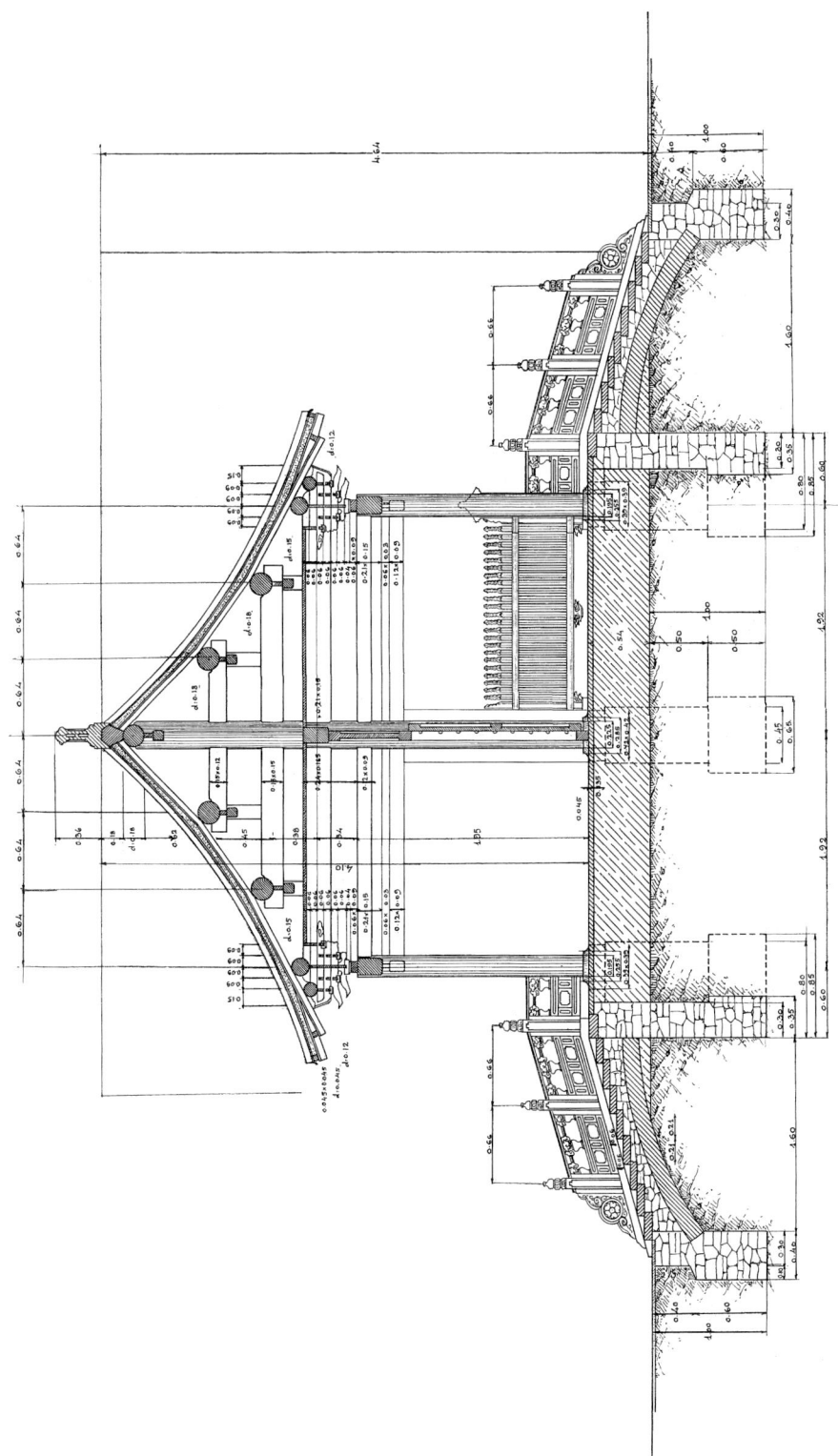

大成门门剖面图

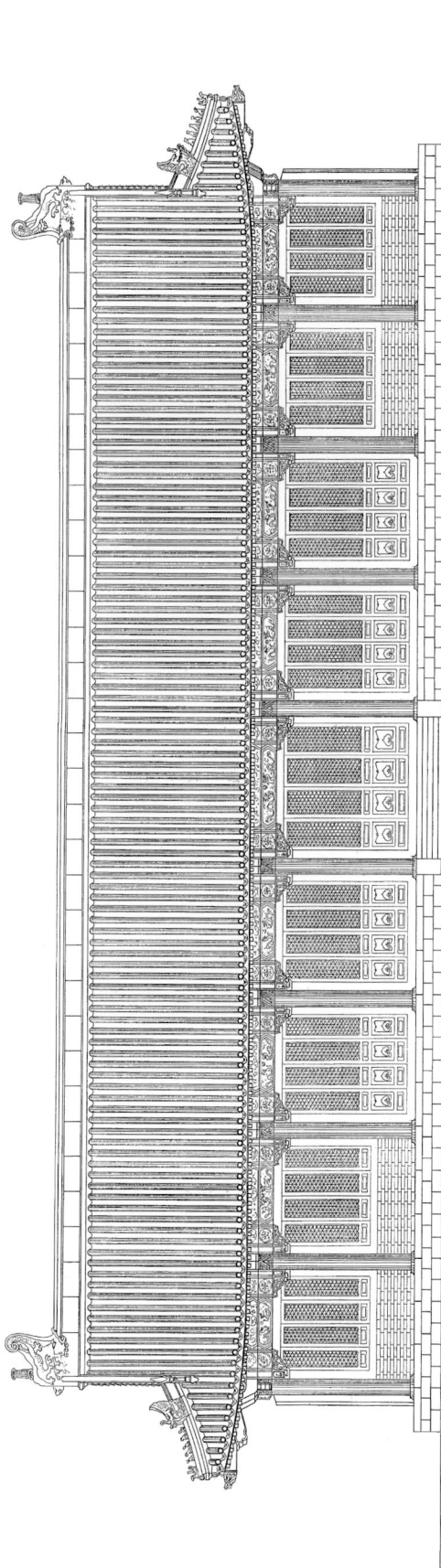

东、西庑正立面图

樣圖所文演甬各

形面平去地區甬東

一之分十尺例比

东、西庑平面图

名宦祠及乡贤祠平面图

大成殿正立面图

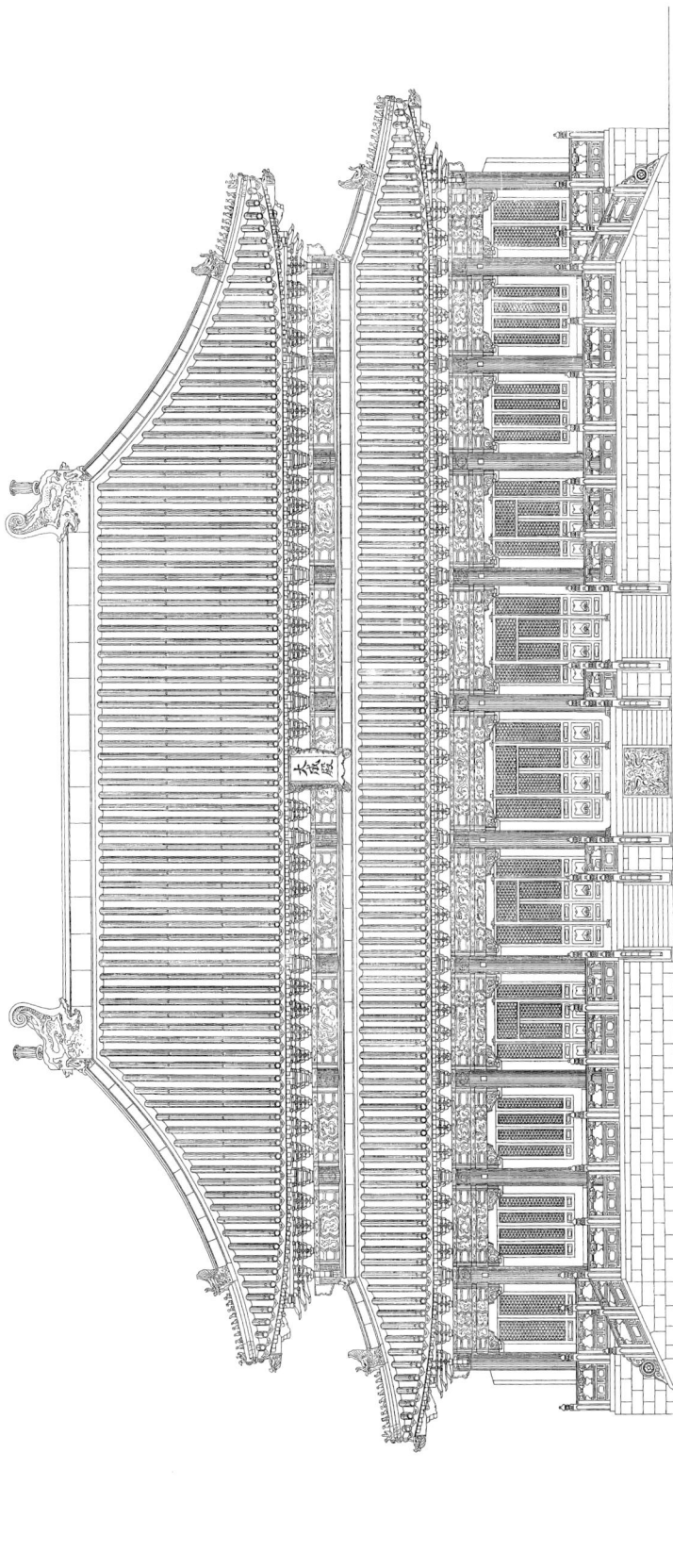

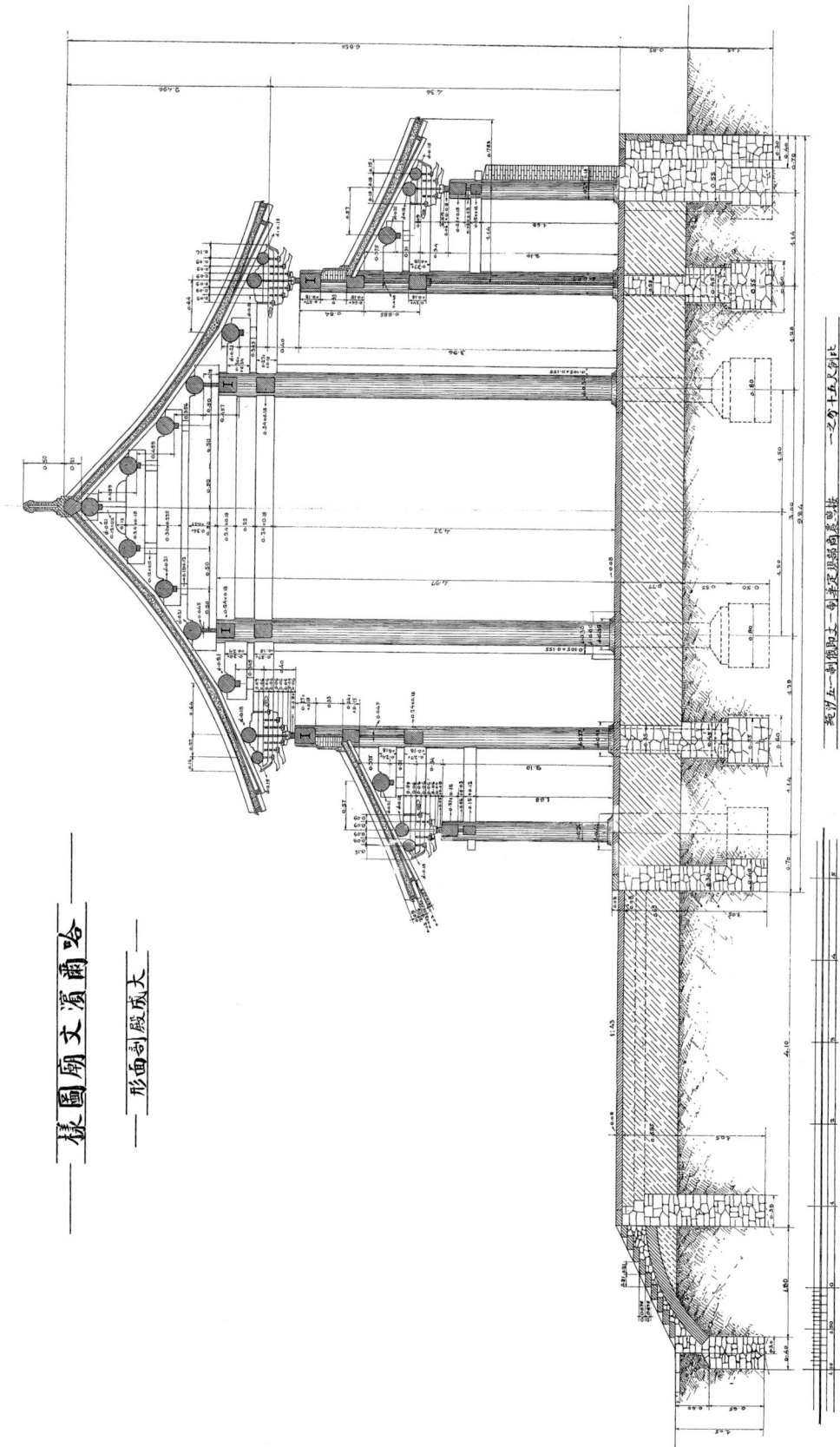

大成殿剖面图

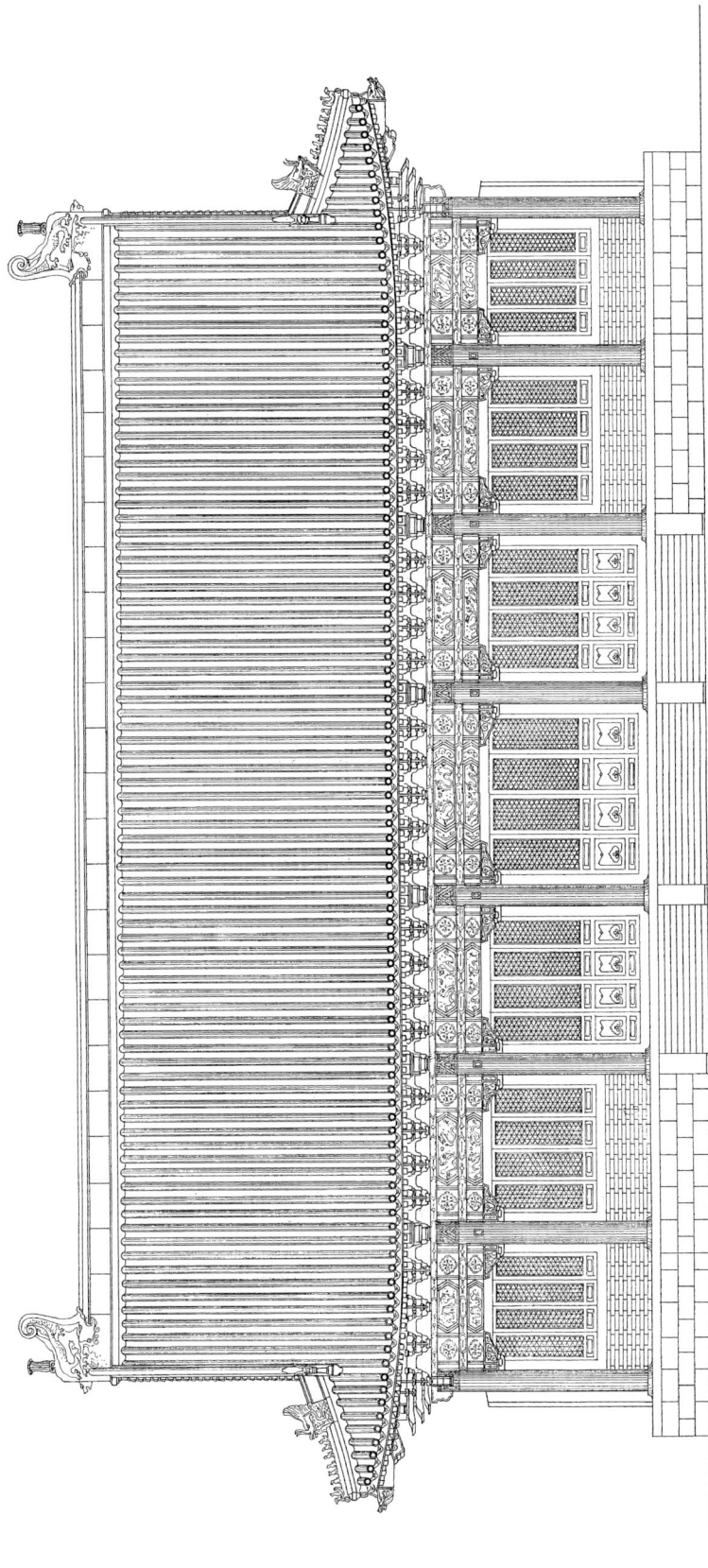

—球图朝文溃阁客—

祠聖崇

形面正

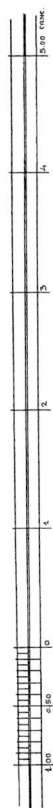

绘沙五一书馆即大一部连定规则部队临接　一之分十五尺例比

崇圣祠正立面图

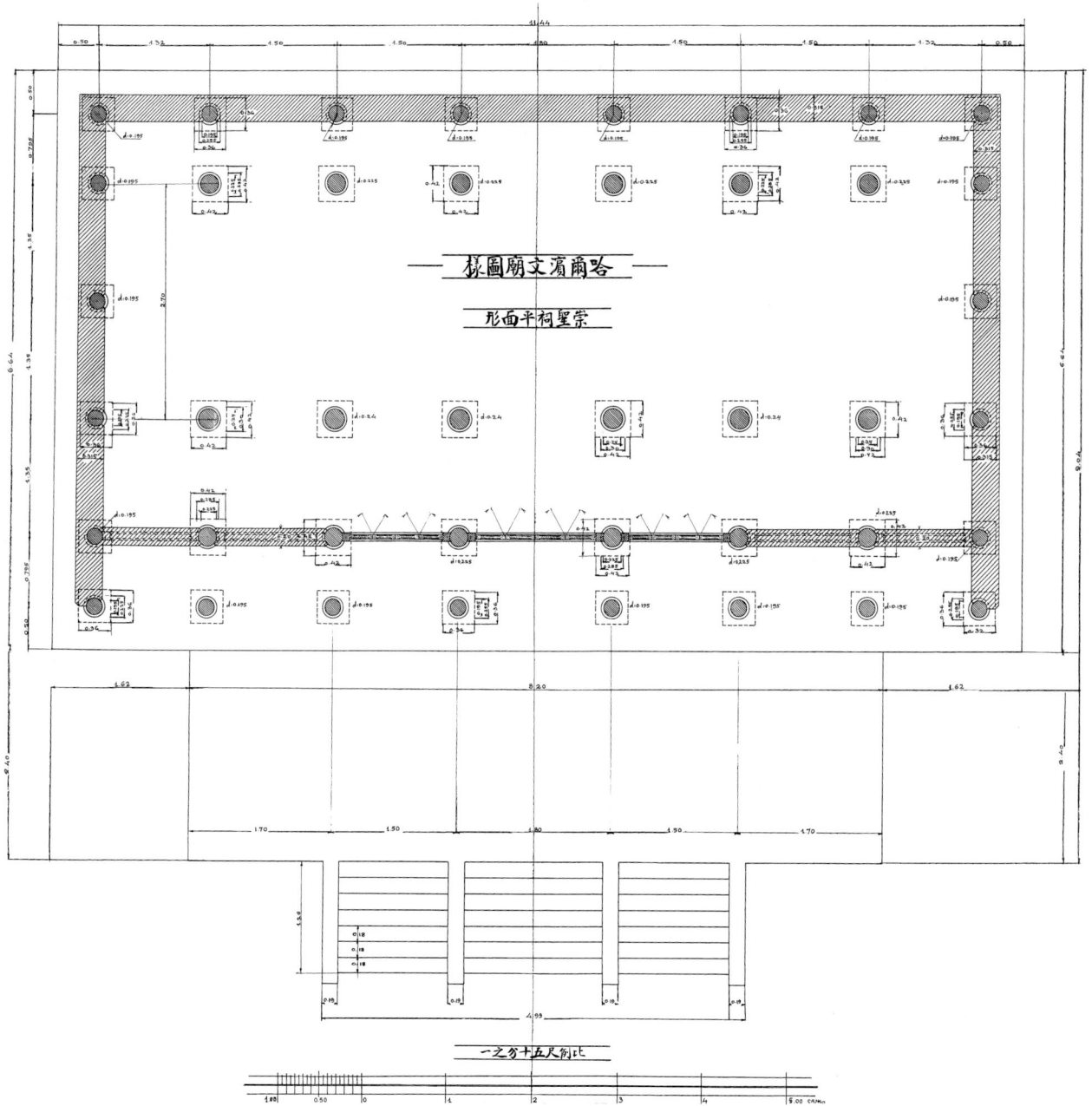

哈尔滨文庙平面图

崇圣祠平面图

第二节 单体建筑勘察测绘及修缮设计图（1985～1987 年）

一、崇圣祠

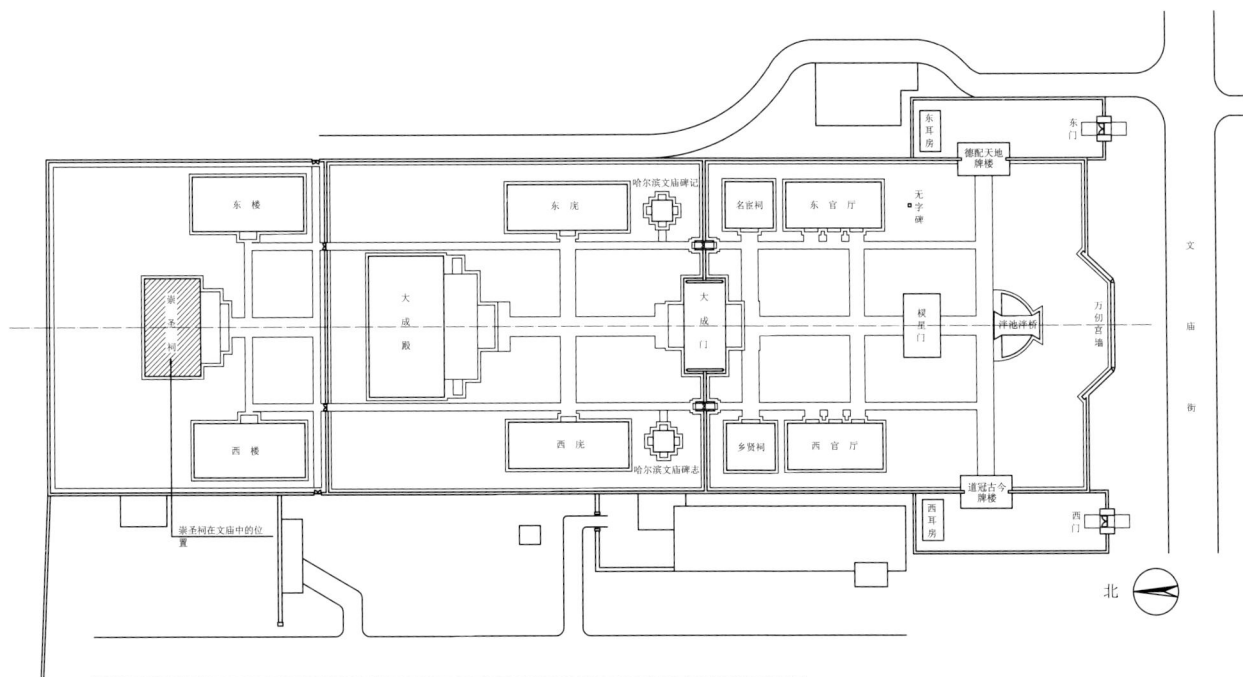

哈尔滨文庙崇圣祠位置图

（一）勘察测绘图

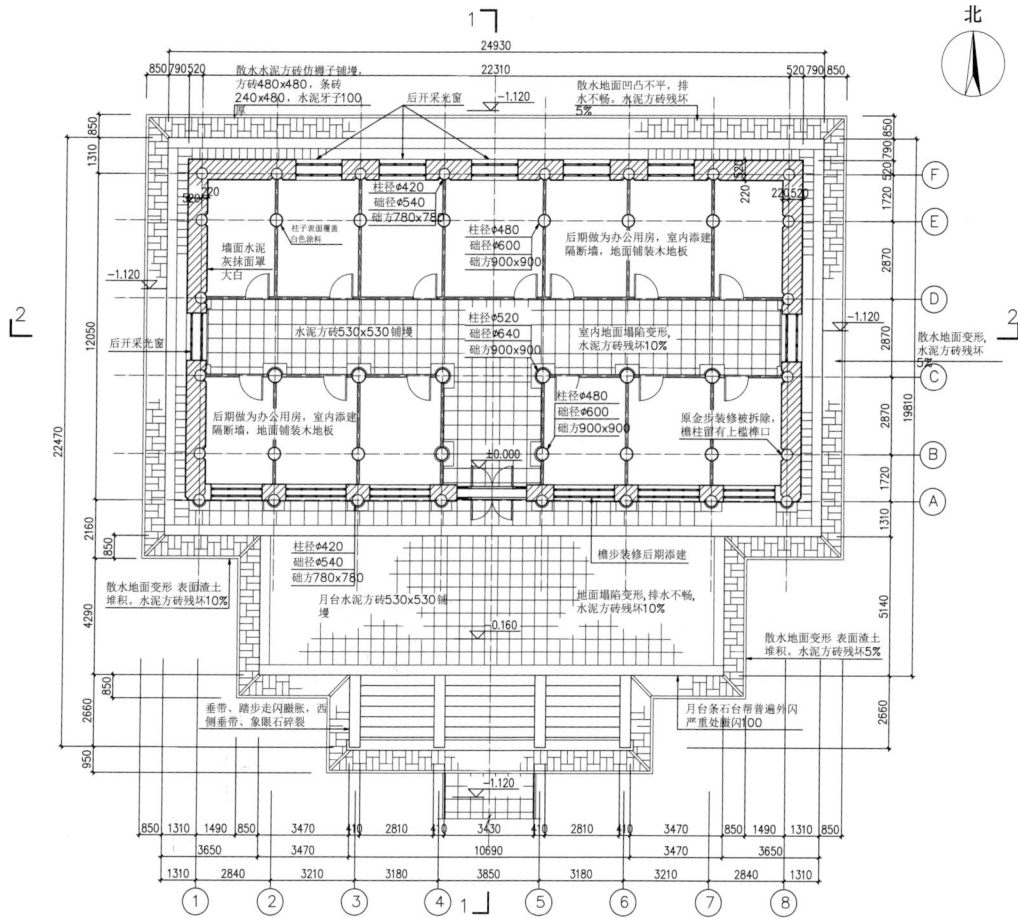

平面图

残损现状：1、哈尔滨文庙曾为多个单位使用，崇圣祠后期改动较大
2、室内下架大木油饰后期改为白色涂料

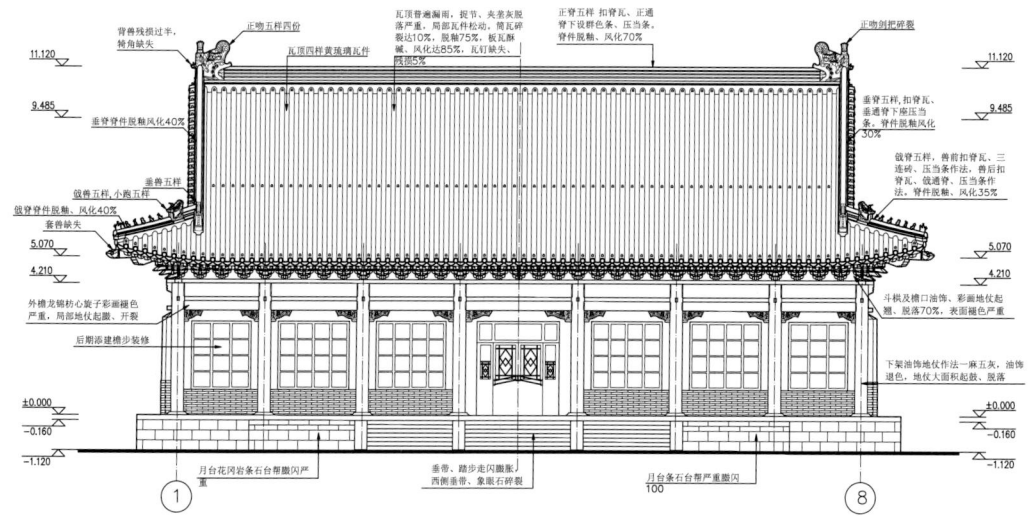

南立面图

残损现状：外檐檐口椽望及斗栱油饰彩画普遍褪绿色，地仗三道灰起鼓、剥落60%

东立面图

正吻五样，剑把残碎

铃铛排山瓦件残碎5%，脱釉30%，瓦钉缺失5%

山花、博缝油饰完全脱落，表面轻度风化，根部糟朽严重；博缝板表面梅花钉缺失

垂脊脊件脱釉风化50%

戗脊脊件脱釉、风化45%

斗栱及槽口油饰、彩画地仗起翘、脱落70%，表面褪色严重

花冈岩条石台帮

戗脊五样，兽前扣脊瓦、三连砖、压当条作法，兽后扣脊瓦、戗通脊、压当条作法。脊件脱釉、风化30%

瓦顶漏雨，捉节、夹垄灰脱落严重，局部瓦件松动，筒瓦碎裂达15%，脱釉55%，板瓦酥碱、风化达65%，瓦钉缺失、残损5%

戗兽五样，小跑五样

戗脊脊件脱釉、风化35%

外檐龙锦枋心旋子彩画褪色严重，局部地仗起臌、开裂

残损现状：两山山花、博缝油饰完全脱落，表面轻度风化，根部糟朽严重；博缝板表面梅花钉缺失

月台条石台帮臌闪严重

外墙下碱干摆三顺一丁，砖规格80×190×380

透风尺寸140×235，缺失1个，残碎2个

北立面图

正吻剑把碎裂

瓦顶普遍漏雨，捉节、夹垄灰脱落严重，局部瓦件松动，筒瓦碎裂达10%，脱釉65%，板瓦酥碱、风化达70%，瓦钉缺失、残损5%

脊件脱釉达70%

背兽残损过半，戗角缺一

垂脊脊件脱釉风化45%

垂脊脊件脱釉风化50%

戗脊脊件脱釉、风化45%

戗脊脊件脱釉、风化65%

外檐龙锦枋心旋子彩画褪色严重，局部地仗起臌、开裂

斗栱及槽口油饰、彩画地仗起翘、脱落75%，表面褪色严重

后开采光窗

透风尺寸140×235，缺失1个，残碎3个

外墙下碱干摆三顺一丁，砖规格80×190×380

剖面图（一）

檩子φ400
垫板90×300
枋子180×240

瓦顶普遍漏雨，灰背酥松，椽望存在糟朽霉变现象

梁体干裂通长，缝宽20，裂缝处伴有虫蛀现象

檩子φ400
垫板90×300
枋子180×240

310×320
450×530
310×320
500×620
500×625　500×625

φ320
φ280

飞椽100×100
檐椽φ320

380×520　255×380
240×320

255×380
天花枝条125×155

380×520
240×320

后期添建檐步装修

后添石膏吊顶

后添建石膏隔墙
墙面后刷大白
后铺木地板

后开采光窗

阶条石160×380

花冈岩条石台明

残损现状：1、大木构件干裂40%，局部构件开裂严重；木构件多处虫蛀
2、室内上架彩画保留较完整，只是表面蒙有灰尘
3、下架大木表面后刷白色涂料

剖面图（一）

山花板厚70
博缝板厚90

脊檩处漏雨，梁架潮湿，表面轻度糟朽

脊檩处漏雨，椽望潮湿、霉变糟朽

450×530
440×560

角背110×430×1200　310×320

山花、博缝油饰完全脱落，表面轻度风化，根部糟朽严重；博缝板表面梅花钉缺失

450×530
440×560

五架梁通干裂，缝宽25，缝中虫蛀

中金、上金檩处漏雨、梁架潮湿

梁体通干裂，缝宽20，缝中虫蛀严重

440×590
360×300

大梁斜向裂缝，缝宽30

下金檩处漏雨

440×590
360×300

下金檩处漏雨，椽望潮湿、霉变糟朽

中、下金檩处漏雨，梁架潮湿

后添石膏吊顶

后添建石膏隔墙

墙面后刷大白

后开采光窗

后开采光窗

阶条石160×380

花冈岩条石台明

残损现状：1、瓦顶多处漏雨，梁架表面潮湿，局部轻度糟朽；
2、木基层椽望部分据观察糟朽、霉变达60%；
3、大木构件干裂达40%，局部开裂严重构件的缝宽30；
4、约25%木构件虫蛀，严重部位的虫蛀木屑堆积在天花板上

剖面图（二）

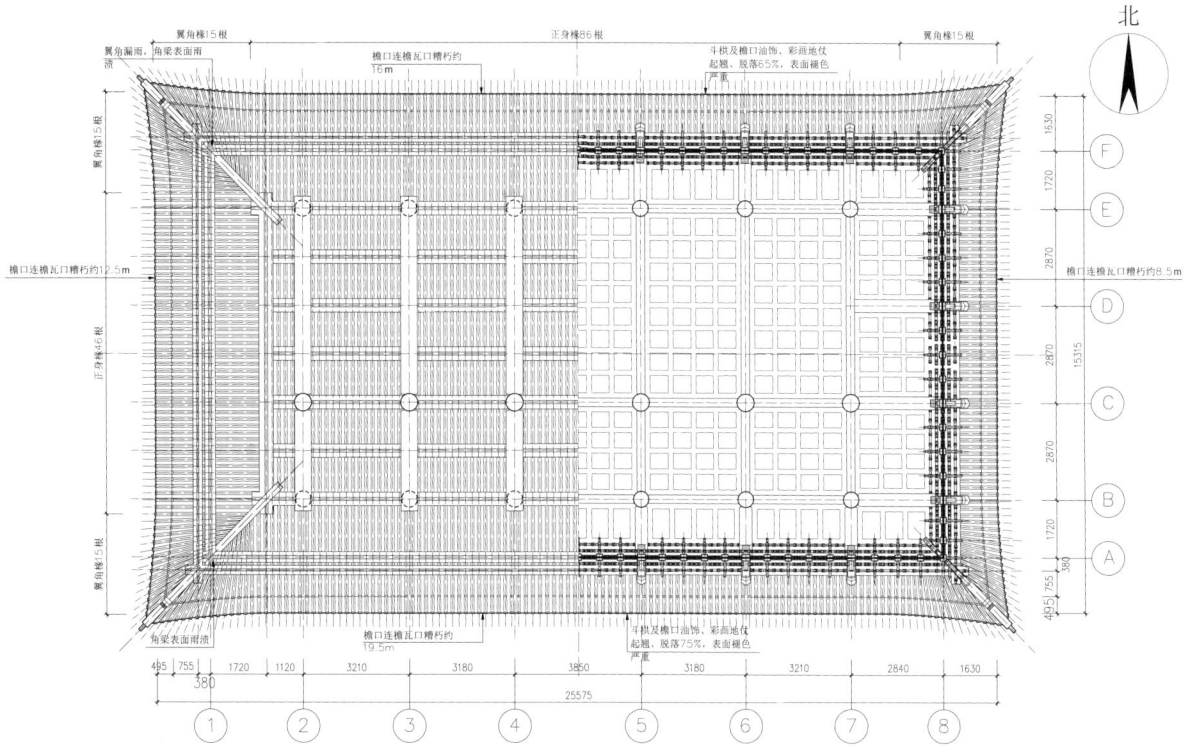

残损现状：1、外檐斗栱、椽望油饰彩画退色严重，地仗三道灰普遍起翘，剥落
2、翼角梁处普遍漏雨，多有水渍
3、椽口存在屎椽现象

梁架仰视平面图

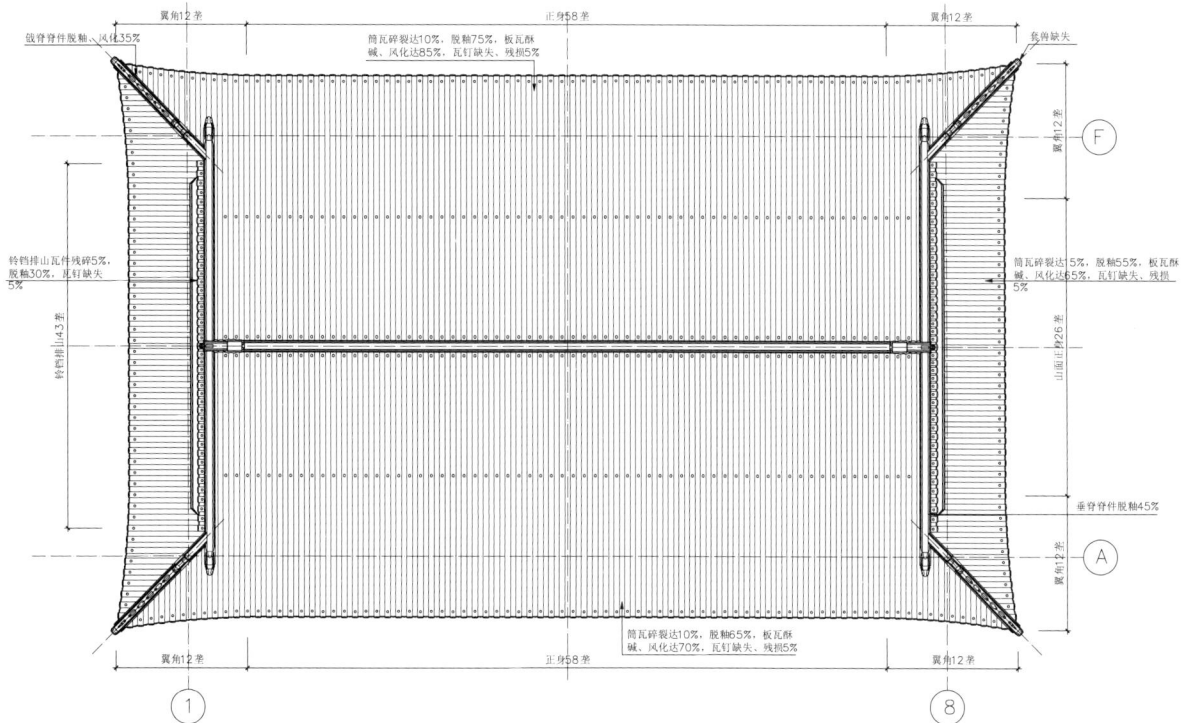

残损现状：瓦顶普遍漏雨，捉节，夹垄灰酥松，脱落严重，局部瓦件松动，灰背酥松

瓦顶俯视平面图

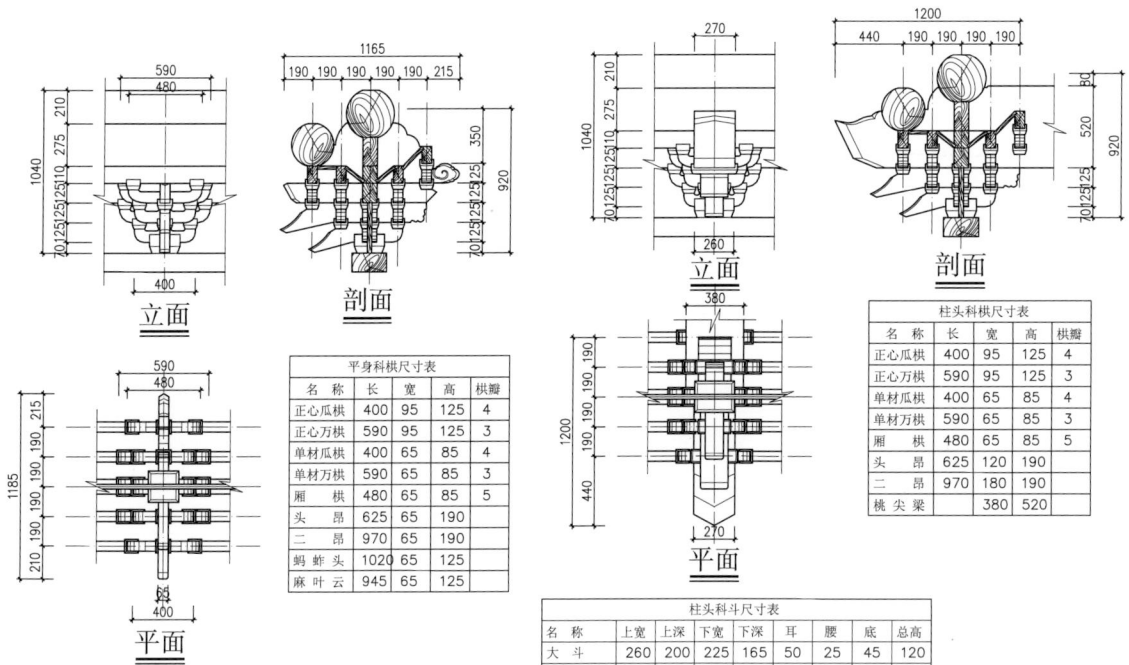

立面　剖面　平面

平身科栱尺寸表

名　称	长	宽	高	栱瓣
正心瓜栱	400	95	125	4
正心万栱	590	95	125	3
单材瓜栱	400	65	85	4
单材万栱	590	65	85	3
厢　栱	480	65	85	5
头　昂	625	65	190	
二　昂	970	65	190	
蚂蚱头	1020	65	125	
麻叶云	945	65	125	

平身科斗尺寸表

名　称	上宽	上深	下宽	下深	耳	腰	底	总高
大　斗	200	200	165	165	50	25	45	120
十八斗	100	100	80	80	25	15	25	65
槽升子	90	90	70	70	25	15	25	65
三才升	90	90	70	70	25	15	25	65

平身科斗栱详图

柱头科栱尺寸表

名　称	长	宽	高	栱瓣
正心瓜栱	400	95	125	4
正心万栱	590	95	125	3
单材瓜栱	400	65	85	4
单材万栱	590	65	85	3
厢　栱	480	65	85	5
头　昂	625	120	190	
二　昂	970	180	190	
桃尖梁		380	520	

柱头科斗尺寸表

名　称	上宽	上深	下宽	下深	耳	腰	底	总高
大　斗	260	200	225	165	50	25	45	120
十八斗(一)	215	100	195	80	25	15	25	65
十八斗(二)	305	100	285	80	25	15	25	65
槽升子	90	90	70	70	25	15	25	65
三才升	90	90	70	70	25	15	25	65

柱头科斗栱样图

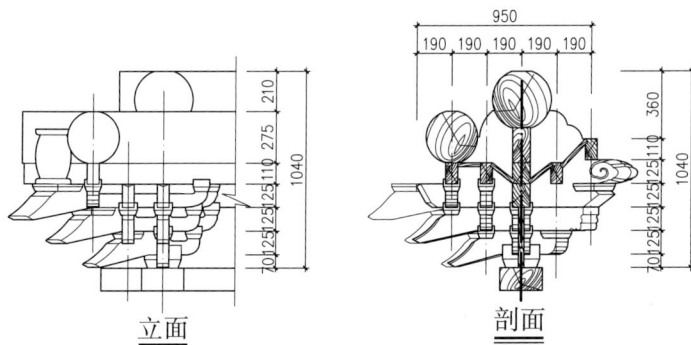

立面　剖面

角科栱尺寸表

名　称	长	宽	高	栱瓣
头昂后带正心瓜栱	600	95	190	4
二昂后带正心万栱	885	95	190	3
二昂后带单材瓜	790	65	190	4
蚂蚱头后带单材万栱	865	65	125	3
把臂厢栱	910	65	85	5
斜头昂	880	95	190	
斜二昂	1125	120	190	
由　昂	1945	150	190	

角科斗尺寸表

名　称	上宽	上深	下宽	下深	耳	腰	底	总高
大　斗	200	200	165	165	50	25	45	120
十八斗(一)	120	120	100	100	25	15	25	65
十八斗(二)	160	180	140	160	25	15	25	65
平盘斗	190	190	170	170		15	25	40
槽升子	90	90	70	70	25	15	25	65
三才升	90	90	70	70	25	15	25	65

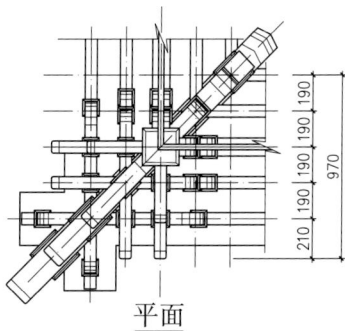

平面　　角科斗栱详图

立面图

剖面图

① 1:5

② 1:5

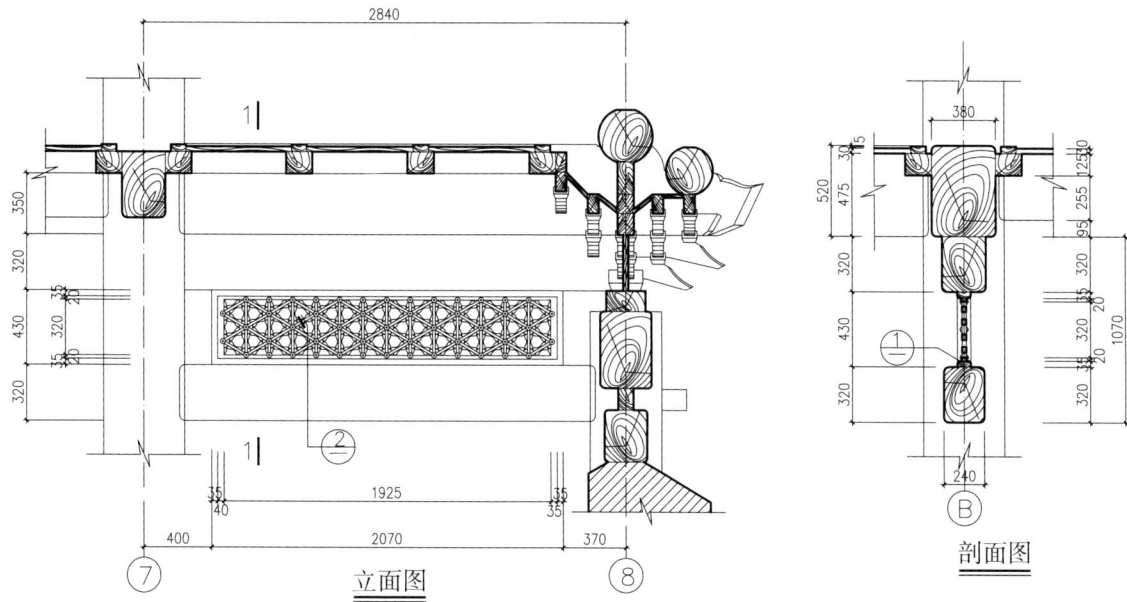

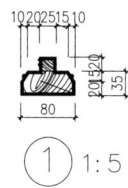

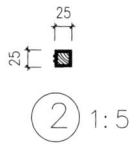

前檐尽间金步衡披详图

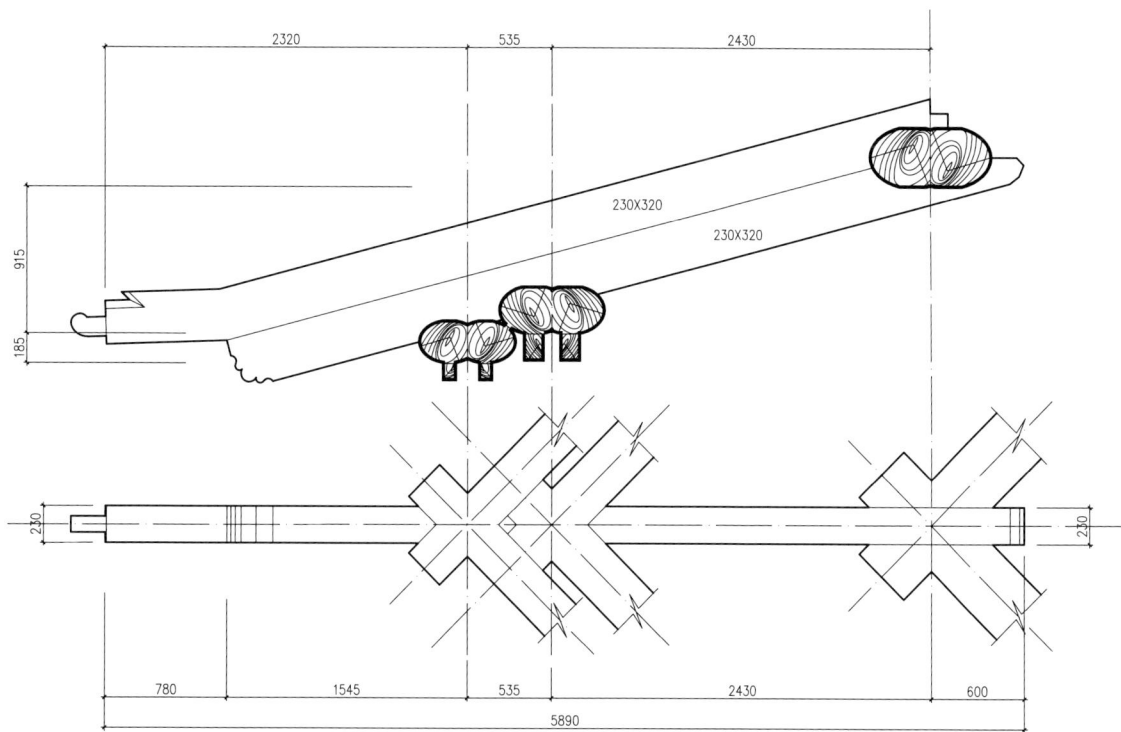

角梁详图

（二）修缮设计图

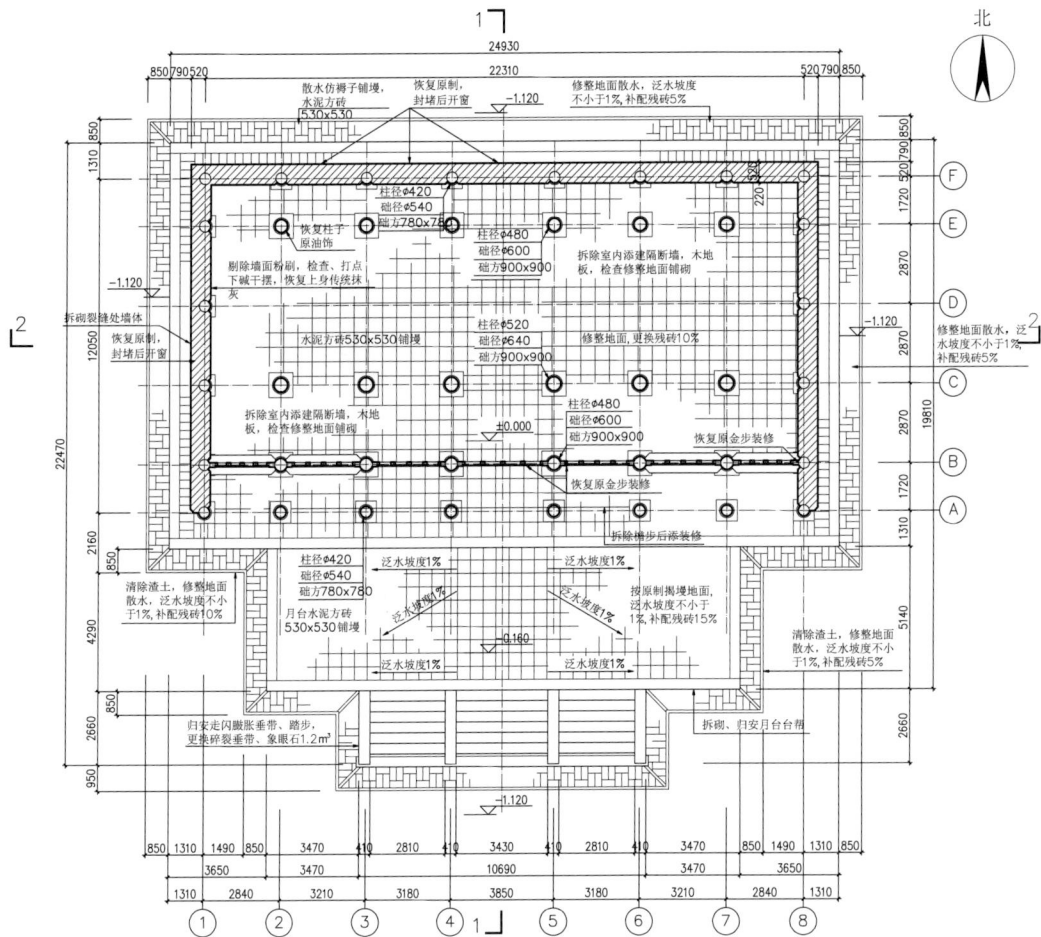

平面图

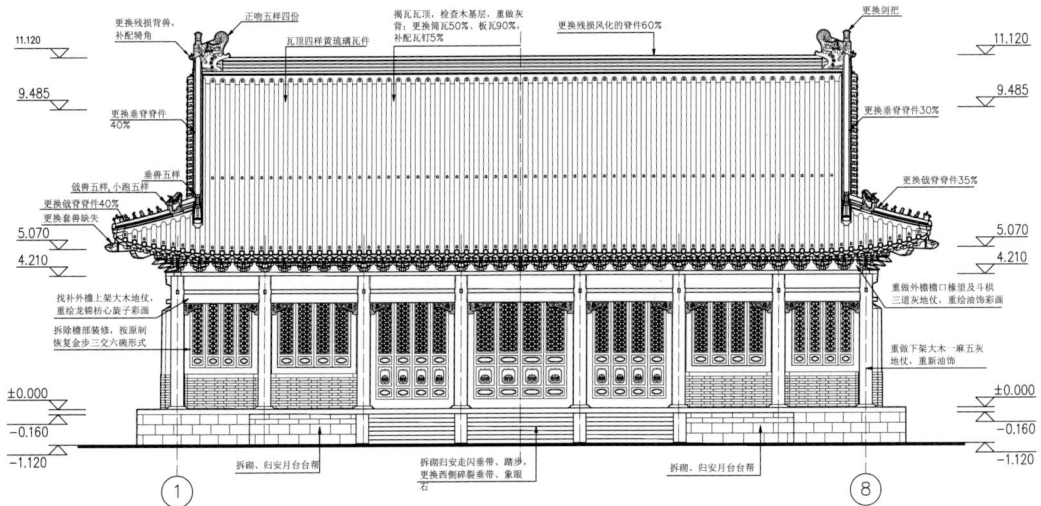

南立面图

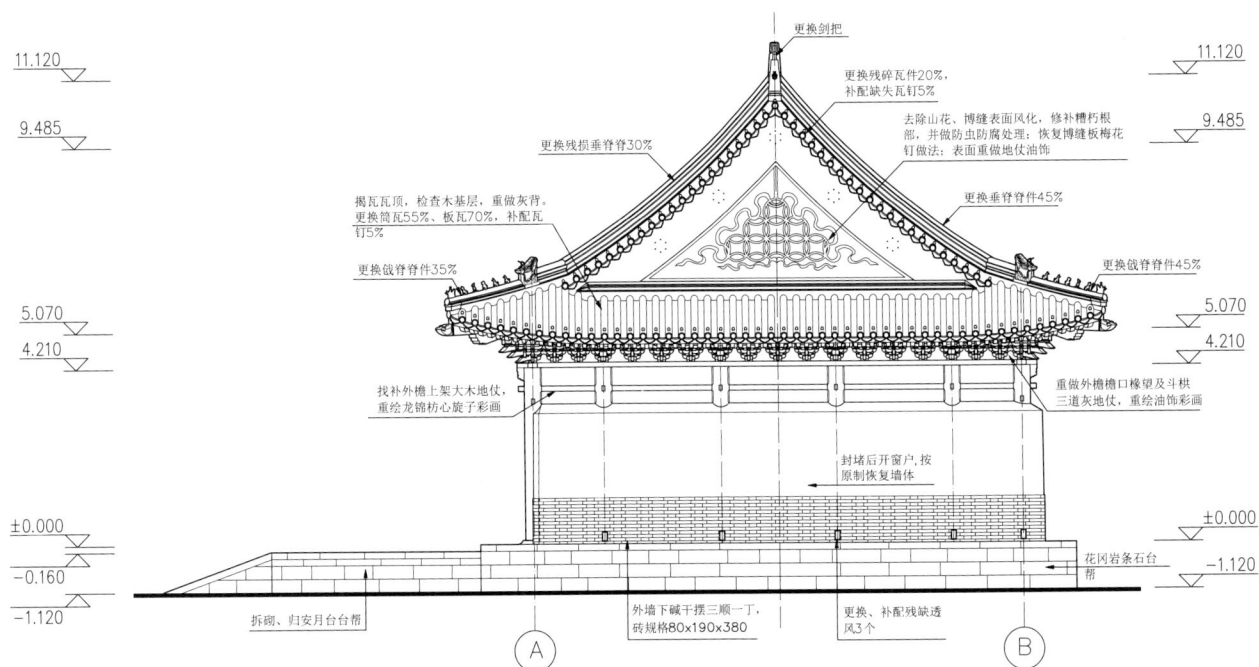

11.120

9.485

更换剑把

更换残缺碎瓦件20%，补配缺失瓦钉5%

更换缺损垂脊脊件30%

去除山花、博缝表面风化，修补糟朽根部，并做防虫防腐处理；恢复博缝板梅花钉做法；表面重做地仗油饰

揭瓦瓦顶，检查木基层，重做灰背。更换筒瓦55%、板瓦70%，补配瓦钉5%

更换垂脊脊件45%

更换戗脊脊件35%

更换戗脊脊件45%

5.070

4.210

找补外檐上架大木地仗，重绘龙锦枋心旋子彩画

封堵后开窗户，按原制恢复墙体

重做外檐檐口椽望及斗栱三道灰地仗，重绘油饰彩画

5.070

4.210

±0.000

-0.160

-1.120

花冈岩条石台帮

±0.000

-1.120

拆砌、归安月台台帮

外墙下碱干摆三顺一丁，砖规格80×190×380

更换、补配残缺透风3个

Ⓐ 　　　　　东立面图　　　　　Ⓑ

维修设计：去除山花、博缝表面风化，修补糟朽根部，并做防虫防腐处理；恢复博缝板梅花钉做法；表面重做地仗油饰；地仗作法一麻五灰

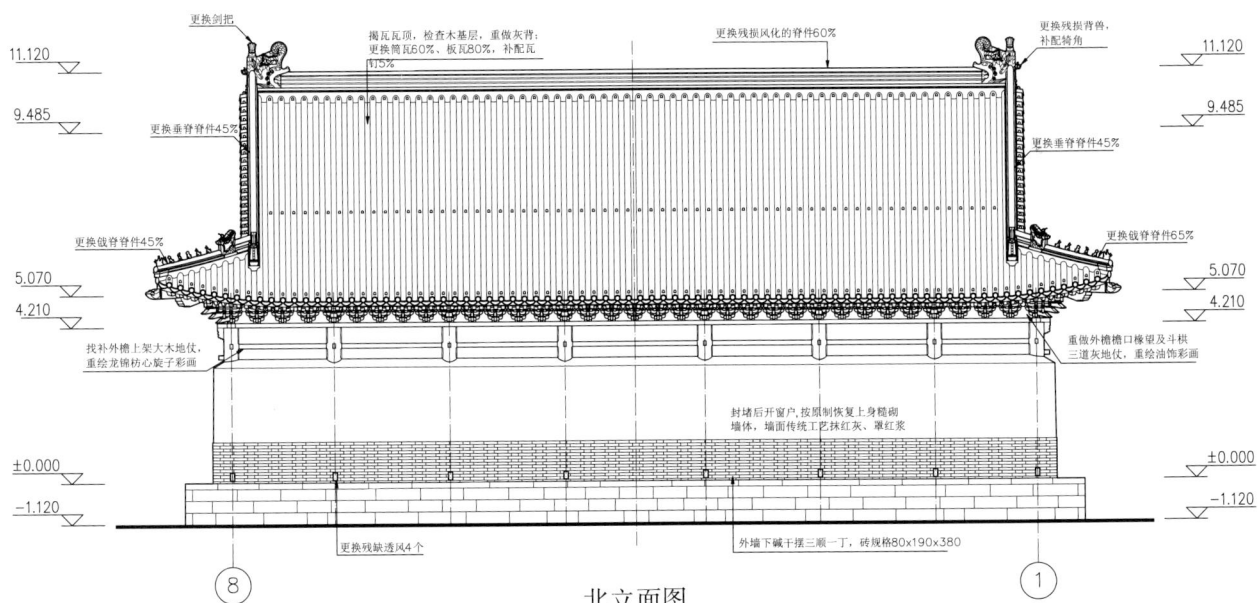

11.120

9.485

更换剑把

揭瓦瓦顶，检查木基层，重做灰背；更换筒瓦60%、板瓦80%，补配瓦钉5%

更换残损风化的脊件60%

更换残损背兽，补配骑角

11.120

9.485

更换垂脊脊件45%

更换垂脊脊件45%

更换戗脊脊件45%

更换戗脊脊件65%

5.070

4.210

找补外檐上架大木地仗，重绘龙锦枋心旋子彩画

重做外檐檐口椽望及斗栱三道灰地仗，重绘油饰彩画

5.070

4.210

封堵后开窗户，按原制恢复上身糙砌墙体，墙面传统工艺抹红灰，罩红浆

±0.000

-1.120

±0.000

-1.120

⑧ 更换残缺透风4个　　北立面图　　外墙下碱干摆三顺一丁，砖规格80×190×380　　①

剖面图（一）

维修设计：1、修补开裂的大木构件，对于开裂严重构件用厚8mm铁箍加固；
对于虫蛀构架杀虫后再作防虫防腐处理
2、室内上架彩画除尘、封护处理
3、重做下架大木地仗油饰

剖面图（二）

维修设计：1、揭瓦瓦顶，检查隐蔽部位，据现场状况进行维修处理
2、消除梁架表面糟朽，进行防腐处理；
3、更换糟朽望板65%；修补、更换椽子45%；
4、嵌补干裂大木构件60%，对于严重构件用8mm厚的铁箍加固；
5、清理虫蛀木圃，虫蛀木构件进行杀虫处理，木构件做防虫防腐
6、具体做法详见维修工程做法说明表

北

翼角椽15根　　　　　　正身椽86根　　　　　翼角椽15根

瓦顶揭开后，检查角梁，据现场状况进行维修

更换糟朽连檐瓦口17m

重做外檐檐口椽望及斗栱三道灰地仗，重绘油饰彩画

翼角椽15根

1630
1720
2870
D
2870
C
2870
B
1720
380
495 755

15315

F
E

翼角椽15根

更换糟朽连檐瓦口13m

正身椽46根

翼角椽15根

瓦顶揭开后，检查角梁，据现场状况进行维修

更换糟朽连檐瓦口21m

重做外檐檐口椽望及斗栱三道灰地仗，重绘油饰彩画

更换糟朽连檐瓦口10m

495 755　1720　1120　3210　3180　3850　3180　3210　2840　1630
380
25575

1　2　3　4　5　6　7　8

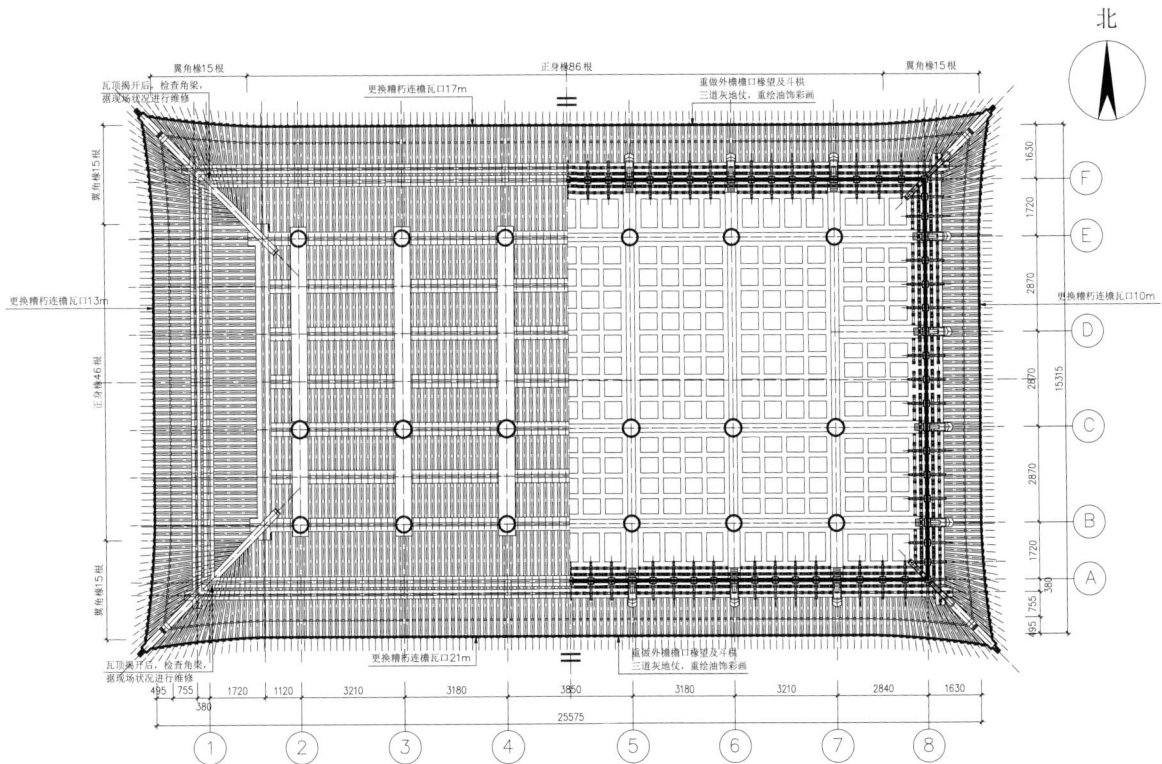

维修设计：1、重做外檐檐口椽望及斗栱三道灰地仗，重绘油饰彩画
　　　　　　2、揭开瓦顶，检查角梁，据现场状况实施维修
　　　　　　3、更换糟朽瓦口连檐

梁架仰视平面图

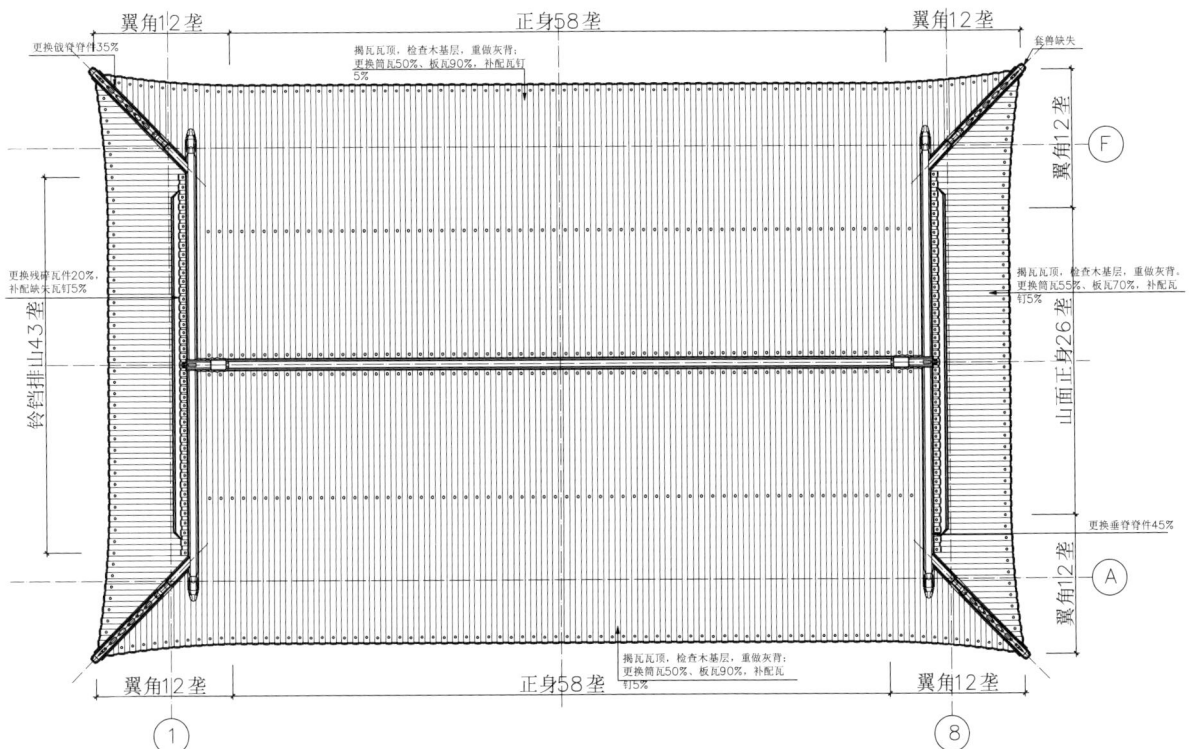

翼角12垄　　　　　　正身58垄　　　　　翼角12垄

更换钱兽脊件35%

揭瓦瓦顶，检查木基层，重做灰背；
更换筒瓦50%、板瓦90%，补配瓦钉5%

套兽缺失

翼角12垄

F

更换残碎瓦件20%，
补配缺失瓦钉5%

铃铛排山43垄

揭瓦瓦顶，检查木基层，重做灰背；
更换筒瓦55%、板瓦70%，补配瓦钉5%

山面正身26垄

更换垂兽脊件45%

翼角12垄

A

翼角12垄　　　　　　正身58垄　　　　　翼角12垄

揭瓦瓦顶，检查木基层，重做灰背；
更换筒瓦50%、板瓦90%，补配瓦钉5%

1　　　　　　　　　　　　　　　　　8

维修设计：揭瓦瓦顶，按传统工艺重打屋顶灰背

瓦顶俯视平面图

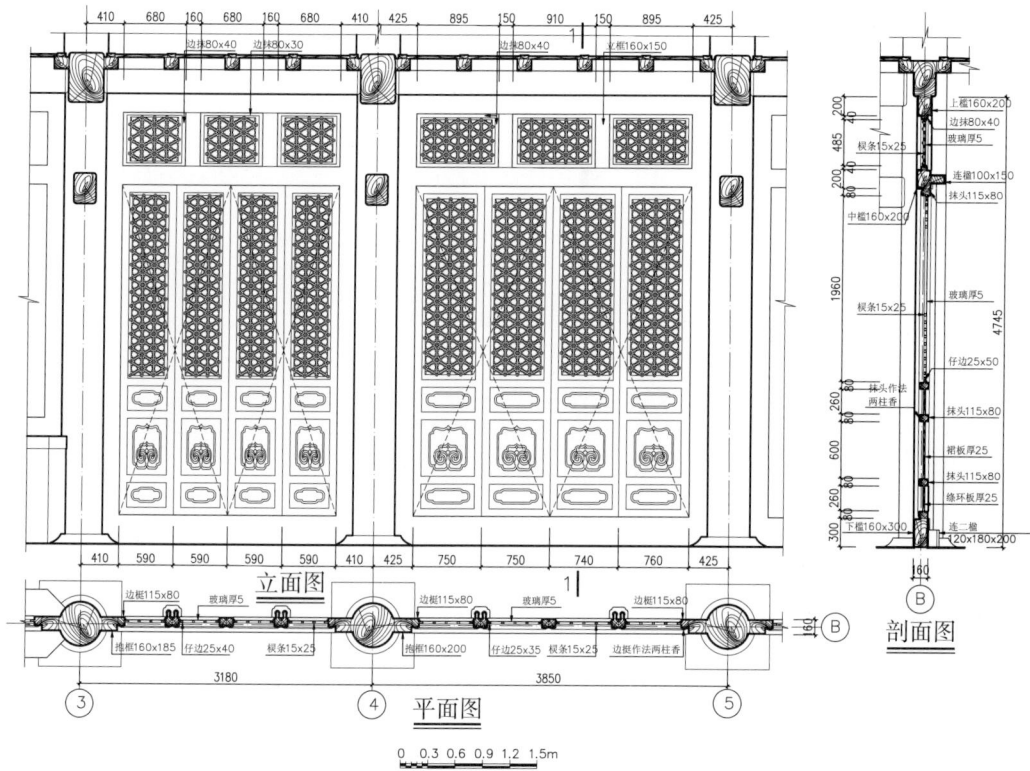

立面图

剖面图

平面图

0 0.3 0.6 0.9 1.2 1.5m

金步明、次间装修详图

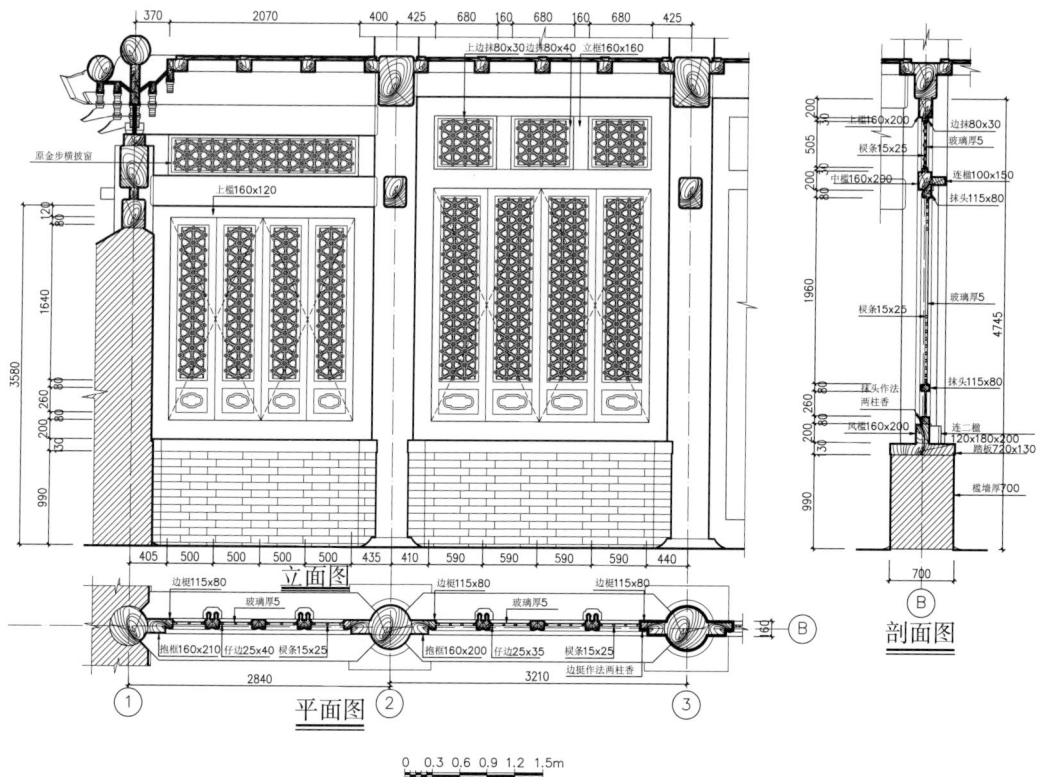

立面图

平面图

剖面图

0 0.3 0.6 0.9 1.2 1.5m

金步稍、尽间装修详图

二、大成门

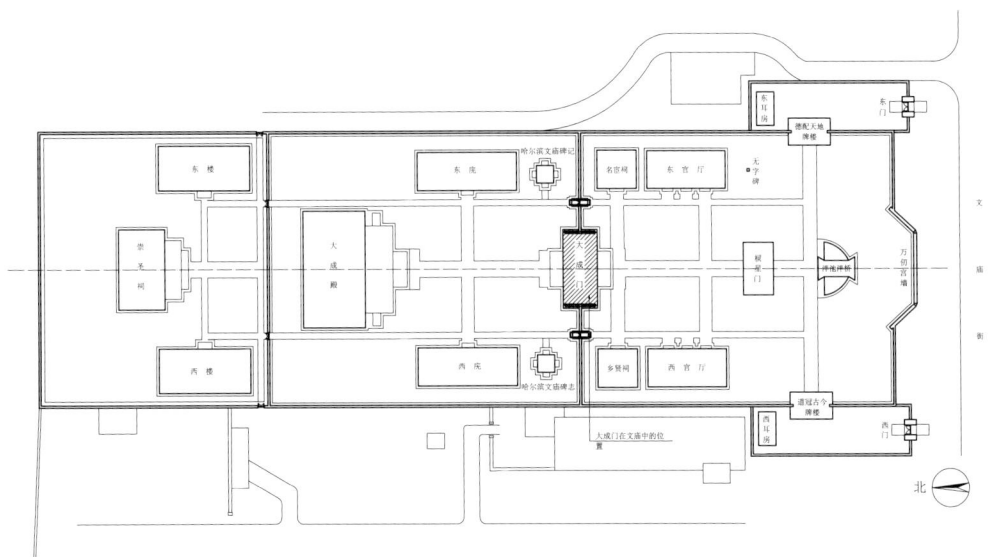

哈尔滨文庙大成门位置图

（一）勘察测绘图

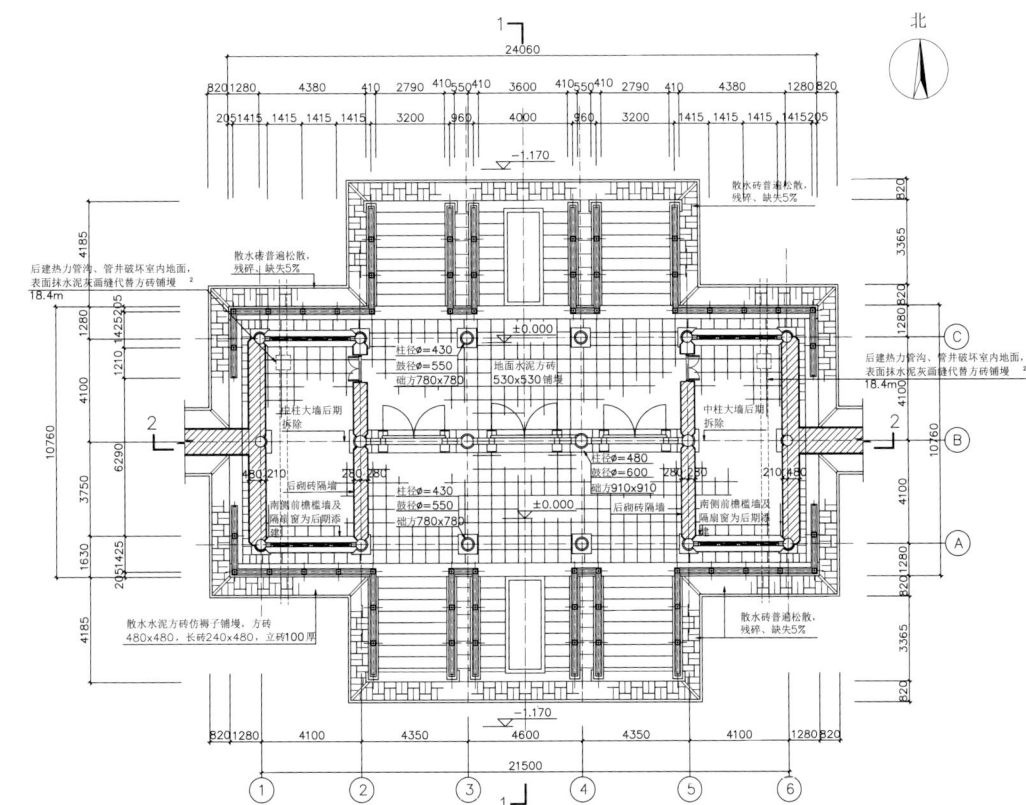

平面图

残损现状：1、文庙解放后被多个单位占用，大成门作为门房，
格局改制严重，跟据原建设计图，大成门在南侧
檐柱添建槛窗、槛墙，檐柱及中柱间加建隔墙，
并拆除了中柱大墙。
2、殿内热力管沟、管井仍继续延用

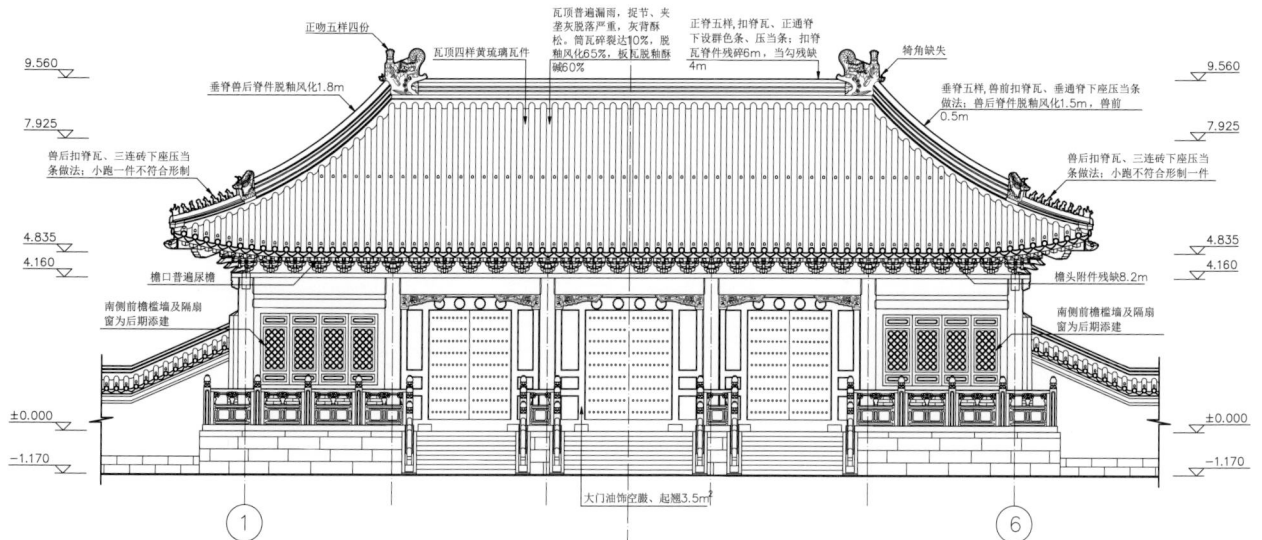

南立面图

残损现状：1、檐口附件松动严重，随时有掉落的可能，危及游客；
2、南侧檐80%的椽望尿檐，油饰斑驳剥落

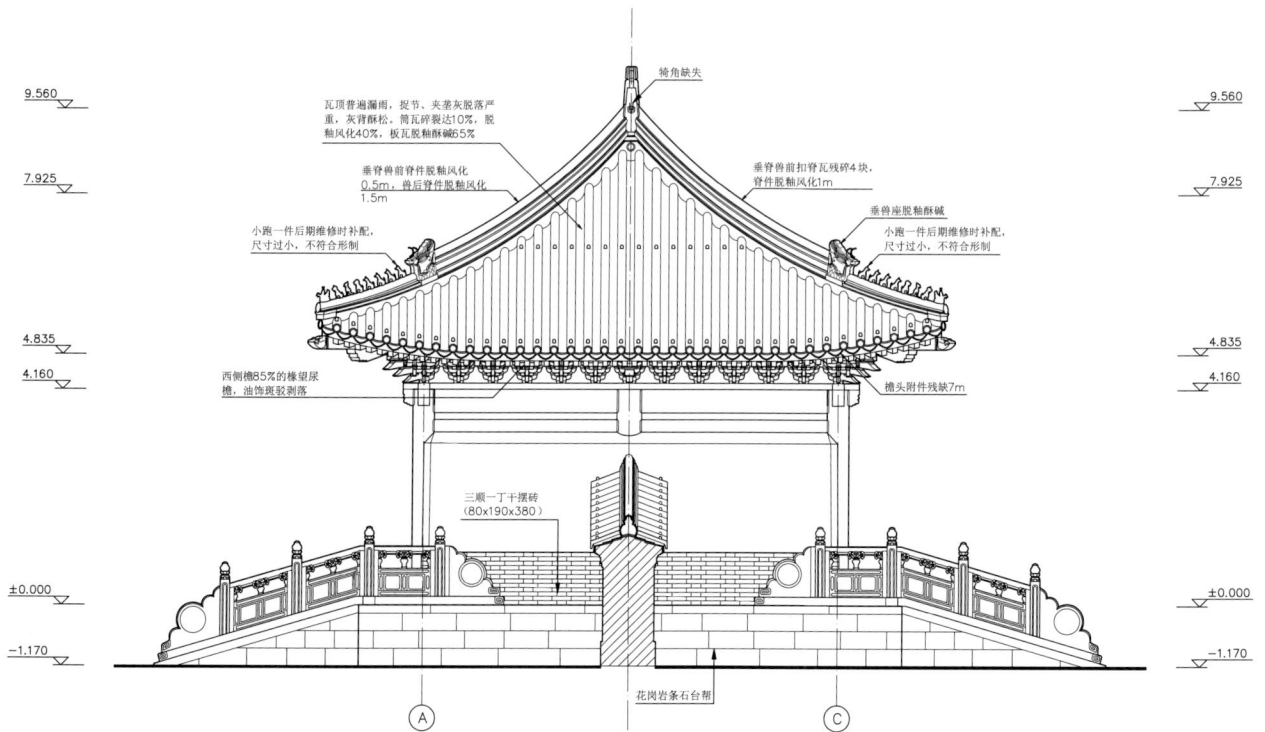

东立面图

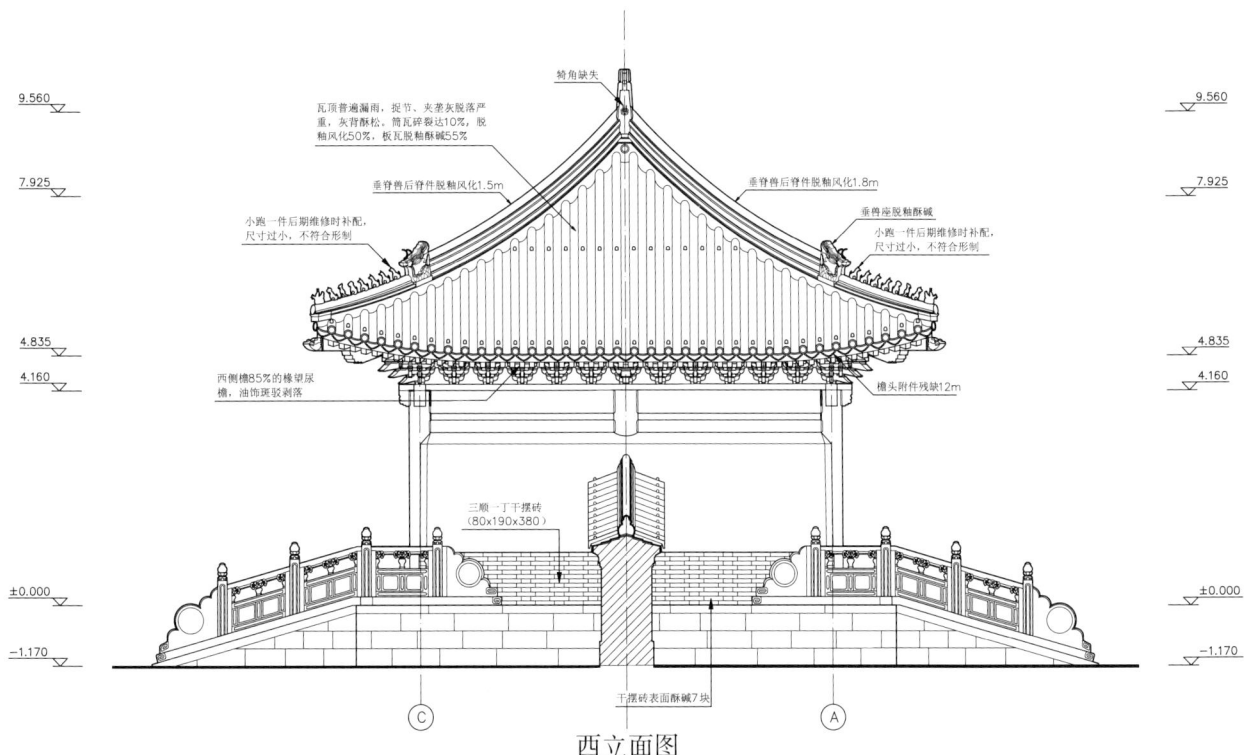

9.560

7.925

4.835
4.160

±0.000

-1.170

骑角缺失

瓦顶普遍漏雨，捉节、夹垄灰著脱落严重，灰背酥松，筒瓦碎裂达10%，脱釉风化50%，板瓦脱釉酥碱55%

垂脊兽后脊件脱釉风化1.5m

小跑一件后期维修时补配，尺寸过小，不符合形制

西侧檐85%的椽望尿檐，油饰斑驳剥落

垂脊兽后脊件脱釉风化1.8m

垂兽座脱釉酥碱

小跑一件后期维修时补配，尺寸过小，不符合形制

檐头附件残缺12m

三顺一丁干摆砖
（80x190x380）

干摆砖表面酥碱7块

Ⓒ 　　　　Ⓐ

西立面图

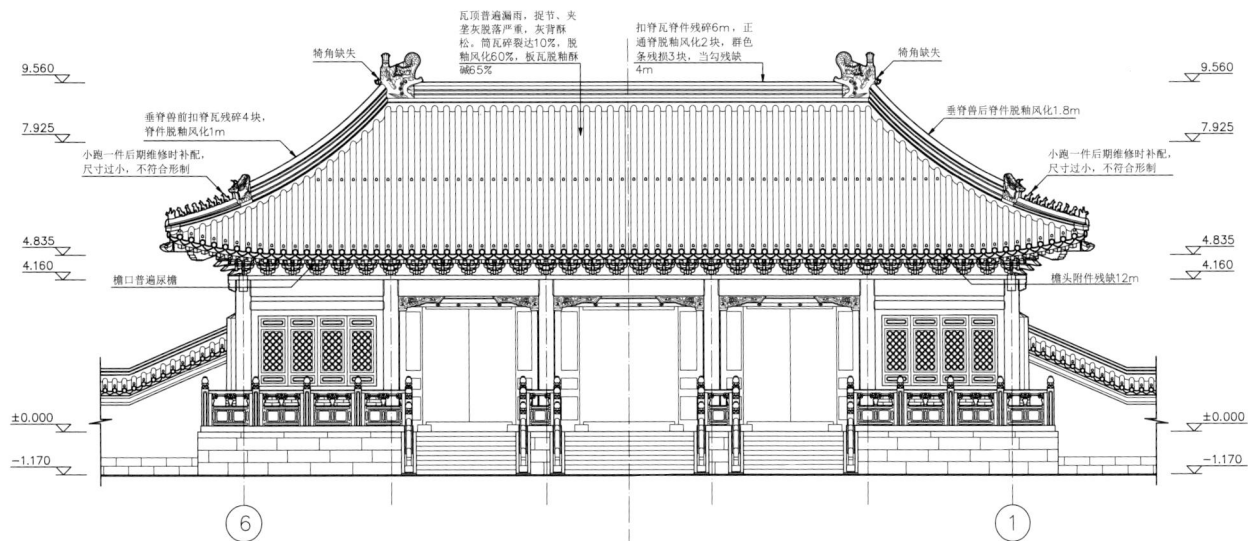

9.560

7.925

4.835
4.160

±0.000

-1.170

骑角缺失

瓦顶普遍漏雨，捉节、夹垄灰脱落严重，灰背酥松，筒瓦碎裂达10%，脱釉风化60%，板瓦脱釉酥碱65%

扣脊瓦脊件残碎6m，正通脊脱釉风化2块，群色条残损3块，当勾残缺4m

骑角缺失

垂脊兽前扣脊瓦残碎4块，脊件脱釉风化1m

小跑一件后期维修时补配，尺寸过小，不符合形制

檐口普遍尿檐

垂脊兽后脊件脱釉风化1.8m

小跑一件后期维修时补配，尺寸过小，不符合形制

檐头附件残缺12m

⑥ 　　　　①

残损现状：1、檐口附件松动严重，随时有掉落的可能，危及游客；
　　　　　2、北侧檐75%的椽望尿檐，油饰斑驳剥落

北立面图

247

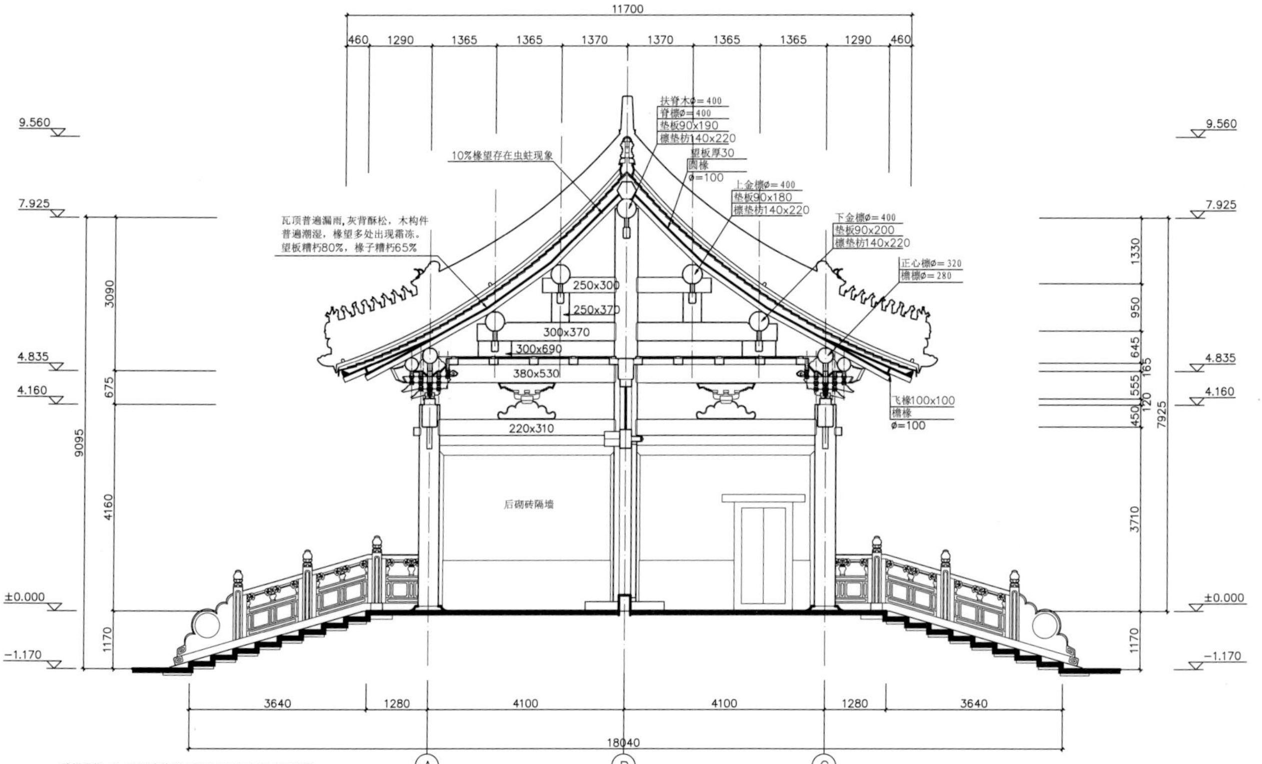

剖面图（一）

残损现状：1、25%木构件因潮湿表面出现表面霉变现象
　　　　　2、据现场勘查，瓦顶灰背含有白灰成份

剖面图（二）

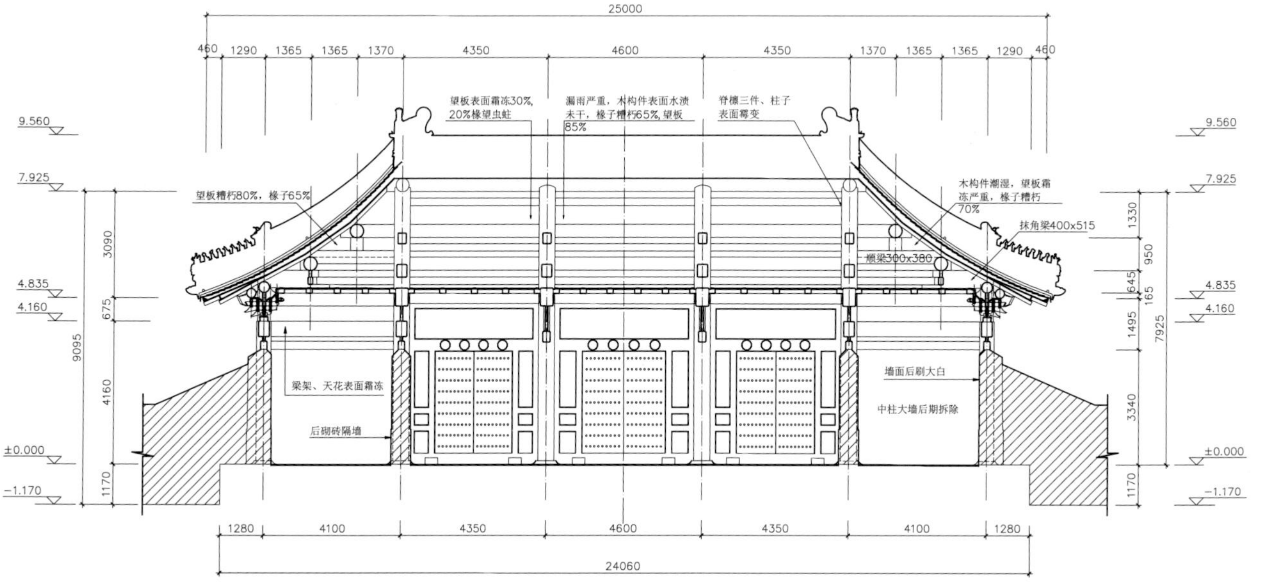

残损现状：1、椽子糟朽、虫蛀60%，望板85%；大木构
　　　　　　件表面潮湿
　　　　　2、殿内热力管沟、管井散发出潮湿热气，
　　　　　　于天花梁枋影画表面凝结成霜

北

翼角椽15根 　　　　正身椽92根 　　　　　　正身瓦94垄

檐口尿檐,75%油饰斑驳、脱落 　　　　檐头附件残缺12m

翼角椽15根

1370

380

翼角椽5根

4100

檐中尿檐,65%
油饰斑驳、脱落

11700

1370

正身椽28根

1365

顺梁300x380

1365

1370

380

翼角椽15根

角梁潮湿,雨渍未干

檐口尿檐,80%油饰斑驳、脱落 　　　　檐头附件残缺11m

C

4100

B

8200

瓦垄数共138垄

4100

A

檐头附件
残缺7m

1370 1365 1365 1370 　4350　 　4600　 　4350　 　4100　 2255

380

21500

① ② ③ ④ ⑤ ⑥

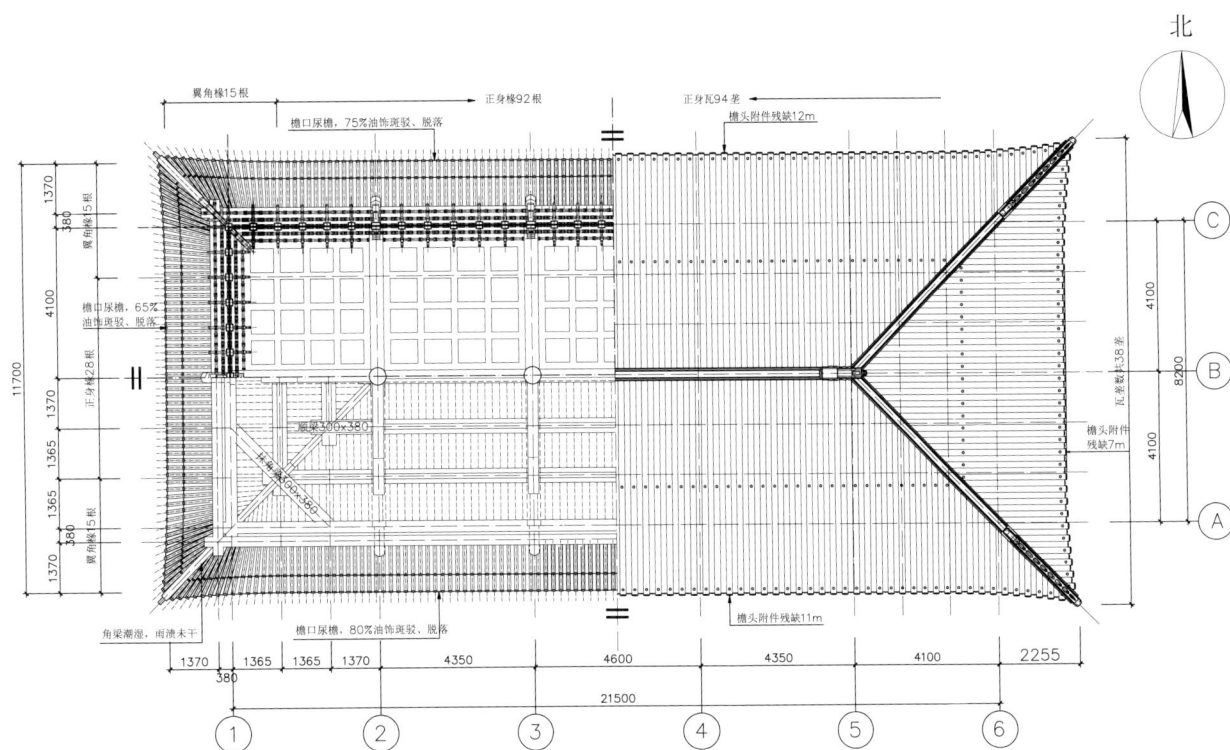

残损现状:1、檐口尿檐,连檐瓦口普遍糟朽,据估檐口
望板残损80%,椽飞65%;
2、4处翼角多处漏雨,角梁潮湿未干

梁架仰视及瓦顶俯视图

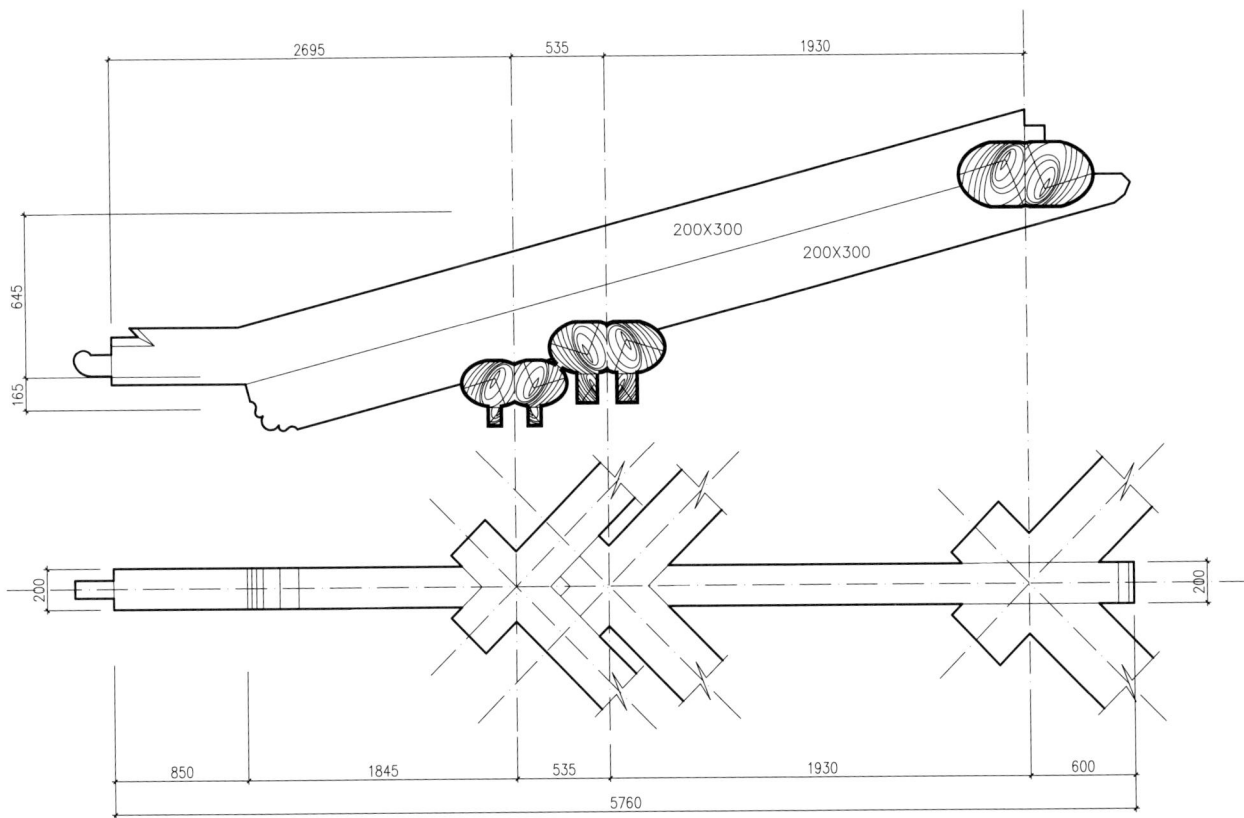

2695 　　　 535 　　　 1930

645

165

200X300

200X300

850 　　　 1845 　　　 535 　　　 1930 　　　 600

200

200

5760

角梁详图

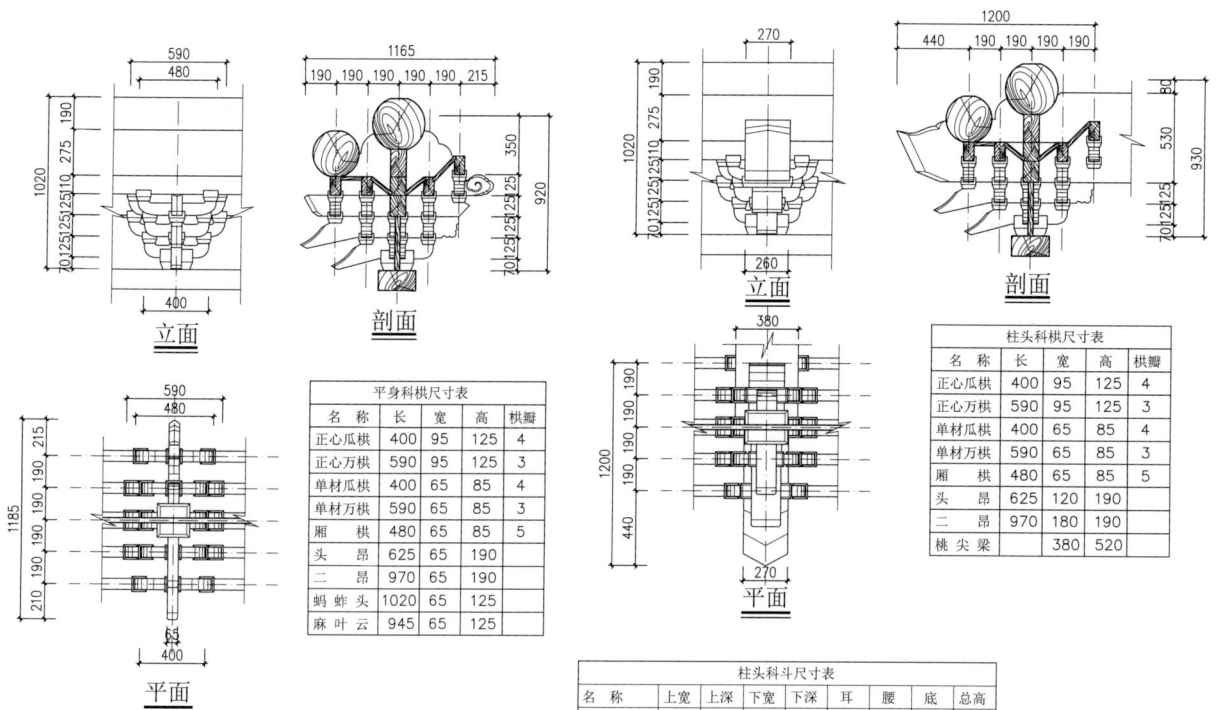

立面

剖面

平面

剖面

立面

剖面

平面

平身科栱尺寸表				
名　称	长	宽	高	栱瓣
正心瓜栱	400	95	125	4
正心万栱	590	95	125	3
单材瓜栱	400	65	85	4
单材万栱	590	65	85	3
厢　栱	480	65	85	5
头　昂	625	65	190	
二　昂	970	65	190	
蚂蚱头	1020	65	125	
麻叶云	945	65	125	

平身科斗尺寸表								
名　称	上宽	上深	下宽	下深	耳	腰	底	总高
大　斗	200	200	165	165	50	25	45	120
十八斗	100	100	80	80	25	15	25	65
槽升子	90	90	70	70	25	15	25	65
三才升	90	90	70	70	25	15	25	65

平身科斗栱详图

柱头科栱尺寸表				
名　称	长	宽	高	栱瓣
正心瓜栱	400	95	125	4
正心万栱	590	95	125	3
单材瓜栱	400	65	85	4
单材万栱	590	65	85	3
厢　栱	480	65	85	5
头　昂	625	120	190	
二　昂	970	180	190	
桃尖梁		380	520	

柱头科斗栱尺寸表								
名　称	上宽	上深	下宽	下深	耳	腰	底	总高
大　斗	260	200	225	165	50	25	45	120
十八斗(一)	215	100	195	80	25	15	25	65
十八斗(二)	305	100	285	80	25	15	25	65
槽升子	90	90	70	70	25	15	25	65
三才升	90	90	70	70	25	15	25	65

柱头科斗栱详图

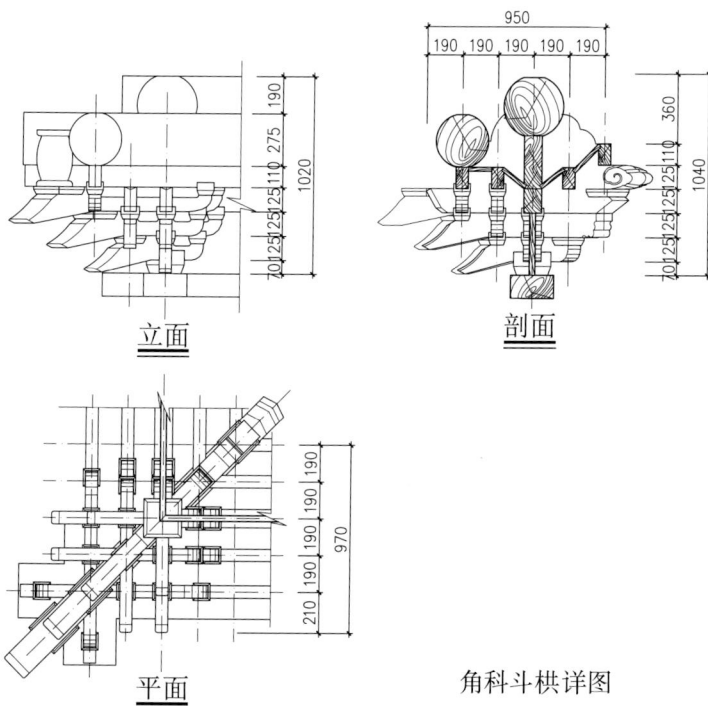

立面

剖面

平面

角科栱尺寸表				
名　称	长	宽	高	栱瓣
头昂后带正心瓜栱	600	95	190	4
二昂后带正心万栱	885	95	190	3
二昂后带单材瓜	790	65	190	4
蚂蚱头后带单材万栱	865	65	125	3
把臂厢栱	910	65	85	5
斜头昂	880	95	190	
斜二昂	1125	120	190	
由　昂	1945	150	190	

角科斗栱尺寸表								
名　称	上宽	上深	下宽	下深	耳	腰	底	总高
大　斗	200	200	165	165	50	25	45	120
十八斗(一)	120	120	100	100	25	15	25	65
十八斗(二)	160	180	140	160	25	15	25	65
平盘斗	190	190	170	170		15	25	40
槽升子	90	90	70	70	25	15	25	65
三才升	90	90	70	70	25	15	25	65

角科斗栱详图

（二）修缮设计图

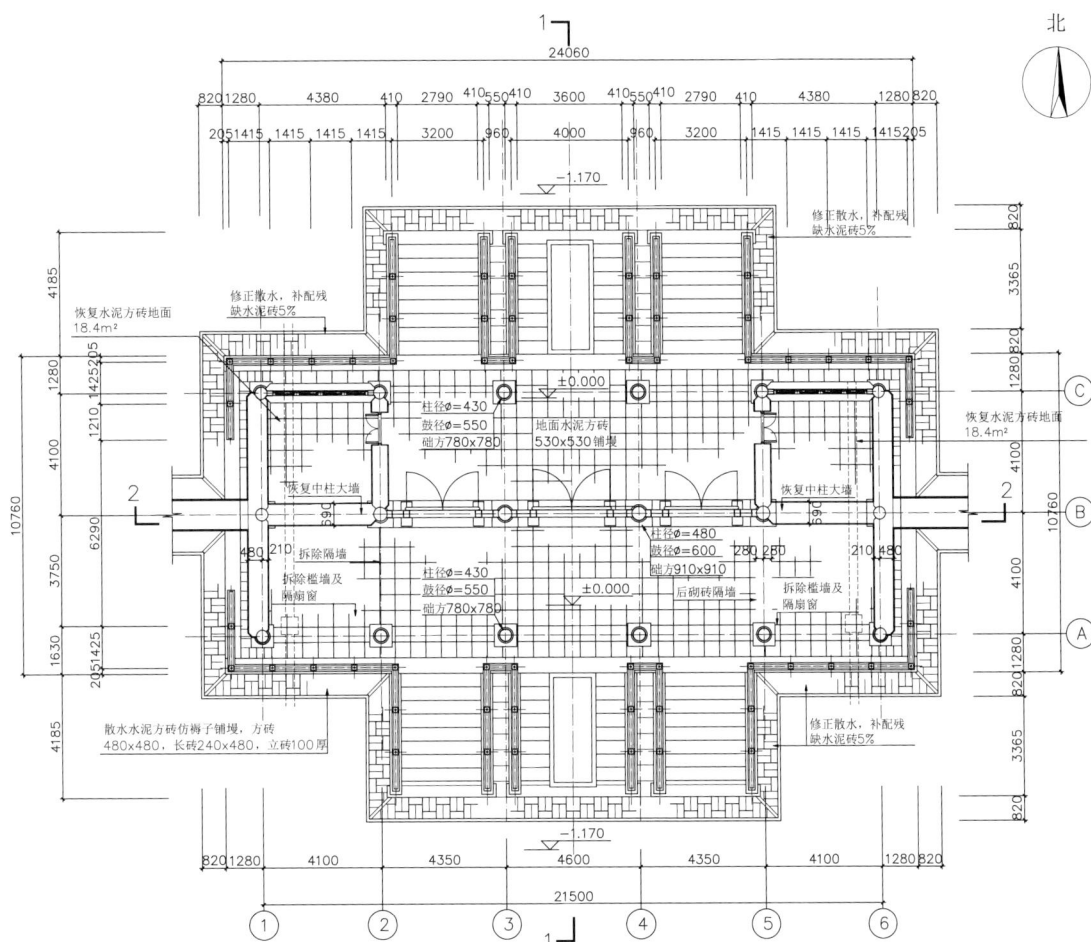

平面图

维修设计：1、恢复大成门原有格局，重砌中柱墙体，拆
　　　　　除隔墙及南侧檐柱的槛窗、槛墙及隔墙
　　　　2、将井口移至前廊下

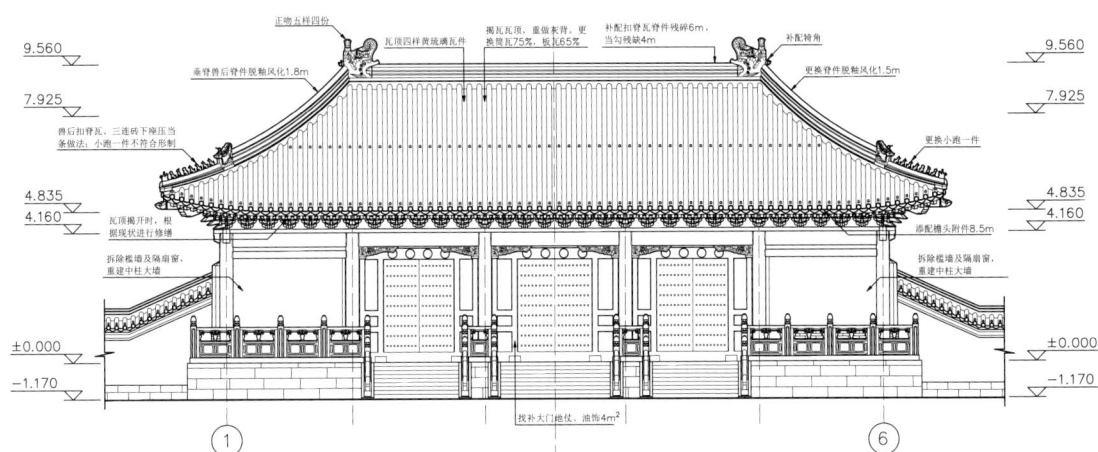

南立面图

维修设计：1、揭瓦瓦顶，添配檐头附件；
　　　　2、瓦顶揭开时，检查椽望，根据现状修缮、更换构
　　　　　件，檐口重新油饰

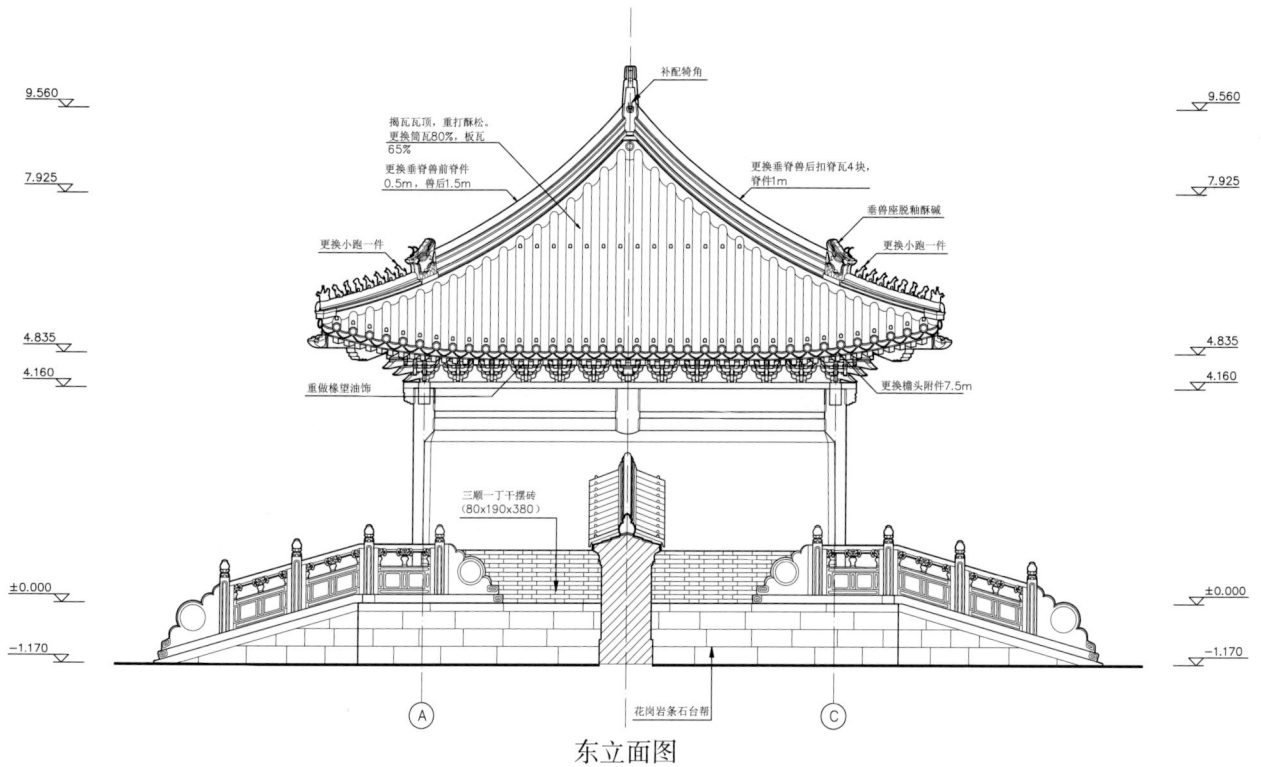

补配骑角

揭瓦瓦顶，重打酥松。
更换筒瓦80%，板瓦
65%

更换垂脊兽前脊件
0.5m，兽后1.5m

更换小跑一件

重做椽望油饰

更换垂脊兽后扣脊瓦4块，
脊件1m

垂兽座脱釉酥碱

更换小跑一件

更换槽头附件7.5m

三顺一丁干摆砖
(80x190x380)

花岗岩条石台帮

东立面图

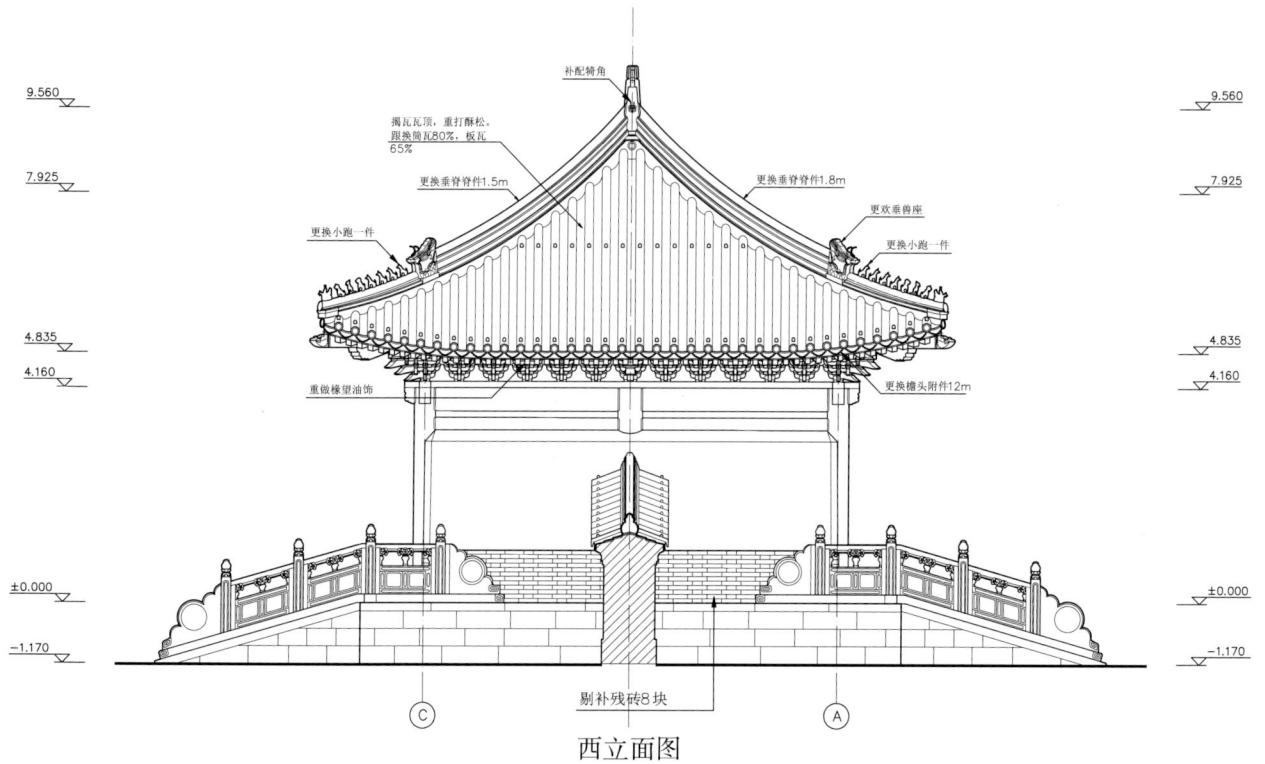

补配骑角

揭瓦瓦顶，重打酥松。
跟换筒瓦80%，板瓦
65%

更换垂脊脊件1.5m

更换小跑一件

重做椽望油饰

更换垂脊脊件1.8m

更改垂兽座

更换小跑一件

更换槽头附件12m

剔补残砖8块

西立面图

北立面图

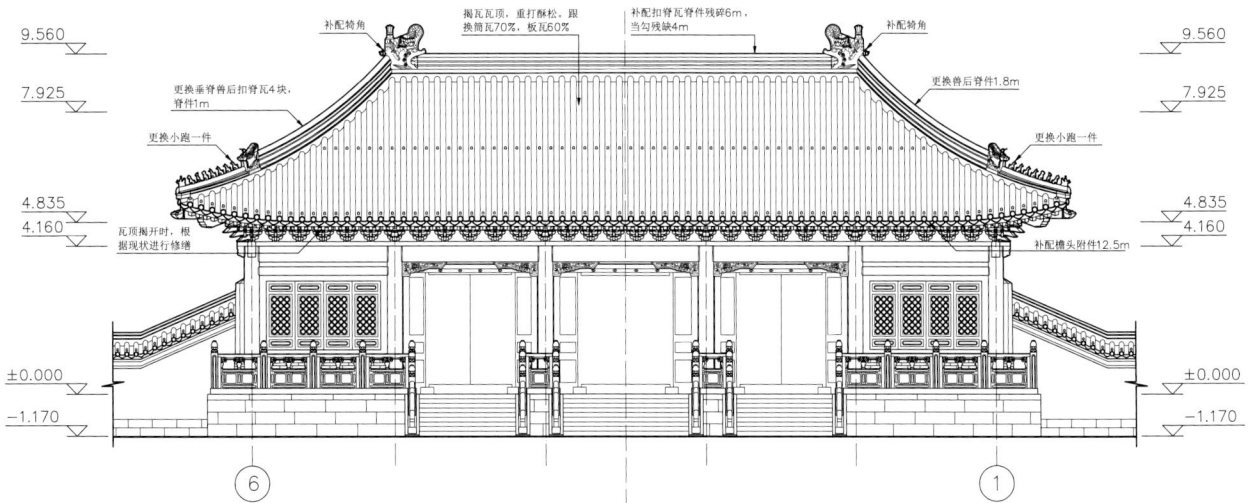

维修设计：1、揭瓦瓦顶，添配檐头附件；
2、瓦顶揭开时，检查椽望，更据现状修缮，更换构件，
檐口重新油饰。

补配翘角
揭瓦瓦顶，重打酥松。跟
换筒瓦70%，板瓦60%
补配扣脊瓦脊件残碎6m，
当勾残缺4m
补配翘角

更换垂脊兽后扣脊瓦4块，
脊件1m
更换脊兽后脊件1.8m

更换小跑一件
更换小跑一件

瓦顶揭开时，根
据现状进行修缮
补配檐头附件12.5m

9.560
7.925
4.835
4.160
±0.000
−1.170

⑥ ①

剖面图（一）

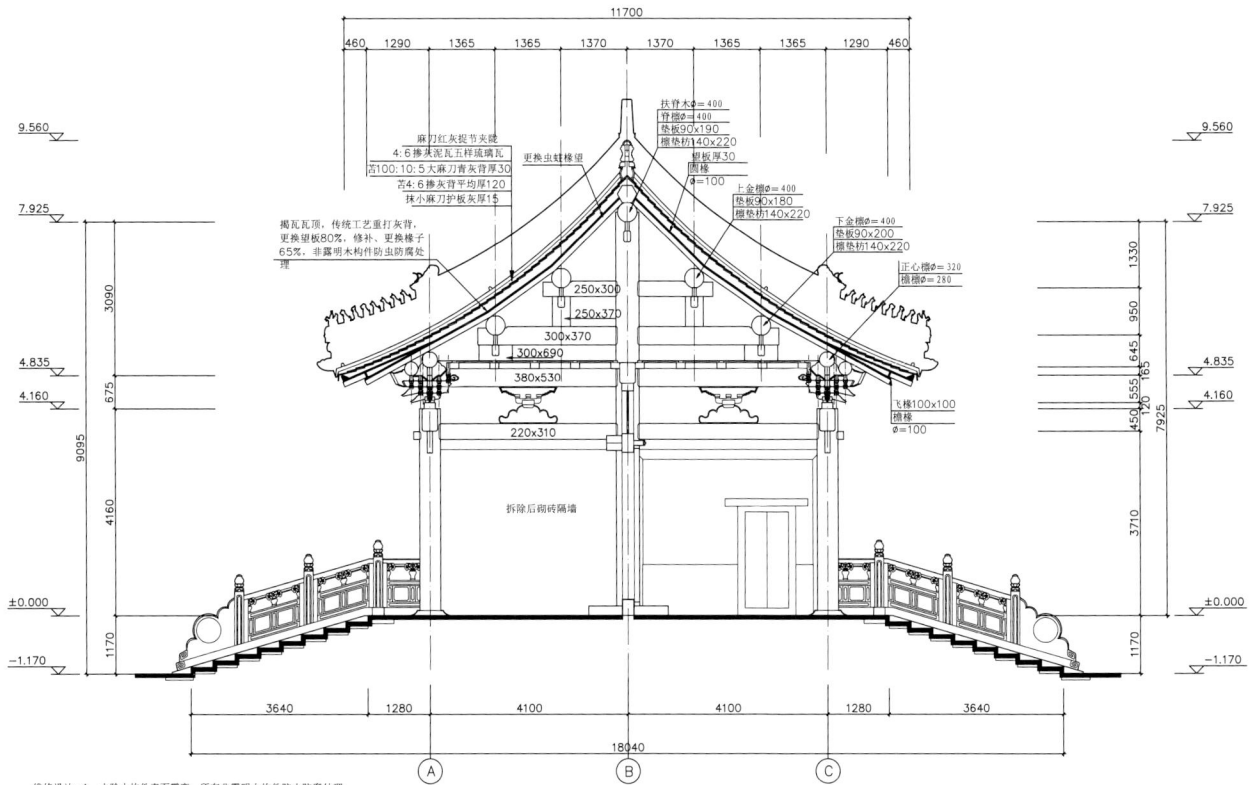

维修设计：1、去除木构件表面霉变，所有非露明木构件防虫防腐处理
2、瓦顶灰背按传统工艺重新铺打

11700
460 1290 1365 1365 1370 1370 1365 1365 1290 460

扶脊木∅=400
脊檩∅=400
垫板90x190
檩垫枋140x220
望板厚30
圆椽∅=100

麻刀红灰捉节夹垄
4:6掺灰泥瓦五样琉璃瓦
高100:10:5大麻刀青灰背厚30
苫4:6掺灰背平均厚120
抹小麻刀护板灰厚15

更换虫蛀椽望

揭瓦瓦顶，传统工艺重打灰背，
更换望板80%，修补、更换椽子
65%，非露明木构件防虫防腐处
理

250x300
250x370
300x370
300x690
380x530
220x310

上金檩∅=400
垫板90x180
檩垫枋140x220

下金檩∅=400
垫板90x200
檩垫枋140x220

正心檩∅=320
檐檩∅=280

飞椽100x100
檐椽
∅=100

拆除后砌砖隔墙

9.560
7.925
3090
4.835
675
4.160
9095
4160
±0.000
1170
−1.170

9.560
7.925
1330
950
4.835
645
765
4.160
555
220
450
7925
3710
±0.000
1170
−1.170

3640 1280 4100 4100 1280 3640
18040

Ⓐ Ⓑ Ⓒ

剖面图（一）

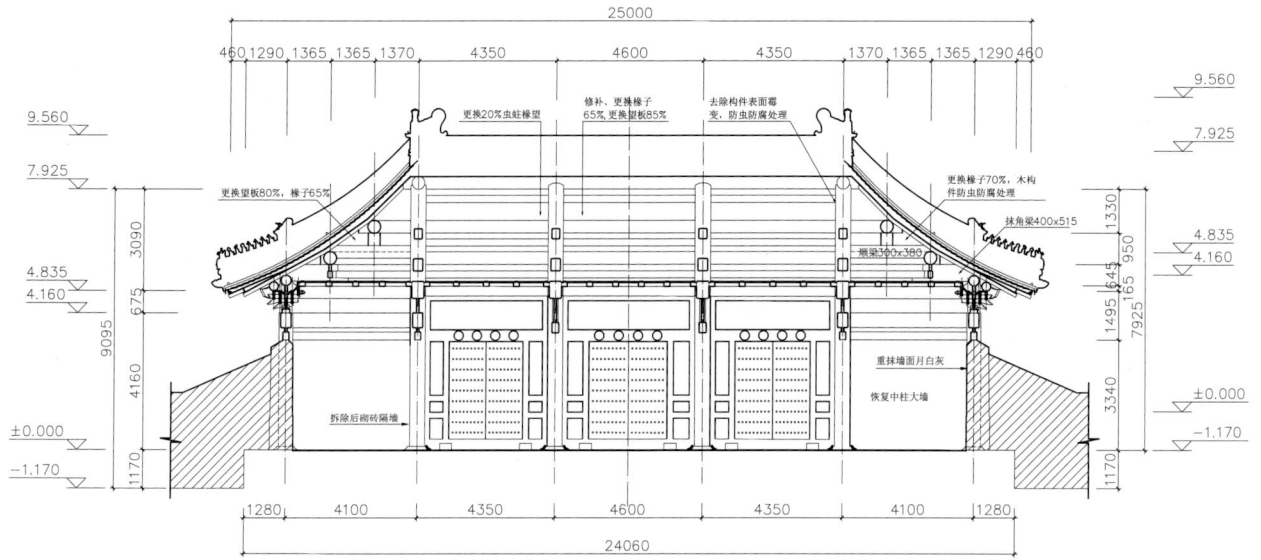

维修设计：1、修补、更换椽子65%，望板80%；所有非露明木构件
防虫防腐处理
2、将热力管线检查口移出室内至前檐廊下，恢复水泥方砖铺墙

剖面图（二）

三、名宦祠

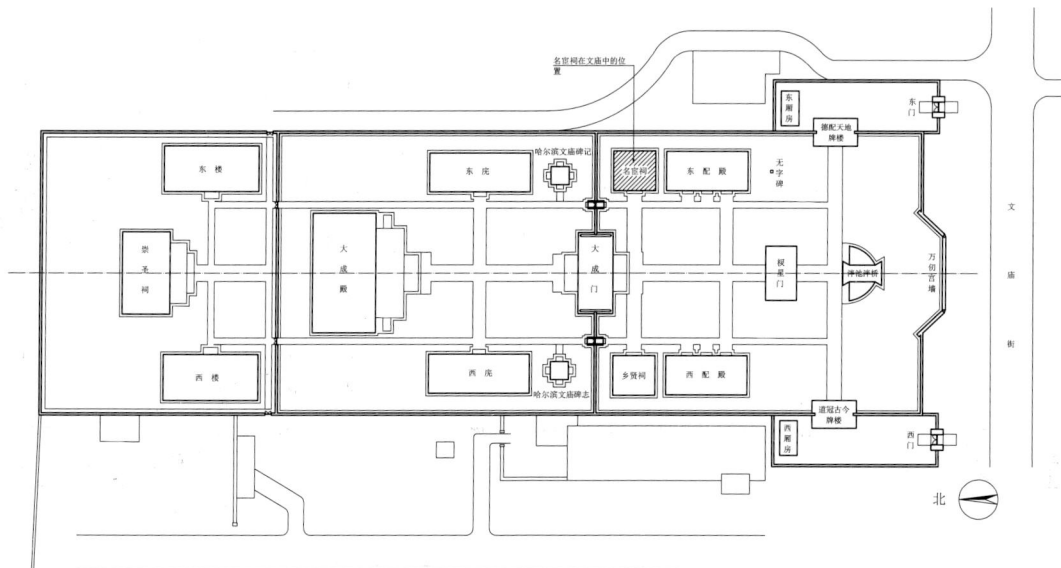

哈尔滨文庙名宦祠位置图

（一）勘察测绘图

平面图

西立面图

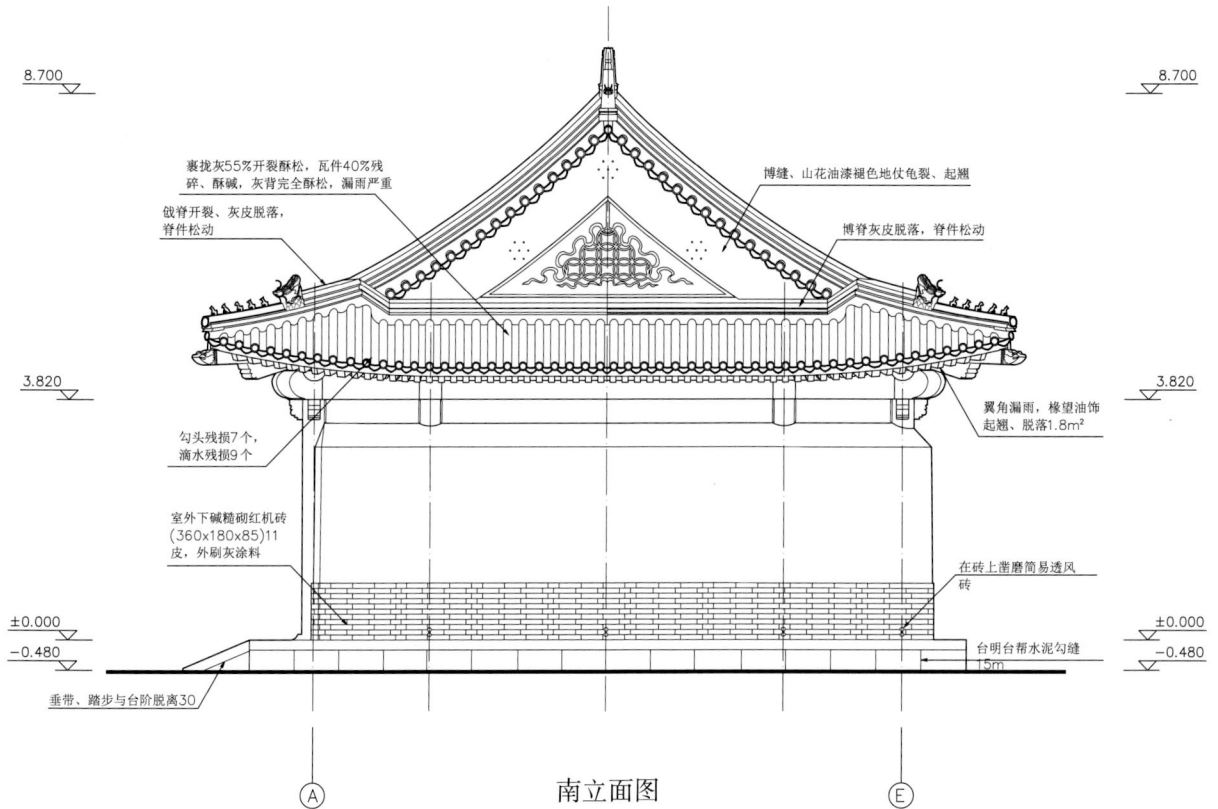

8.700

裹垄灰55%开裂酥松，瓦件40%残碎、酥碱，灰背完全酥松，漏雨严重

戗脊开裂、灰皮脱落，脊件松动

博缝、山花油漆褪色地仗龟裂、起翘

博脊灰皮脱落，脊件松动

3.820

勾头残损7个，滴水残损9个

翼角漏雨，椽望油饰起翘、脱落1.8m²

室外下碱糙砌红机砖（360x180x85）11皮，外刷灰涂料

在砖上凿磨简易透风砖

±0.000
-0.480

台明台帮水泥勾缝15m

垂带、踏步与台阶脱离30

Ⓐ   南立面图   Ⓔ

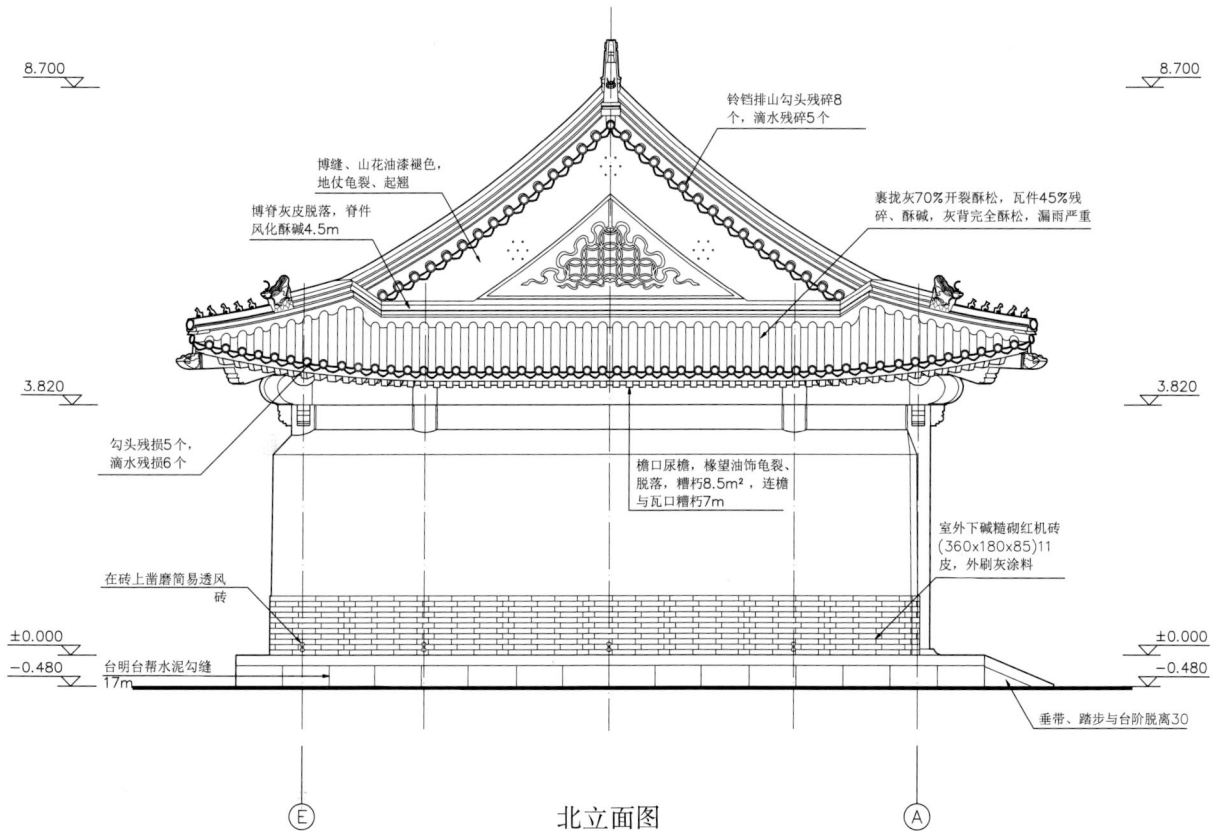

8.700

博缝、山花油漆褪色，地仗龟裂、起翘

博脊灰皮脱落，脊件风化酥碱4.5m

铃铛排山勾头残碎8个，滴水残碎5个

裹垄灰70%开裂酥松，瓦件45%残碎、酥碱，灰背完全酥松，漏雨严重

3.820

勾头残损5个，滴水残损6个

檐口尿檐，椽望油饰龟裂、脱落，糟朽8.5m²，连檐与瓦口糟朽7m

室外下碱糙砌红机砖（360x180x85）11皮，外刷灰涂料

在砖上凿磨简易透风砖

±0.000
-0.480

台明台帮水泥勾缝17m

垂带、踏步与台阶脱离30

Ⓔ   北立面图   Ⓐ

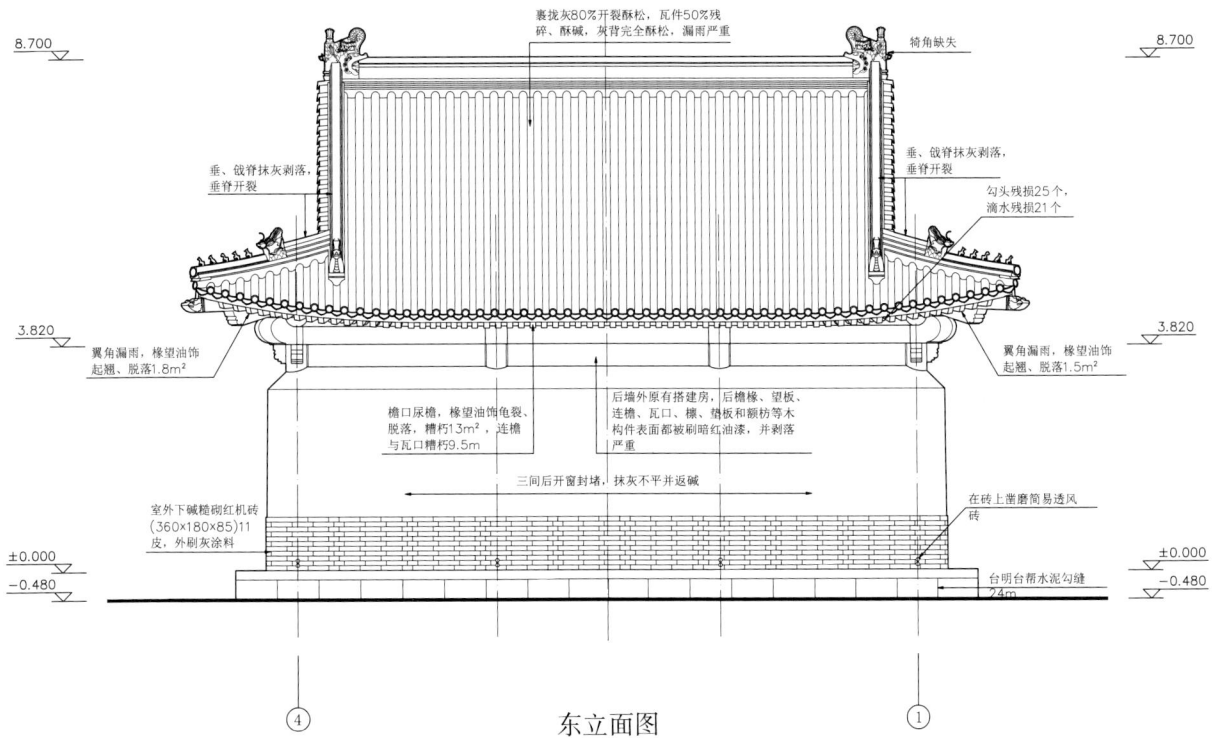

裹拢灰80%开裂酥松，瓦件50%残碎、酥碱，灰背完全酥松，漏雨严重

犄角缺失

垂、戗脊抹灰剥落，垂脊开裂

垂、戗脊抹灰剥落，垂脊开裂

勾头残损25个，滴水残损21个

翼角漏雨，椽望油饰起翘、脱落1.8m²

翼角漏雨，椽望油饰起翘、脱落1.5m²

檐口尾檐，椽望油饰龟裂、脱落，糟朽13m²，连檐与瓦口糟朽9.5m

后墙外原有搭建房，后檐椽、望板、连檐、瓦口、檩、垫板和额枋等木构件表面都被刷暗红油漆，并剥落严重

三间后开窗封堵，抹灰不平并返碱

室外下碱糙砌红机砖(360×180×85)11皮，外刷灰涂料

在砖上凿磨简易透风砖

台明台帮水泥勾缝24m

8.700

3.820

±0.000
-0.480

8.700

3.820

±0.000
-0.480

④　　　　　　　　　东立面图　　　　　　　　　①

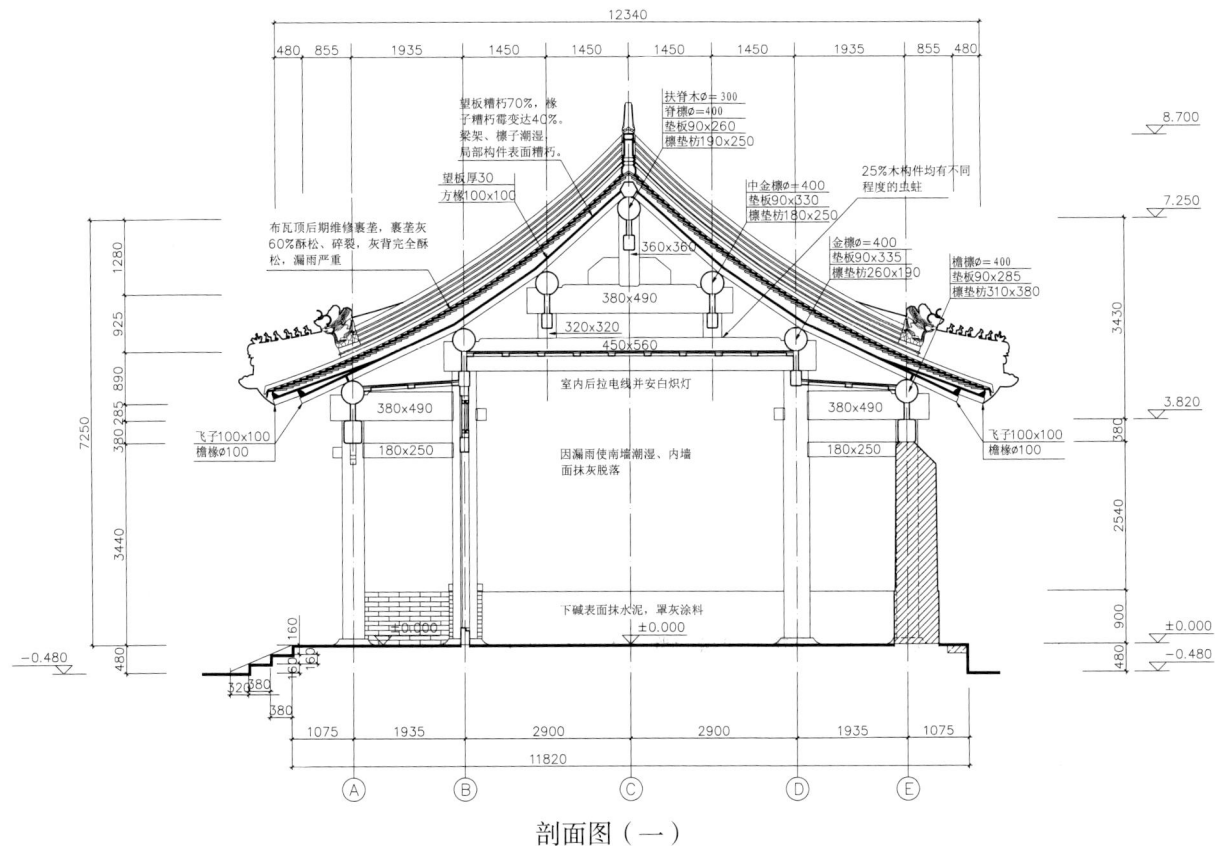

12340

480　855　1935　1450　1450　1450　1450　1935　855　480

望板糟朽70%，椽子糟朽霉变达40%。梁架、檩子潮湿，局部构件表面糟朽。

望板厚30
方椽100×100

扶脊木∅=300
脊檩∅=400
垫板90×260
檩垫枋190×250

25%木构件均有不同程度的虫蛀

布瓦顶后期维修裹垄，裹垄灰60%酥松、碎裂，灰背完全酥松，漏雨严重

中金檩∅=400
垫板90×330
檩垫枋180×250

360×360

380×490

320×320

450×560

金檩∅=400
垫板90×335
檩垫枋260×190

檐檩∅=400
垫板90×285
檩垫枋310×380

380×490

380×490

室内后拉电线并安白炽灯

飞子100×100
檐椽∅100

180×250

因漏雨使南墙潮湿、内墙面抹灰脱落

180×250

飞子100×100
檐椽∅100

下碱表面抹水泥，罩灰涂料
±0.000

±0.000

1280

925

890

380 285

7250

3440

480

8.700

7.250

3.820

380

2540

900

480

±0.000
-0.480

-0.480

320 380

160
160
160

380

1075　1935　2900　2900　1935　1075

11820

Ⓐ　　Ⓑ　　Ⓒ　　Ⓓ　　Ⓔ

剖面图（一）

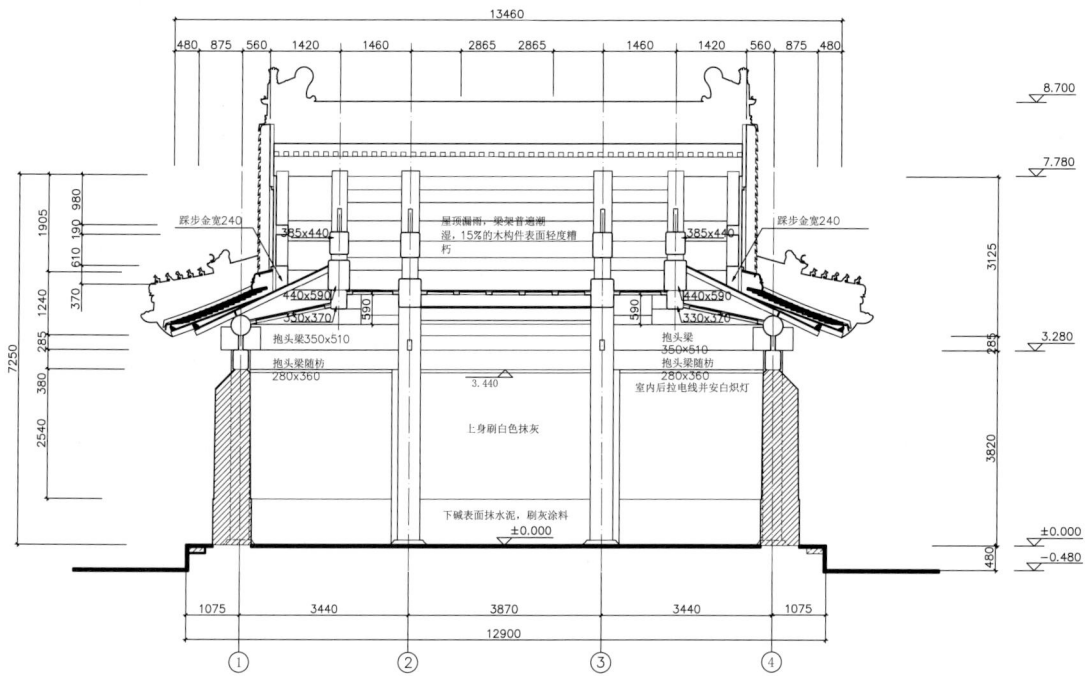

剖面图（二）

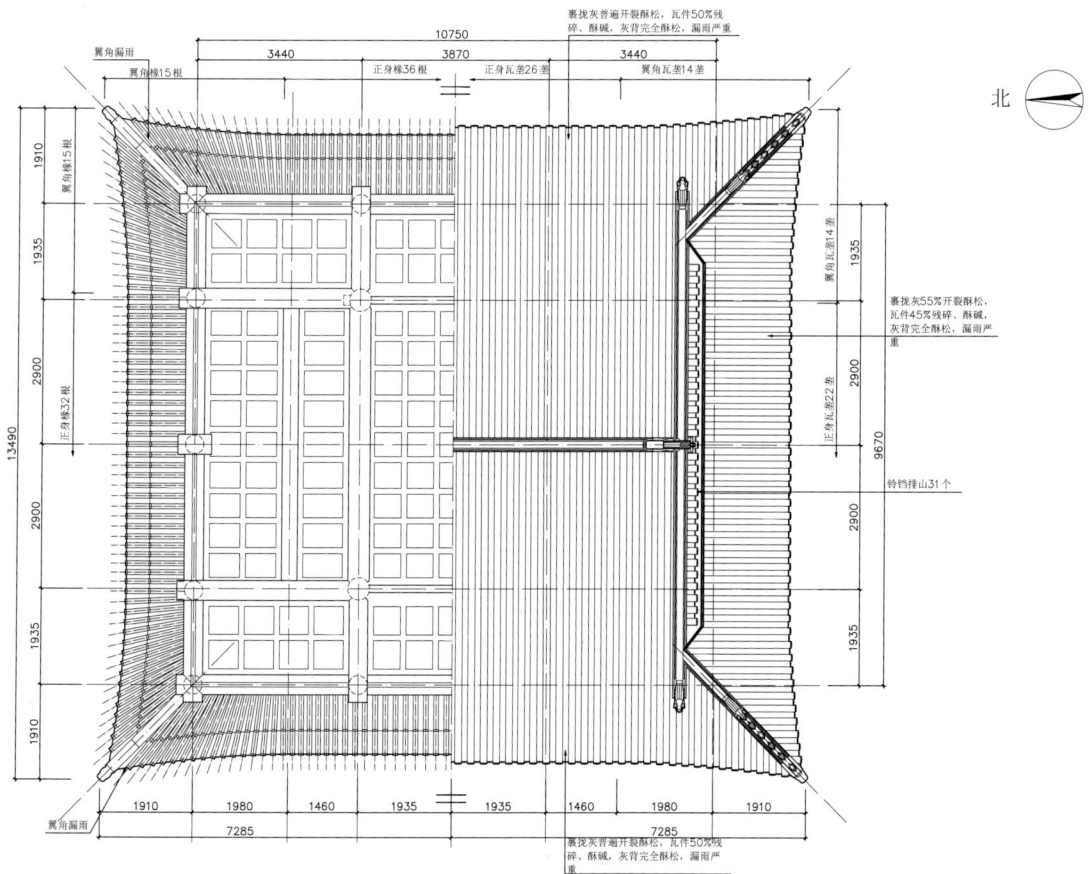

梁架仰视平面图　　　瓦顶俯视平面图

装修详图

明间立面 次间立面

剖面 剖面

上槛150×155
中槛150×245
立框150×180
抱头梁 380×490
抱头梁随枋 280×380
下槛150×285

上槛150×155
抹头125×80
枝条25×15
玻璃厚5
抹头125×80
风槛150×170
踏板610×115
槛墙厚590

上槛150×160
边抹80×125
仔边25×50
枝条15×25
中槛150×245
抹头125×80
枝条25×15
玻璃厚5
仔边25×40
裙板厚25
绦环板厚25
下槛150×285

边框115×80
抱框150×210
抱框150×190
立框150×180
仔边25×40
枝条25×15
仔边25×40
枝条25×15

明间平面 次间平面

哈尔滨文庙崇圣祠、大成门、名宦祠、东西官厅
及东西耳房保护维修工程

角梁详图

ø400
220×300
220×300
ø400

（二）修缮设计图

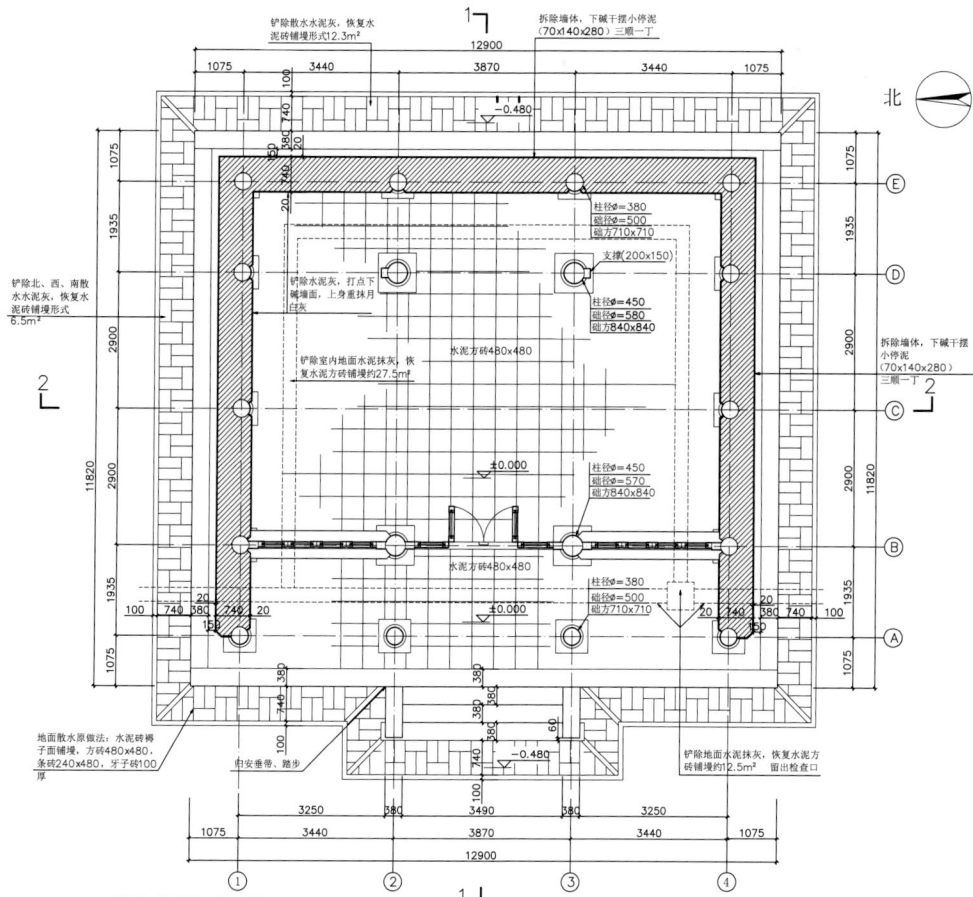

铲除散水水泥灰，恢复水泥砖铺墁形式12.3m²

拆除墙体，下碱干摆小停泥（70×140×280）三顺一丁

12900

1075　3440　3870　3440　1075

-0.480

北

铲除北、西、南散水水泥灰，恢复水泥砖铺墁形式6.5m²

柱径φ=380
磉径φ=500
磉方710×710

支撑（200×150）

铲除水泥灰，打点下碱墙面，上身重抹月白灰

柱径φ=450
磉径φ=580
磉方840×840

拆除墙体，下碱干摆小停泥（70×140×280）三顺一丁

铲除室内地面水泥抹灰，恢复水泥方砖铺墁约27.5m²

水泥方砖480×480

±0.000

柱径φ=450
磉径φ=570
磉方840×840

水泥方砖480×480

±0.000

柱径φ=380
磉径φ=500
磉方710×710

11820

2900　2900　1935　1075

地面散水原做法：水泥砖褥子面铺墁，方砖480×480，条砖240×480，牙子砖100厚

剔安垂带、踏步

-0.480

铲除地面水泥抹灰，恢复水泥方砖铺墁约12.5m²，留出检查口

3250　380　3490　380　3250

1075　3440　3870　3440　1075

12900

① ② ③ ④

维修设计：拆砌墙体，下碱干摆小停泥（70×140×280）三顺一丁，墙体上身糙砌外侧抹红灰刷红浆，内侧抹月白灰

平面图

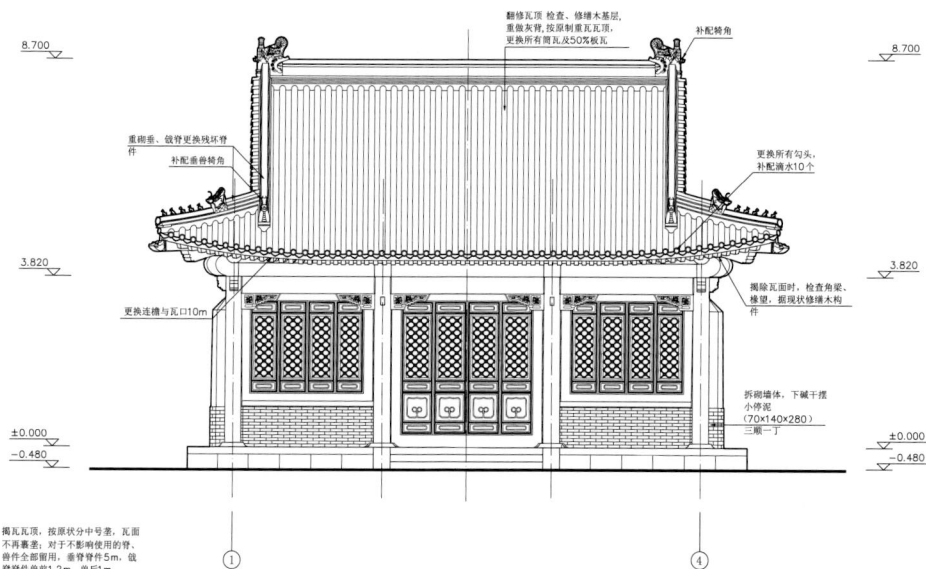

8.700

翻修瓦顶 检查、修缮木基层，重做灰背，按原制重瓦瓦顶，更换所有筒瓦及50%板瓦

补配转角

3.820

重砌垂、做脊更换残环脊件
补配垂兽转角

更换所有勾头，补配滴水10个

更换连檐与瓦口10m

揭除瓦面时，检查角梁、椽望，据现状修缮木构件

拆砌墙体，下碱干摆小停泥（70×140×280）三顺一丁

±0.000
-0.480

±0.000
-0.480

维修设计：揭瓦顶，按原状分中号墨，瓦面不再摘墨；对于不影响使用的脊，脊件全部留用，垂脊脊件5m，戗脊脊件兽前1.2m，兽后1m

① ④

西立面图

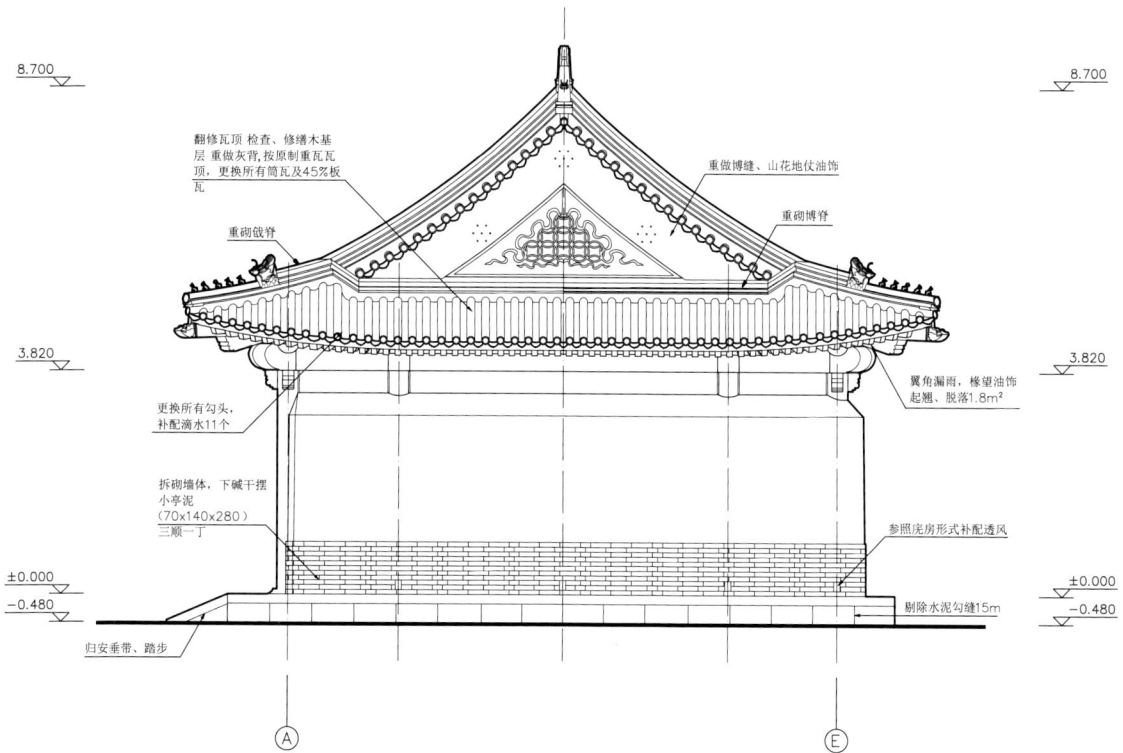

南立面图

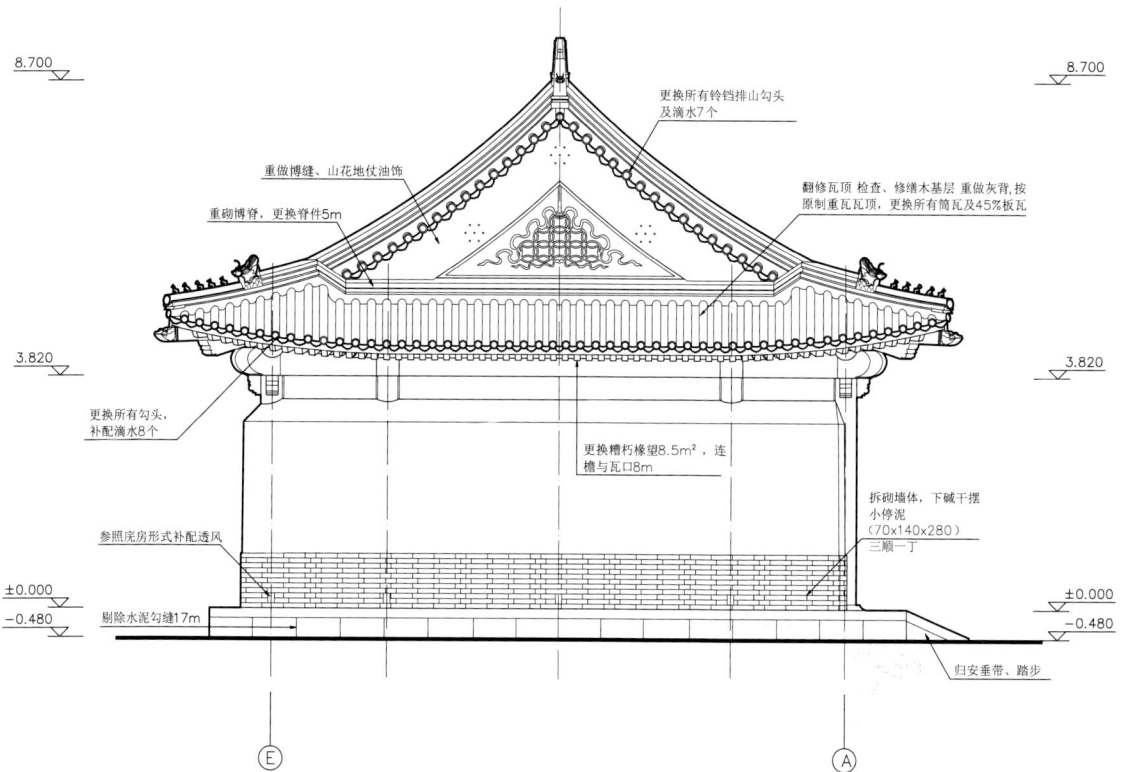

北立面图

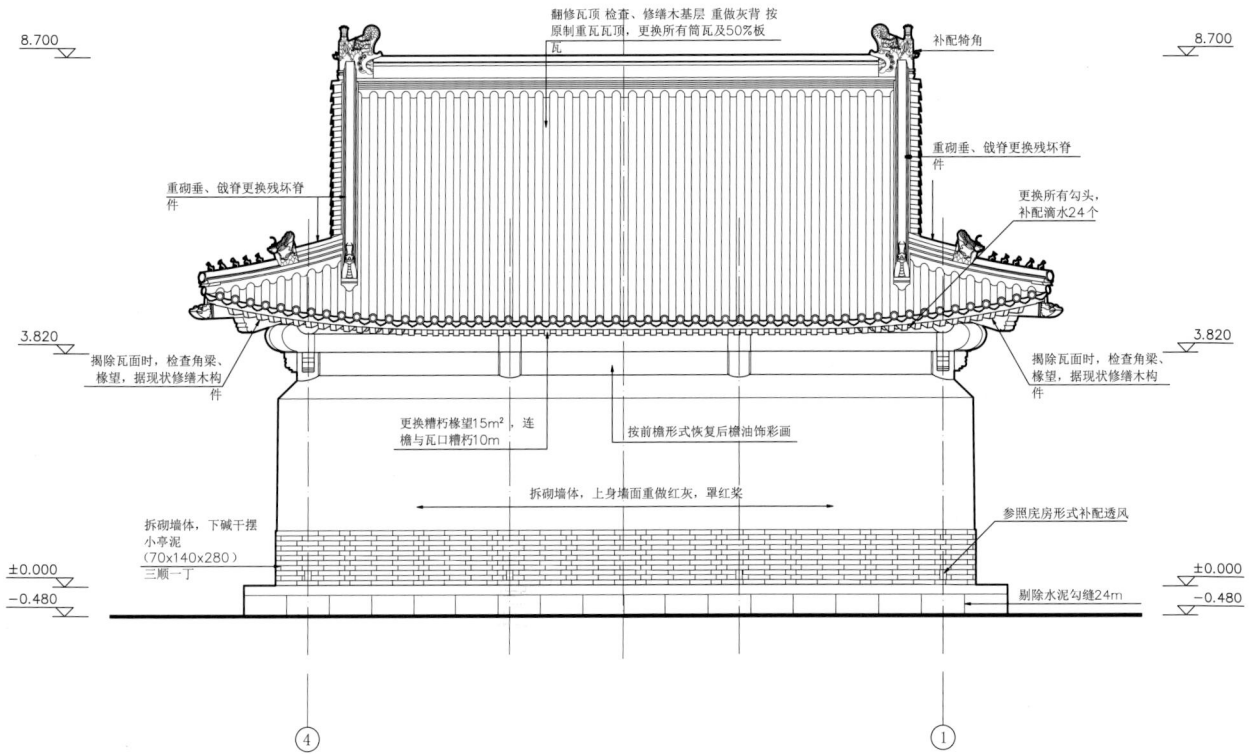

东立面图

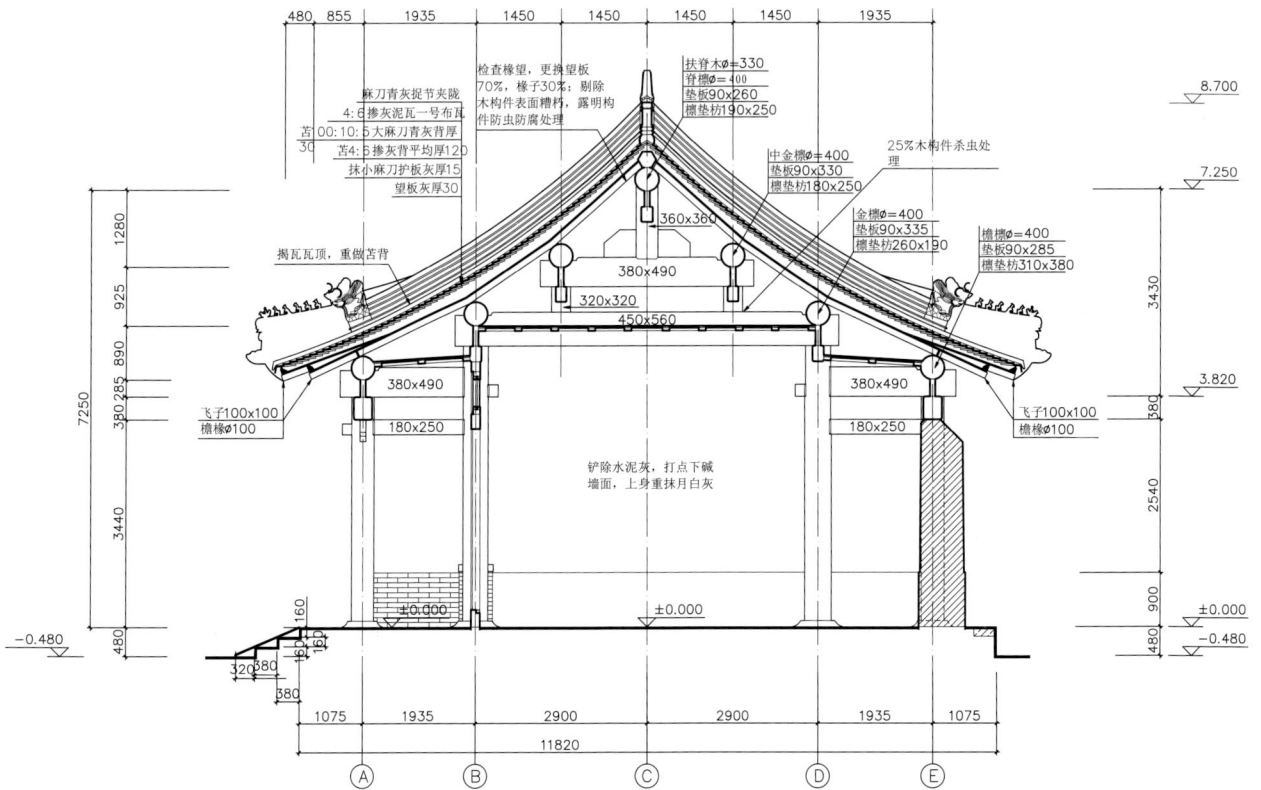

剖面图（一）

480 875 560 1420 1460 2865 2865 1460 1420 560 875 480

8.700

7.780

1905
610 190 980
370
285
380
7250
2540
1240

3.280
3125
285
3.280
3820

±0.000
−0.480
480

踩步金宽240

385×440

刷除木构件表面糟朽，露明构件防虫防腐处理

590

440×590
330×370

踩步金宽240

385×440

440×590
330×370

590

3.440

铲除水泥灰，打点下碱墙面，上身重抹月白灰

±0.000

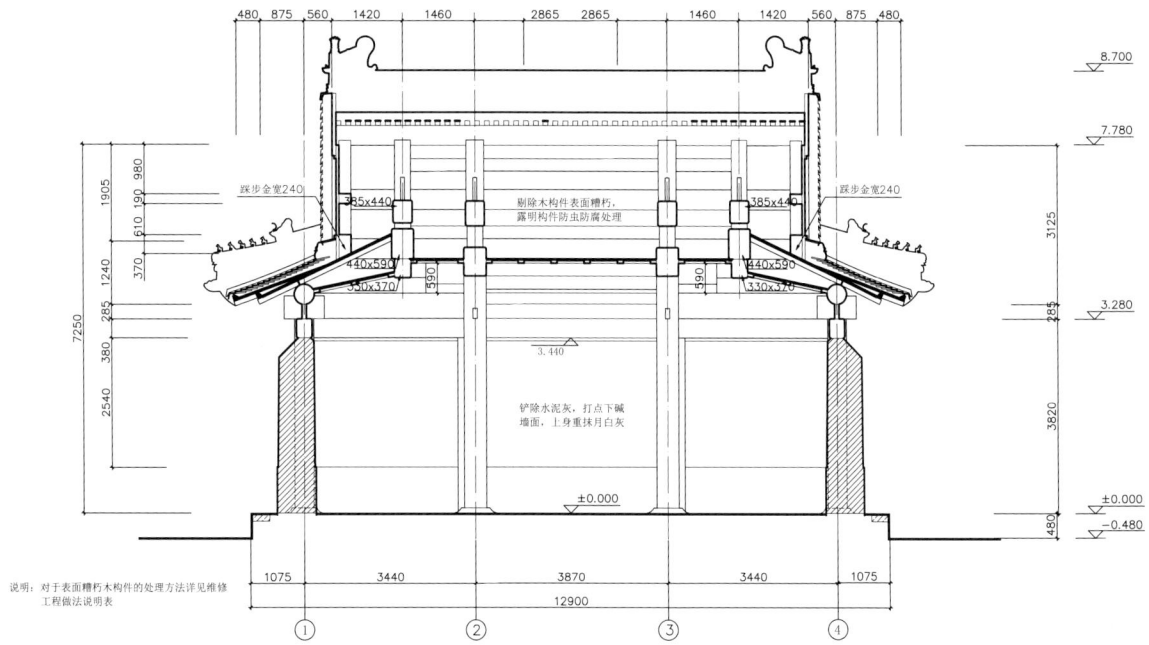

说明：对于表面糟朽木构件的处理方法详见维修工程做法说明表

1075 3440 3870 3440 1075
12900

① ② ③ ④

剖面图（二）

翻修瓦顶 检查、修缮木基层，重做灰背，按原制重瓦顶，更换所有筒瓦及50%板瓦

瓦顶揭开时，检查翼角木构件，据现状进行修缮

翼角椽15根

10750
3440 3870 3440

正身椽36根 正身瓦垄26垄 翼角瓦垄14垄

北

1910
1935
2900
2900
1935
1910
13490

翼角椽15根
正身椽32根

翼角瓦垄14垄
1935
正身瓦垄22垄
2900
9670
2900
1935

翻修瓦顶 检查、修缮木基层 重做灰背，按原制重瓦顶，更换所有筒瓦及45%板瓦

铃铛排山31个

瓦顶揭开时，检查翼角木构件，据现状进行修缮

1910 1980 1460 1935 1935 1460 1980 1910
7285 7285

翻修瓦顶 检查、修缮木基层 重做灰背，按原制重瓦顶，更换所有筒瓦及50%板瓦

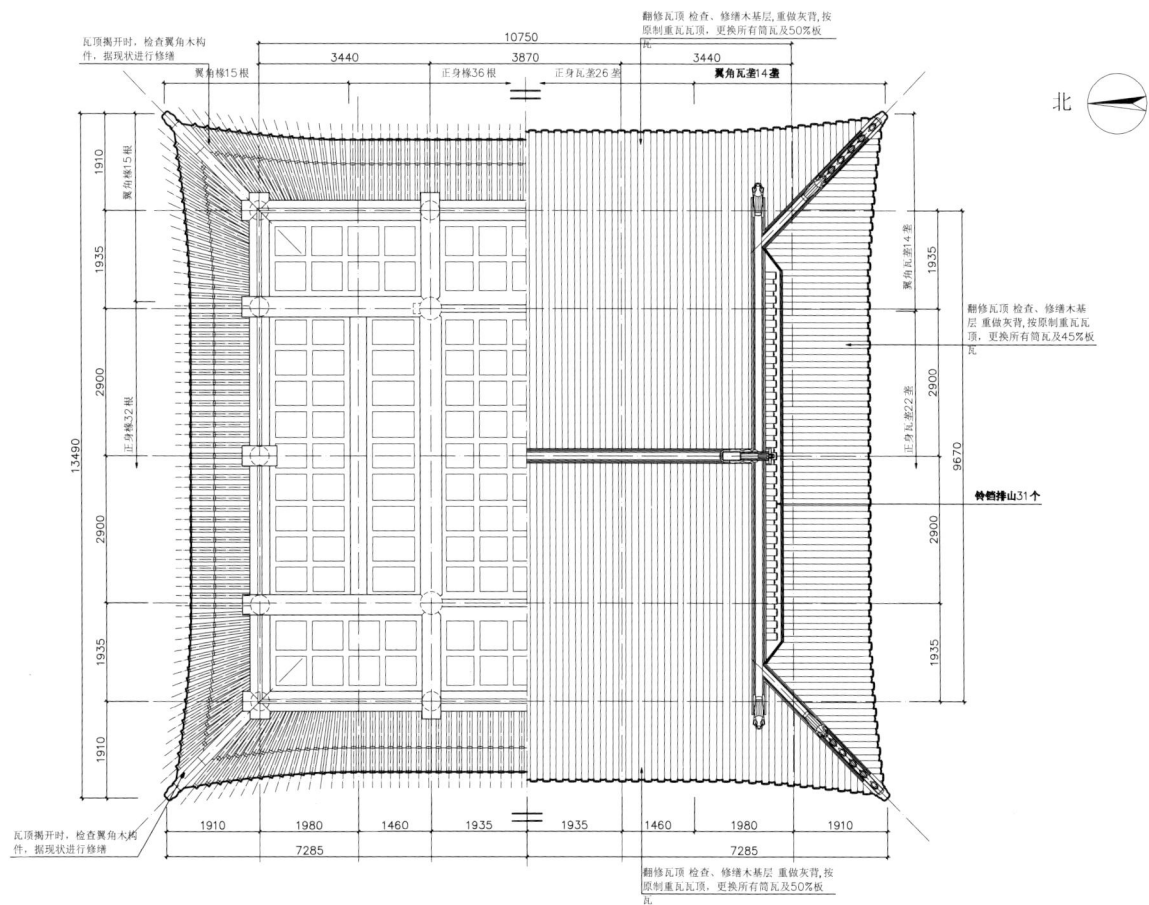

梁架仰视平面图　　　瓦顶俯视平面图

四、官厅

东官厅

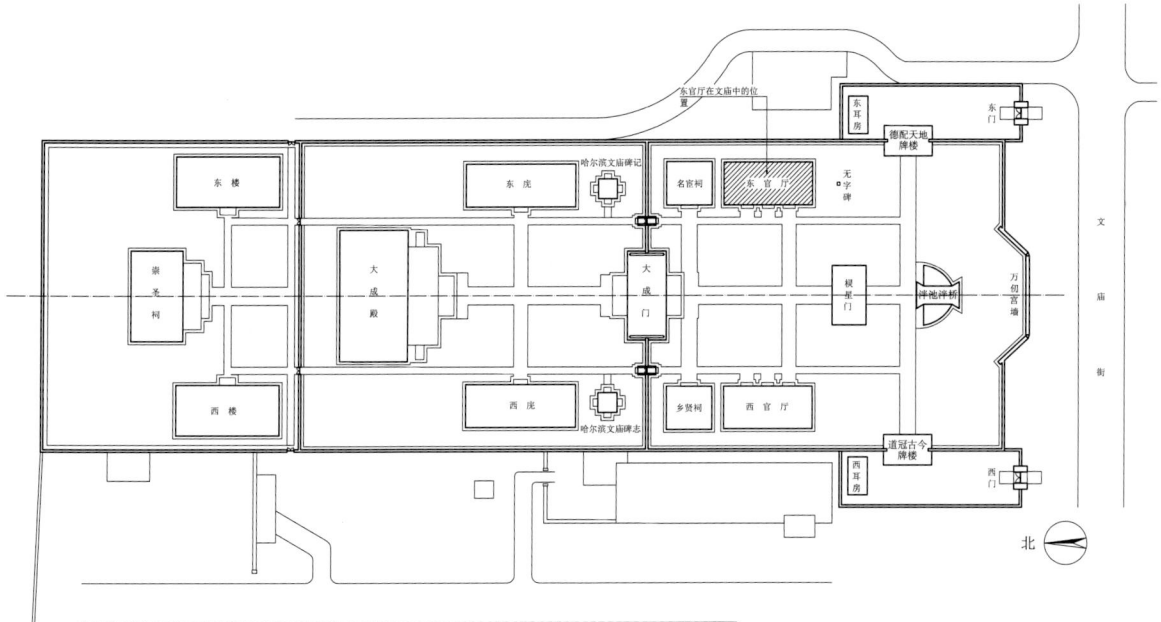

哈尔滨文庙东官厅位置图

（一）勘察测绘图

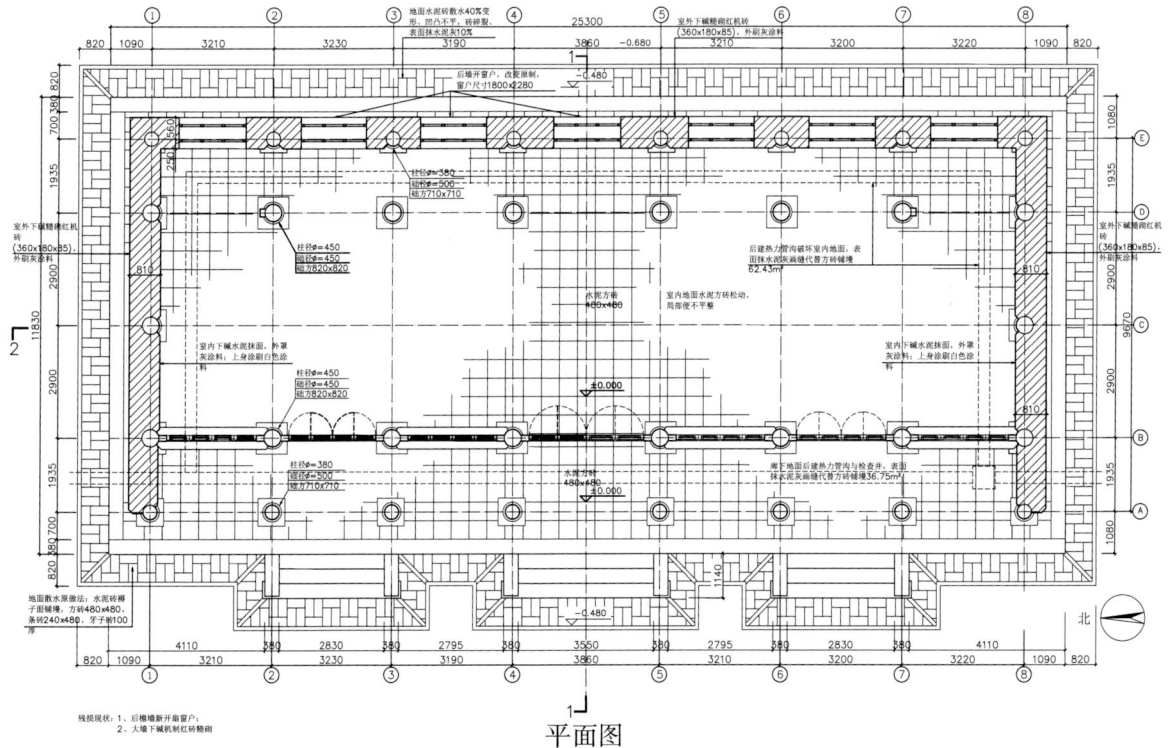

平面图

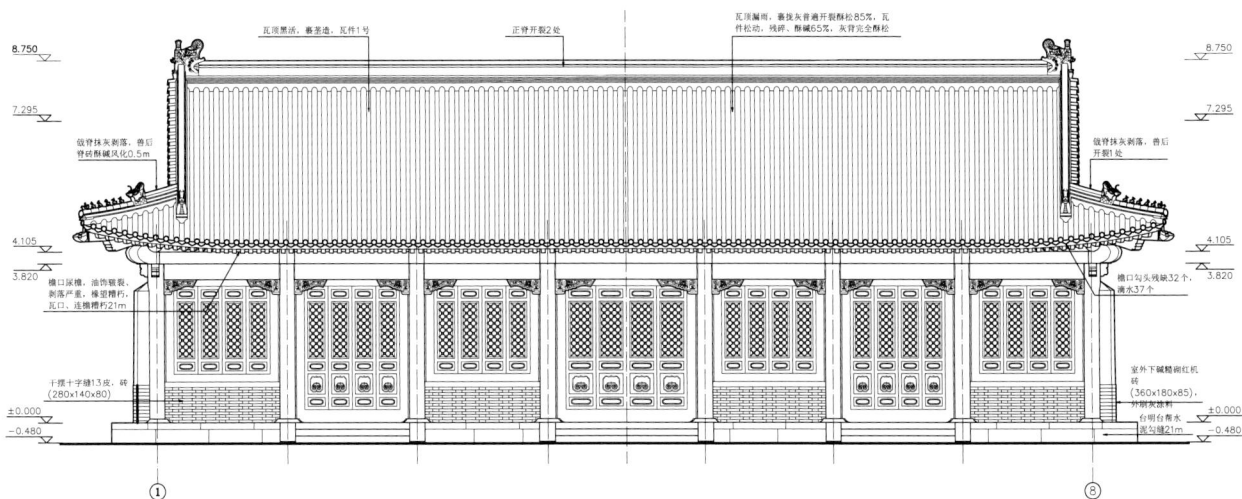

8.750

7.295

做脊抹灰剥落，兽后
脊砖酥碱风化0.5m

4.105
3.820

檐口尿檐，油饰皲裂、
剥落严重，椽望糟朽，
瓦口、连檐糟朽21m

干摆十字缝13皮，碎
（280×140×80）

±0.000
-0.480

瓦顶黑污，蕃荃造，瓦件1号

正脊开裂2处

瓦顶漏雨，蕃拢灰普通开裂酥松85%，瓦
件松动，残碎、酥碱65%，灰背完全酥松

8.750

7.295

做脊抹灰剥落，兽后
开裂1处

4.105
3.820

檐口勾头残缺32个，
滴水37个

室外下碱糙砌红机
砖
（360×180×85），
外刷灰涂料

±0.000
-0.480

台明台帮水
泥勾缝21m

① ⑧

西立面图

残损现状：1、尿檐引起望板糟朽约80%，檐椽55%，飞椽达65%

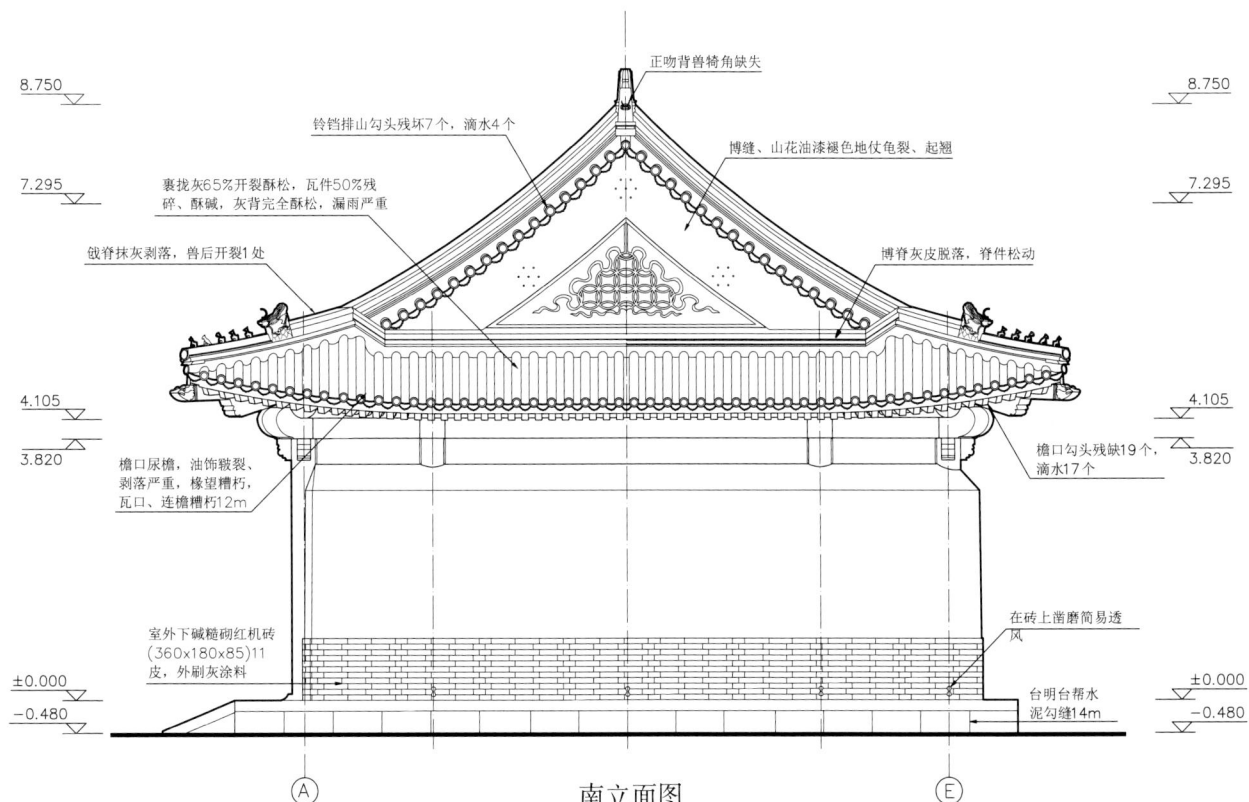

8.750

7.295

裹拢灰65%开裂酥松，瓦件50%残
碎、酥碱，灰背完全酥松，漏雨严重

做脊抹灰剥落，兽后开裂1处

铃铛排山勾头残坏7个，滴水4个

正吻背兽犄角缺失

博缝、山花油漆褪色地仗龟裂、起翘

博脊灰皮脱落，脊件松动

8.750

7.295

4.105
3.820

檐口尿檐，油饰皲裂、
剥落严重，椽望糟朽，
瓦口、连檐糟朽12m

4.105
3.820

檐口勾头残缺19个，
滴水17个

室外下碱糙砌红机砖
（360×180×85）11
皮，外刷灰涂料

±0.000
-0.480

在砖上凿磨简易透
风

台明台帮水
泥勾缝14m

±0.000
-0.480

Ⓐ Ⓔ

南立面图

残损现状：尿檐引起望板糟朽70%，檐椽45%，飞椽达55%

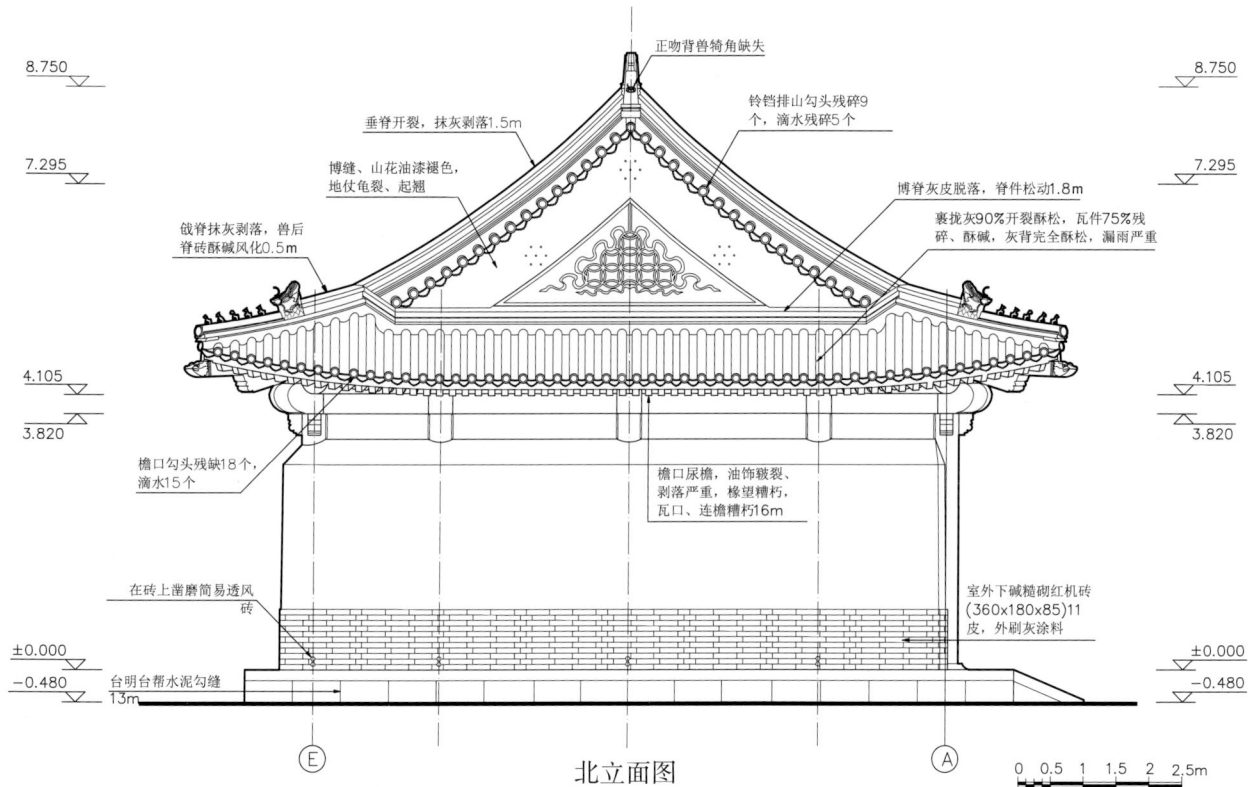

北立面图

正吻背兽犄角缺失

垂脊开裂，抹灰剥落1.5m

博缝、山花油漆褪色，地仗龟裂、起翘

铃铛排山勾头残碎9个，滴水残碎5个

戗脊抹灰剥落，兽后脊砖酥碱风化0.5m

博脊灰皮脱落，脊件松动1.8m

裹拢灰90%开裂酥松，瓦件75%残碎、酥碱，灰背完全酥松，漏雨严重

檐口勾头残缺18个，滴水15个

檐口尿檐，油饰龟裂、剥落严重，椽望糟朽，瓦口、连檐糟朽16m

在砖上凿磨简易透风砖

室外下碱糙砌红机砖(360x180x85)11皮，外刷灰涂料

台明台帮水泥勾缝13m

8.750
7.295
4.105
3.820
±0.000
-0.480

E   A

0 0.5 1 1.5 2 2.5m

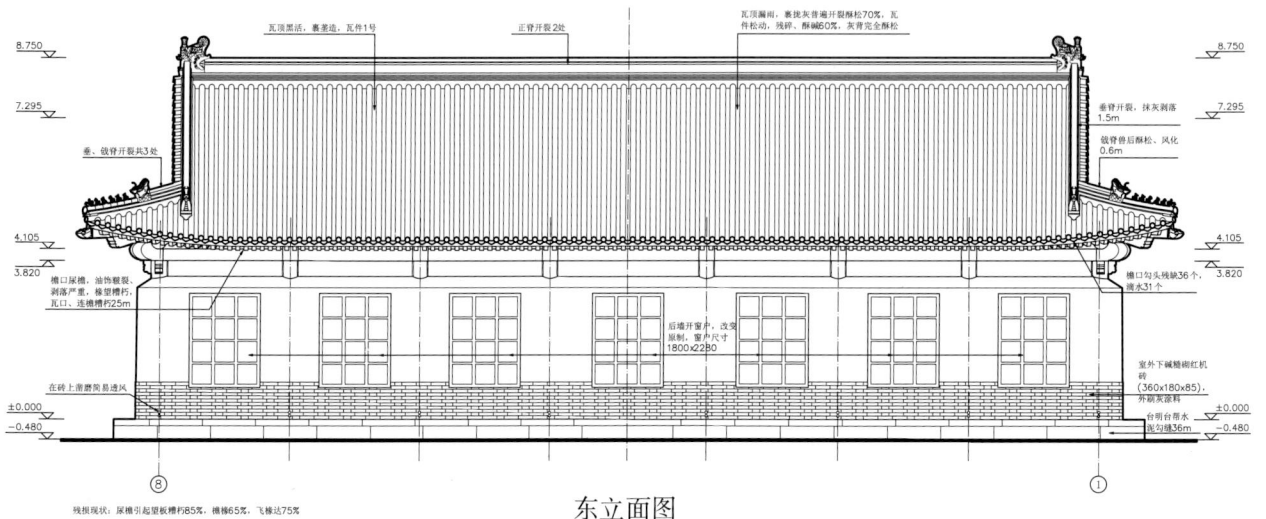

东立面图

瓦顶黑活，囊差造，瓦件1号

正脊开裂2处

瓦顶漏雨，裹拢灰背普遍开裂酥松70%，瓦件松动，残碎、酥碱50%，灰背完全酥松

垂脊开裂，抹灰剥落1.5m

戗脊兽后酥松、风化0.6m

垂、戗脊开裂共3处

檐口尿檐，油饰龟裂、剥落严重，椽望糟朽，瓦口、连檐糟朽25m

檐口勾头残缺36个，滴水31个

后墙开窗户，改变原制，窗户尺寸1800x2280

室外下碱糙砌红机砖(360x180x85)，外刷灰涂料

在砖上凿磨简易透风砖

台明台雨水泥勾缝36m

8.750
7.295
4.105
3.820
±0.000
-0.480

8   1

残损现状：尿檐引起望板糟朽85%，檐椽65%，飞椽达75%

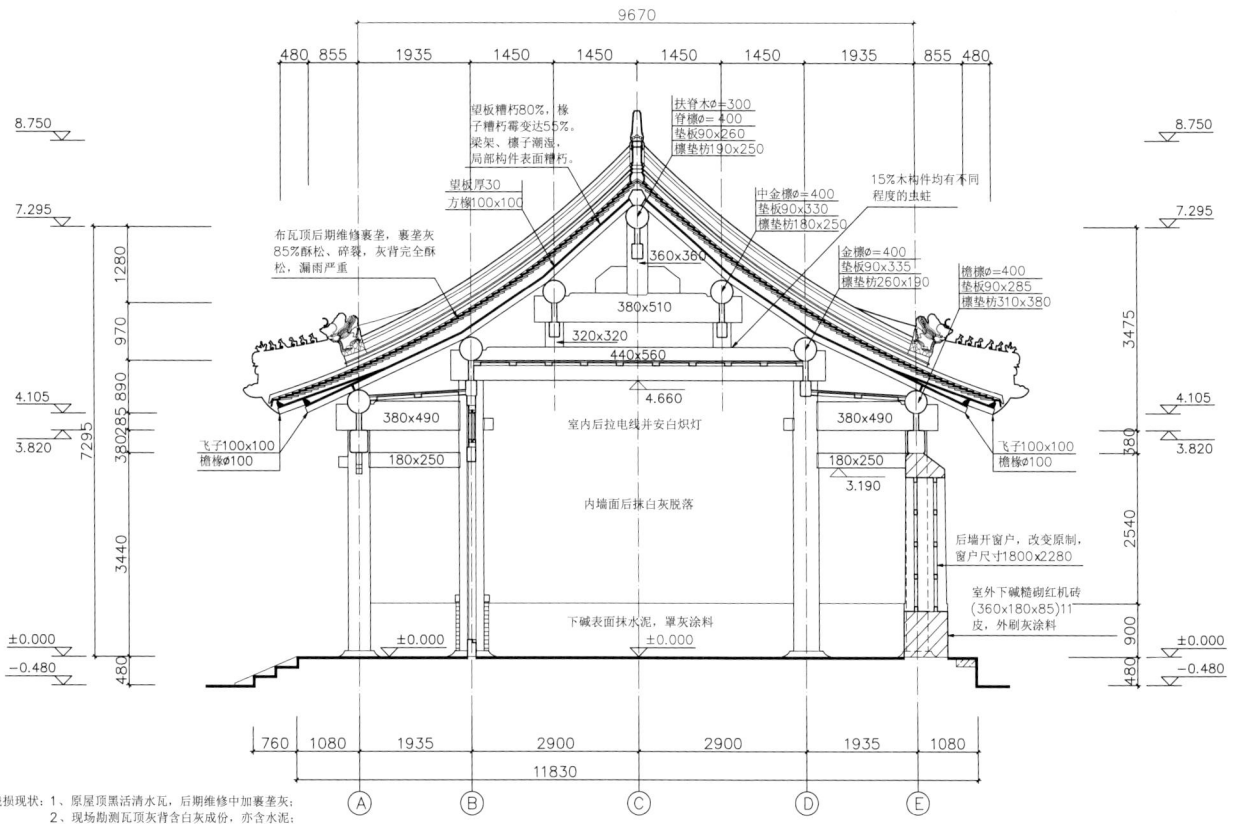

剖面图（一）

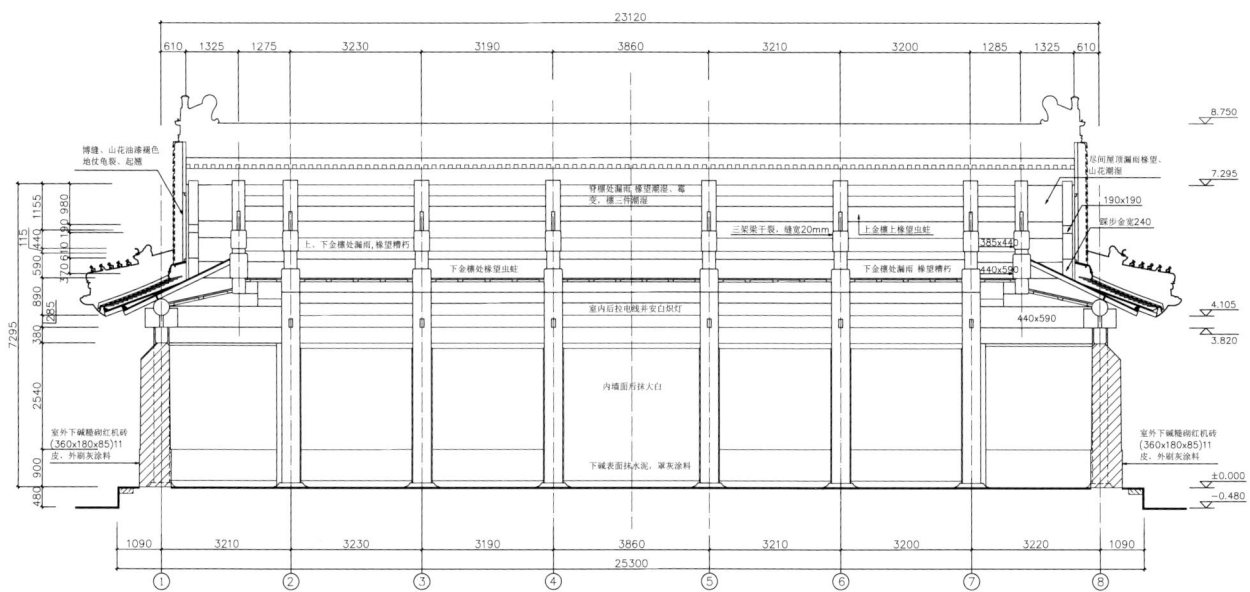

剖面图（二）

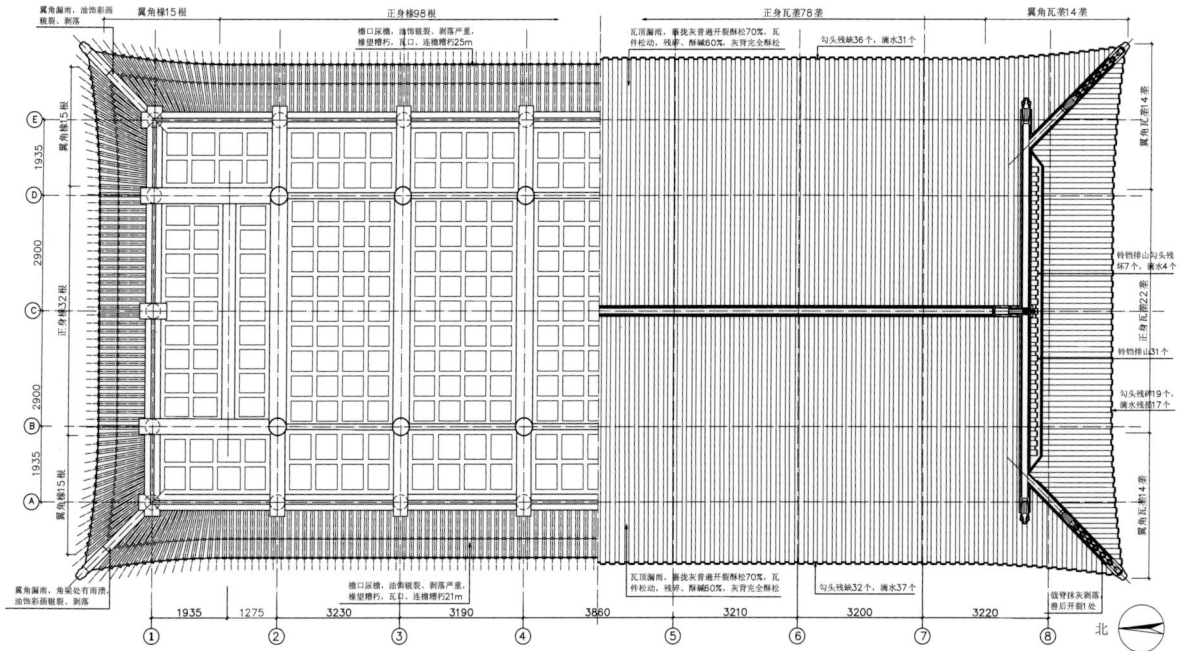

梁架仰视平面图　　　　瓦顶俯视平面图

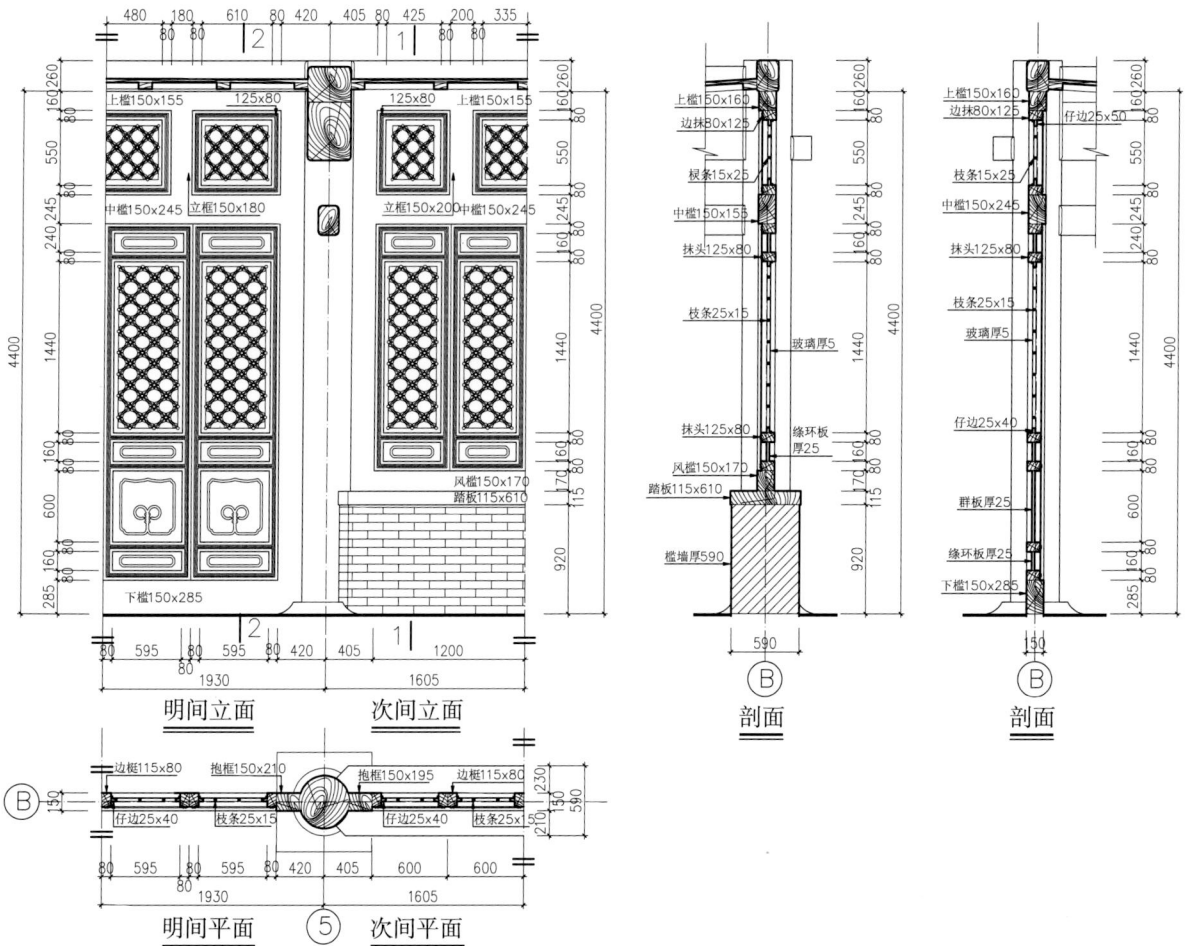

明间立面　　　　次间立面　　　　剖面　　　　剖面

明间平面　⑤　次间平面

装修详图（一）

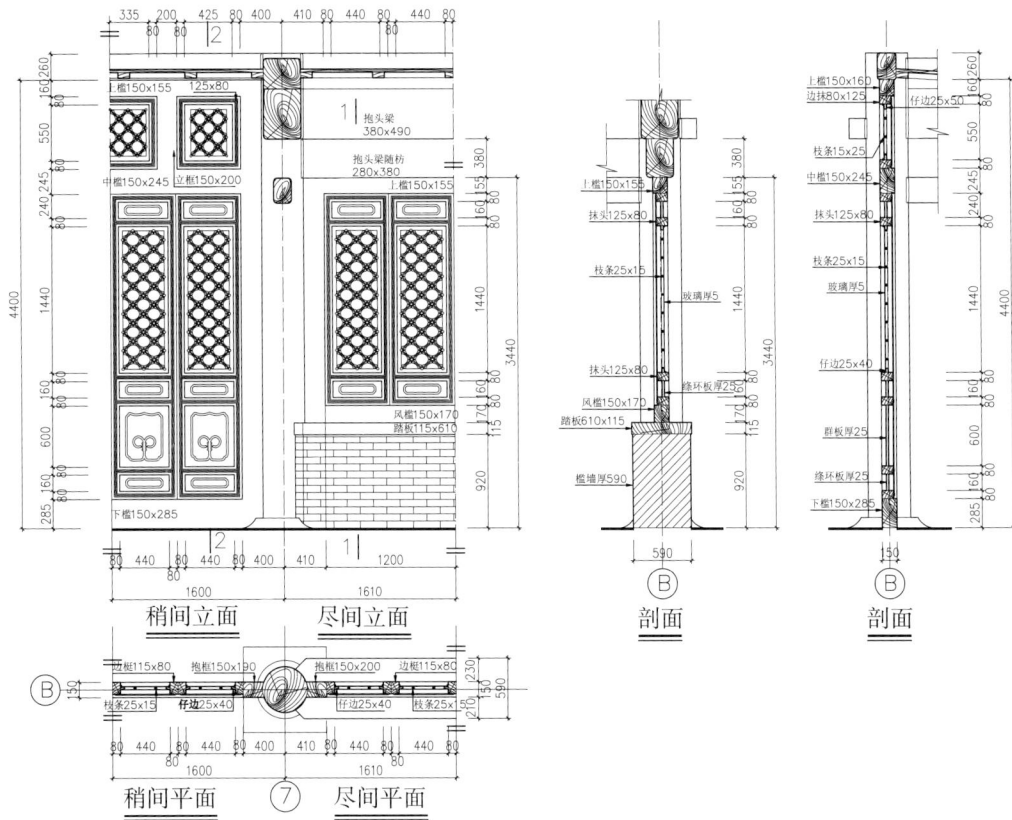

稍间立面　尽间立面　　剖面　　剖面

装修详图（二）

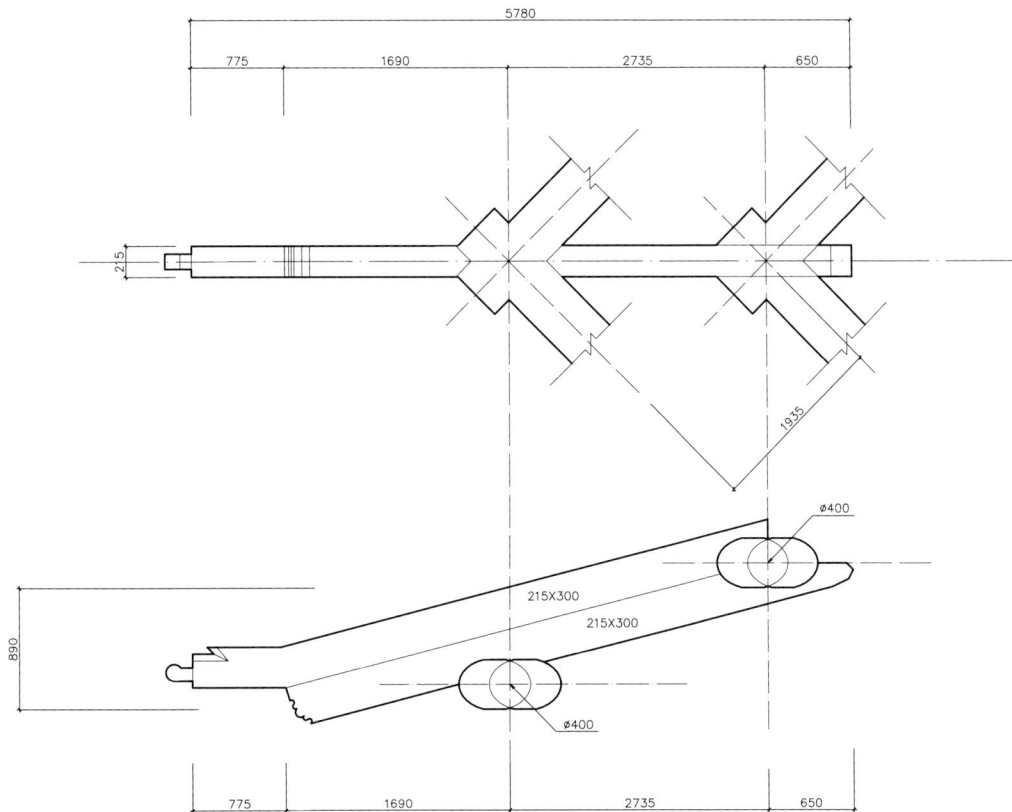

角梁详图

（二）修缮设计图

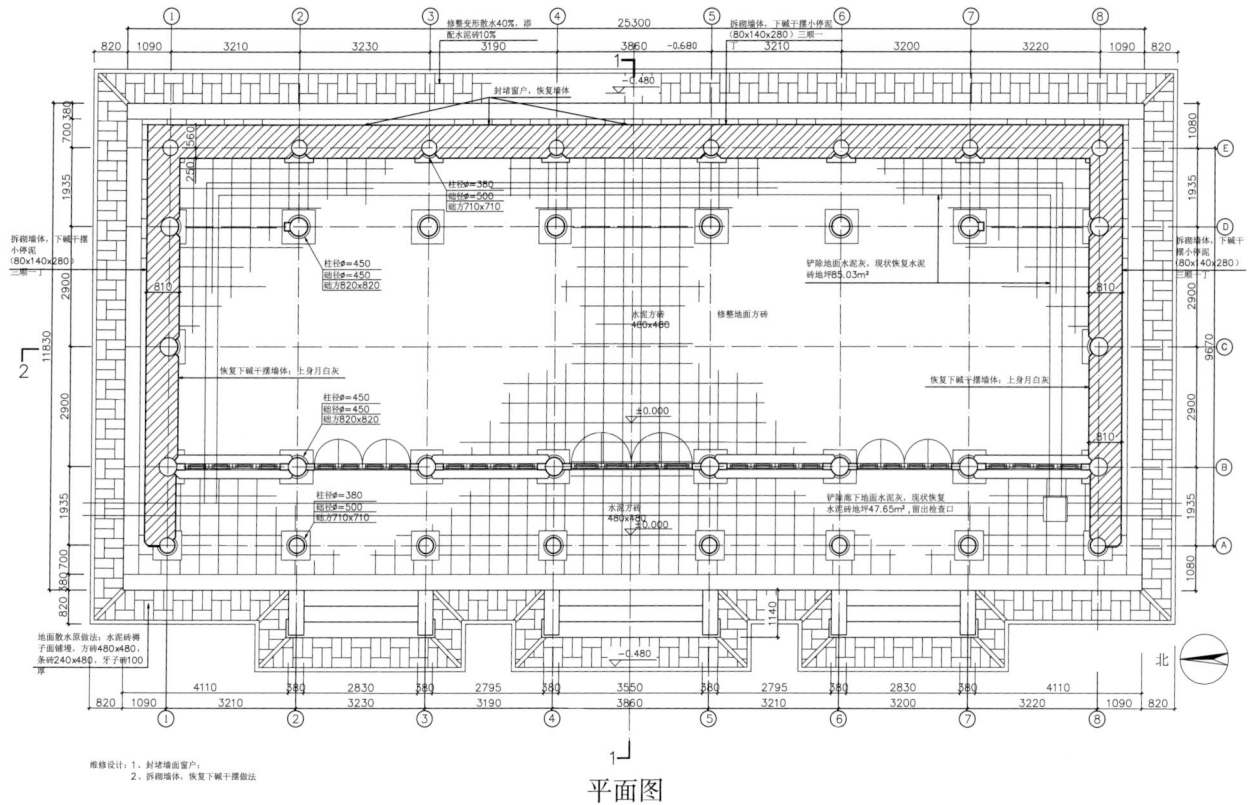

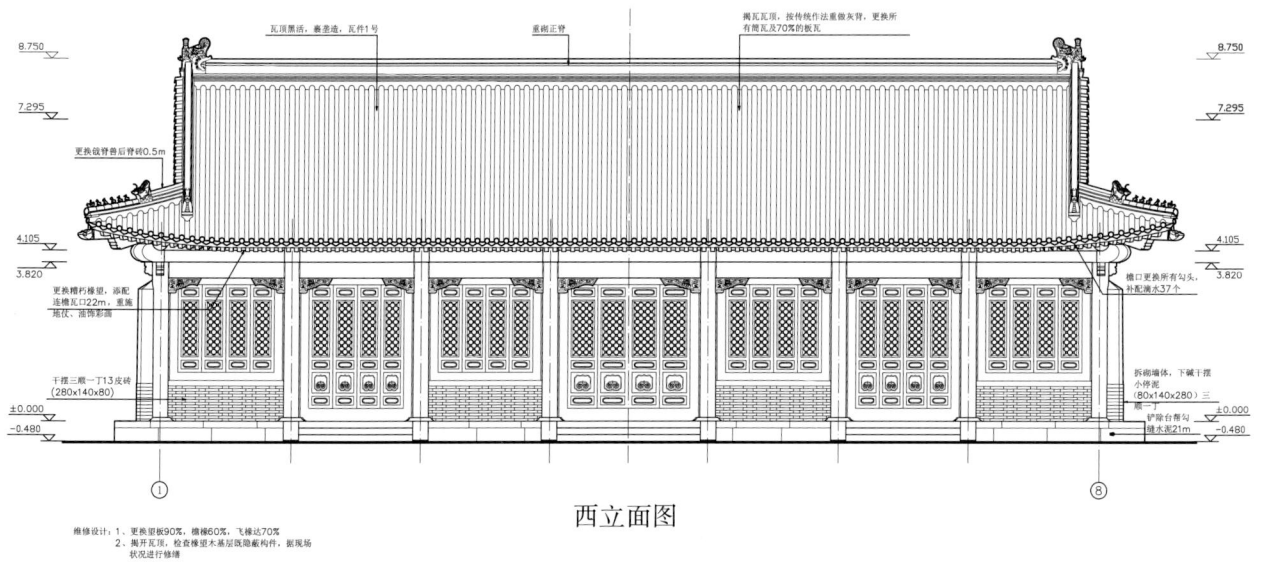

平面图

西立面图

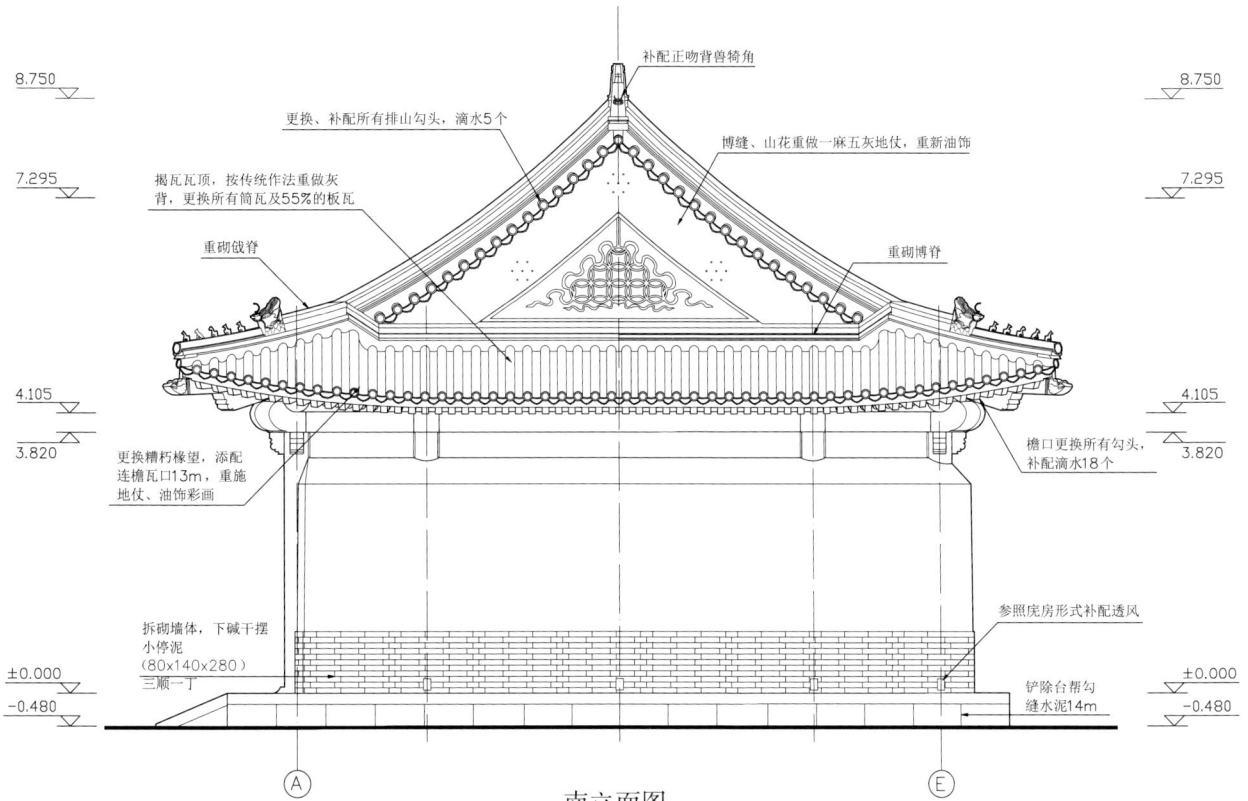

8.750

7.295

4.105
3.820

±0.000
-0.480

补配正吻背兽骑角

更换、补配所有排山勾头，滴水5个

博缝、山花重做一麻五灰地仗，重新油饰

揭瓦瓦顶，按传统作法重做灰背，更换所有筒瓦及55%的板瓦

重砌博脊

重砌铍脊

檐口更换所有勾头，补配滴水18个

更换糟朽椽望，添配连檐瓦口13m，重施地仗、油饰彩画

参照庑房形式补配透风

拆砌墙体，下碱干摆小停泥（80×140×280）三顺一丁

铲除台帮勾缝水泥14m

残损现状：尿檐引起望板糟朽70%，檐椽45%，飞椽达55%

Ⓐ Ⓔ

南立面图

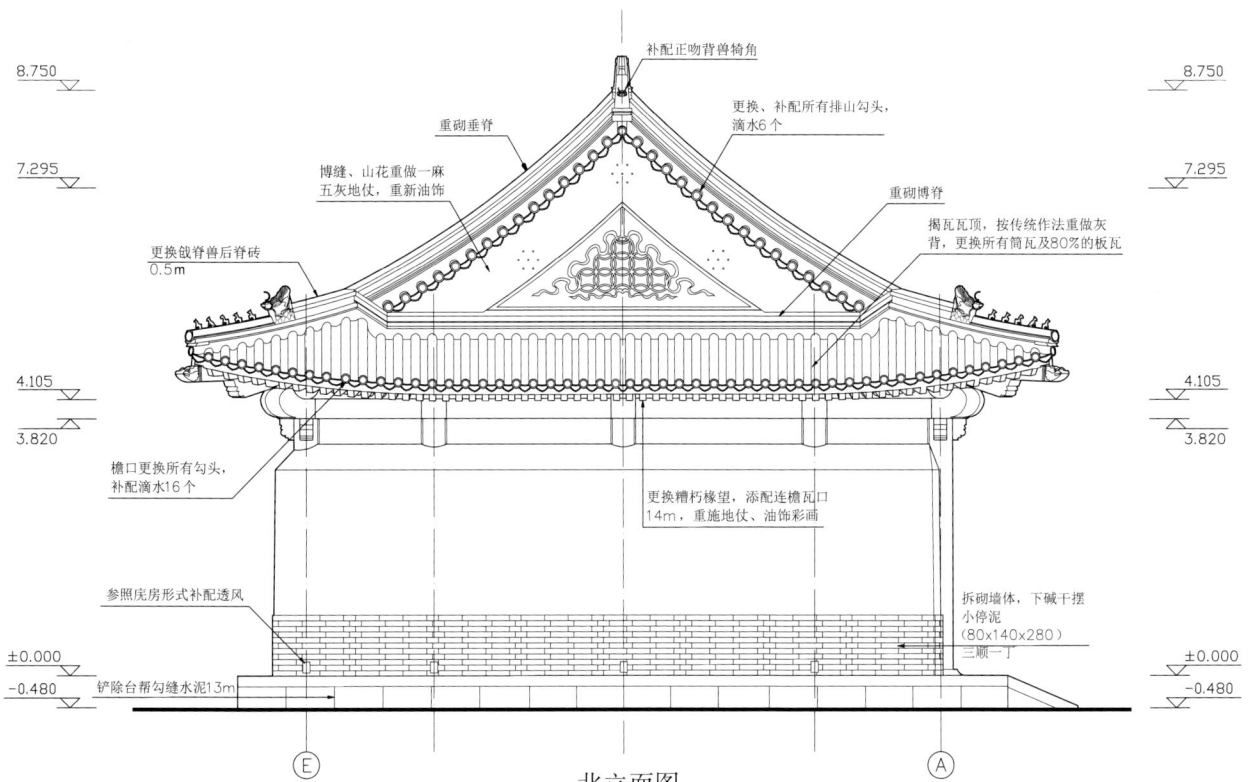

8.750

7.295

4.105
3.820

±0.000
-0.480

补配正吻背兽骑角

重砌垂脊

更换、补配所有排山勾头，滴水6个

博缝、山花重做一麻五灰地仗，重新油饰

重砌博脊

揭瓦瓦顶，按传统作法重做灰背，更换所有筒瓦及80%的板瓦

更换铍脊兽后脊砖0.5m

檐口更换所有勾头，补配滴水16个

更换糟朽椽望，添配连檐瓦口14m，重施地仗、油饰彩画

拆砌墙体，下碱干摆小停泥（80×140×280）三顺一丁

参照庑房形式补配透风

铲除台帮勾缝水泥13m

Ⓔ Ⓐ

北立面图

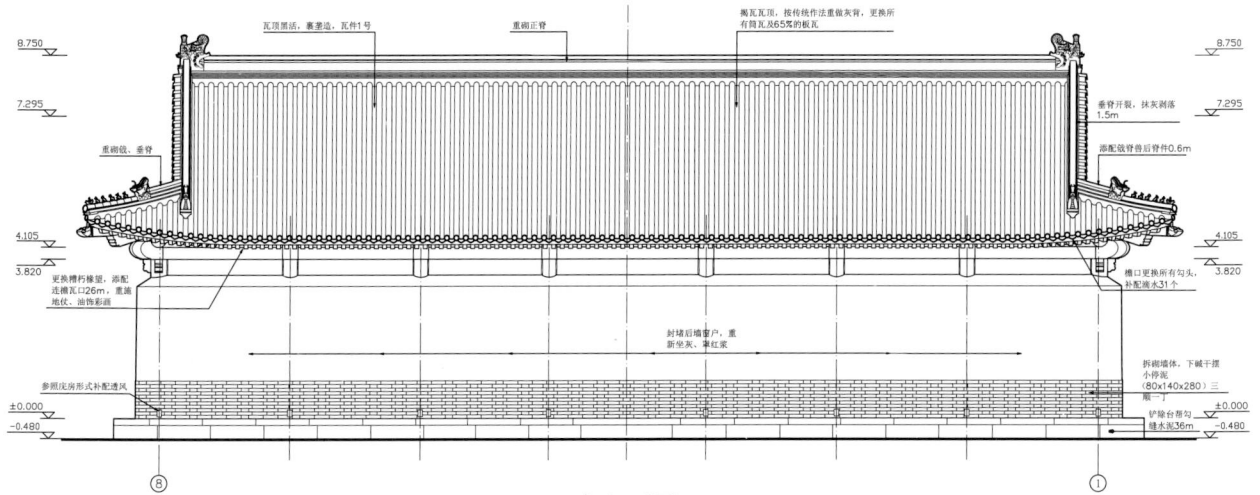

东立面图

维修设计：1、更换灰望板95%，檐椽70%，飞椽达75%
2、透风形式根据哈尔滨文庙庑房样式补配

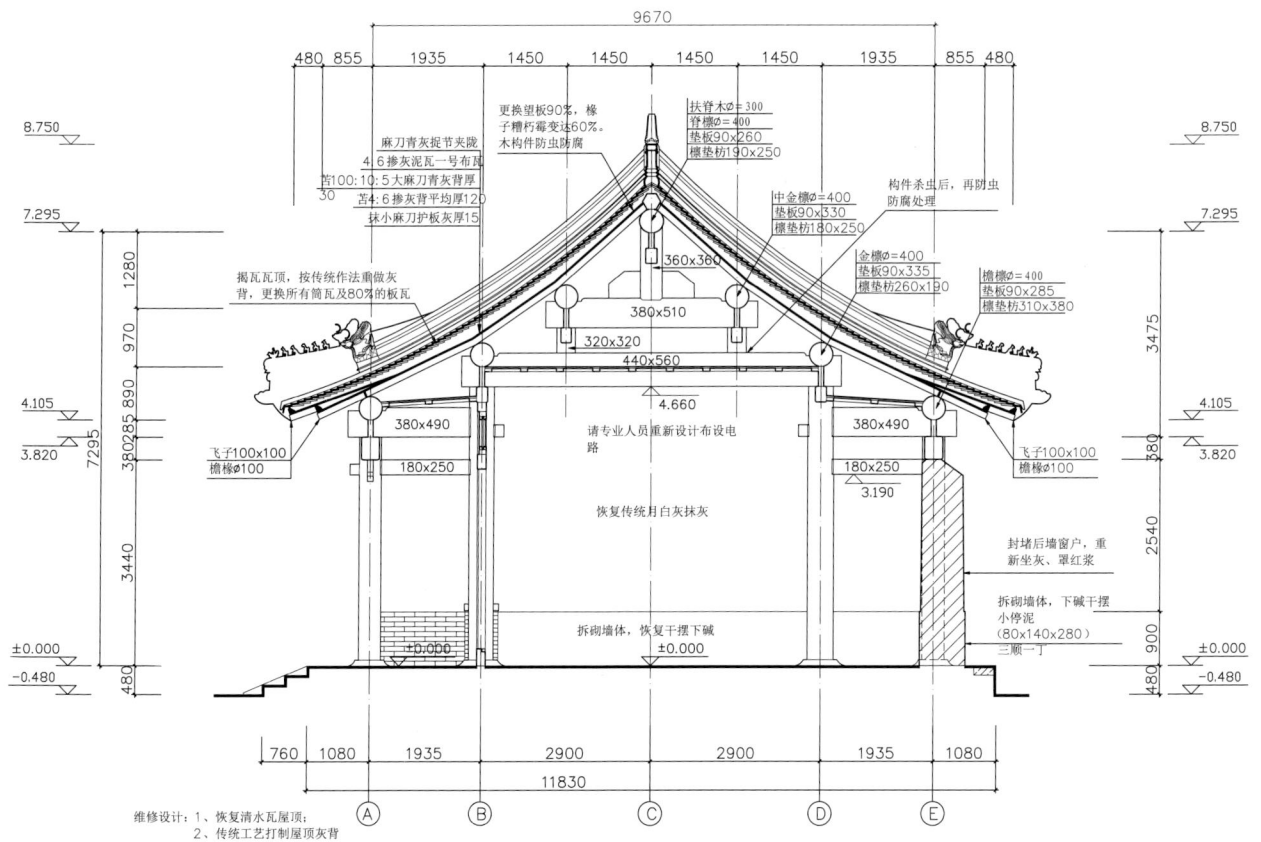

剖面图（一）

维修设计：1、恢复清水瓦屋顶；
2、传统工艺打制屋顶灰背

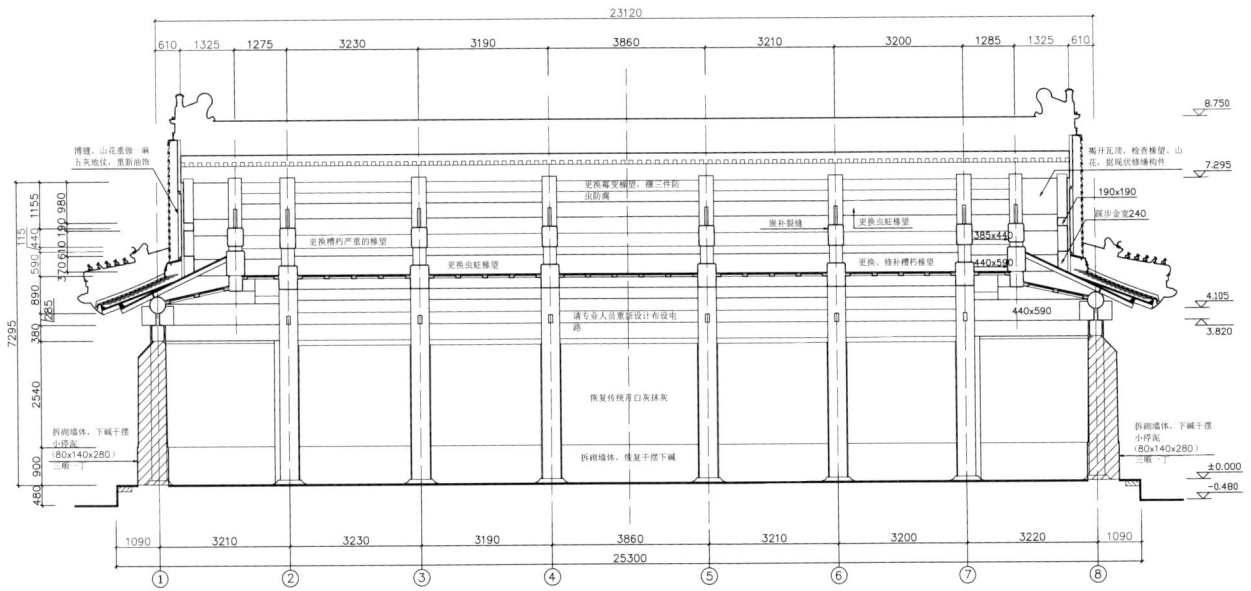

剖面图（二）

檐修设计：1、揭瓦屋顶，检查椽望木基层、隐蔽构件，按现状修
缮，更换约80%的望板，60%的椽子；
2、所有露明木构件均作防虫防腐处理

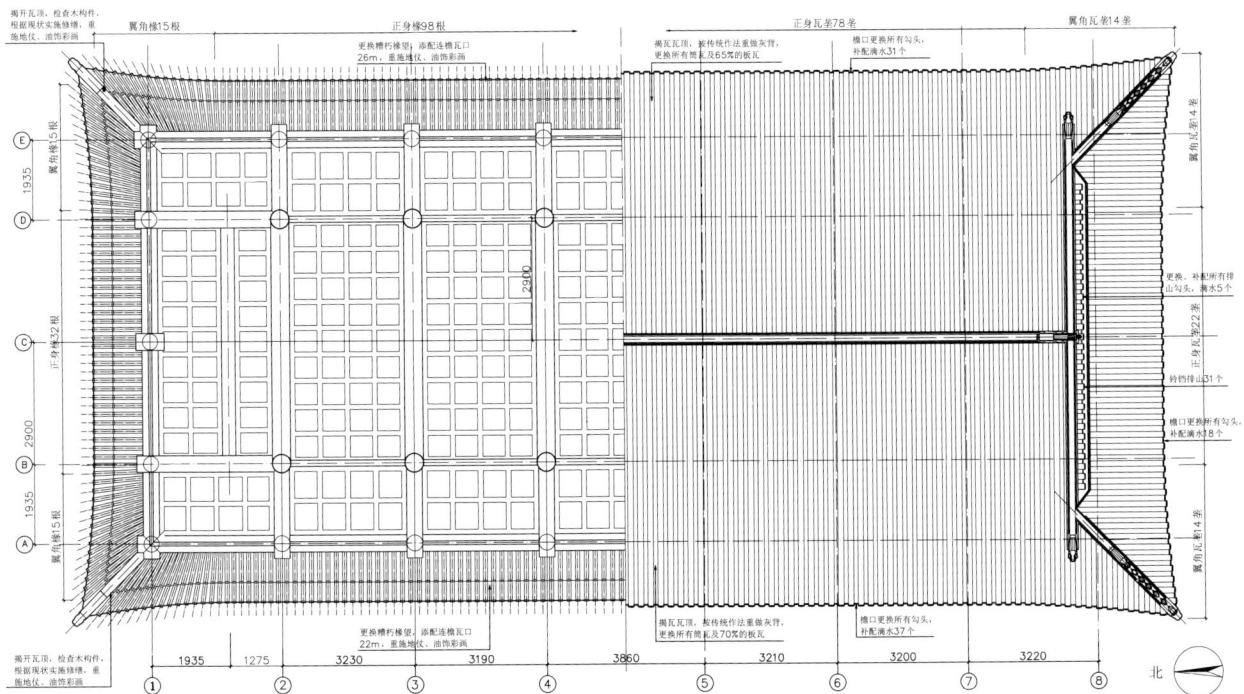

梁架仰视平面图　　瓦顶俯视平面图

西官厅

哈尔滨文庙西官厅位置图

（一）勘察测绘图

平面图

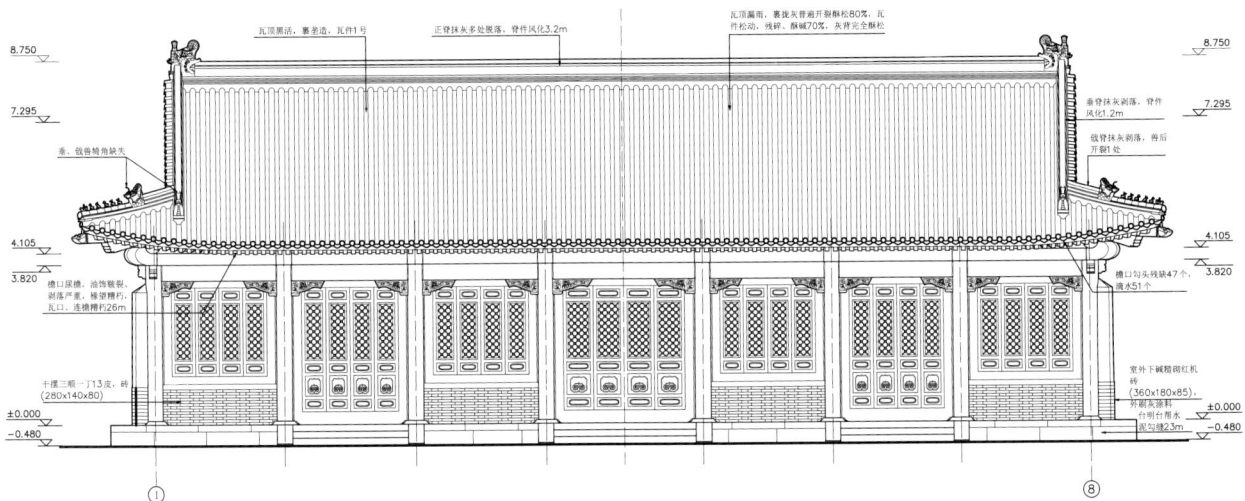

瓦顶黑活，襄老造，瓦件1号
正脊抹灰多处崩落，脊件风化3.2m
瓦顶漏雨，襄拢灰普遍开裂酥松80%，瓦件松动、残碎、酥碱70%，灰背完全酥松

垂脊抹灰剥落，脊件风化1.2m
戗脊抹灰剥落，兽后开裂1处
兽、铁番鸱角缺失
檐口尿檐，油饰皲裂、剥落严重，椽望糟朽，瓦口、连檐糟朽26m
檐口勾头残缺47个，滴水51个
十字三顺一丁13皮，砖(280×140×80)
室外下碱糙砌红机砖(360×180×85)，外刷灰涂料台明台帮水泥勾缝23m

东立面图

残损现状：1、尿檐引起望板糟朽约80%，檐椽45%，飞椽达55%

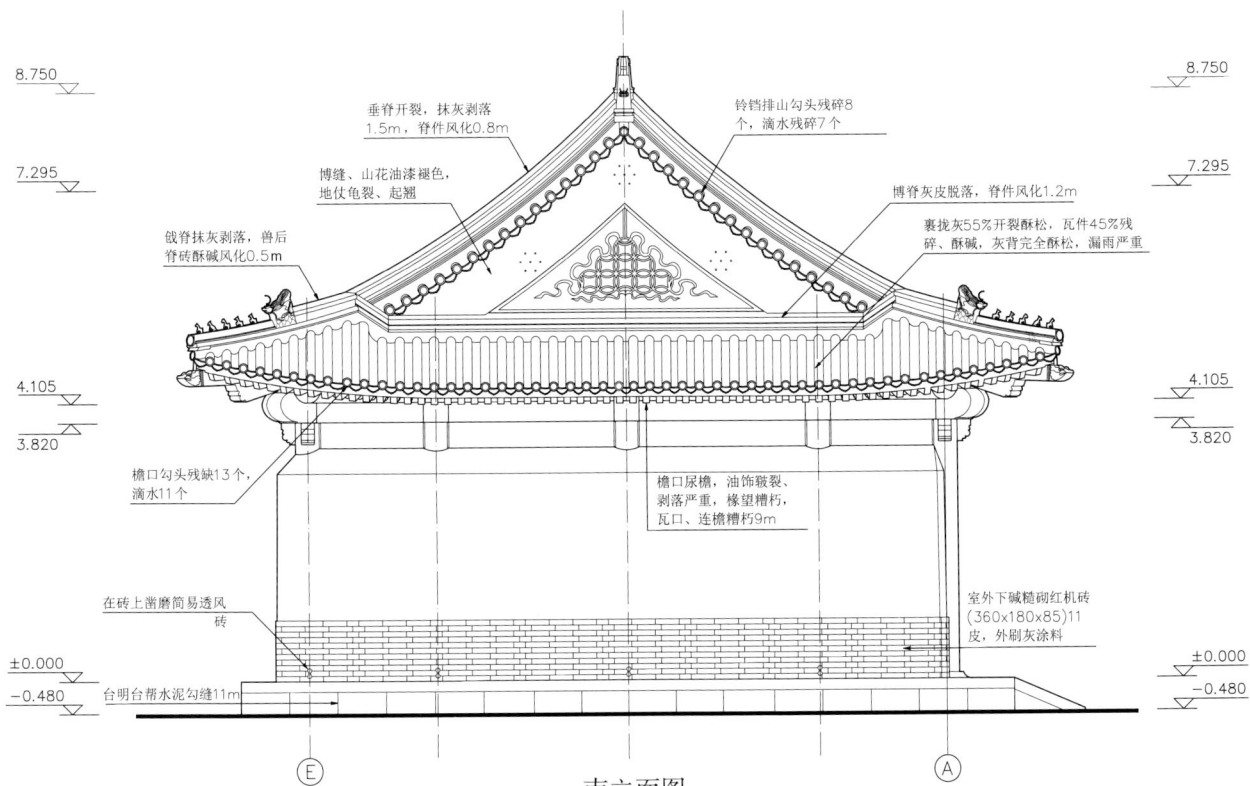

垂脊开裂，抹灰剥落1.5m，脊件风化0.8m
铃铛排山勾头残碎8个，滴水残碎7个
博缝、山花油漆褪色，地仗龟裂、起翘
博脊灰皮脱落，脊件风化1.2m
戗脊抹灰剥落，兽后脊砖酥碱风化0.5m
襄拢灰55%开裂酥松，瓦件45%残碎、酥碱，灰背完全酥松，漏雨严重
檐口勾头残缺13个，滴水11个
檐口尿檐，油饰皲裂、剥落严重，椽望糟朽，瓦口、连檐糟朽9m
在砖上凿磨简易透风砖
室外下碱糙砌红机砖(360×180×85)11皮，外刷灰涂料
台明台帮水泥勾缝11m

南立面图

残损现状：尿檐引起望板糟朽45%，檐椽35%，飞椽达40%

8.750

7.295

垂脊抹灰剥落，脊件风化1.2m

铃铛排山勾头残坏
15个，滴水11个

裹拢灰45%开裂酥松，瓦件40%残
碎、酥碱，灰背完全酥松，漏雨严重

博缝、山花油漆褪色地仗龟裂、起翘

戗脊兽后酥松、风化0.6m

博脊灰皮脱落，脊件
松动、风化1.2m

4.105

3.820

檐口尿檐，油饰皲裂、
剥落严重，椽望糟朽，
瓦口、连檐糟朽11m

檐口勾头残缺15个，
滴水13个

4.105

3.820

室外下碱糙砌红机砖
(360x180x85)11
皮，外刷灰涂料

在砖上凿磨简易透
风

±0.000

-0.480

台明台帮水
泥勾缝16m

±0.000

-0.480

Ⓐ

Ⓔ

北立面图

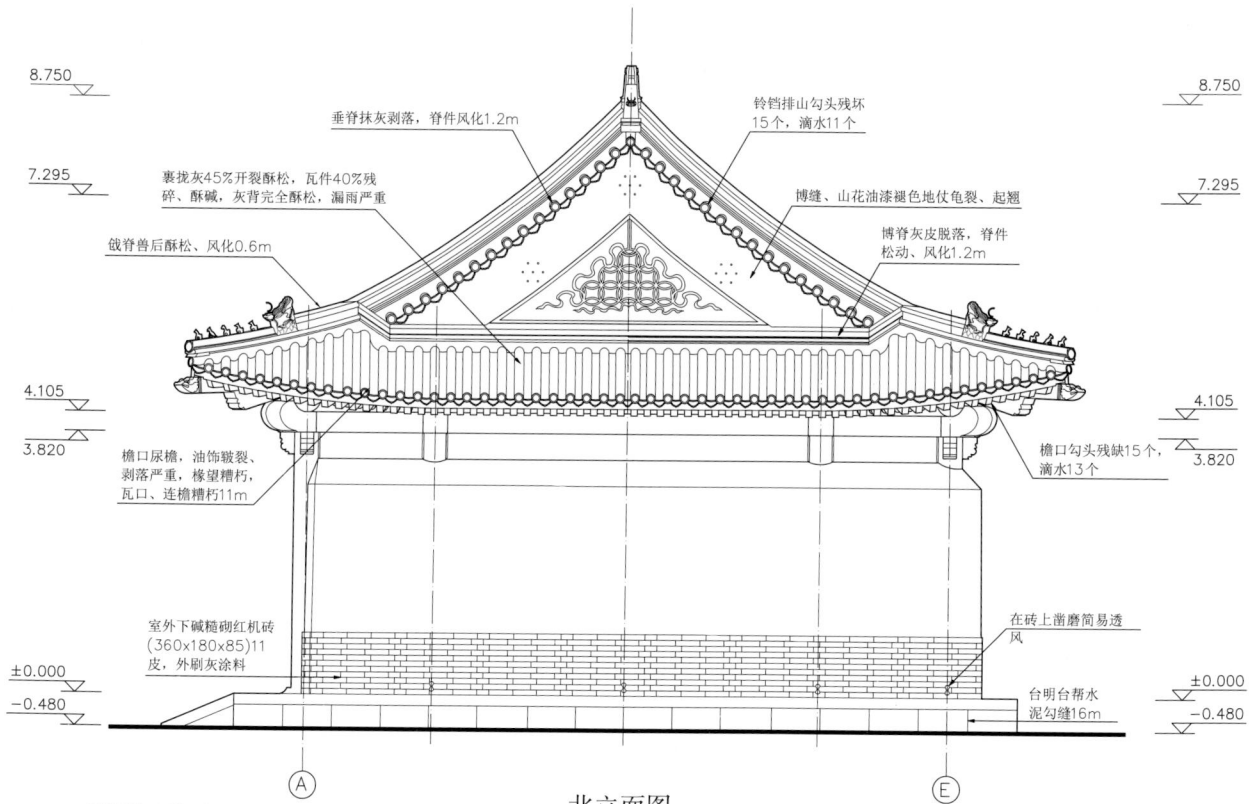

残损现状：尿檐引起望板糟朽55%，檐椽40%，飞椽达50%

8.750

瓦顶黑活、番垄造，瓦件1号

正脊抹灰多处脱落，脊件风化3.2m

瓦顶漏雨，垂脊抹灰普遍开裂酥松90%，瓦
件松动、残碎、酥碱75%，灰背完全酥松

8.750

7.295

戗脊兽前抹灰脱落，
脊件风化1.5m

垂脊开裂，抹灰剥落
1.5m，脊件风化0.8m

7.295

戗脊兽前抹灰脱落，脊
件风化0.5m，兽后
0.4m

戗脊兽后酥松、风化
0.6m

4.105

3.820

檐口尿檐，油饰皲裂、
剥落严重，椽望糟朽，
瓦口、连檐糟朽27m

后墙开窗户，改变
原制，窗户尺寸
1800x2280

檐口勾头残缺62个，
滴水54个

4.105

3.820

在砖上凿磨简易透风

室外下碱糙砌红机
砖
(360x180x85)，
外刷灰涂料

±0.000

-0.480

台明台帮水
泥勾缝36m

±0.000

-0.480

Ⓑ

Ⓘ

西立面图

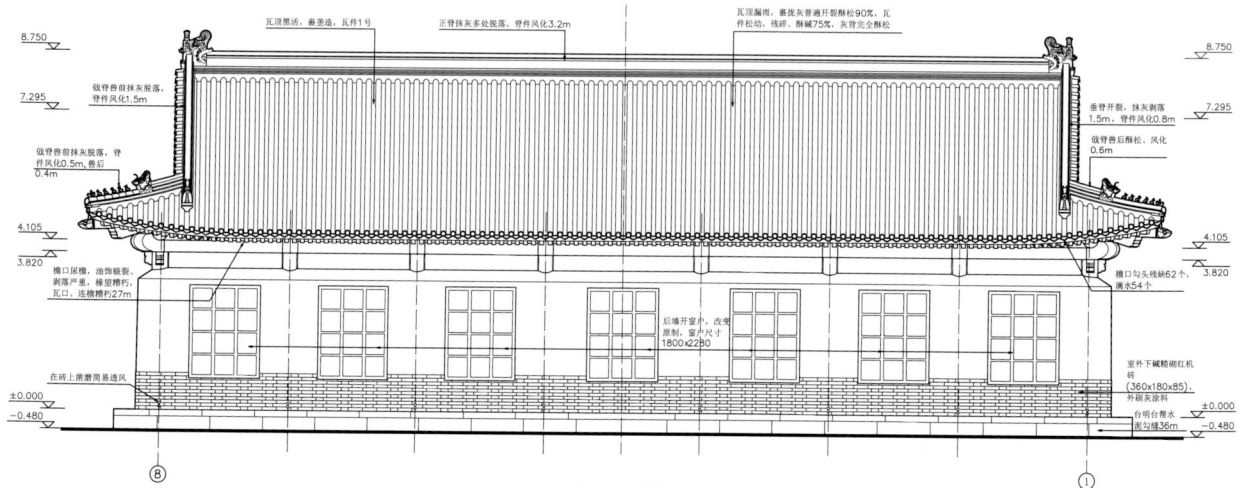

残损现状：尿檐引起望板糟朽80%，檐椽55%，飞椽达65%

剖面图（一）

9660

480 855 | 1930 | 1450 | 1450 | 1450 | 1450 | 1930 | 855 480

扶脊木∅=300
脊檩∅=400
垫板90×260
檩垫枋190×250

望板槽朽90%，椽子槽朽霉变达65%。梁架、檩子潮湿，局部构件表面槽朽。

望板厚30
方椽100×100

20%木构件均有不同程度的虫蛀

中金檩∅=400
垫板90×330
檩垫枋180×250

布瓦顶后期维修裹垄，裹垄灰90%酥松、碎裂，灰背完全酥松，漏雨严重

360×380

金檩∅=400
垫板90×335
檩垫枋260×190

380×510

檐檩∅=400
垫板90×285
檩垫枋310×380

320×320

440×560

4.660

380×490

室内后拉电线并安白炽灯

380×490

飞子100×100
檐椽∅=100

180×250

飞子100×100
檐椽∅=100

3.190

180×250

内墙面店抹大白

后墙开窗户，改变原制，窗户尺寸1800×2280

室外下碱糙砌红机砖（360×180×85）11皮，外刷灰涂料

下碱表面抹水泥，罩灰涂料
±0.000

8.750　7.295　4.105　3.820　±0.000　-0.480

1280　970　890　285　380　3440　480

760 | 1080 | 1930 | 2900 | 2900 | 1930 | 1080

11820

Ⓐ　Ⓑ　Ⓒ　Ⓓ　Ⓔ

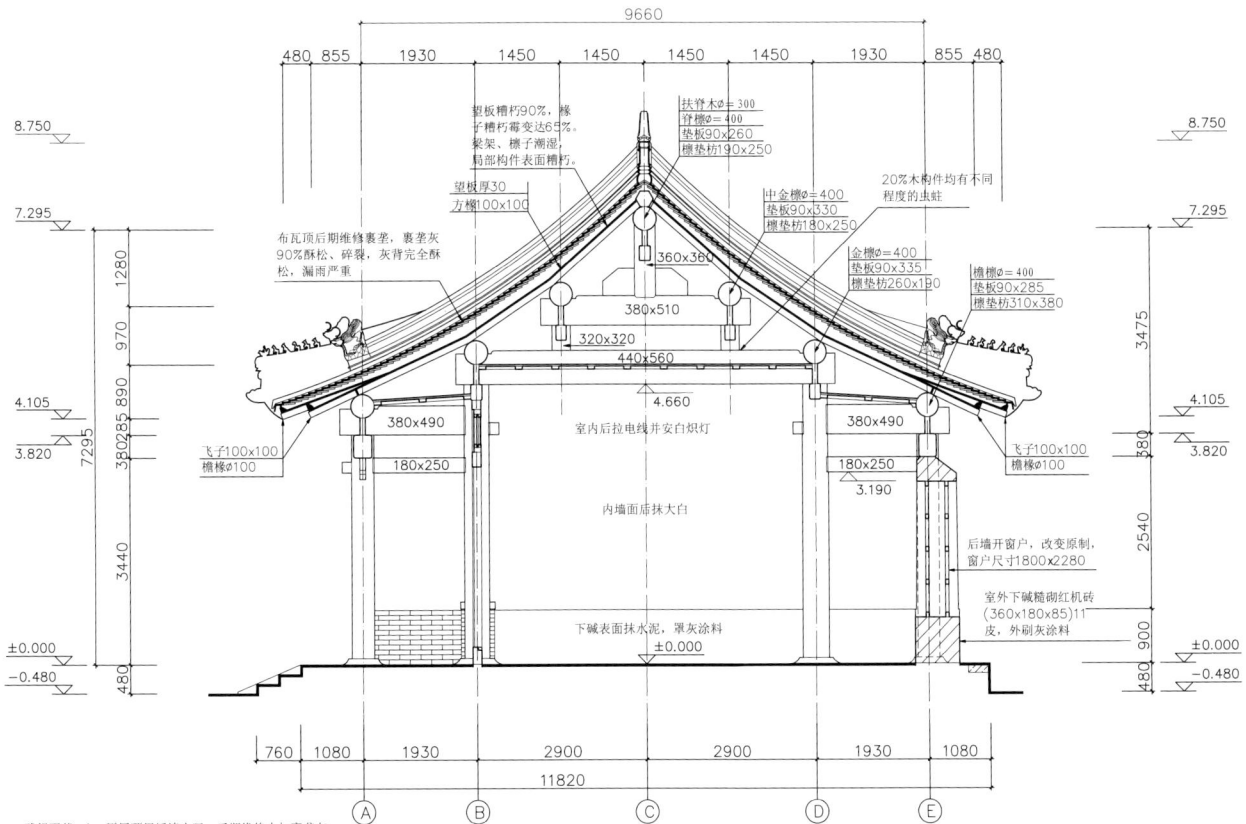

残损现状：1、原屋顶黑活清水瓦，后期维修中加裹垄灰；
2、现场勘测瓦顶灰背含白灰成份，亦含水泥；

剖面图（二）

23120

610 1320 1310 | 3230 | 3180 | 3860 | 3180 | 3220 | 1310 1320 610

博缝、山花油漆褪色起伏龟裂、起翘

脊步漏雨，椽望槽朽、虫蛀，檩三件潮湿表面轻度槽朽

瓦顶大面积漏雨，椽望潮湿、霉变，金步漏雨尤其严重

尽间屋顶漏雨椽望塑，山花及檩子头部潮湿

190×190

踩步金堂240

三架梁干裂，缝宽20mm

金步漏雨，椽望槽朽、虫蛀，檩、枋潮湿

脊顶漏雨，梁架表面水顶，望板潮湿虫蛀，椽子霉变

385×440

下金檩处漏雨，椽望槽朽

440×590

室内后拉电线并安白炽灯

440×590

内墙面店抹大白

室外下碱糙砌红机砖（360×180×85）11皮，外刷灰涂料

下碱表面抹水泥，罩灰涂料

室外下碱糙砌红机砖（360×180×85）11皮，外刷灰涂料

8.750　7.295　4.105　3.820　±0.000　-0.480

1155　980　115　440　590　370　890　380　2540　900　480

1080 | 3240 | 3230 | 3180 | 3860 | 3180 | 3220 | 3240 | 1080

25320

①　②　③　④　⑤　⑥　⑦　⑧

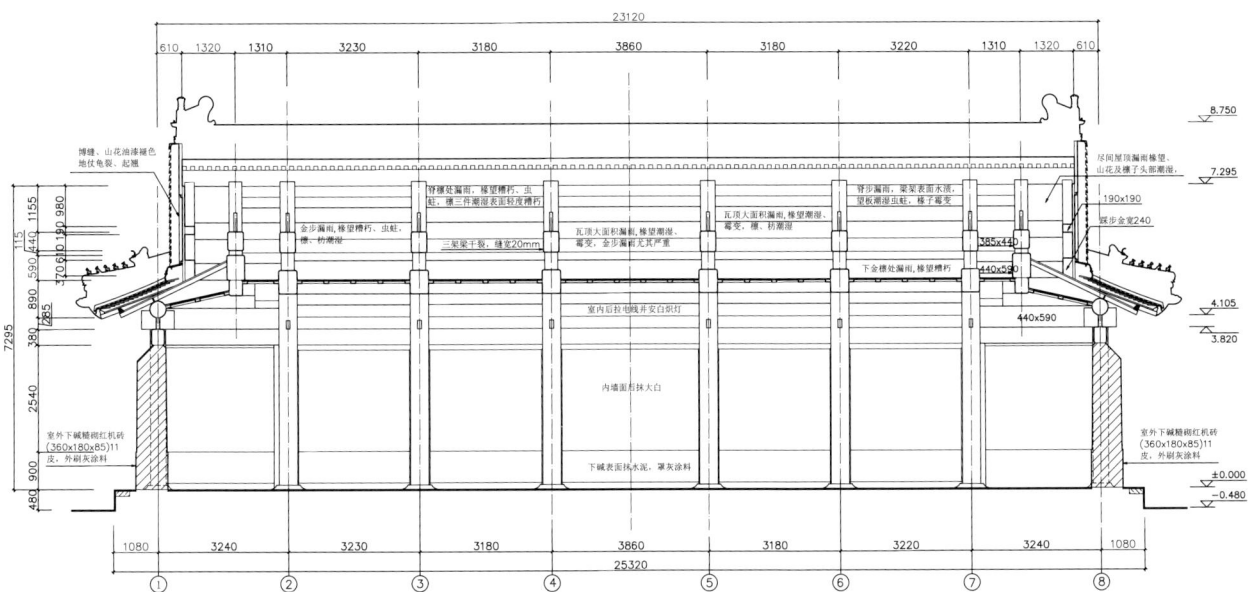

残损现状：1、屋顶漏雨严重，木基层有虫蛀现象，约有90%的望板槽朽霉变槽朽、虫蛀，65%的椽子残损；

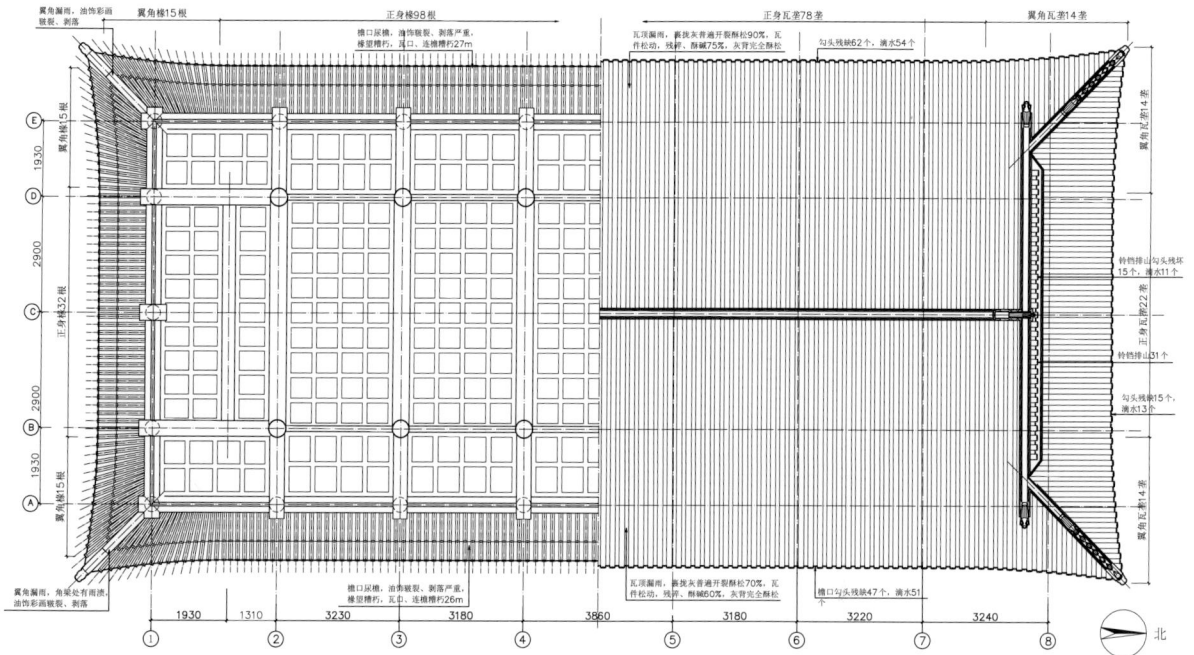

梁架仰视平面图　　　　瓦顶俯视平面图

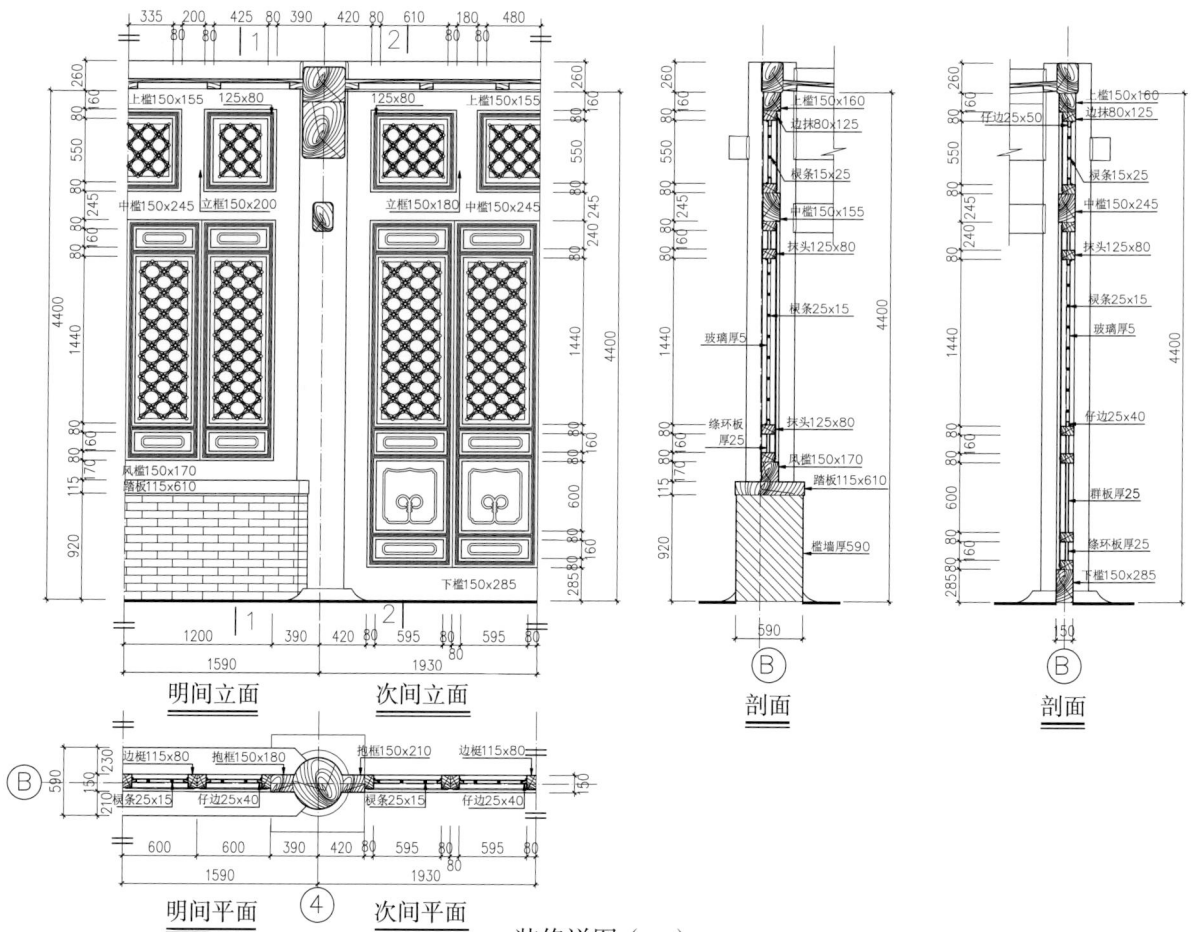

明间立面　　次间立面　　　剖面　　　剖面

明间平面　④　次间平面

装修详图（一）

装修详图（二）

尽间立面　　稍间立面　　　剖面　　　剖面

尽间平面 ② 稍间平面

角梁详图

（二）修缮设计图

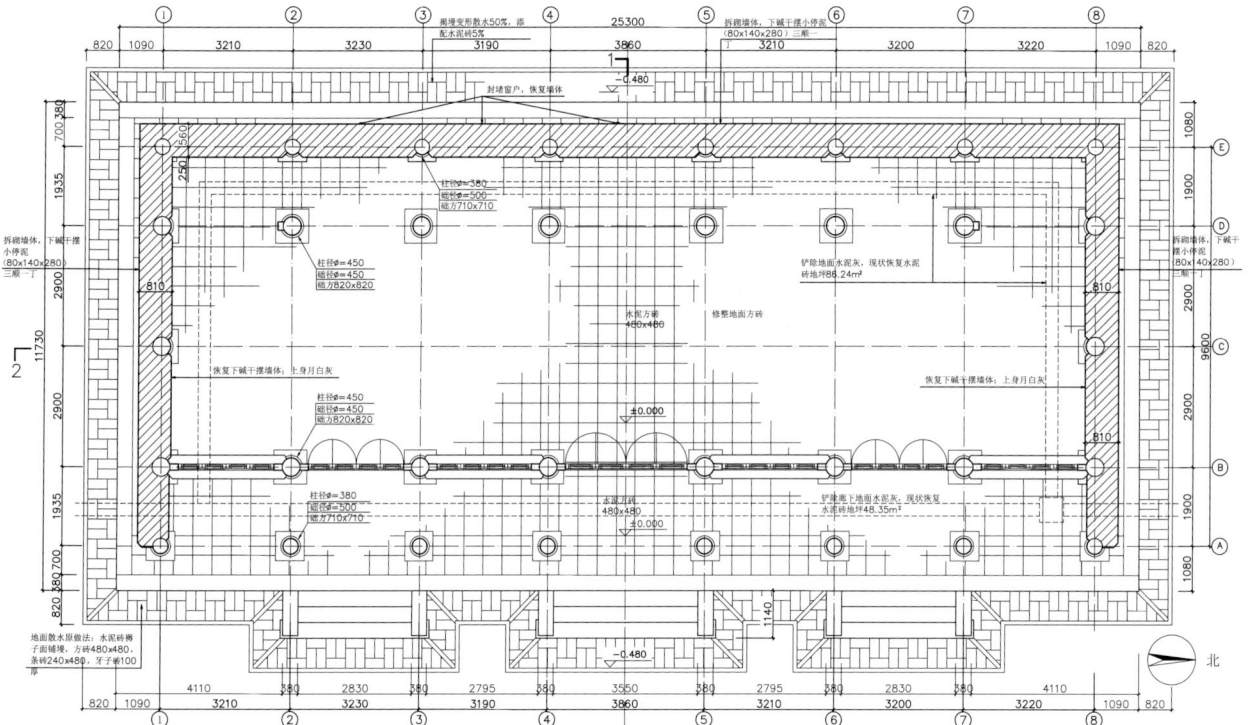

平面图

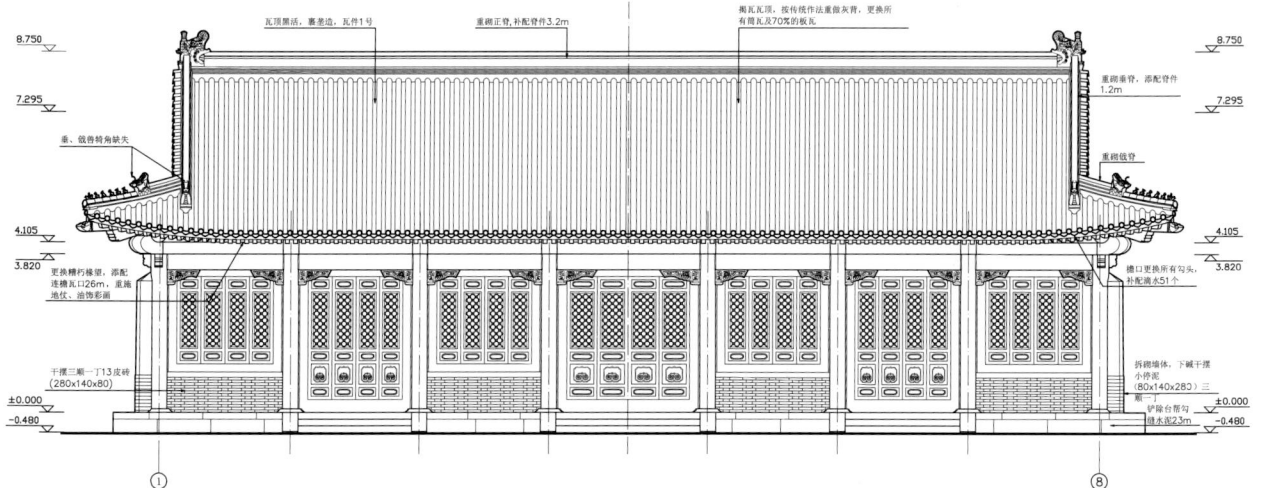

东立面图

更换垂脊脊件0.8m

博缝、山花重做一麻
五灰地仗，重新油饰

更换戗脊兽后脊砖
0.5m

更换、补配所有排山勾头，
滴水7个

更换博脊脊件1.2m

揭瓦瓦顶，按传统作法重做灰
背，更换所有筒瓦及50%的板瓦

檐口更换所有勾头，
补配滴水11个

更换糟朽椽望，添配连檐瓦口
10m，重施地仗、油饰彩画

参照庑房形式补配透风

拆砌墙体，下碱干摆
小停泥
（80×140×280）
三顺一丁

铲除台帮勾缝水泥11m

8.750

7.295

4.105

3.820

±0.000

-0.480

E

A

南立面图

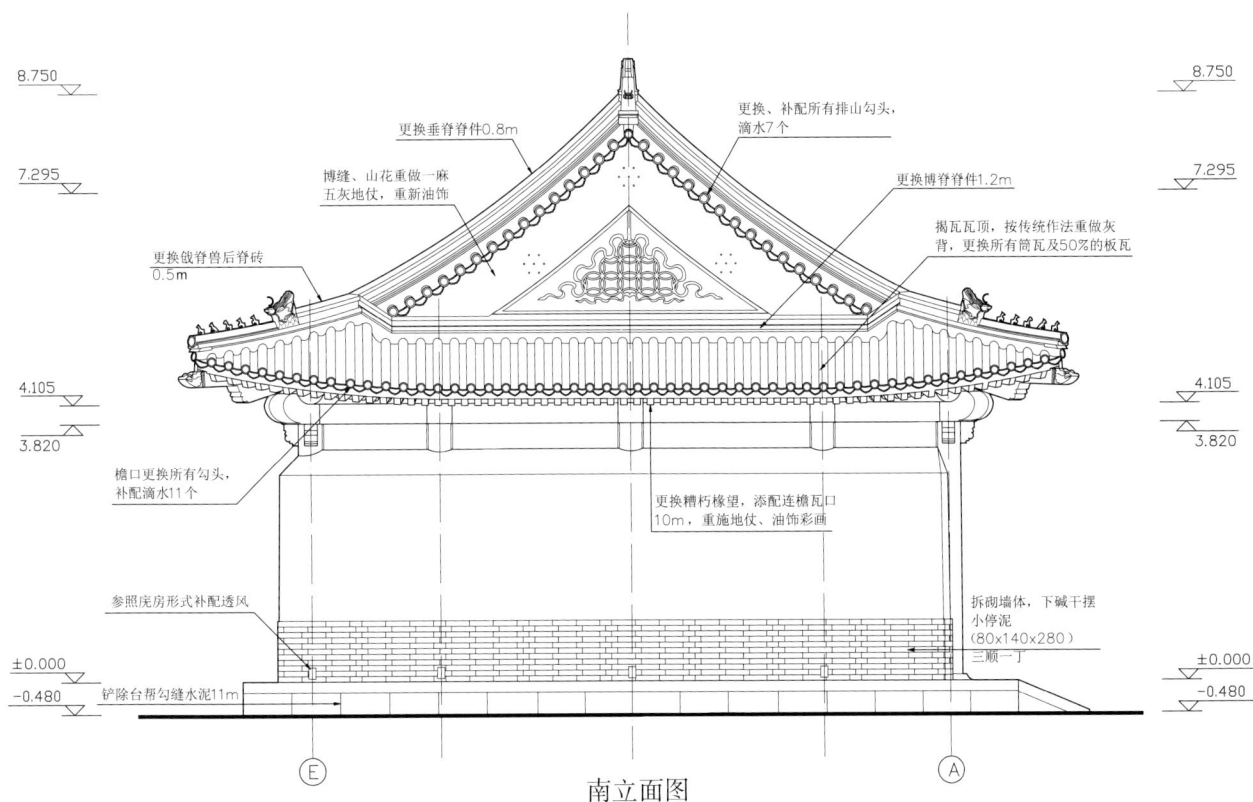

维修设计：更换望板糟朽50%，檐椽40%，飞椽45%

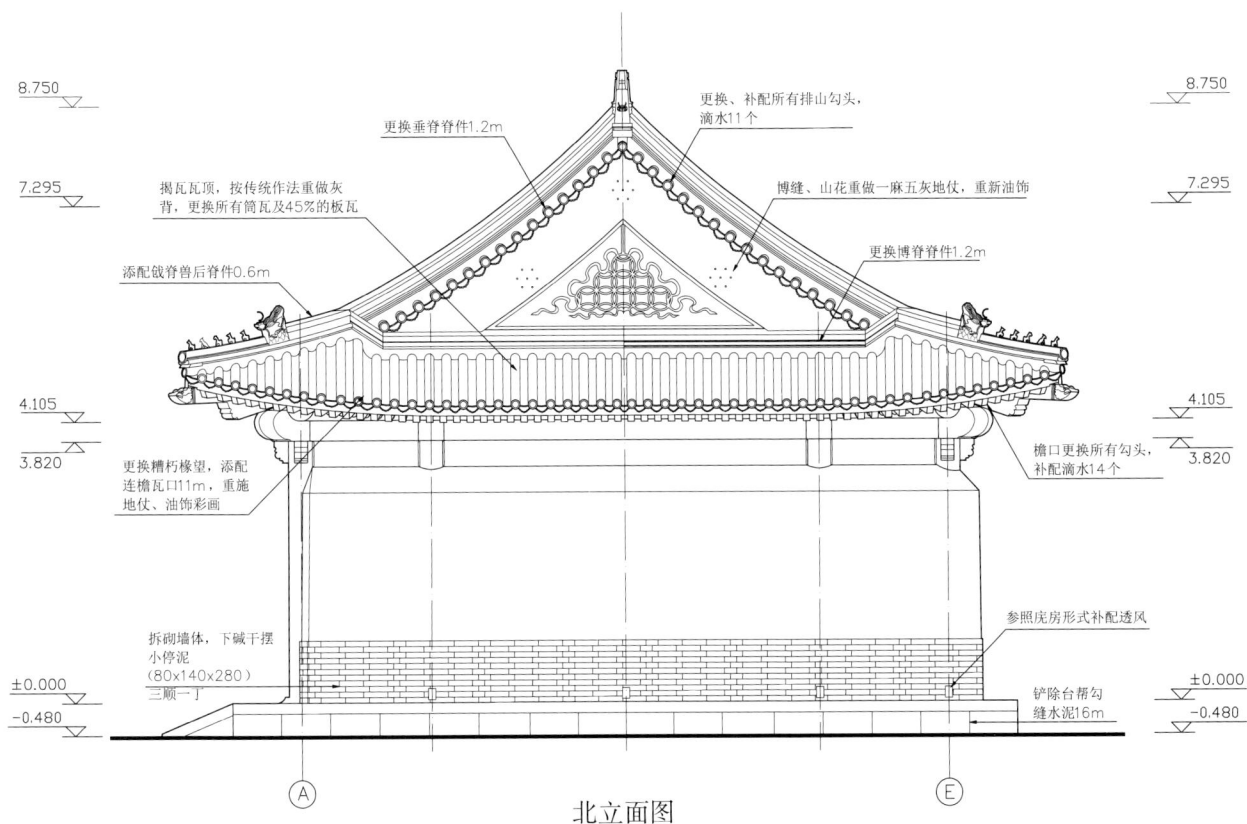

揭瓦瓦顶，按传统作法重做灰
背，更换所有筒瓦及45%的板瓦

更换垂脊脊件1.2m

更换、补配所有排山勾头，
滴水11个

博缝、山花重做一麻五灰地仗，重新油饰

添配戗脊兽后脊件0.6m

更换博脊脊件1.2m

更换糟朽椽望，添配
连檐瓦口11m，重施
地仗、油饰彩画

檐口更换所有勾头，
补配滴水14个

拆砌墙体，下碱干摆
小停泥
（80×140×280）
三顺一丁

参照庑房形式补配透风

铲除台帮勾
缝水泥16m

8.750

7.295

4.105

3.820

±0.000

-0.480

A

E

北立面图

维修设计：更换望板糟朽60%，檐椽40%，飞椽50%

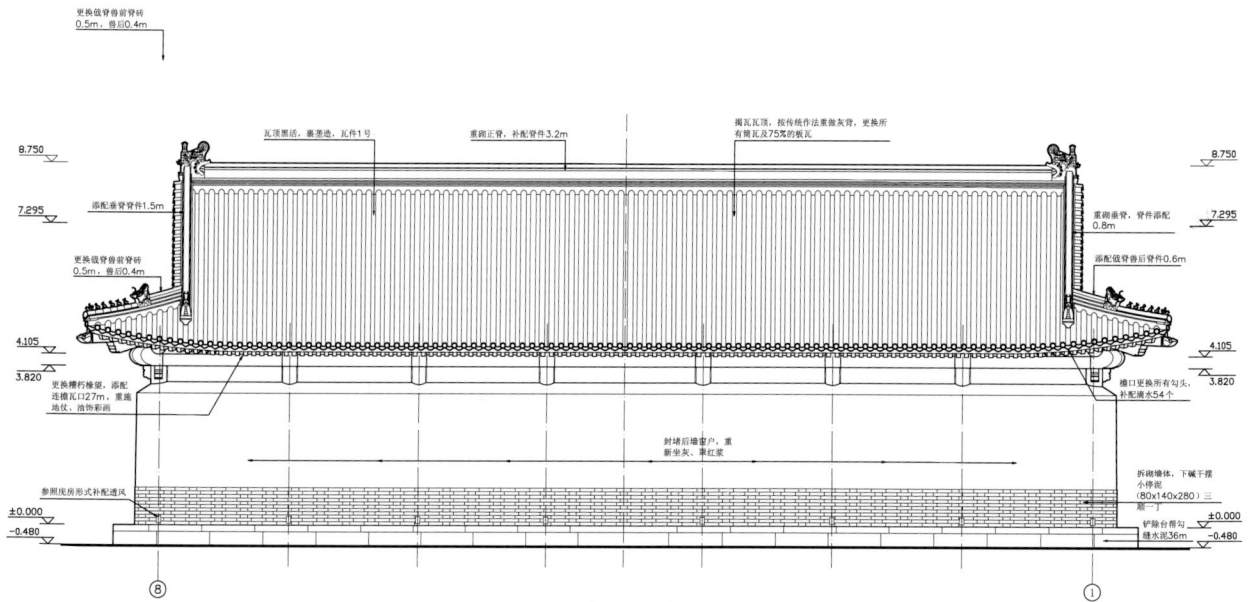

更换做脊骨前脊砖
0.5m，脊后0.4m

8.750

瓦顶黑活，蓆墁造，瓦件1号　　重砌正脊，补配脊件3.2m　　揭瓦瓦顶，按传统作法重做灰背，更换所有筒瓦及75%的板瓦

7.295

添配垂脊脊件1.5m　　　　　　　　　　　　　　　　　　　　　　　　　　重砌垂脊，脊件添配0.8m

更换做脊骨前脊砖
0.5m，脊后0.4m　　　　　　　　　　　　　　　　　　　　　　　添配做脊骨后脊件0.6m

4.105
3.820

更换槽朽椽望，添配
连檐瓦口27m，重施
地仗、油饰彩画　　　　　　　　　　　　　　　　　　　　　　檐口更换所有勾头，
补配滴水54个

封堵后墙窗户，重
新坐灰、罩红浆

拆砌墙体，下碱干摆
小停泥（80×140×280）三
顺一丁

参照庑房形式补配透风

±0.000
-0.480　　　　　　　　　　　　　　　　　　　　　　　　　　铲除台帮勾
缝水泥36m
±0.000
-0.480

⑧　　　　　　　西立面图　　　　　　　①

维修设计：1、更换望板90%，槽椽70%，飞椽达75%
　　　　　2、透风形式根据哈尔滨文庙庑房样式补配

9670

480 855　1935　1450　1450　1450　1450　1935　855 480

8.750

更换望板90%，椽
子槽朽霉变达65%。
木构件防虫防腐

扶脊木ø＝300
脊檩ø＝400
垫板90×260
檩垫枋190×250

构件杀虫后，再防虫
防腐处理

麻刀青灰捉节夹陇
4:6掺灰泥1一号布瓦
苫100:10:5大麻刀青灰背厚
30
苫4:6掺灰背平均厚120
抹小麻刀护板灰厚15

中金檩ø＝400
垫板90×330
檩垫枋180×250

7.295

1280

360×360

金檩ø＝400
垫板90×335
檩垫枋260×190

970

揭瓦瓦顶，按传统作法重做灰
背，更换所有筒瓦及80%的板瓦

380×510

檐檩ø＝400
垫板90×285
檩垫枋310×380

320×320

890

440×560

4.105
3.820

380×285

4.660

380×490

飞子100×100
檐椽ø100

请专业人员重新设计布设电
路

380×490

飞子100×100
檐椽ø100

3440

180×250

恢复传统月白灰抹灰

3.190

180×250

封堵后墙窗户，重
新坐灰、罩红浆

拆砌墙体，恢复干摆下碱
±0.000

拆砌墙体，下碱干摆
小停泥
（80×140×280）
三顺一丁

2540

±0.000
-0.480

480

900

±0.000
-0.480

480

760 1090　1935　2900　2900　1935　1090

A　　B　　C　　D　　E

11850

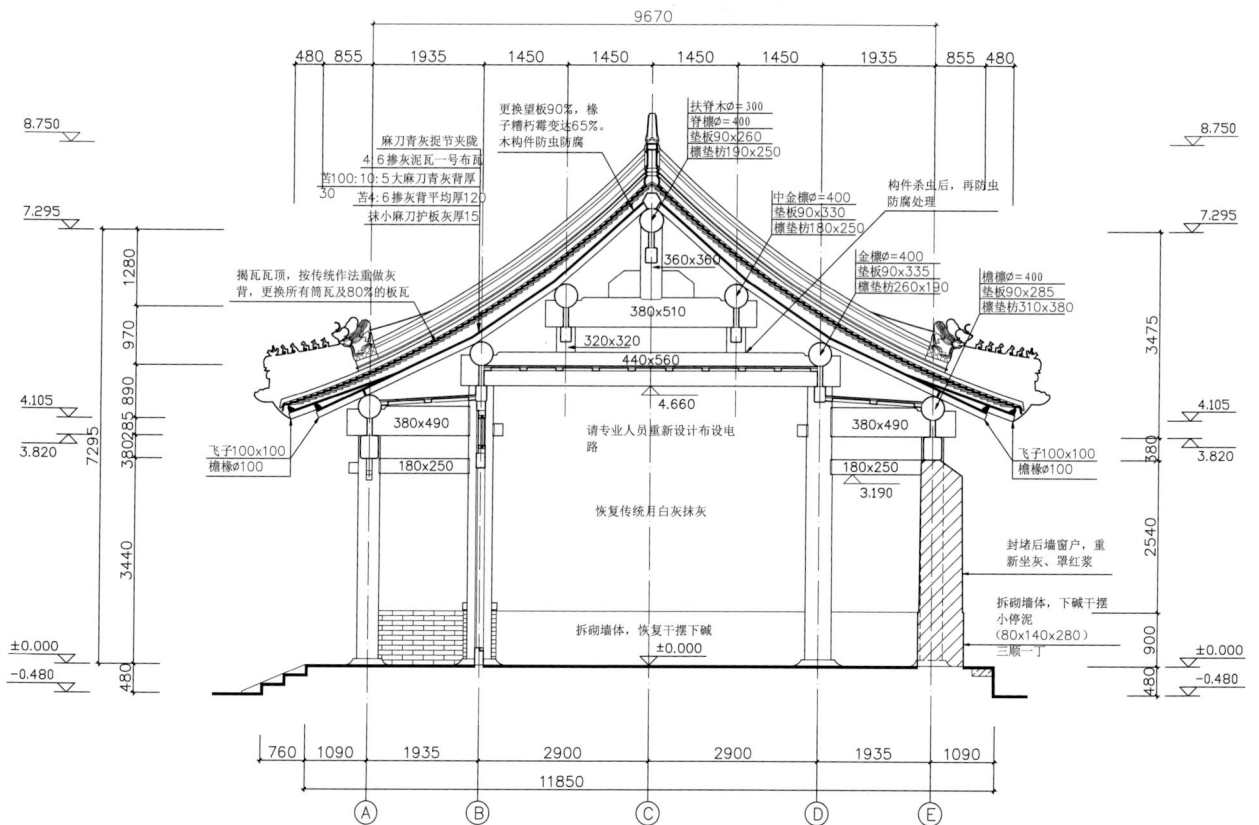

维修设计：1、恢复清水瓦屋顶；
　　　　　2、传统工艺打制屋顶灰背
　　　　　3、所有非露明木构件防虫防腐处理

剖面图（一）

剖面图（二）

维修设计：1、揭瓦屋顶，检查椽望木基层、隐蔽构件，据现状修缮椽、更换约90%的望板，65%的椽子；
　　　　　　2、所有非露明木构件均作防虫防腐处理

梁架仰视平面图　　　　瓦顶俯视平面图

五、耳房

东耳房

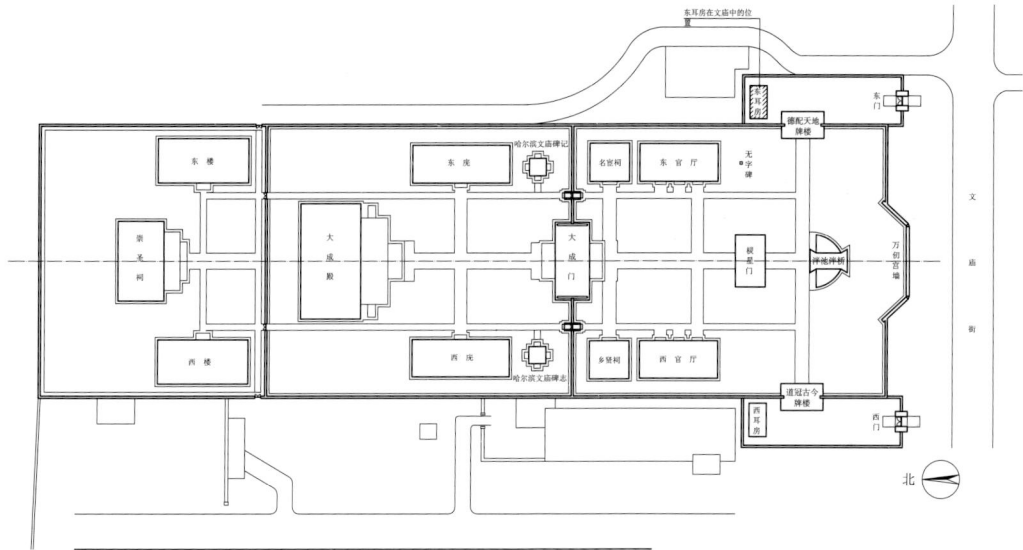

哈尔滨文庙东耳房位置图

（一）勘察测绘图

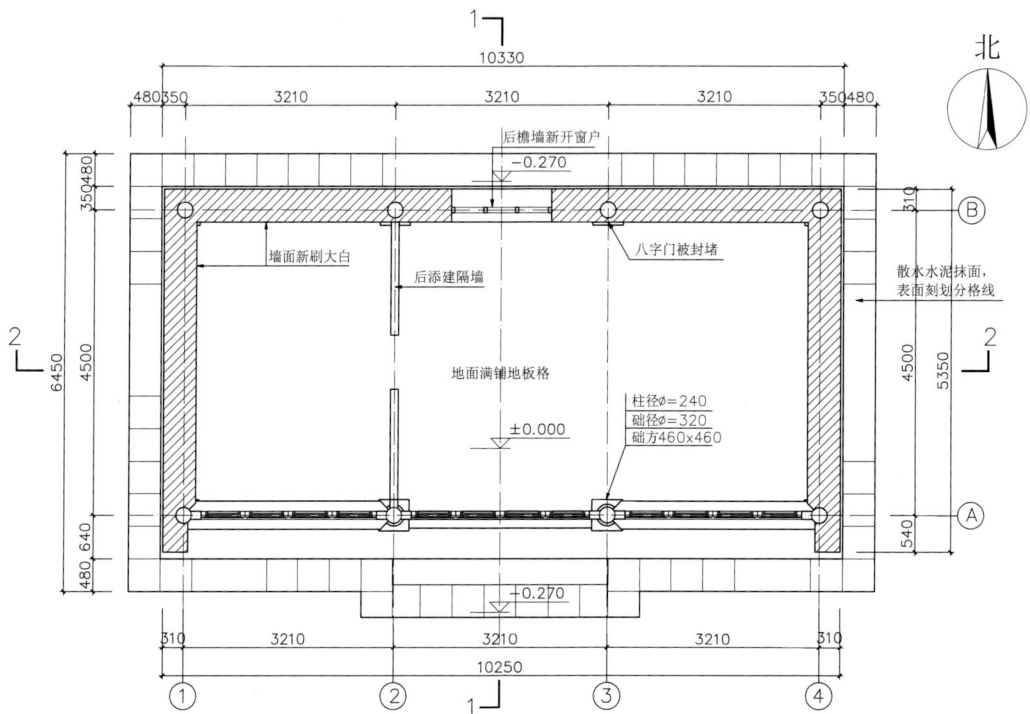

平面图

残损现状：1、建筑四周散水皆为水泥灰抹面，
与院内其它建筑散水形式不符；
2、室内地面因地板格覆盖，状况不详。

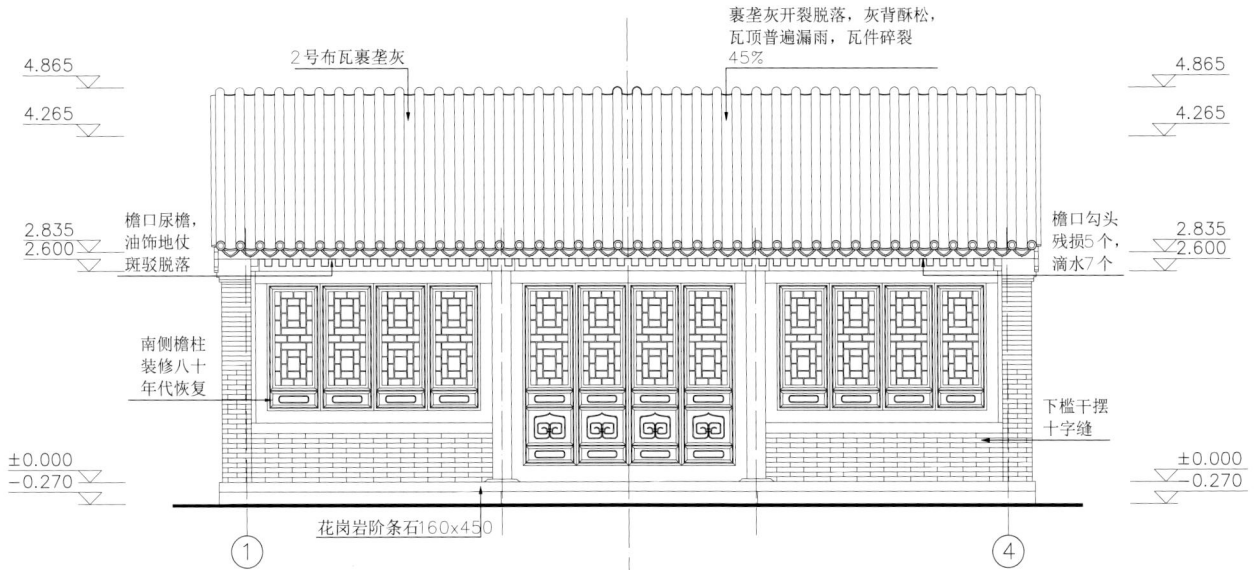

4.865
4.265

2号布瓦裹垄灰

裹垄灰开裂脱落,灰背酥松,瓦顶普遍漏雨,瓦件碎裂45%

4.865
4.265

2.835
2.600

檐口尿檐,油饰地仗斑驳脱落

檐口勾头残损5个,滴水7个

2.835
2.600

南侧檐柱装修八十年代恢复

下槛干摆十字缝

±0.000
−0.270

±0.000
−0.270

①

花岗岩阶条石160x450

④

南立面图

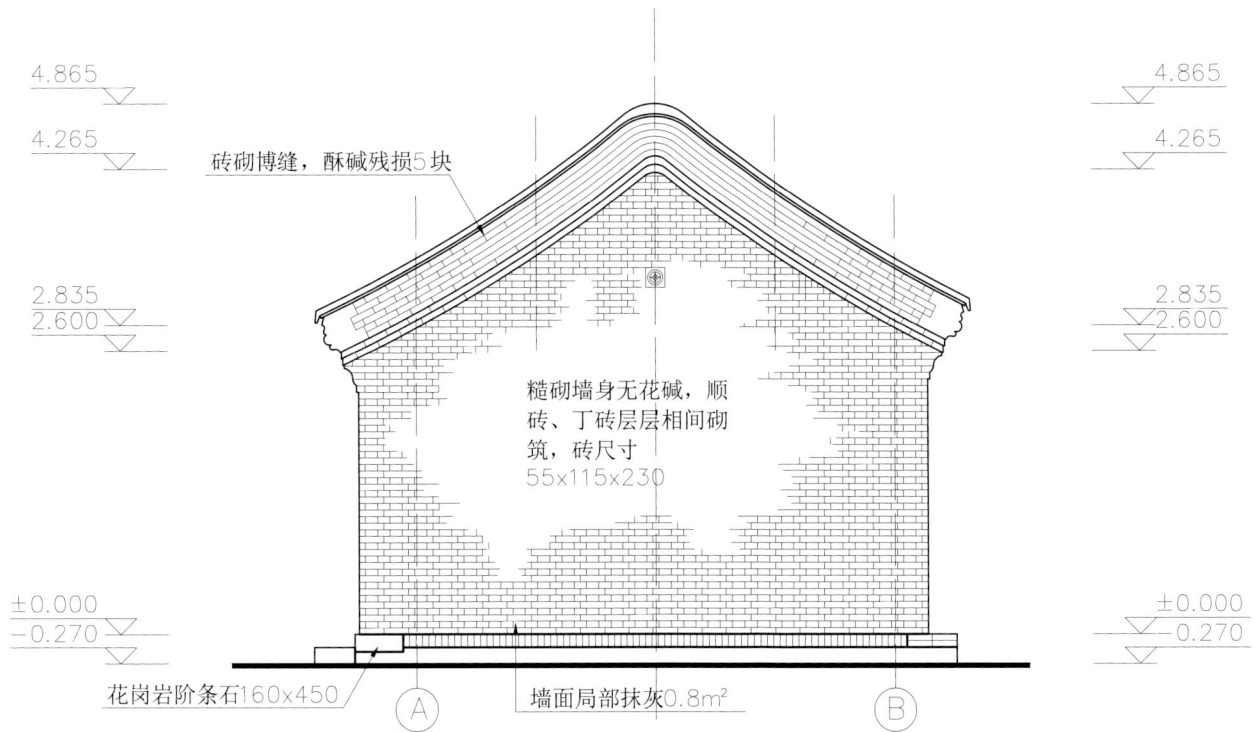

4.865

4.865

4.265

4.265

砖砌博缝,酥碱残损5块

2.835
2.600

2.835
2.600

糙砌墙身无花碱,顺砖、丁砖层层相间砌筑,砖尺寸55x115x230

±0.000
−0.270

±0.000
−0.270

花岗岩阶条石160x450

Ⓐ

墙面局部抹灰0.8m²

Ⓑ

东立面图

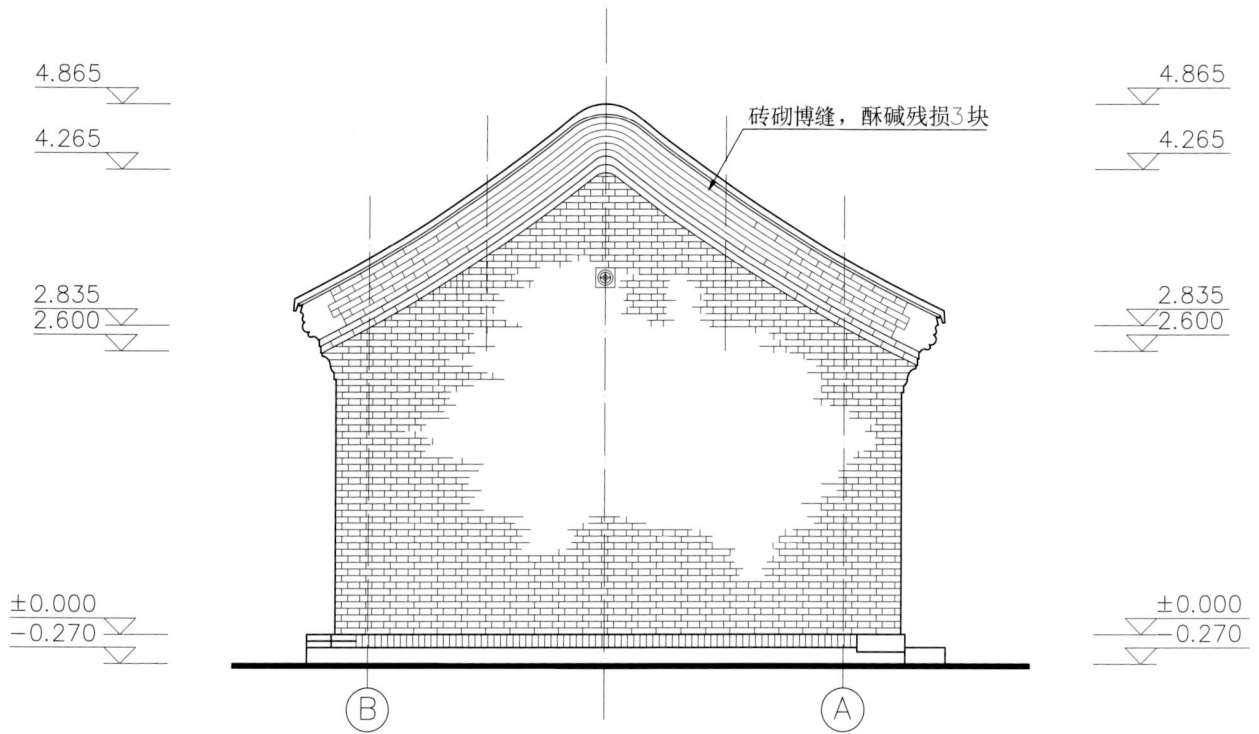

砖砌博缝，酥碱残损3块

西立面图

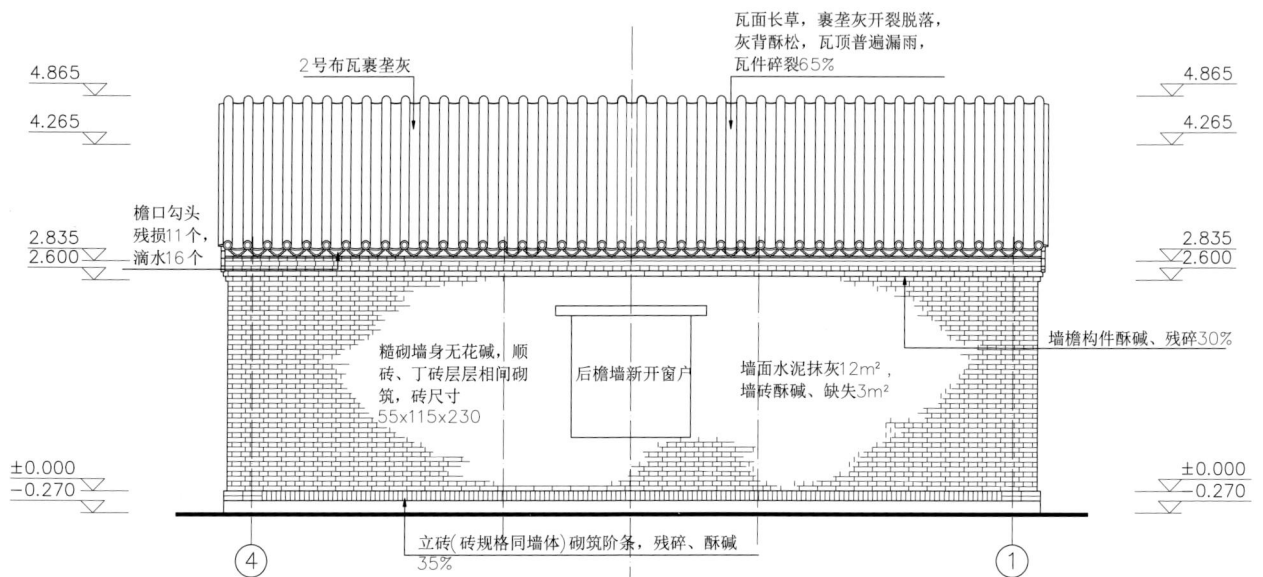

2号布瓦裹垄灰

瓦面长草，裹垄灰开裂脱落，灰背酥松，瓦顶普遍漏雨，瓦件碎裂65%

檐口勾头残损11个，滴水16个

糙砌墙身无花碱，顺砖、丁砖层层相间砌筑，砖尺寸55x115x230

后檐墙新开窗户

墙面水泥抹灰12m²，墙砖酥碱、缺失3m²

墙檐构件酥碱、残碎30%

立砖（砖规格同墙体）砌筑阶条，残碎、酥碱35%

北立面图

5870

760　1125　1125　1125　1125　610

脊檩∅=240
随檩∅=130

∅=240

瓦顶漏雨
部分椽望
潮湿糟朽

∅=240

檩子∅=240
随檩∅=130

265×380

300×540

檐檩∅=240

340×450

790
640
235

墙面新刷大白

790
640
240

檐口尿檐，
油饰地仗
斑驳脱落

后添建隔墙

2600

2640
2835

150 120

270

380 580

4500

580

5660

Ⓐ

Ⓑ

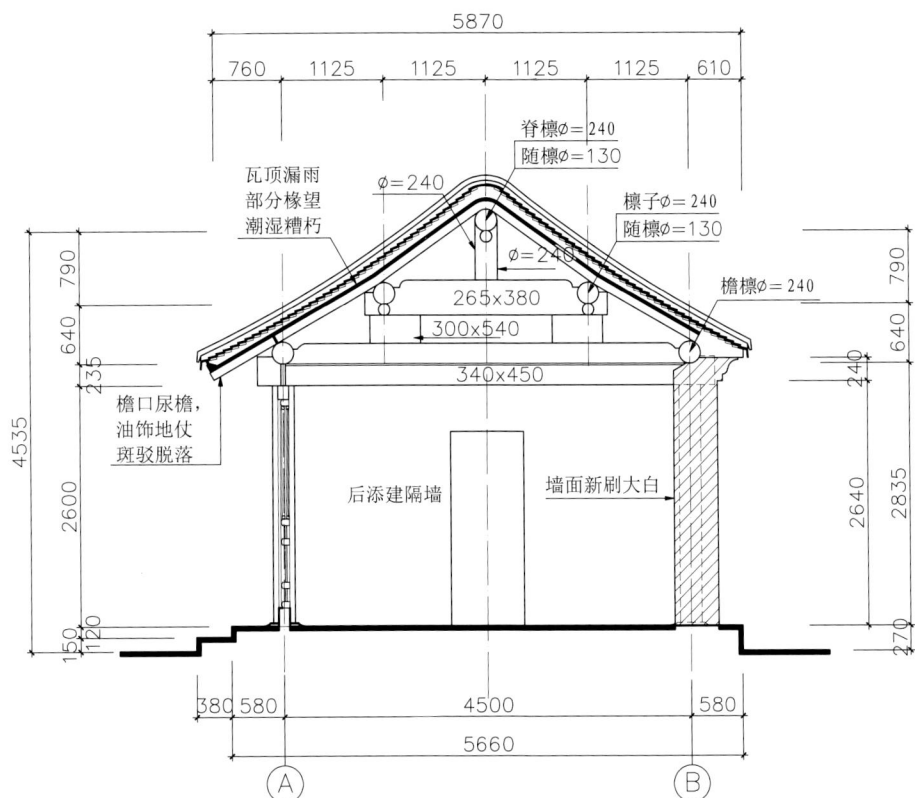

残损现状：1、檐口椽望油饰红帮绿底三道灰，
　　　　　　地仗斑驳，起皮，椽头万金退色　剖面图（一）

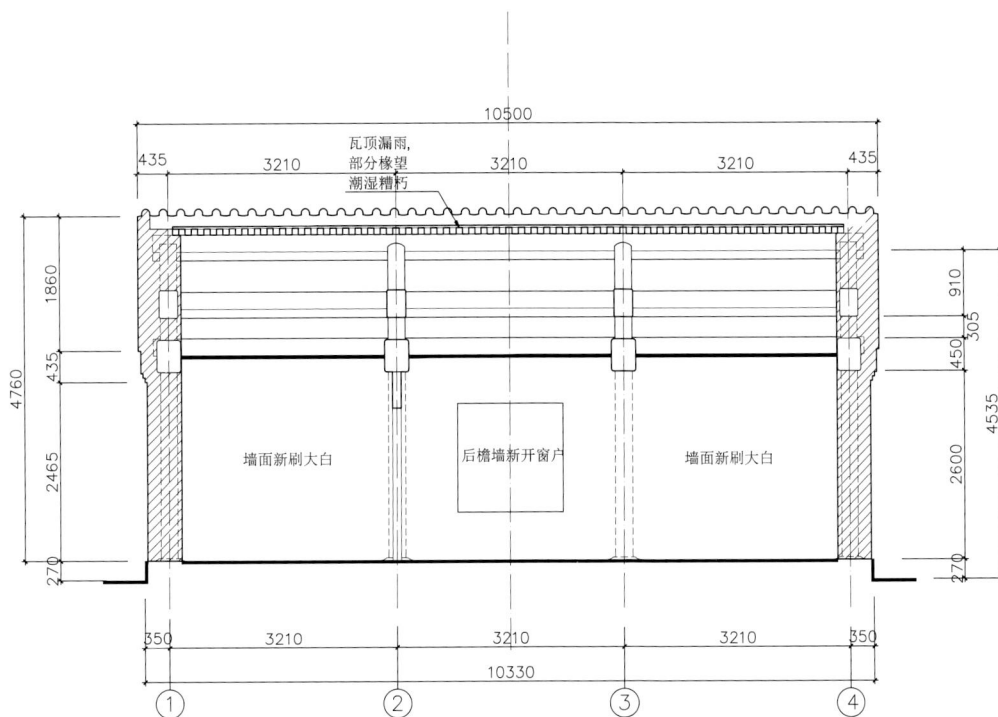

10500

435　　3210　　　3210　　　3210　　435

瓦顶漏雨，
部分椽望
潮湿糟朽

1860

910
305
450

435

墙面新刷大白

后檐墙新开窗户

墙面新刷大白

4760

2465

2600
4535

270

270

350　　3210　　　3210　　　3210　　350

10330

① ② ③ ④

剖面图（二）

（二）修缮设计图

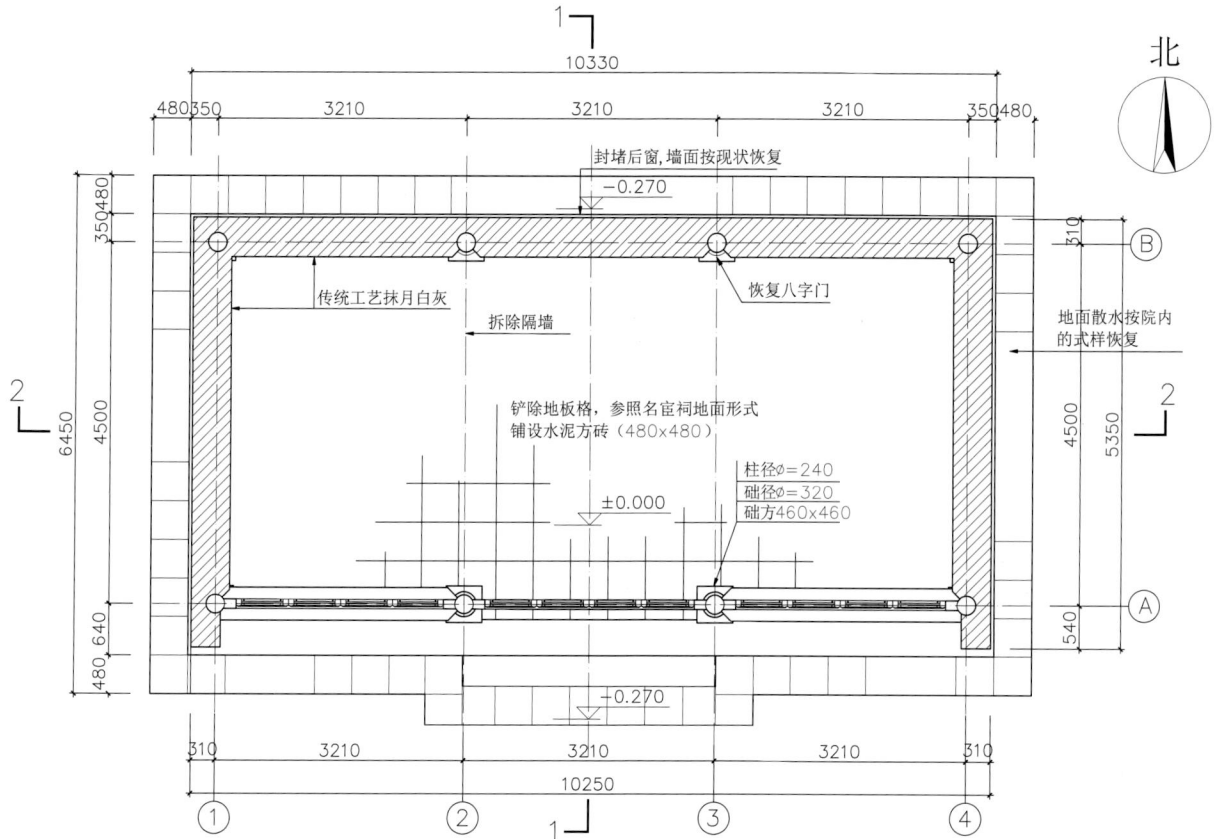

封堵后窗,墙面按现状恢复
−0.270

传统工艺抹月白灰

拆除隔墙

恢复八字门

地面散水按院内的式样恢复

铲除地板格,参照名宦祠地面形式铺设水泥方砖（480×480）

±0.000

柱径∅=240
础径∅=320
础方460×460

−0.270

维修设计：揭除室内地板格,根据现状进行修缮

平面图

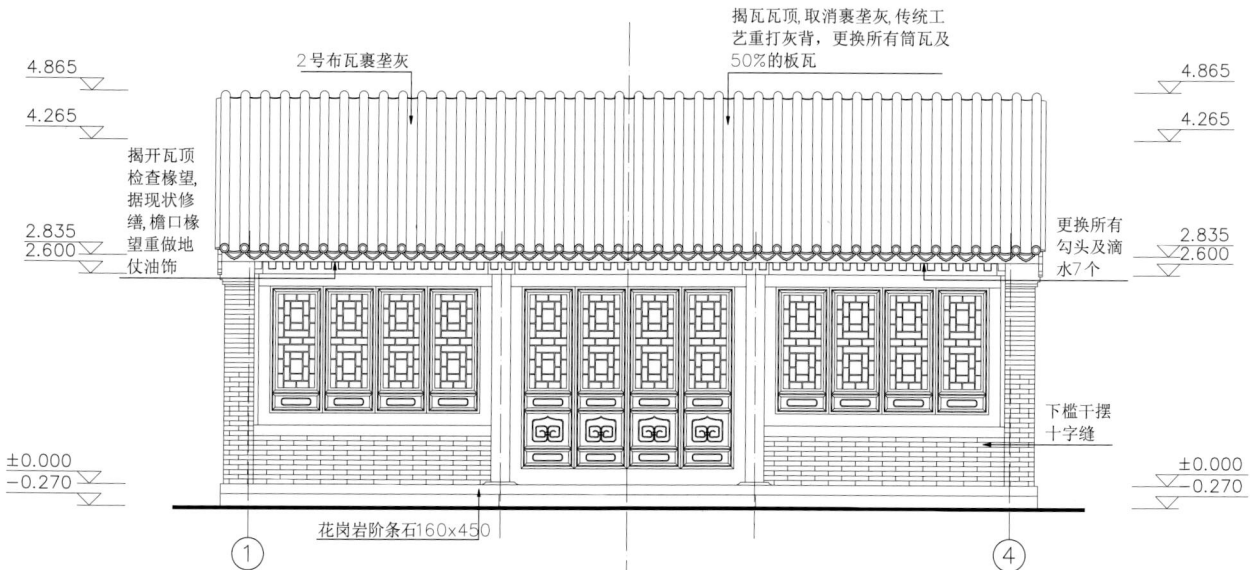

2号布瓦裹垄灰

揭瓦瓦顶,取消裹垄灰,传统工艺重打灰背,更换所有筒瓦及50%的板瓦

揭开瓦顶检查椽望,据现状修缮,檐口椽望重做地仗油饰

更换所有勾头及滴水7个

下槛干摆十字缝

花岗岩阶条石160×450

南立面图

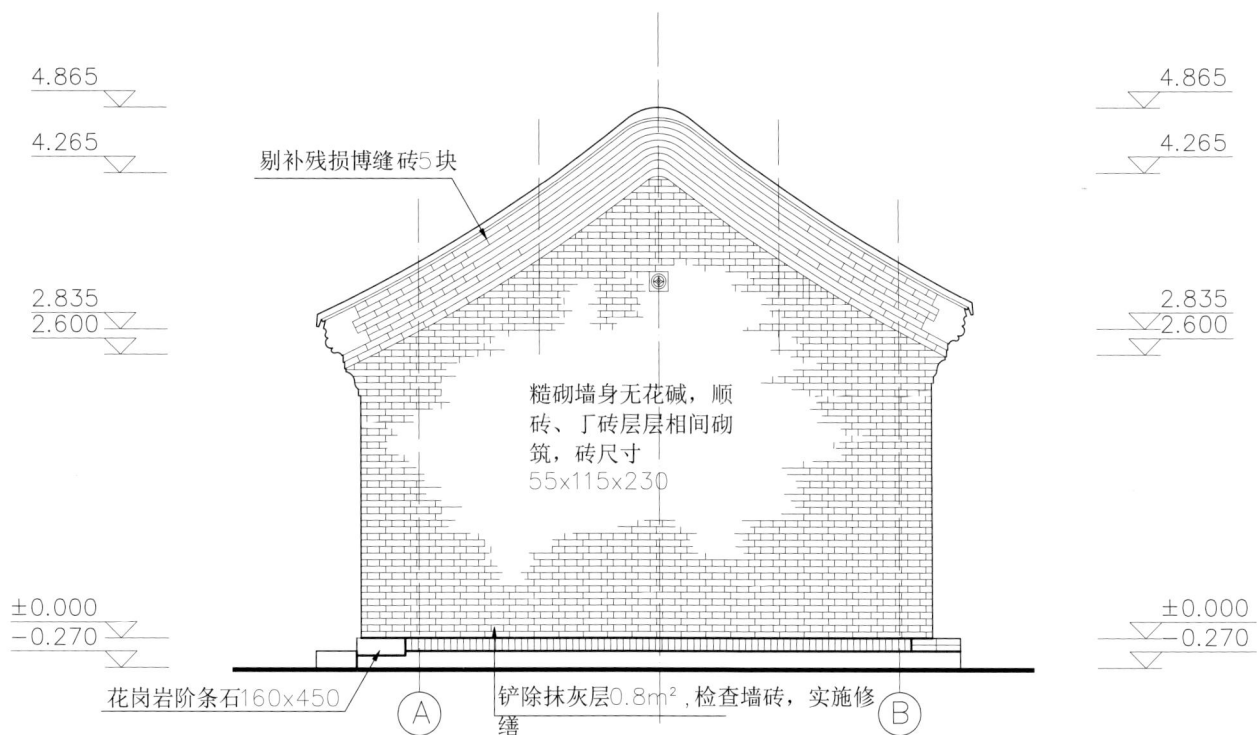

4.865

4.265

剔补残损博缝砖5块

2.835
2.600

糙砌墙身无花碱，顺
砖、丁砖层层相间砌
筑，砖尺寸
55x115x230

⊕

4.865

4.265

2.835
2.600

±0.000
−0.270

花岗岩阶条石160x450

Ⓐ

铲除抹灰层0.8m²，检查墙砖，实施修
缮

Ⓑ

±0.000
−0.270

东立面图

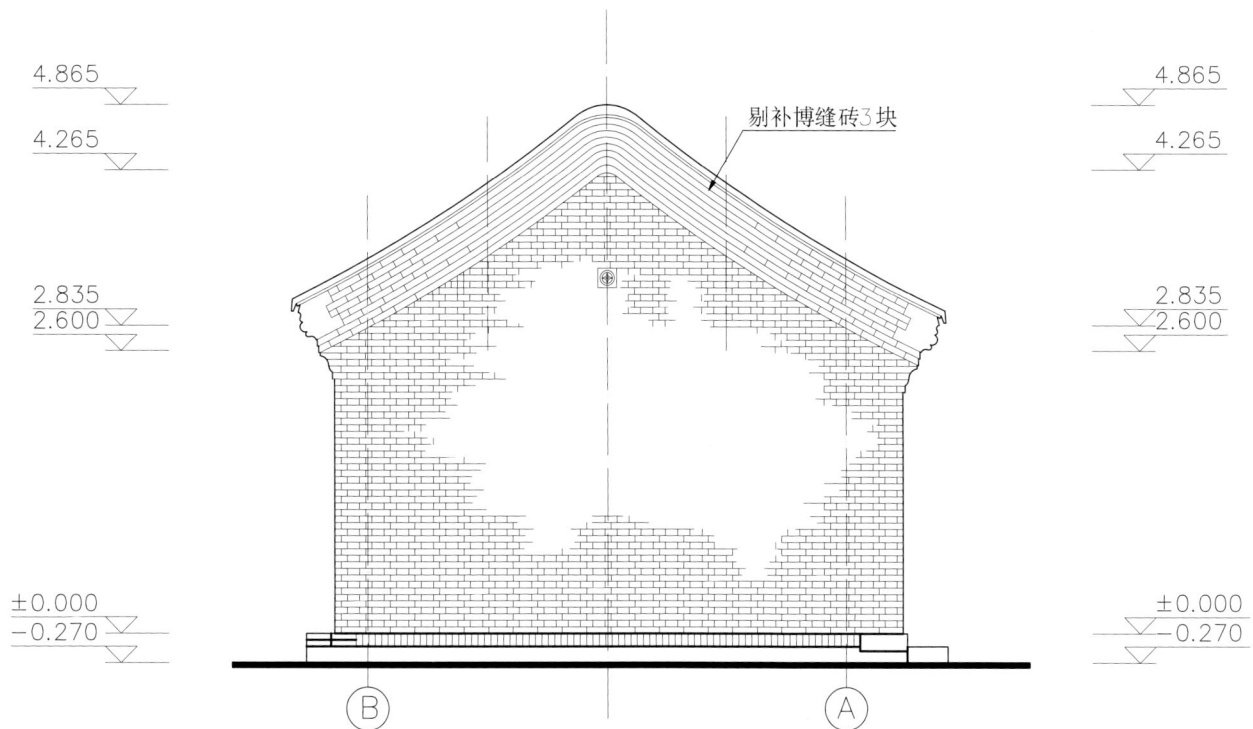

4.865

4.265

剔补博缝砖3块

2.835
2.600

⊕

4.865

4.265

2.835
2.600

±0.000
−0.270

Ⓑ

Ⓐ

±0.000
−0.270

西立面图

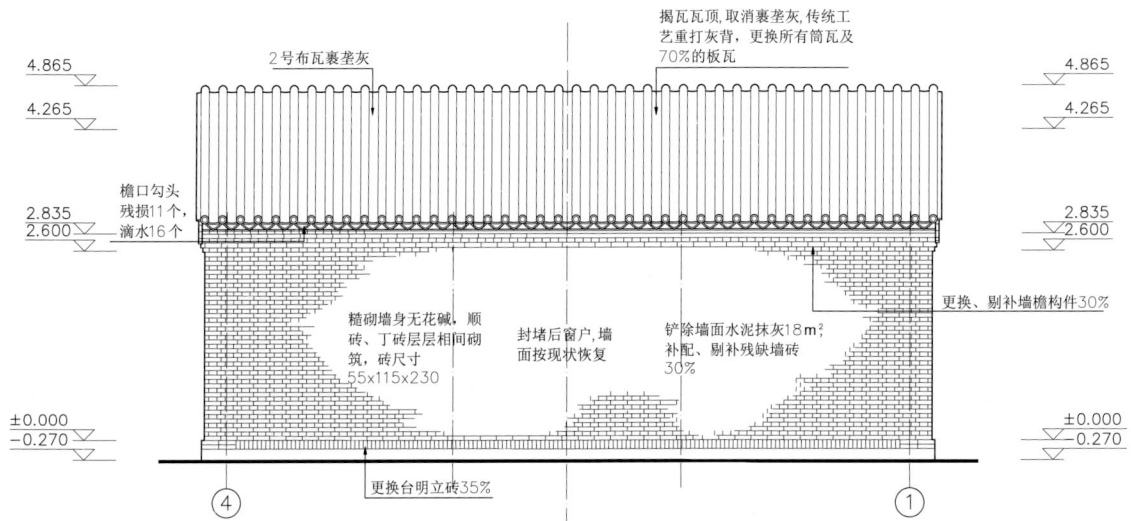

揭瓦瓦顶，取消裹垄灰，传统工艺重打灰背，更换所有筒瓦及70%的板瓦

2号布瓦裹垄灰

4.865
4.265

4.865
4.265

檐口勾头残损11个，滴水16个

2.835
2.600

2.835
2.600

糙砌墙身无花碱，顺砖、丁砖层层相间砌筑，砖尺寸55x115x230

封堵后窗户，墙面按现状恢复

铲除墙面水泥抹灰18m²，补配、剔补残缺墙砖30%

更换、剔补墙檐构件30%

±0.000
-0.270

±0.000
-0.270

④

更换台明立砖35%

①

北立面图

5870

760 1125 1125 1125 1125 610

麻刀青灰捉节夹陇

4:6掺灰泥瓦一号布瓦

苫100:10:5大麻刀青灰背厚30

苫4:6掺灰背平均厚120

抹小麻刀护板灰厚15

脊檩∅=240
随檩∅=130

檩子∅=240
随檩∅=130

∅=240

265x380

300x540

揭瓦瓦顶检查椽望，据现状进行修缮

檐檩∅=240

790
640
235

340x450

790
640
240

重做檐口地仗油饰

拆除隔墙

传统工艺抹月白灰

2600

2640
2835

4535

150
120

270

380 580

4500

580

5660

Ⓐ

Ⓑ

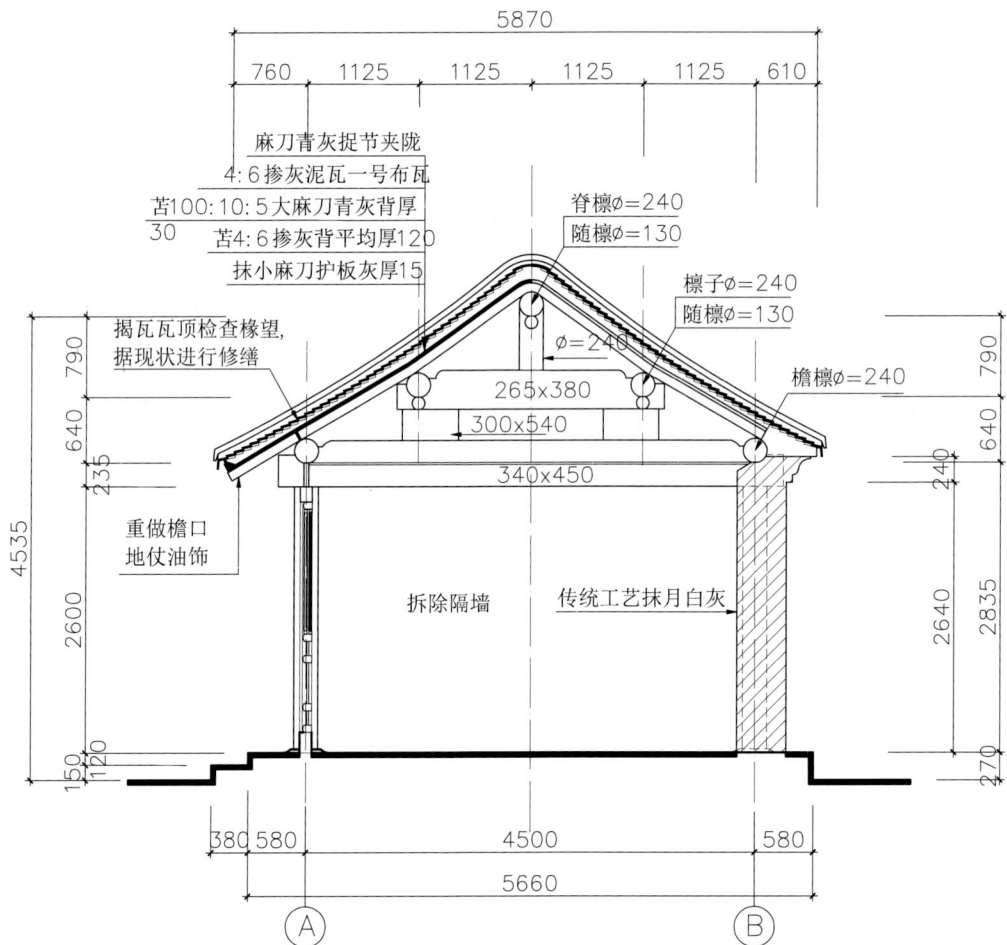

维修设计：檐口椽望按现状红帮绿底三道灰的形式重做彩画地仗，椽头贴万字

剖面图（一）

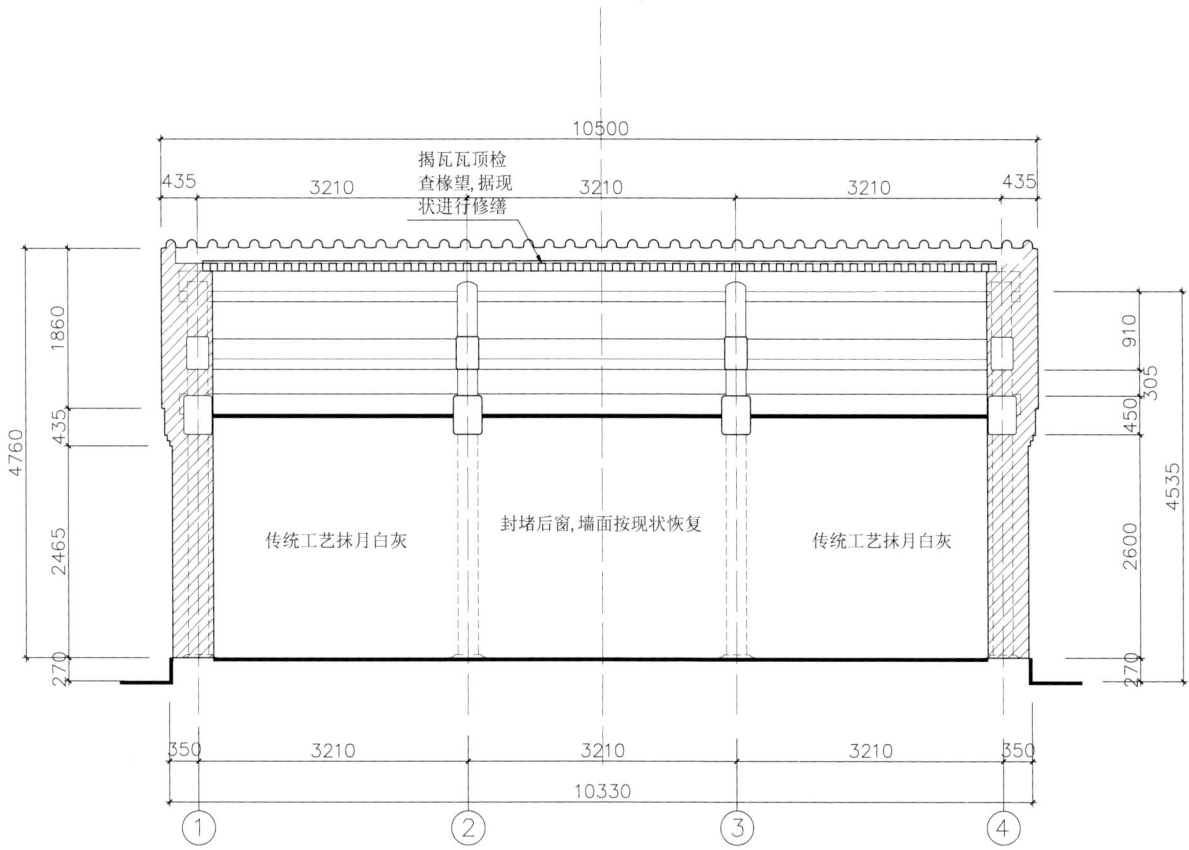

剖面图（二）

西耳房

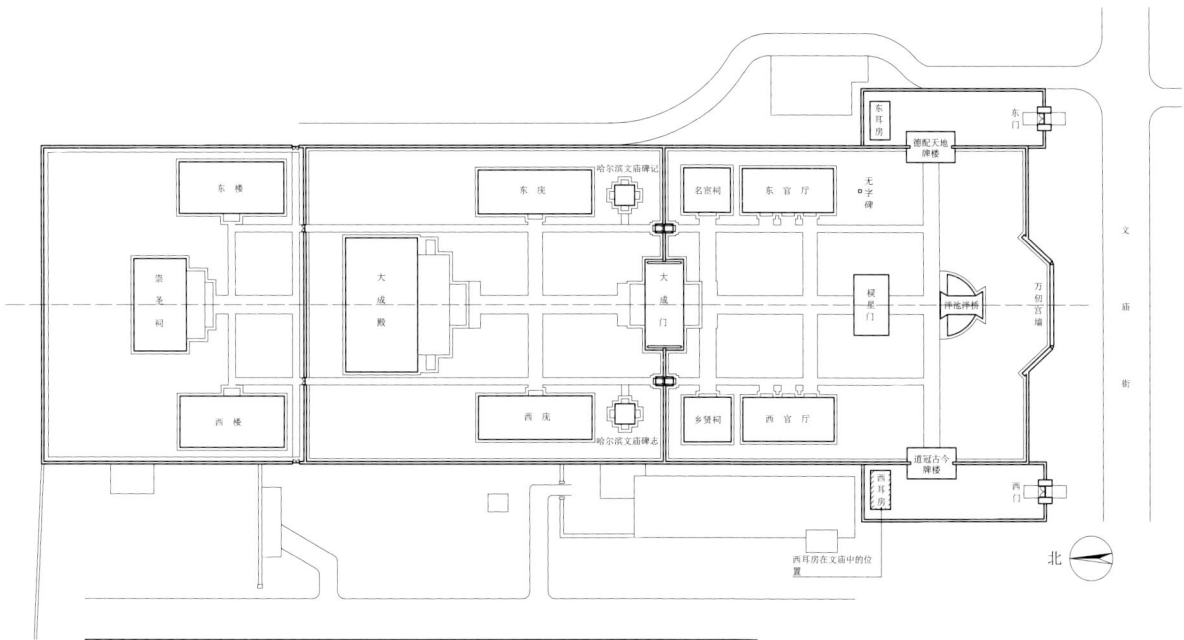

哈尔滨文庙西耳房位置图

（一）勘察测绘图

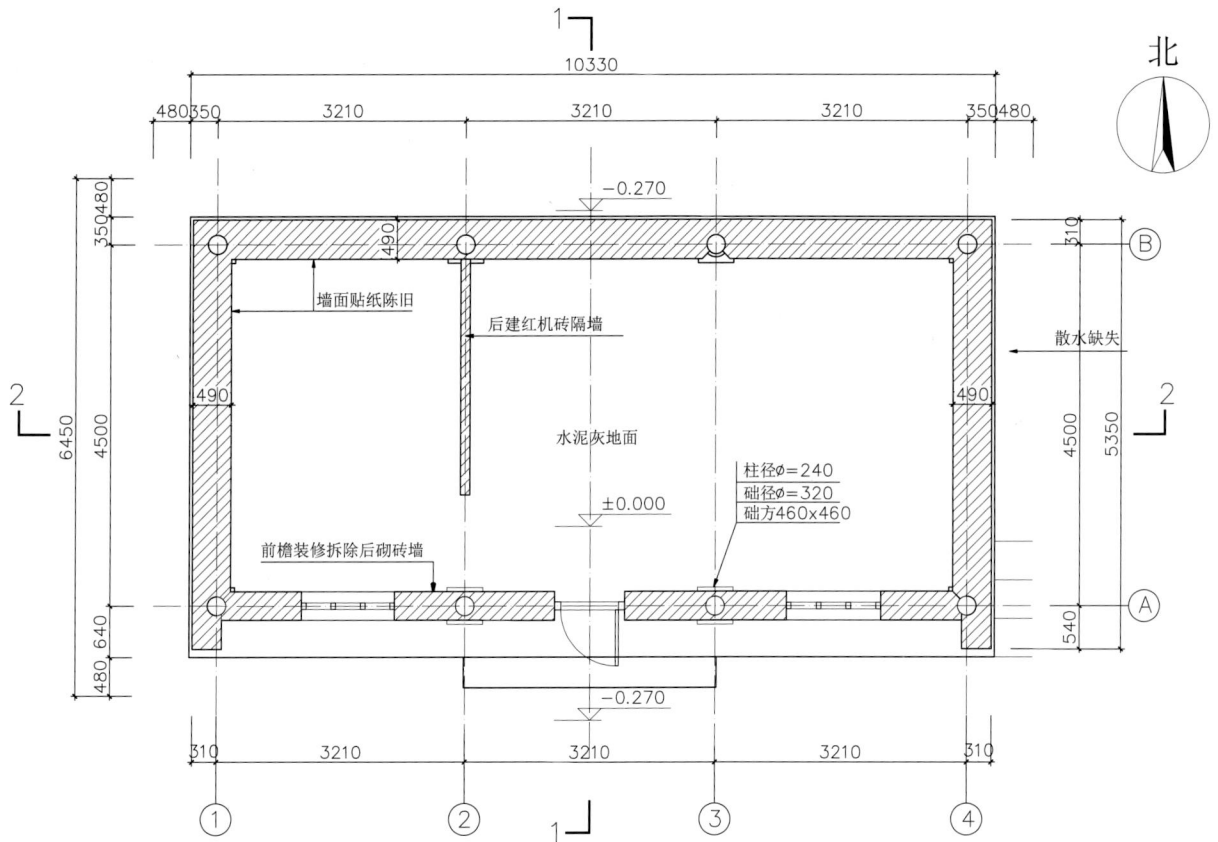

残损现状：1、建筑四周散水缺失

平面图

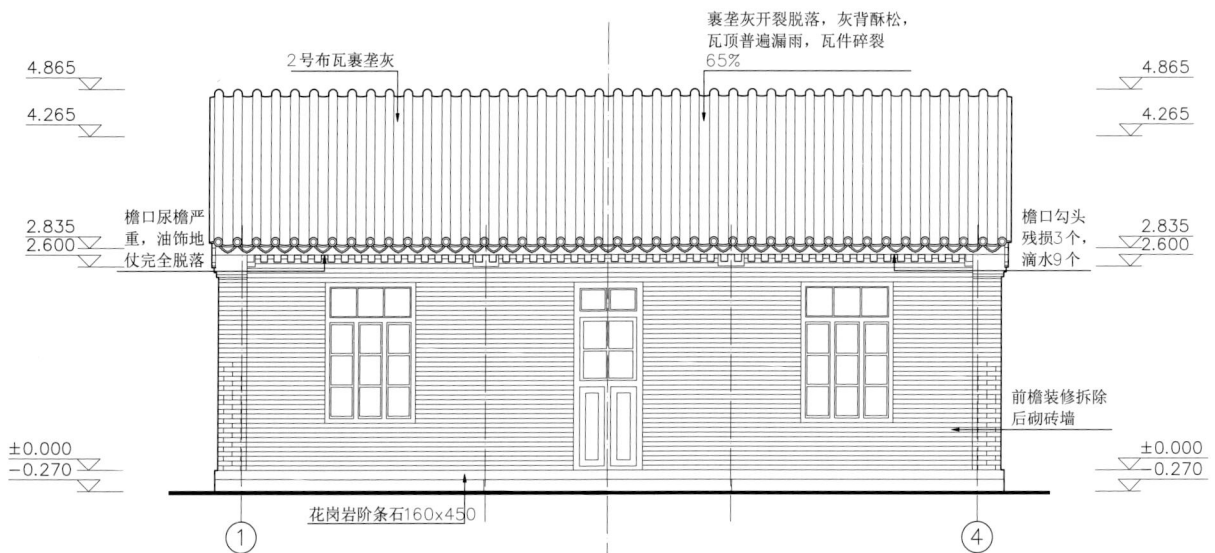

南立面图

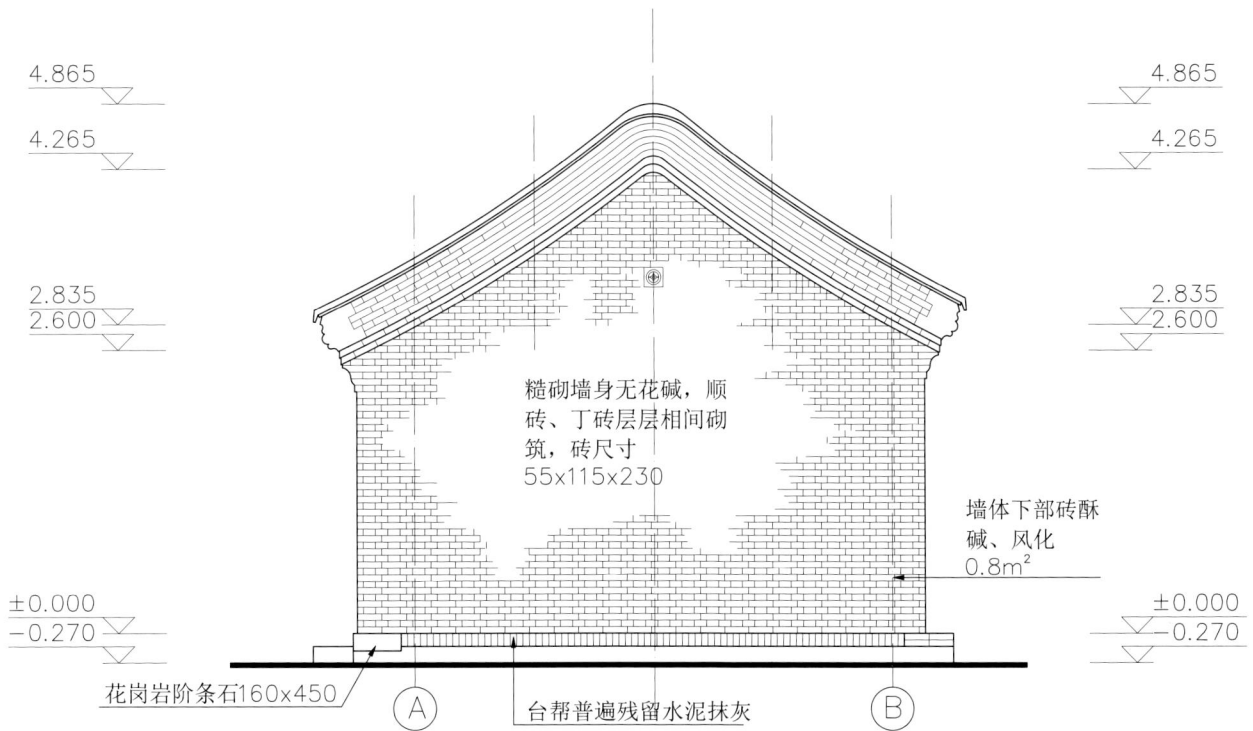

4.865
4.265
2.835
2.600
±0.000
−0.270

糙砌墙身无花碱，顺砖、丁砖层层相间砌筑，砖尺寸
55x115x230

墙体下部砖酥碱、风化
0.8m²

花岗岩阶条石160x450

(A)

台帮普遍残留水泥抹灰

(B)

东立面图

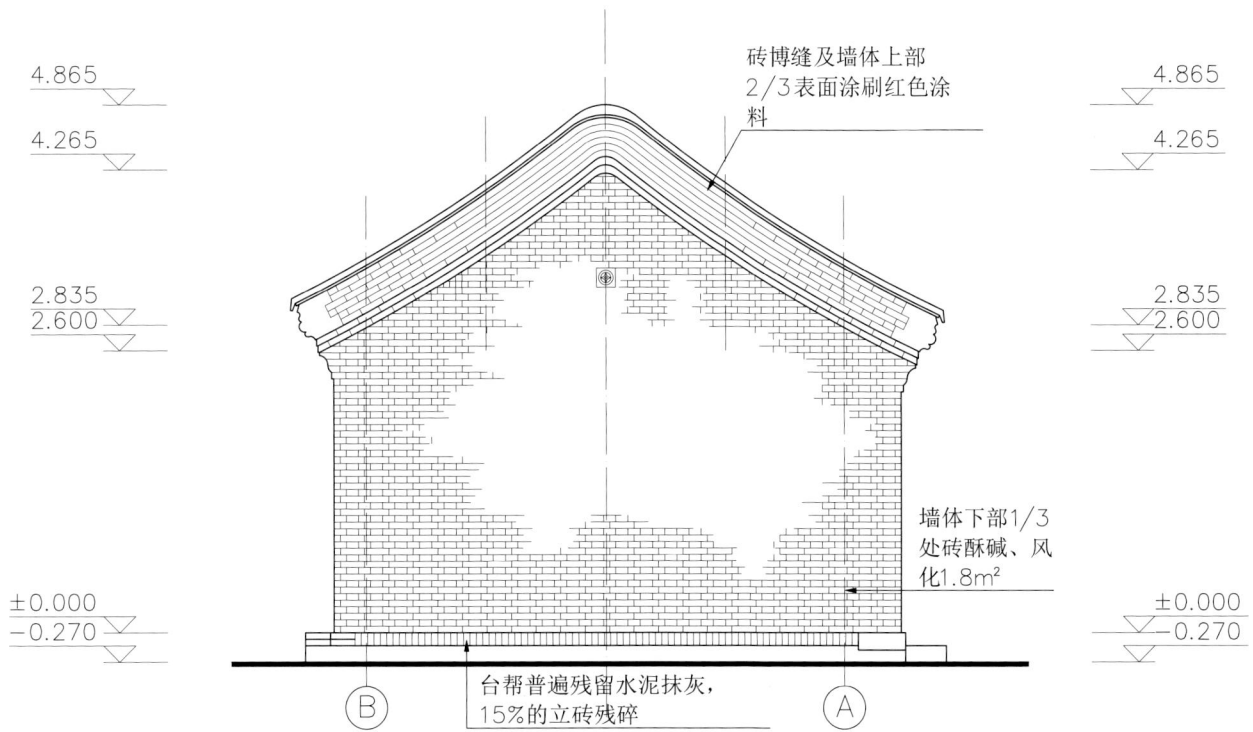

4.865
4.265
2.835
2.600
±0.000
−0.270

砖博缝及墙体上部2/3表面涂刷红色涂料

墙体下部1/3处砖酥碱、风化1.8m²

(B)

台帮普遍残留水泥抹灰，15%的立砖残碎

(A)

西立面图

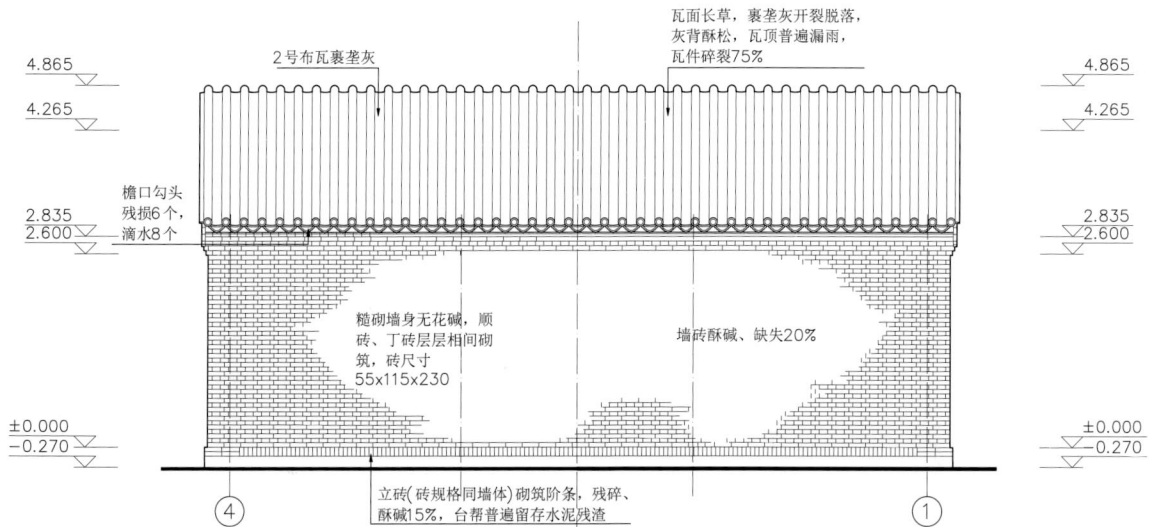

2号布瓦裹垄灰

瓦面长草,裹垄灰开裂脱落,灰背酥松,瓦顶普遍漏雨,瓦件碎裂75%

4.865
4.265

4.865
4.265

檐口勾头残损6个,滴水8个

2.835
2.600

2.835
2.600

糙砌墙身无花碱,顺砖、丁砖层层相间砌筑,砖尺寸55x115x230

墙砖酥碱、缺失20%

±0.000
-0.270

±0.000
-0.270

④

①

立砖(砖规格同墙体)砌筑阶条,残碎、酥碱15%,台帮普遍留存水泥残渣

北立面图

5870

760   1125   1125   1125   1125   610

脊檩ø=240
随檩ø=130

瓦顶漏雨,部分椽望潮湿糟朽,木构件虫蛀

ø=240

ø=240

檩子ø=240
随檩ø=130

790

640

235

265x380

300x540

340x450

檐檩ø=240

790

640

240

檐口尿檐,油饰地仗完全脱落

顶棚抹灰陈旧,开裂、脱落45%

墙面贴纸陈旧

4535

2600

后建红机砖隔墙

2835

2640

150
120

270

380 580   4500   580

5660

Ⓐ

Ⓑ

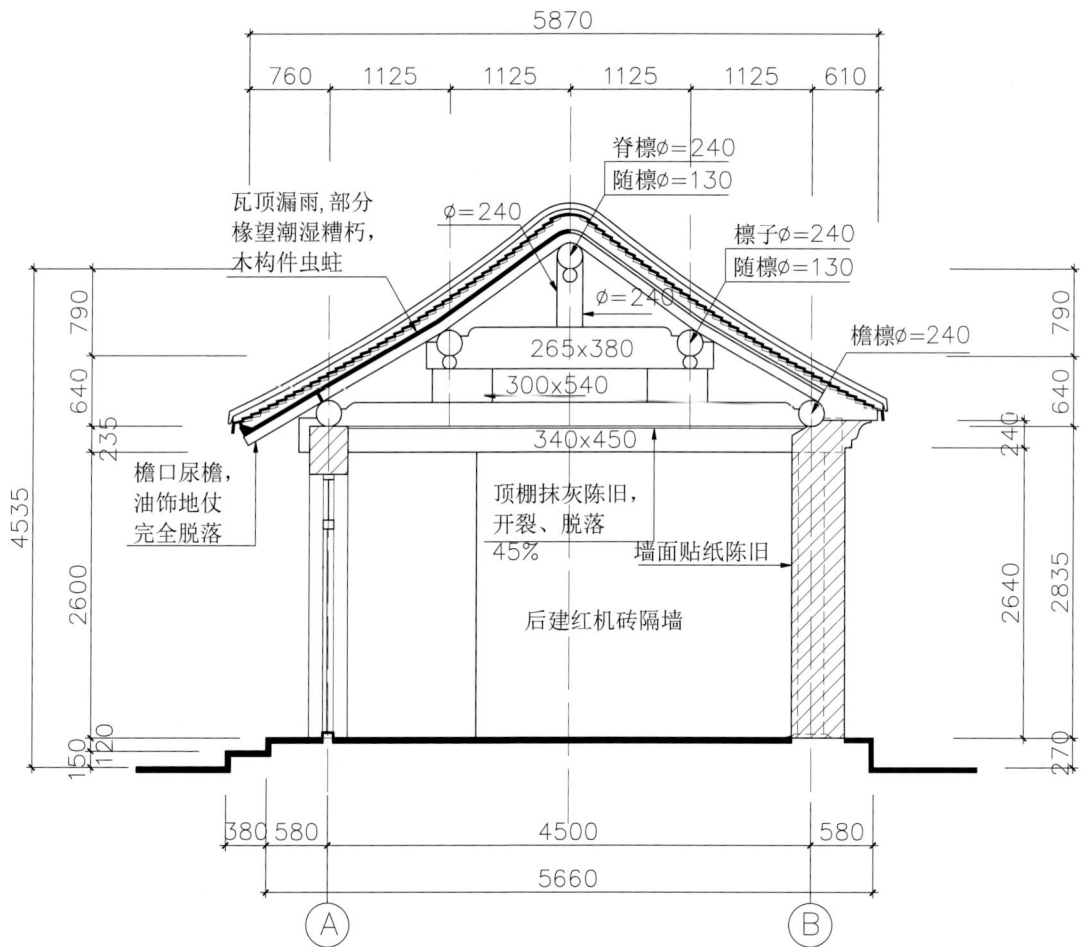

残损现状:1、椽望虫蛀、糟朽面积达45%
          2、前檐改制檐檩垫板被拆除
          3、顶棚上满铺锯末

剖面图(一)

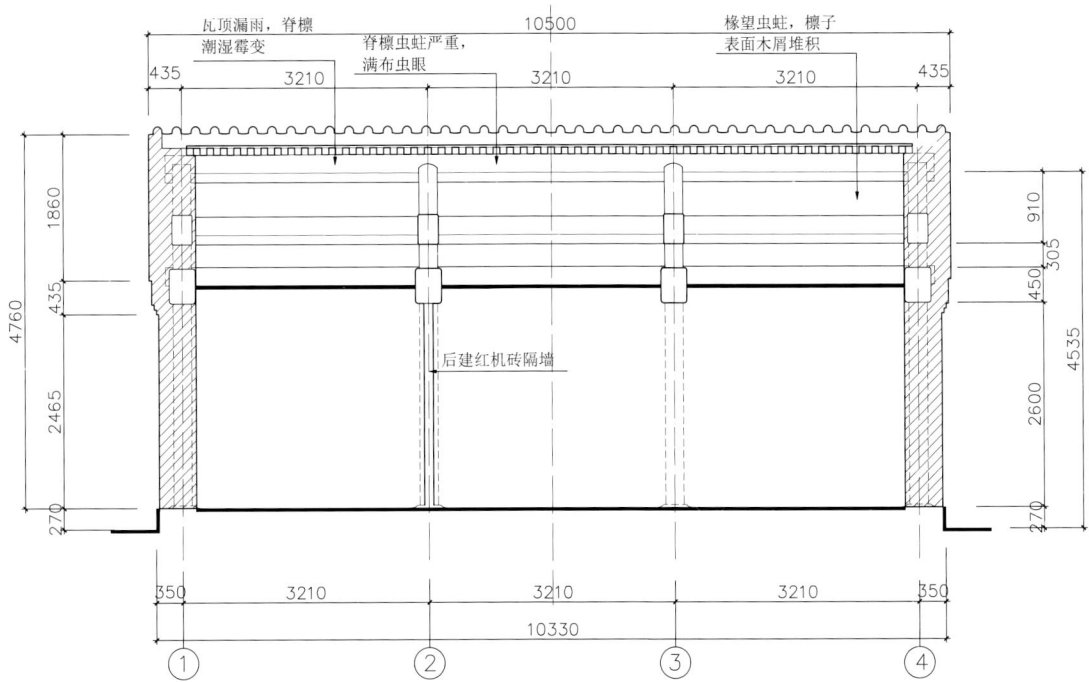

瓦顶漏雨，脊檩
潮湿霉变

脊檩虫蛀严重，
满布虫眼

椽望虫蛀，檩子
表面木屑堆积

10500

435   3210   3210   3210   435

1860

4435

4760

2465

270

后建红机砖隔墙

910

305

450

4535

2600

270

350   3210   3210   3210   350

10330

① ② ③ ④

剖面图（二）

（二）修缮设计图

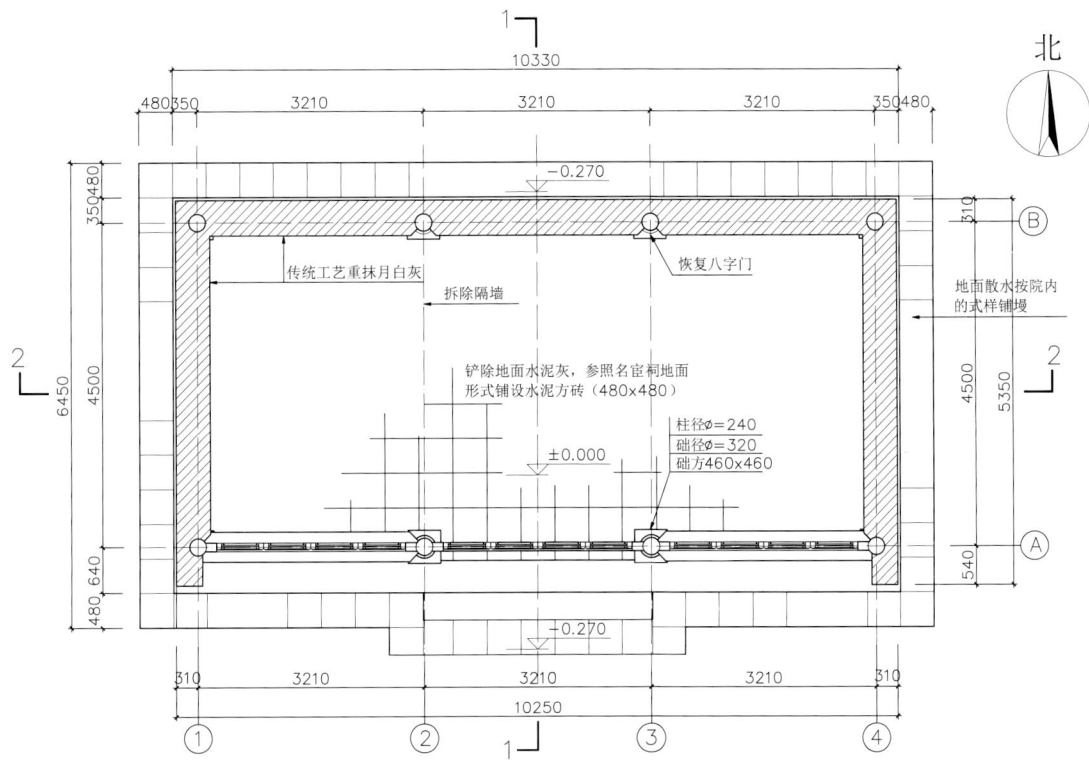

北

1

10330

480 350   3210   3210   3210   350 480

350 480

−0.270

310

Ⓑ

6450

4500

2

传统工艺重抹月白灰

拆除隔墙

恢复八字门

地面散水按院内
的式样铺墁

铲除地面水泥灰，参照名宦祠地面
形式铺设水泥方砖（480×480）

±0.000

柱径∅＝240
础径∅＝320
础方460×460

4500

5350

2

640

480 640

540

Ⓐ

−0.270

310   3210   3210   3210   310

10250

① ② ③ ④

1

维修设计：铲除室内地面水泥抹面，按名宦祠
地面形式重铺水泥方砖

平面图

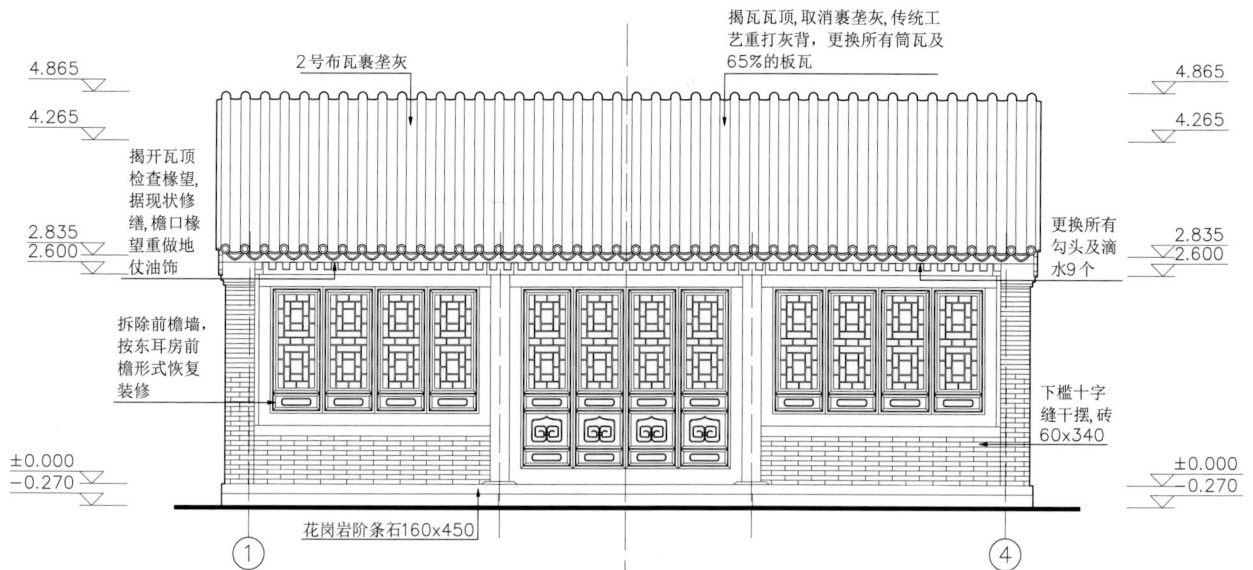

揭瓦瓦顶,取消裹垄灰,传统工艺重打灰背,更换所有筒瓦及65%的板瓦

2号布瓦裹垄灰

4.865
4.265

揭开瓦顶检查椽望,据现状修缮,檐口椽望重做地仗油饰

2.835
2.600

拆除前檐墙,按东耳房前檐形式恢复装修

更换所有勾头及滴水9个

±0.000
−0.270

4.865
4.265

2.835
2.600

下槛十字缝干摆,砖60×340

±0.000
−0.270

花岗岩阶条石160×450

① ④

南立面图

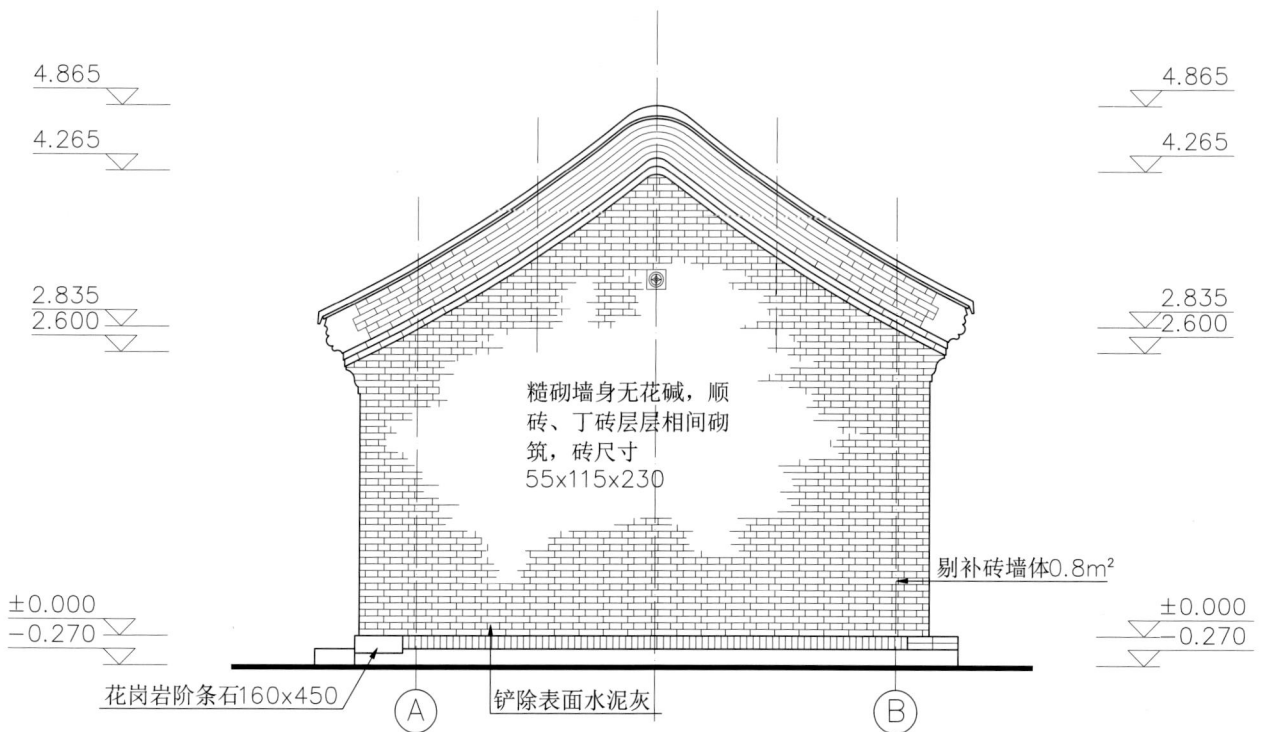

4.865

4.265

2.835
2.600

糙砌墙身无花碱,顺砖、丁砖层层相间砌筑,砖尺寸55×115×230

±0.000
−0.270

4.865

4.265

2.835
2.600

剔补砖墙体0.8m²

±0.000
−0.270

花岗岩阶条石160×450

铲除表面水泥灰

Ⓐ Ⓑ

东立面图

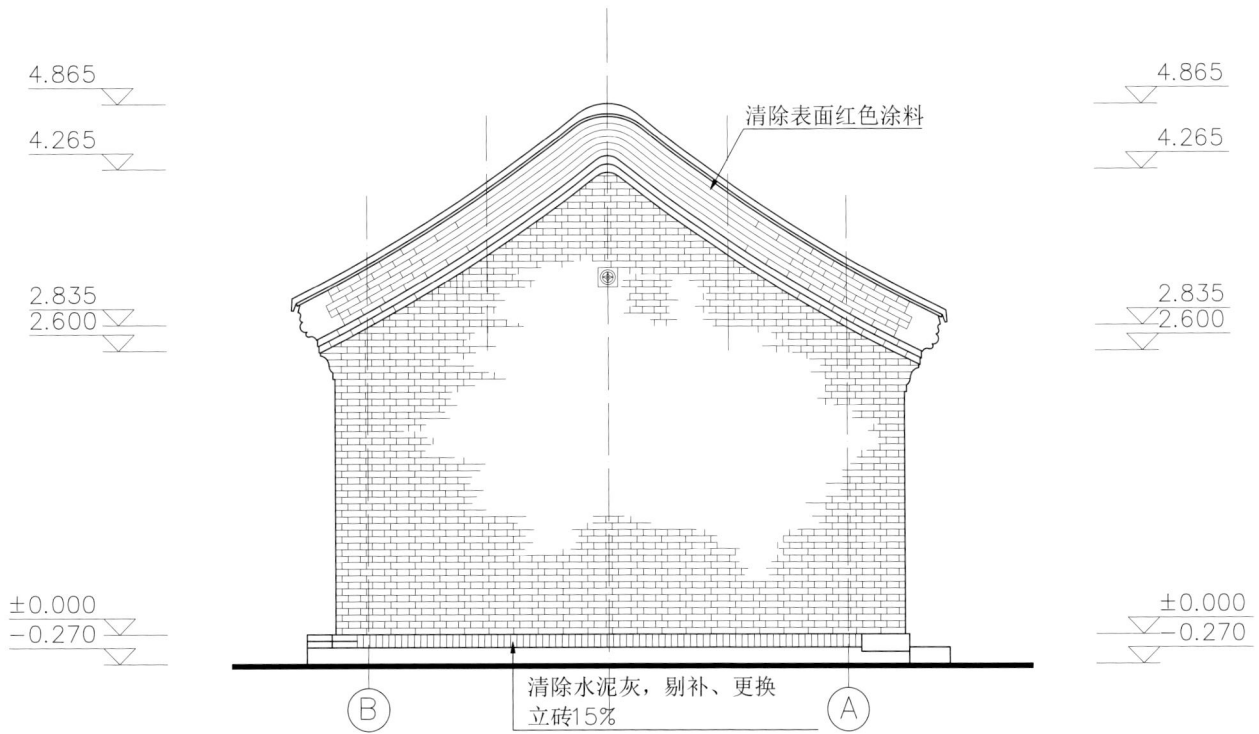

4.865

4.265

2.835
2.600

±0.000
−0.270

清除表面红色涂料

清除水泥灰，剔补、更换
立砖15%

Ⓑ　　　　　　　　　　　Ⓐ

西立面图

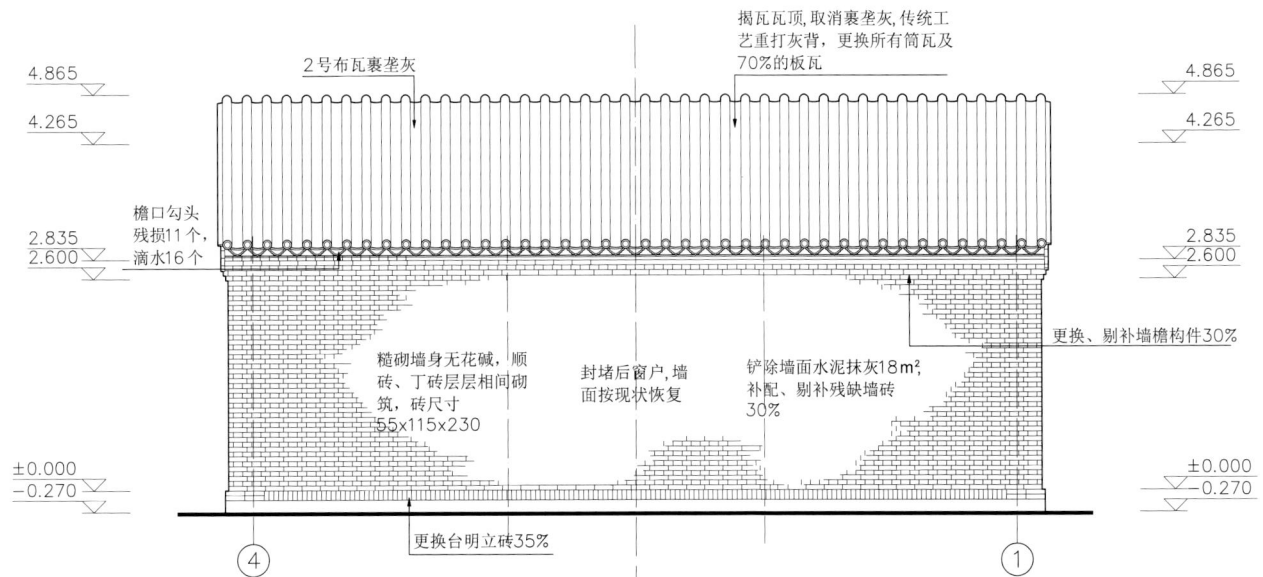

揭瓦瓦顶，取消裹垄灰，传统工
艺重打灰背，更换所有筒瓦及
70%的板瓦

2号布瓦裹垄灰

4.865

4.265

檐口勾头
残损11个，
滴水16个

2.835
2.600

更换、剔补墙檐构件30%

糙砌墙身无花碱，顺
砖、丁砖层层相间砌
筑，砖尺寸
55×115×230

封堵后窗户，墙
面按现状恢复

铲除墙面水泥抹灰18m²，
补配、剔补残缺墙砖
30%

±0.000
−0.270

④　　　　　　　　　　　①

更换台明立砖35%

北立面图

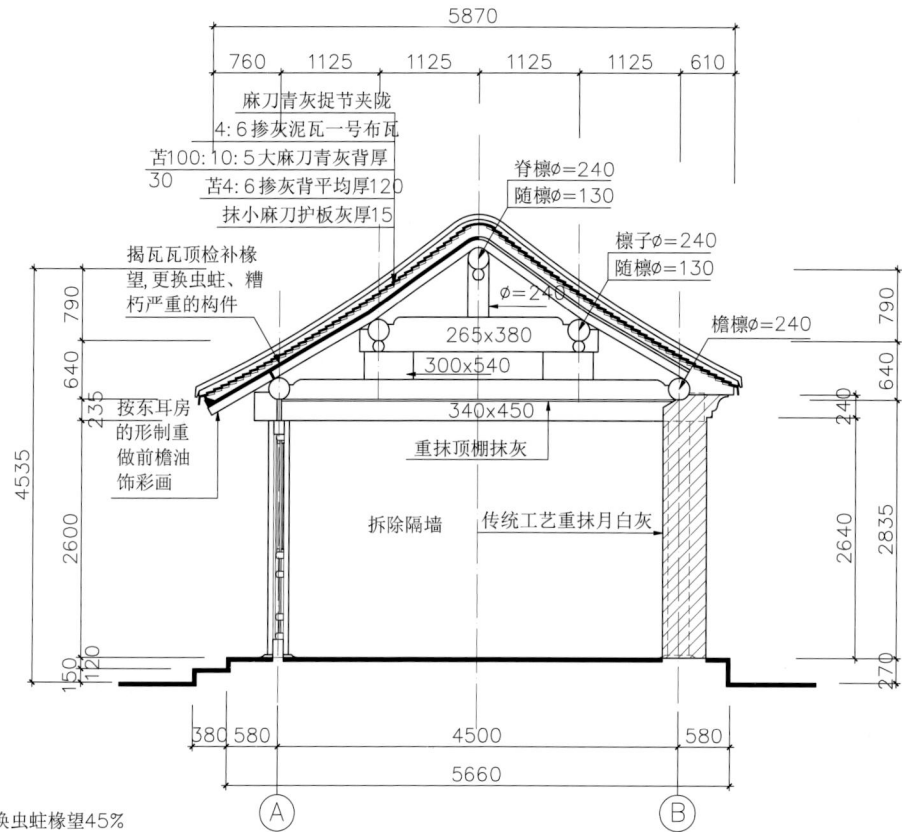

麻刀青灰捉节夹陇
4:6掺灰泥瓦一号布瓦
苫100:10:5大麻刀青灰背厚
30
苫4:6掺灰背平均厚120
抹小麻刀护板灰厚15

脊檩φ=240
随檩φ=130

檩子φ=240
随檩φ=130

揭瓦瓦顶检补椽
望,更换虫蛀、糟
朽严重的构件

φ=240

265×380

檐檩φ=240

300×540

340×450

按东耳房
的形制重
做前檐油
饰彩画

重抹顶棚抹灰

拆除隔墙

传统工艺重抹月白灰

维修设计:1、更换虫蛀椽望45%
2、前檐装修按东耳房的形式恢复
3、清除顶棚上的锯末

剖面图(一)

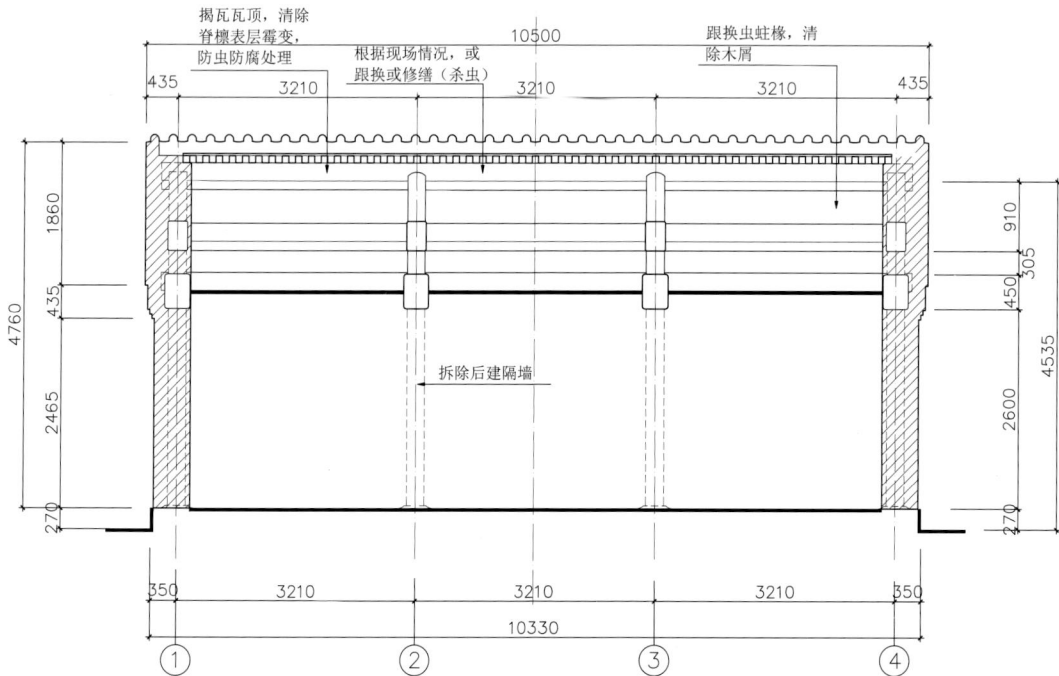

揭瓦瓦顶,清除
脊檩表层霉变,
防虫防腐处理

根据现场情况,或
跟换或修缮(杀虫)

跟换虫蛀椽,清
除木屑

拆除后建隔墙

剖面图(二)

第十八章　照片

第一节　哈尔滨文庙老照片

建成后的哈尔滨文庙第一进院落

伪满时期的哈尔滨文庙航拍图

1949～1951 年哈尔滨医科大学时期的棂星门和泮池泮桥

1952～1970 年中国人民解放军军事工程学院时期的文庙建筑群

1971～1985年黑龙江省军区时期面目皆非的西庑

1985～1987年哈尔滨文庙三年维修时的棂星门

第二节　2007～2009年三年维修勘察设计工作照片

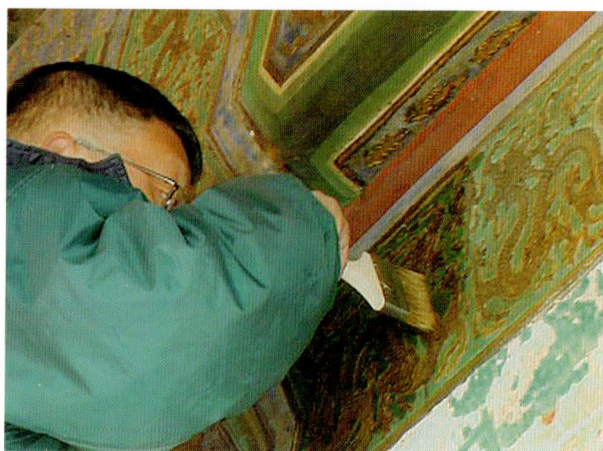

勘察彩画剥落脱色情况

检查屋顶瓦面

勘测梁枋尺寸

勘测飞椽尺寸

测量阶石尺寸

勘测角梁尺寸

记录所收集的信息数据

勘察大成殿正吻

勘测大成殿檐头附件

勘测大成殿正脊

勘测大成殿上檐角梁

勘测大成殿廊部金柱

勘测槛窗尺寸

勘察大成殿屋面琉璃瓦破损情况

勘测柱顶石尺寸

勘测栏板、望柱尺寸

勘测大成门仔角梁尺寸

勘测名宦祠台明陛板石尺寸

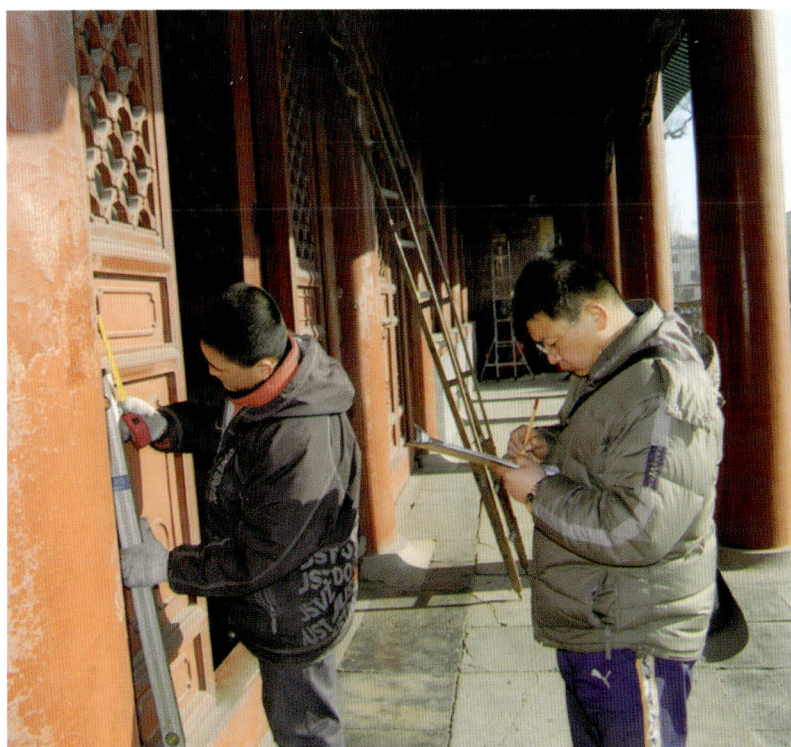

勘测大成殿隔扇门尺寸

第三节　2007～2009 年三年维修施工、竣工照片

东庑维修前状况

西庑维修前状况

东庑维修前饿脊筒瓦脱落

东庑套兽破损严重

东、西庑维修前琉璃瓦破损情况

东西庑全面揭瓦挑顶维修

东庑房维修拆除正脊、正吻

东庑房安装戗脊筒瓦及跑兽

西庑房安装博脊

西庑后坡屋面宽（wà）瓦

东庑维修后

东庑次间维修后

西庑维修后

哈尔滨市南岗区委书记张惠涛（前左二）、黑龙江省文化厅
副厅长王珍珍（前左四）为东西庑竣工剪彩

大成门恢复原始格局

崇圣祠西侧槛墙开裂

崇圣祠老檐柱柱根糟朽

崇圣祠金柱柱身糟朽

大成殿施工前彩画破损严重

大成殿屋面瓦件损坏剥落

大成殿屋面筒瓦釉面剥落

大成殿垂脊兽前瓦件残损严重

大成殿开工现场

大成殿揭瓦挑顶维修

业主单位与施工单位人员在开工仪式上

黑龙江省民族博物馆馆长庞学臣主持大成殿开工仪式

大成殿开工仪式黑龙江省文化厅副厅长王珍珍讲话

黑龙江省委宣传部及省文化厅领导攀至大成殿屋顶

取出镇殿之物银元宝

黑龙江省委宣传部文艺处处长王利民揭开大成殿第一块瓦

银元宝

大成殿油漆彩绘

大成殿安装正吻

大成殿正脊中安放镇殿之物五谷杂粮

整体维修竣工典礼黑龙江省文化厅副厅长王珍珍讲话

黑龙江省民族博物馆馆长王军（前左二）主持哈尔滨文庙三年整体维修竣工庆典

后 记

《哈尔滨文庙维修工程报告》编辑出版工作，是在黑龙江省文化厅党组的高度重视、直接领导下进行的。宋宏伟厅长对报告的出版工作做出重要指示，并多次主持研究报告编撰和出版事宜，黑龙江省文化厅原厅长白亚光同志在文庙维修期间多次到现场检查指导，黑龙江省文化厅分管副厅长王珍珍同志在文庙维修期间数次到现场办公，主持商定维修有关事宜。在文庙维修期间，时任黑龙江省委宣传部常务副部长潘春良同志、现任黑龙江省财政厅常务副厅长顾晚光同志、现任黑龙江省作家协会王立民副主席对维修工程给予大力支持。

报告详细记录了哈尔滨文庙（2007~2009年）维修全过程以及保护传承古典建筑的传统工艺技术和历史信息。报告共计五篇18章，照片222幅，线图197张，14万字。需要说明的是，按照《文物建筑保护维修竣工报告管理办法》的要求，竣工报告应由业主单位、设计单位、施工单位、施工监理单位等共同编写而成。经过四方协商，哈尔滨文庙维修工程的设计单位中国文物研究所（现为中国文化遗产研究院）、施工单位北京房修二古代建筑工程有限公司和监理单位吉林省工程建设监理有限责任公司对业主单位在施工过程中的积极参与和全力配合十分肯定，认为其完全有能力完成报告的编写和出版工作，并表示愿意提供维修工程的全部资料，由业主单位黑龙江省民族博物馆负责本书的编写出版工作。为此，黑龙江省民族博物馆成立了维修工程报告编写小组，馆长王军任组长，负责全面工作；副馆长陈玉芝和副馆长丁元海为副组长；并设立竣工报告编撰专门办公室，配置专用设备。同时，特别邀请了省文化厅文博专家组副组长孙长庆研究馆员做顾问，指导报告编写工作。在报告编写过程中，多次组织专家论证会；庞学臣、罗葆森、盖立新、胡秀杰、吴疆、吴娟、张云鹏、覃劲等同志参与组稿、资料收集、校对等工作。黑龙江省档案馆、黑龙江省图书馆提供了大量的照片，哈尔滨文庙设计者的后代朱慕迪先生向文庙提供了文庙原始土建图，文物出版社对报告的出版发行提供了大力的支持和帮助，在此一并致谢。

期盼已久的《哈尔滨文庙维修工程报告》终于出版了。尽管我们为该书的出版付出了辛勤的劳动，但由于相关单位部分资料未建档案以及项目负责人员变更等原因，在结稿前仍缺少第二期工程大成殿、乡贤祠及院墙等施工组织设计方案和工程施工总结报告等资料，对维修工程报告编写的完整性造成一定影响，不能不说是一个缺憾。为此，在结稿后，维修工程报告编写小组广泛征询其他专家意见，如《北方文物》杂志社原主编吴文衔研究馆员、哈尔滨工业大学建筑学院刘洋教授、黑龙江省文物考古研究所副所长王剑等，均提出了很中肯的建议。在此，特别感谢刘洋教授审阅全文，并帮助修改了报告中的古建专业部分；王剑教授对报告正文全文做了阅改，大幅提升了报告中古建部分的专业水准；《北方文物》杂志社田索菲副研究员对整体稿件进行全面细致地校对，在此一并表示感谢。尽管如此，由于时间仓促，文中疏漏之处仍在所难免，恳请谅解。

维修工程报告编写小组
2013年10月29日